HERMES

在古希腊神话中,赫耳墨斯是宙斯和迈亚的儿子,奥林波斯神们的信使,道路与边界之神,睡眠与梦想之神,亡灵的引导者,演说者、商人、小偷、旅者和牧人的保护神⋯⋯

西方传统 经典与解释 **HERMES**
Classici et Commentarii

施特劳斯集

刘小枫 ● 主编

施特劳斯的持久重要性

The Enduring Importance of Leo Strauss

[美]朗佩特 Laurence Lampert | 著

刘研 | 译

华夏出版社

古典教育基金·"传德"资助项目

"施特劳斯集"出版说明

1899年9月20日,施特劳斯出生在德国Hessen地区Kirchhain镇上的一个犹太家庭。人文中学毕业后,施特劳斯先后在马堡大学等四所大学注册学习哲学、数学、自然科学,1921年在汉堡大学以雅可比的认识论为题获得哲学博士学位。1924年,一直关切犹太政治复国运动的青年施特劳斯发表论文《柯亨对斯宾诺莎的圣经学的分析》,开始了自己独辟蹊径的政治哲学探索。30年代初,施特劳斯离开德国,先去巴黎,后赴英伦研究霍布斯,1938年移居美国,任纽约社会研究新学院讲师,11年后受聘于芝加哥大学政治系,直到退休。任教期间,施特劳斯先后获得芝加哥大学"杰出贡献教授"、德国汉堡大学荣誉教授、联邦德国政府"大十字勋章"等荣誉。

施特劳斯在美国学界重镇芝加哥大学执教近20年,教书育人默默无闻,尽管时有著述问世,挑战思想史和古典学主流学界的治学路向,身前却从未在学界获得什么显赫声名。去世之后,施特劳斯才逐渐成为影响北美学界最重要的流亡哲人:他所倡导的回归古典政治哲学的学问方向,深刻影响了西方文教和学界的未来走向。上个世纪70年代以来,施特劳斯身后才逐渐扩大的学术影响竟然一再引发学界激烈的政治争议。自由主义知识分子觉得,施特劳斯对自由民主理想心怀敌意,是政治不正确的保守主义师主;后现代主义者宣称,施特劳斯唯古典是从,没有提供应对现代技术文明危机的具体理论方略。为施特劳斯辩护的学人则认为,施特劳斯从来不与某种现实的政治理想或方案为敌,也从不提供解答现实政治难题的哲学论说;那些以自己的思想定位和政治立场来衡量和评价施特劳斯的哲学名流,不外乎是以自己的灵魂高度俯视施特劳斯立足于古典智慧的灵魂深处。施特劳斯关心的问题更具常识品质,而且很陈旧:西方文明危机的根本原因何在?施特劳斯不仅对百年来西方学界的这个老问题作出了超逾所有前人的深刻回答,而且提出了切实可行的应对方略:重新学习古典政治哲学作品。施特劳斯的学问以复兴苏格拉底问题为基本取向,这迫使所有智识人面对自身的生存德性问题:在具体的政治共同体中,难免成为"主义"信徒的智识人如何为人。

如果中国文明因西方文明危机的影响也已经深陷危机处境,那么施特劳斯的学问方向给中国学人的启发首先在于:自由主义也好,保守主义、新左派主义或后现代主义也好,是否真的能让我们应对中国文明所面临的深刻历史危机。

"施特劳斯集"致力于涵括施特劳斯的所有已刊著述(包括后人整理出版的施特劳斯生前未刊文稿和讲稿;已由国内其他出版社出版的《霍布斯的政治哲学:基础与起源》《关于马基雅维里的思考》《城邦与人》《古今自由主义》除外),并选译有学术水准的相关研究文献。我们相信,按施特劳斯的学问方向培育自己,我们肯定不会轻易成为任何"主义"的教诲师,倒是难免走上艰难地思考中国文明传统的思想历程。

古典文明研究工作坊

西方典籍编译部甲组

2008年

我所做的观察,至少终究会迫使历史学家们放弃安逸地宣称自己知道伟大思想家们的所思所想,转而承认过去的思想比人们通常认为的要奥妙得多,并且开始思量,是否历史真相也像哲学真相那样难以接近。

——施特劳斯,《论一种被遗忘的写作》(1954)

目 录

导 论 …………………………………………………………… 1

第一部分 施特劳斯复原显白风格 5
第一章 揭示显白风格:致克莱因的书信 …………………… 7
第二章 接纳显白风格:《〈库萨里〉中的理性之法》 ……… 39

第二部分 苏格拉底式启蒙 87
第三章 特别的苏格拉底式哲思:色诺芬的女学 …………… 89
第四章 苏格拉底,真的真男人:色诺芬的男学 …………… 127
第五章 柏拉图式政治哲学:"辅佐诗" ……………………… 148
第六章 将哲学史回溯到荷马:伯纳德特眼中的《奥德赛》 …… 180

第三部分 现代启蒙 217
第七章 代表正统抨击启蒙:《哲学与律法》导论 …………… 219
第八章 代表苏格拉底抨击启蒙:《什么是政治哲学?》 …… 263
第九章 推进启蒙:施特劳斯复原尼采的神学政治规划 …… 312

尾 声 施特劳斯的告别 ……………………………………… 361

施特劳斯主要作品译名表 …………………………………… 366

参考文献 ……………………………………………………… 368

索 引 ………………………………………………………… 375

导　　论

[1]这本书的目的是,辨识施特劳斯工作中持久重要的东西,使它与可能使它受到亏损的政治活动分离开来。施特劳斯的持久重要性在于一项丰碑式的成就:他重新发现了现代启蒙之前所有哲人践行的写作艺术;他推动产生的新哲学史,能够复原我们传统中那些伟大思想家和诗人的真正教导。

可能使施特劳斯的伟大成就受到亏损的政治活动,很大程度上在于施特劳斯本人推崇古代或古典政治哲学,贬低现代政治哲学的实践。那一实践或政治学使他在修辞上赞扬古代人、责备现代人,从而误传了每一方真正的伟大,而这种伟大变得可知,是靠施特劳斯指出古代人和现代人共享的那种写作艺术的美妙缤纷。古代和现代一流思想家的共享之处,其重要性远远超过他们的分歧:两者都理解并践行哲学与诗的差异,即通过用政治哲学来补充哲学,使理解与行动相结合。用施特劳斯的话说,古代和现代的思想家都看到,必须发展"神学政治规划"来服务于真正的理解。施特劳斯复原了那一共享的伟大,并让我们有幸得见之;靠着他的帮助,可以看到,从古代的苏格拉底到现代的尼采,政治哲学真正和持久的伟大赢得了同样的回应:人们感谢它教导了最重要的东西,即关于事物的理性观点。

较小程度上,使施特劳斯持久重要之处涉险的是他所创建的学派的政治。尼采对那种学派给过恰当的提醒:"忠告保守主义者……无人有幸[2]当螃蟹。"①理解哲学的写作艺术从苏格拉底,不,从荷马到尼采的异曲同工,将使我们看到哲学的真正过去并非使哲学成了返回过去的工具,而是使哲学成了如尼采所说的那样凭着知情并怀着感恩向前推进的工具:"我们是极北族人。我们知道路,我们已经发现整个数千年迷宫的出口"。②这个出口要经过对这种写作艺术的理解。

施特劳斯在现代启蒙的长远后果中,或者如他所认为的,在现代启蒙的衰落危机中,重新发现了这种写作艺术。并且他开始实践他所重新发现的这种写作艺术的他自己的形式,该形式在教导这种写作艺术的精妙方面极具启发,即使对于那些未被说服的读者,这种艺术在老的方式中、出于老的理由,也仍然必要。施特劳斯谈及由这种艺术产生的写作:"严格地说,所有(这种)写作都不得不显白"(《迫害》,35)。我遵循施特劳斯在这本书中的用法:掩盖同时又传达哲人们的隐微思考,这种技巧所产生的文本是显白作品。因而施特劳斯说,

> 一本显白的书包含两种教导:具有训导性质的通俗教导处在前台;涉及最重要主题的哲学教导只在字里行间暗示。(《迫害》,36)

我的书颂扬施特劳斯对显白风格的复原,部分是通过选出并注释性地研究一些他对哲学丰碑之作的无与伦比的评注,部分是通过注释性地批评他对现代哲学的显白教导。

施特劳斯是那些显白作品的显白向导,但我觉得完全可以曝露施特劳斯写作的修辞,因为我的视角并非源自施特劳斯,而是源自尼采。

---

① 《偶像的黄昏》,"不合时宜者的挑衅",格言43。[译按]这句意为,没有人可以不前进。德文 Streifzuge Unzeitgemassen(英译 Skirmishes of an Untimely Man)常被译成"不合时宜者的漫游",但从 Streifzuge 和 Skirmishes 的本意,以及尼采所写的内容——到处得罪人——来看,译成"挑衅"更合适。

② 《敌基督》,格言1。

施特劳斯的发现可以导致一个意外结论:对古典作品的真正理解推进了宽泛理解的现代启蒙,即尼采着力推进的启蒙。我们过去伟大思想家们的显白作品中所保存的隐微真相,可以作为支持启蒙的数千年之久的论辩。真相的连续性,一再达成的对世界和人更真实看法的连续性,证实在哲学所认识的理性限度内,哲学可能是对世界和人的真实理解。尼采——是尼采!——谈到科学通过其把握事物的力量,即在人类法律和观念的不断流变下抓住它们的根基,而带来的"深沉和根本的幸福"——[3]并且尼采此处正在谈论上溯到伊壁鸠鲁(Epicurus)和德谟克利特(Democritus)的关于自然和人之自然的科学。① 宽泛理解的现代启蒙——其重要源头是培根(Bacon)和笛卡尔(Descartes),植根于他们大力宣讲的新自然科学,并指向免于宗教统治,而由理性及其仆从宗教所统治的新社会秩序——已经有了卓越成就:一种公共的科学向整个世界展示关于宇宙和人类的可信知识,一种技术改善了人类状况,一种政治秩序导致了团结在一面现代旗帜下的联合人类的越来越普泛的各种组织。这些卓越成就使现代启蒙不可逆转,因为唯有它的推进值得向往,而它的推进预设它的道德根基发生根本改变,这被尼采视为他的工作之一。施特劳斯对尼采的复原表明,尼采重复了伟大的思想家们和行动家们在我们数千年传统中体现的东西:在一个三步骤的奥德赛之旅中,理解自然这一原动力旋即要求去理解"当前的精神处境",② 进而要求采取行动以便通过神学政治规划来推进理解。施特劳斯对显白风格的复原,殊难用来复辟前启蒙的做法或信念,却可用来推进尼采所倡导的获知;对显白风格的复原可以帮助推进一个伟大的现代实验,志在将社会秩序基于对事物真实看法的"真相实验",③ 为此尼

---

① 《快乐的科学》,格言46——他的论断紧跟着格言45。
② 施特劳斯写于1932年的一篇未刊手稿的题目(*GS*,2.441-456)。
③ *Kritische Studienausgabe*,volume 11,notebook 25,entry 305;此后提到这一版本将采用缩写,例如:*KSA*,11.25 [305],1884年春。

采发现了适合的诗。

∞

我这本书所展开的结构中,并存着两个年代表,一个关于施特劳斯作为思想家的发展,一个关于施特劳斯的工作所持续反映的哲学史。第一部分,"施特劳斯复原显白风格",始于施特劳斯生涯中的决定性时刻,即他复原显白风格,然后谈此事对施特劳斯的作用,即他决定实践他自己版本的显白风格。第二和第三部分中断了施特劳斯自身发展的年代表,以便遵循[4]哲学史的年代表,并先后探讨施特劳斯工作的两个焦点,古代人和现代人。第二部分,"苏格拉底式启蒙",探讨色诺芬(Xenophon)和柏拉图的苏格拉底,结尾一章探讨这一切如何因荷马而开启。第三部分,"现代启蒙",回到了施特劳斯工作的年代表,从他跨越将近四十年的思考中选出三篇关键文章,用来追踪他对现代启蒙的回应。随着施特劳斯深入考量对现代启蒙的必要回应,一个人物,尼采,上升到了至关重要的地位。所以,这本以施特劳斯对哲学史的理解为主题的书,跟我所有的书一样,旨在为尼采使之可能的新哲学史尽一份力。

第一部分

施特劳斯复原显白风格

[5]我们很幸运,施特劳斯对他重新发现显白风格这件大事留有记录。在致他朋友克莱因(Jacob Clein)的书信中,他列出了那些日子里发生的,他重新发现显白风格的主要项目。这些书信是那么新鲜、兴奋、凝练,又带着对未来的焦虑:究竟他该如何向外界讲述这些发现呢?在这一复原事件数年之后,施特劳斯以一篇文章表明了他如何解决这个问题:他将仿效他有幸复原的那些伟大先师,也成为一名显白作家。第一部分的两章先考察施特劳斯致克莱因的书信,然后考察他复原哲人显白风格的首个重要注疏作品,该作品也给出了他实践自己版本的显白风格的理由。

第一章
揭示显白风格:致克莱因的书信

[7]施特劳斯于1937年12月前往美国谋求教职的时候,他的哲学史研究已经非常深入。17年前他就以一篇论雅可比(Friedrich Jacobi)的论文取得了博士学位。他在1925-1928年间写了一本论斯宾诺莎的书,其中含有对西方哲学中无神论历史的论述。他还曾经编撰门德尔松(Moses Mendelssohn)全集,这需要熟知有雅可比、莱辛(Lessing)、康德(Kant)、莱布尼茨(Leibniz)等人参与的德国启蒙运动的争论。1930年代,他钻研犹太和伊斯兰的中世纪哲学,于1935年出版了一本论迈蒙尼德(Moses Maimonides)及其伊斯兰前辈的书。他还深入研究霍布斯(Hobbes),写了两本书,其中一本他译成英文,于1936年出版。这三本出版的书,这些关于迈蒙尼德和霍布斯的书,都把柏拉图当作参照标准,都给古典哲学留有重要位置。在这一哲学史工作中,施特劳斯经常遇到显白写作的事实和表达,写完《哲学与律法》之后,他对此有了更多了解,尤其是显白写作在迈蒙尼德和伊斯兰哲人那里的体现。①但是在这位已经有所建树的39岁学者的生命中,1938年1月是个转折点,因为直到此时,施特劳斯才彻彻底底复原显白风格,并在将近两年的私人书信里,[8]直言不讳、毫无掩藏地讲述给他的挚友,即跟他有

---

① 施特劳斯作为青年思想家的思想发展,参看迈尔,*Leo Strauss:Gesammelte Schriften in sechs Bänden*,2. ix - xxxiii;Janssens,*Between Athens and Jerusalem*;Zank,*Leo Strauss:The Early Writings*,Zank 翻译了许多重要篇章,并且提供了详实有益的解说。

着相同知识关切的克莱因。①

施特劳斯致克莱因谈论复原显白风格的书信,值得让世人周知。这些书信酣畅淋漓,没错,一连串了悟的欢欣遍布难得安身的22个月。用迈尔(Heinrich Meier)的比喻来说,这些书信包含着"一系列哲学的超新星爆发"。②如今这些书信可以指引施特劳斯的读者再度研究他的作品以及这些作品所提到的哲学史人物。总的来看,与施特劳斯所写的其他任何东西相比,这些书信都更能无可争议地证明他作为读者的卓越,以及他自己的显白写作实践:这些书信表明他所学到的东西,而后来的作品表明他选择如何来呈现这些东西。

1920年,都刚满20岁的施特劳斯和克莱因在马堡大学相遇并成为朋友。1925年,施特劳斯作为研究人员受雇于犹太学研究院(Akademie der Wissenschaft des Judentums)之后,他们在柏林继续友情。1932年,施特劳斯离开德国,他们保持密切联系。施特劳斯关于显白风格的书信始于他1938年1月20日发自纽约的一封信。他于1937年晚些时候只身离开英格兰的剑桥,到美国寻找机会,以便安顿一位将近40岁的德国犹太学者,他出版了许多书和文章,却从未在一所大学获得教职。旅途劳顿,并且为他自己和为克莱因谋求全职工作也毫无头绪之际,施特劳斯却述说:"迈蒙尼德越来越令人兴奋。"施特劳斯于1922年研究斯宾诺莎《神学政治论》时追溯到了迈蒙尼德,至少从那时开始,迈蒙尼德就是施特劳斯的一个研究主题,但如今,一个不同的迈蒙尼德在他面前显现。施特劳斯在他第一本书里说迈蒙尼德是"虔信的犹太人"(《斯宾诺莎的宗教批判》,185),但如今他说,

---

① *GS*,3. 544 – 587。相关书信由德文写成,夹杂一些希腊文、拉丁文、法文和英文。施特劳斯获知显白风格之前的长期历史,使他信中所记重要发现得以可能的历史,可见于 Janssens,*Between Athens and Jerusalem*,尤其是页 123 – 133;还可参看后面的注释 7。

② 迈尔,*GS*,3. xxxiii。

> 他是真正自由的人……对他来说,关键问题不是创世或世界永恒(他认可世界永恒);而是理想的立法者是否必须是个先知。

关键问题成了政治的,因为世界永恒的本体论问题已经解决,而理想立法者是个先知的必要性,"他——否定了,正如在他之前的法拉比(Al-Farabi)[9]和与他同时的阿威罗伊(Averroes)所做的"。接着施特劳斯就这里的难处发了点牢骚:"这一点非常难以证明,因为他以注疏的形式讨论这些问题。"后来他自己的写作艺术也将把这种难处交给他的读者。

施特劳斯的下一封信(2月7日)简短讲述他为争取克莱因(和他本人)在社会研究新校的职位而做的努力,结尾是"现在我必须研究迈蒙尼德"。一周多之后(2月16日)他讲述结果:

> 我的迈蒙尼德研究大有进展——我指的是对《迷途指津》(*The Guide for the Perplexed*)的理解——但一行也没有写。

讲述开头的小玩笑显出他的得意洋洋:他提到目录学家搜求无果的一本书,《论三个冒名顶替者》,一本据说关于三个奠基性冒名顶替者——摩西、耶稣和穆罕默德的书。此书曾被归于多位作者,但施特劳斯说它未被发现,"只因即使它就在人们手上,却仍被寻找:它就是《迷途指津》(或者也可以是阿威罗伊和法拉比的著作)"。随后是他的发现:

> 你无法想象,迈蒙尼德以多么极致的细腻和嘲讽对待"宗教"……人们误解迈蒙尼德,只是因为人们没有考虑到他可能是个"阿威罗伊派":考虑到这一点,所有难题在原则上都可解决。

在陈述他的实际发现之前,施特劳斯看到了这一发现的后果:

> 如果我在若干年内引爆这枚炸弹(假如我活得够长),将会激起一场大战。

施特劳斯通过引述一位熟人①对他说的话暗示了这枚炸弹的破坏性:"对于犹太教,迈蒙尼德比圣经还重要。"因此:"从犹太教抽走迈蒙尼德,等于抽走了它的根基。"施特劳斯酷酷地评论说:

> 这将产生有趣的结果:单纯的历史论断——即迈蒙尼德就信仰来说绝对不是犹太教徒——有着相当重大的当前意义:哲学和犹太教原则上的不可调和("清楚地"表述于《创世记》第二章)将被展示 ad oculos[在眼前]。

这位对于犹太教比圣经还重要的思想家绝对不是犹太教徒;他是位哲人,而哲学和犹太教不可调和——这就是炸弹。施特劳斯将如何引爆它? 他说自己"目前""离这些重要的事情还很远",此时他更关心的是"集成一本秘密言辞的词典"——他就这些事情最终动笔的基础总是耐心的点滴工作。但"秘密言辞"是个误导:

> 迈蒙尼德技艺的一个要点当然就是他完全公开地谈论[10]一切,即使在那些白痴也不会去看的地方。

迈蒙尼德的显白风格没有隐秘幽深或重峦叠障:一切要点都藏在明处。需要的是用恰当的视角,按着文本复杂的构思来审视文本表面。从一开始施特劳斯就知道,显白风格并非晦涩超常的神秘事物。关于自己首次进入迈蒙尼德的显白风格,他讲述的结尾是:"阅读是难以置信的享乐,让我收获颇多。"信已署名,但他意犹未尽,补充的一段话证实了他的发现带给他的压力:"尼采有句格言:若我手握真相,我敢张开手吗?"②独在纽约,远离妻子,③对自己的未来,对家庭和挚友的未

---

① 格拉采(Nahum Glatzer),著名的犹太教学者。
② 我没有找到尼采的这一格言,不过这一思想完全是尼采的。
③ "没有米利亚姆(Mirjam)在身边安慰,真的! 我只剩下半个。"1938年1月20日,GS,3.545。

来满怀忧虑的施特劳斯,开始做出那些转变他哲学观并确定他毕生事业的发现。他知道自己手握炸弹,他想到了尼采,尼采说,"我是炸药"。①

五个月后,施特劳斯回到英格兰,他在7月4日提到"你所知道的奥秘论文";接着在7月23日,准备永久迁居美国的同时,他讲述自己"沉浸在我的工作中,即完成那篇你已经有所了解的奥秘论文。昨天我终于写完了"。这篇奥秘论文是谈迈蒙尼德,1941年发表,1952年作为《迫害与写作艺术》的第三章或者说居中一章再次发表,即《〈迷途指津〉的文学特性》。② [11] 施特劳斯简短描述了发现迈蒙尼德显白风格之后的这第一个作品:

---

① 《哲学与律法》之后出版的两篇文章,记录了施特劳斯品味迈蒙尼德显白风格方面的重要进展。《对迈蒙尼德和法拉比的政治科学的若干评论》("Quelques remarques sur la science politique de Maimonide et de Fârâbî",1936,写于1935年8月-10月;尤其注意138-144、152-156)和《论阿布拉瓦内尔的政治倾向》("On Abravanel's Philosophical Tendency",1937,写于1937年4月-8月);先于书信中的那些发现而出版的这最后一篇文章中,施特劳斯说到迈蒙尼德"彻底的理性主义"(203),并描述了他区分"说给庸众的外在的、字面的意思……和纯粹哲学性质的秘密意思"(199、200)。迈尔注释中提供的一个事实表明,对施特劳斯关于自身过去的看法,书信所记的进展多么关键。在他1963年文章《如何着手研究〈迷途指津〉》的首句,施特劳斯提到,"经过大约25年常被打断但从未放弃的研究,我越来越清楚《迷途指津》的构思"。迈尔讲述,施特劳斯划掉了手稿上原先的年数,该数字追溯到1924年他开始研究《迷途指津》(该年他出版了《柯亨对斯宾诺莎圣经学的分析》["Cohens Analyse der Bibel Wissenschaft Spinozas"])之时,而代之以25,即把开端放在1938年:两本书和众多文章所记录的14年的迈蒙尼德研究一笔勾销,为的是把他理解《迷途指津》的开端放在这些书信的时间(*GS*, 2. xxiii)。

② 《迫害与写作艺术》,38-94。首次出版于 Salo W. Baron, *Essays on Maimonides*, New York: Columbia University Press, 1941, 37-91。在30多年后的《告白》("A Giving of Accounts")中,施特劳斯告诉大家,克莱因曾说读过此文之后,"我们重新发现了显白风格"(《犹太哲学与现代性危机》,463)。

> 从这六个小章中,细心的读者将理解一切,肤浅的读者将得到一捆有用的信息。

他由此照顾到两类读者,一类能够读懂,一类虽然读不懂,却也能获益——他已经留意使自己的写作带有迈蒙尼德写作的最重要特性,而这种特性他刚刚学着去理解。他接着说:

> 我在纽约形成的观点越来越肯定:至少就我所知,《迷途指津》非常惊人。《查拉图斯特拉如是说》中尼采所想的东西,即戏仿圣经,在《迷途指津》中以大得多的尺度实现。

他还是喜欢提到冒名顶替者:

> 悖论在于,提出三个冒名顶替者学说的人,正好跟他们所揣测的宗教创建者一样:他们自己就愚弄大众。

施特劳斯准确描述了迈蒙尼德的目标:

> 对迷途者的指导,或对迷途者的教诲,就是为迷途者,即为哲人,重述托拉(Torah)[=教诲]——托拉的仿制品,但有"一点""补充",只有专家才会注意到它们,但它们意味着对托拉的彻底批判。

施特劳斯对《迷途指津》的阅读得到了佐证,他发现迈蒙尼德的《密西拿托拉》(*Mishneh Torah*)有着同样品质,"同样是天才的嘲讽之作"。

这封信的其余部分透露了施特劳斯对他在迈蒙尼德那里的发现,以及对他自己"奥秘论文"的复杂感受,他先是谦虚(很难配上他知道是一项历史性进展的东西)地说:"我确实可以略微自豪于自己解开了这个迷。"但想到自己手中所握的东西,这种自豪就稀释了:

可是或许我的神经还不够强——或者我缺少 Scientia[科学]——或者兼而有之。总之,面对我的解释所可能造成的情况,我有时会战栗。

他的战栗无法抑制他的昂扬情绪:

结局将是,我这可怜鬼,不得不尝尽这位 12 世纪的恶魔巫师让我喝下的汤汁。不过,正如异教徒所说,fata nolentem trahunt[不情愿者被命运拖着走]。Esto[甘愿]!

进入迈蒙尼德的非犹主义的这个犹太人所引用的异教徒是塞涅卡(Seneca),他的完整说法是:"甘愿者由命运引领,抗拒者被命运拖曳"——施特劳斯自认为跟异教徒塞涅卡一样是个甘愿者。

[12]10 月 15 日写信时,施特劳斯已经回到纽约,他拮据到向克莱因借了一小笔钱,数周后如期偿还,令人沮丧的是这将成为惯例。① 这封提到显白风格的信里,施特劳斯说:"我开始工作了。"什么工作呢?由于得自迈蒙尼德的收获,施特劳斯如今开始研究迈蒙尼德的终极导师——柏拉图。② 他的讲述简明:"我开始工作了:*Nomoi*[《法义》]!"

---

① 克莱因已于 1938 年 4 月抵达美国,有了薪资:9 月份他在马里兰州安纳波利斯的圣约翰学院取得教职,并在那里度尽余生。

② 施特劳斯十几岁时在马堡古典的菲利普人文中学(Gymnasium Philippinum)学过希腊文,并阅读柏拉图。他晚年谈到,"那时我 16 岁,我们在学校读了《拉克斯》,我产生一个计划,或者说愿望,要毕生阅读柏拉图"("告白",《犹太哲学与现代性危机》,460),他实际上实现了这个计划或愿望。施特劳斯在马堡参加 Paul Natorp 的柏拉图研究班,有人说他用诸如《高尔吉亚》这样的希腊语柏拉图文本来辅导朋友们(Udoff, *Leo Strauss's Thought*, 27)。但柏拉图很晚才进入他的作品(除了他 1921 年关于雅可比的博士论文,见 *GS*, 2. 246、248、271、275)。*GS* 所收"早期文稿"(Frühe Schriften)中最早提及柏拉图,是在 1930 年 12 月的讲稿《当前宗教处境》("Religiose Lage der Gegenwart"),以及 1931 年的讲稿《柯亨和迈蒙尼德》("Cohen und Maimuni")中。Janssens 透露,

柏拉图的《法义》开始向他敞开:"首先,理解作品中'含糊言辞'的意思。"他在括号里补充的惋惜在他谈及希腊话题时将变得很常见:他在读学者们的注疏,但是对于正在发现希腊人显白风格的读者,这些学者的肤浅和自以为是实在无法消受。但他读柏拉图时有助手:①

> 如今我在读希罗多德,我以天主教徒的名义发誓,他也是位隐微作家,并且还很完美。总之,又遇到了。

在迈蒙尼德那里遇到的情况,在希腊作家这里又遇到了,并将反复遇到,直到施特劳斯看到希腊人显白风格的整个传统。他调皮地把他和他妻子的美国生活描述为英国[13]生活的继续——"但香肠、腌菜和葡萄柚汁的入侵增加了开支"——然后他用精彩的小笑话结束了他的短信:"我和我妻子衷心问候你,你的朋友,列奥·施特劳斯。"Frau[妻子]被圈起来,指向一个脚注,即出自希罗多德第一个完整故事的三行希腊文,坎道列斯(Candaulus)邀巨吉斯(Guges)来看他妻子的裸

柯亨的判断——迈蒙尼德"跟柏拉图比跟亚里士多德更加一致"——如何使施特劳斯去考虑迈蒙尼德的柏拉图基础,由此打开了成为施特劳斯毕生事业中最重要元素的东西(*Between Jerusalem and Athens*,109)。在1930年代对施特劳斯特别重要的柏拉图主题有:《理想国》的洞穴比喻,《理想国》对哲学之自然障碍的论说成了一个基础,施特劳斯据此来理解启示和现代哲学所增添的额外障碍或者说历史障碍,即第二洞穴;苏格拉底关于正当生活的问题;以及迈蒙尼德和他的前辈把哲人王作为先知学的根本教导。见《当前宗教处境》,1930年12月,GS,2. 385 – 389;《柯亨和迈蒙尼德》,1931年5月,同前,411 – 413、426;《律法的哲学根据》("Die philosophische Begründung des Gesetzes"),1931年夏(后来作为《哲学与律法》的最后部分出版);以及《律法的精神处境》("Die geistige Lage der Gesetzes"),1932年2月,GS,2. 455 – 456、461 – 462。还可参考后来在《哲学与律法》中对柏拉图的评论,73 – 78。《对迈蒙尼德和法拉比的政治科学的若干评论》,前揭,128 – 129、136 – 137、152 – 156;以及《论阿布拉瓦内尔的政治倾向》,前揭,196 – 199。

① 施特劳斯似乎没有在读阿尔法拉比论柏拉图;他没有提到此人,他把所有发现都呈现为他自己的。

体,以便确认她是最美丽的女人。①施特劳斯解释了这个"让 M.[米利亚姆,他的妻子]非常喜欢的巧妙故事"的隐微含义:

> 妻子是所有人自认为最美的"祖传法律"。不幸的巨吉斯,他看到的"妻子"不是他自己的。所以说:隐微。

这是一封适合在尼采生日寄出的信。

五天后(10月20日),施特劳斯更深入地谈及希罗多德:"我实在佩服,我跪拜这种技艺(= 能力)。"虽然他为希罗多德倾倒,但他另有关切:

> 我幸运地发现,就我所知,他的作品真的是柏拉图的唯一范本。

但这种唯一性或许出自他的无知:"(但或许例如关于肃剧家,我们的一切知识全都错误。)"希罗多德在柏拉图那里指给施特劳斯的东西,无论如何都是一次超新星爆发:

> 因此我可以表明,柏拉图最贴近我心的东西,根本不是特定的柏拉图哲学。

柏拉图有别于柏拉图主义,这位别样的柏拉图是施特劳斯所亲近的。他清楚描述了希罗多德和柏拉图的一个关联:

> 希罗多德:一本关于 logoi[历史,故事]的书,带着对 logoi 的解药。《法义》:一本关于法律的书,带着对《法义》的解药。

他还补充了一个评论以表明他现在如何阅读柏拉图:

---

① 希罗多德,《原史》(*Histories*),1.8.1 – 2。

(此外,《斐德若》关于埃及 logoi 的段落在表述上肯定关联着希罗多德的一个非常特别的段落。)

隐微的柏拉图对隐微的希罗多德非常敏感并同样地回应。施特劳斯兴高采烈:"以我一如既往的天真和谦逊,我宣布希罗多德之谜已经解开!"他又说:

(a)波斯战争史,(b)小故事,"小小说",(c)人种志(ethnography),它们的共同基础已经找到——待我们见面再谈。

这个不幸的暂停可以看作是在提醒我们有多幸运,因为正如施特劳斯在 12 月 15 日的信中所说,他没钱安电话。他用英语结尾:"尽管经济困难,但我非常高兴。"

两周后[11 月 2 日]可以看到:

我发现自己处在消耗自己的痴狂状态:希罗多德之后又是修昔底德(Thucydides)!

施特劳斯的痴狂包括柏拉图:伯利克勒斯(Pericles)的葬礼演说是"一篇纯粹的戏仿——恰似《普罗塔戈拉》中的普罗塔戈拉讲话"。修昔底德的显白风格包括通过沉默来表达意思:

sôphrosunê[节制]这个词[14]没有出现于葬礼演说:那是修昔底德对伯利克勒斯的雅典和伯利克勒斯本人的批评。

修昔底德的显白风格在言与行的混合中井井有条地呈现出来:"他的历史不是'历史',而是旨在用行向那些无法被言教导的人们表明,忽视节制将导致什么。"施特劳斯明白"历史学家"修昔底德的立场:"对于修昔底德,肯定是言比行更为重要。"施特劳斯在括号里插入了关于柏拉图的话——"(一个全然柏拉图的主题——参考《申辩》和《克力同》)"——他还详述了这一想法:

> 用柏拉图的话说,行只是 paidia[儿戏],因此它们……本质上是谐剧。

他给自己的柏拉图评论附上了注解:

> 注意篇名:没有英雄! 只有四个篇名指示了主题:《理想国》、《法义》、《治邦者》、《智术师》——它们已经说出一切!①

施特劳斯表明他如何隐微地阅读柏拉图:

> 此外,《申辩》结束的词是神,即《法义》开篇的词。也就是说,《申辩》中刻意袪除的问题——城邦信仰的诸神——恰恰成了《法义》的主题。《法义》是柏拉图最伟大的艺术之作。

他在署名之后又补充了一句,"我开始明白古人多么被误解"。

三周后(11月27日),施特劳斯讲述他开始写一篇新的文章,《论古典政治哲学研究》。他想要以此表明,"希罗多德、修昔底德和色诺芬不是历史学家——当然不是——而是显白、规劝作品的作家"。色诺芬就这样进入了施特劳斯谈论被误解的古人的书信,并将很快占据重要位置,尽管往往多少指向更重要的柏拉图。对于这三位希腊历史学家,他说:

> 他们的历史作品恰恰是柏拉图在《理想国》第三卷中推荐给青年的读物:在这些散文作品中,言辞(即历史著作中插入的logoi)的分量要重于言辞之间的东西(即对行动的表现)。

---

① 24年后,施特劳斯在《城邦与人》之"论柏拉图《理想国》"的导论性文字中重复了这句话:"只有四篇对话的篇名指示了主题:《理想国》、《法义》、《治邦者》、《智术师》。没有柏拉图的自然或真相。"他还给出清楚的结论:"篇名所揭示的对话主题绝大多数都是政治的。"(55-56)

他在括号里评论说:"(据柏拉图的说法,作者在其中完全隐藏的柏拉图式对话属于更高的层次。)"以柏拉图为顶点的显白风格的整个历史开始呈现;柏拉图的哲学显白艺术,即他的对话作品,超越了之前所有希腊人在隐微传达方面的[15]成就。施特劳斯随后讲述色诺芬在《居鲁士的教育》里所指向的东西。他称之为"一部全然伟大的极度讽喻之作",他说,

> 通过对居鲁士的刻画,他展现了苏格拉底所是。只有通过这一中介,色诺芬才能展现真正的、隐藏的苏格拉底,虽然他在《回忆》(*Memorabilia*)里展现了显见的苏格拉底。

色诺芬作品中这一不寻常的方式将施特劳斯引向他对苏格拉底圈子的一个非常重要的洞见:"他的苏格拉底形象与柏拉图的苏格拉底形象并无根本不同。"这一洞见将使施特劳斯创历史地复原那个借助色诺芬和柏拉图而留传的真正的苏格拉底,这确实是所有复原中最重要的一个,因为苏格拉底独一无二,是"所谓世界历史的漩涡和转折点"。①

五天后(12月2日),施特劳斯能够说:"希腊政治哲学的历史仍然让人非常兴奋。"从亚里士多德开始,他能看到"伦理和政治的'低下'……当然这也是柏拉图的观点,柏拉图……只以嘲讽笔调写政治"。随后是首次注意到那个将会最具爆炸性的问题:"苏格拉底也非'伦理学家':他只是用关于人类的对话取代了(希罗多德的)神话和(希罗多德的跟修昔底德的)历史。"施特劳斯没有详述他对苏格拉底的惊人洞见,只是说,"可以用色诺芬的《回忆》来证明这一点"——即恰恰用似乎最能证明苏格拉底只不过是个"伦理学家"的这本书。施特劳斯想知道更多:

---

① 尼采,《悲剧的诞生》(*Birth of Tragedy*),格言15。

> 我很好奇索福克勒斯那里藏着什么,根据传说,他是希罗多德的朋友——恐怕这里也是哲学,而不是城邦和祖先。……我已经写信告诉你,daimonion[精灵]的正确翻译是:nous[心智]。

并非"伦理学家"的苏格拉底虔诚地称指引他的东西是个私人的"精灵",同时只靠智力来指导他自己。施特劳斯详解了这位苏格拉底:

> 科学是真正的Mantik[占卜术],是关于teleutê[目的]的真正知识,因为[它是]关乎archê[原理或缘由或开端]。

十天后(12月12日),施特劳斯讲述他正在研究对话的问题,而对话是"隐蔽呈现真相的理想形式"。① 为此,施特劳斯提供了对四篇柏拉图对话,即《会饮》《申辩》《斐多》和《法义》的概括解读。他对《法义》的评论表明,他现在如何将柏拉图的全部作品[16]视为一个整体。

> 《法义》基于一个虚构,即苏格拉底逃出了监狱!《法义》的漏洞(苏格拉底得以逃往克里特的漏洞)清楚显示于《克力同》!

一个短句给出了必然结论,而且这个句子非常需要一个感叹号:"因此在柏拉图的著述中没有'早期和晚期'。"施特劳斯由此搁置了现代柏拉图学者中最大的先入之见,即按照某种柏拉图的"发展"流程,把对话按年代分为早、中、晚期。施特劳斯如今在所谓早期的《克力同》中,看到了法律提供给苏格拉底的逃脱选项,让克力同相信苏格拉底只能留下来的选言判断并非没有遗漏;未被谈及的可能性是逃到一

---

① 施特劳斯在这封信的开头感谢克莱因的书在解读对话方面"非常有教益",在对话中言与行的关系这一基本问题上,他询问是否他正确理解了克莱因。

个遥远的守法之地,例如逃到克里特,而这被描绘于所谓晚期的《法义》。一个"早期"对话为一个"晚期"对话设定了场景——施特劳斯对学术主流,对现今普遍偏见的拒斥,使他能够将柏拉图的全部作品看作一个统一整体,其中的任意一篇对话都默默地提示着另一篇。

关于苏格拉底的第二个不可或缺的信息附带出现在这封信里,施特劳斯在括号里说:"苏格拉底教导 peri phuseôs[关于自然]。"他还补了一个脚注:

> 阿里斯托芬完全正确——他只是不知道阿那克萨哥拉(Anaxagoras)与苏格拉底的差别。

这里有个现代学术完全漏掉的苏格拉底,现代学术过于字面地理解那些对话的防御性修辞:施特劳斯看到,这些对话暗示了苏格拉底继续但更加审慎地研究高处和地下的事物,研究全体存在。这位苏格拉底,这位自然方面、宇宙论方面的哲人,是施特劳斯对柏拉图和色诺芬的成熟注疏中审慎呈现的苏格拉底。

两个多月后,施特劳斯的书信再次谈及他的工作,但这封信[1939年2月16日]在所有信中最具爆炸性。他首次宣布想要撰文讨论色诺芬,这篇文章就是九个月后发表的《斯巴达精神或色诺芬的品味》:①

> 我打算在文章里证明,他对斯巴达表面上的赞扬,实际上是对斯巴达和对雅典拉科尼亚主义(Athenian Laconism)②的讽刺。

---

① 文章于1939年发表在《社会研究》(Social Research),此后施特劳斯决定不再重新发表这篇直言不讳的文章。

② [译按]拉科尼亚是以斯巴达为中心的地区,拉科尼亚主义即向往斯巴达。

他说:

> 色诺芬是我的特别 Liebling[挚爱],因为他有勇气装成白痴,历经千年——他是我知道的最大骗子。

施特劳斯非常喜爱色诺芬的伪装、欺骗,他推断色诺芬所做的也是其导师所做的:[17]"我相信他在其作品里所做的,正好是苏格拉底在其生活里所做的。"苏格拉底是个大骗子,他把自己最好的学生也教成了骗子。教了什么?对于他复原的显白风格,施特劳斯在此阐发了最极端,甚至可以说令人震惊的方面,他揭示道:

> 无论如何,就[色诺芬]而言,道德也纯粹是显白的,几乎句句都有双重含义。

苏格拉底和他的圈子站在善恶之外。施特劳斯举了两个有双重含义的词为例:kalokagathia,意思是"贤人风范"(gentlemanship),它结合了"美"(beautiful)[或"高尚"(noble)]和"好"(good),以便指称希腊男青年向往的典范;还有 sôphrosunê,这个词将全部希腊美德汇入深思熟虑的稳妥心智或智慧的自制。这两个词都指称希腊贤人的自豪之处,而公民的正直和热心公益的慷慨主要由贤人承担,城邦的存在和伟大都系于贤人——色诺芬通常被这些贤人误会成乏味的代表,老顽固(the Colonel Blimp),他愿意被他们误解为白痴。施特劳斯给出了这两个词的隐微含义:

> kalokagathia 在苏格拉底圈子里是个贬义词(swear word),有点像 19 世纪的"市侩"或"资产者"。而 sôphrosunê 基本上是观点表达方面的自制。

苏格拉底的 sôphrosunê 是他的显白风格,是他的自制,即他在赞扬他认为社交方面必需的东西时,能够隐藏他的意指。对于理解了社会需要相信道德的非道德者来说,道德仅仅是手段。

施特劳斯最后添了一句:

——总之,跟在迈蒙尼德那里完全一样,这里有一整套秘密言辞,所以说我发现了一个 fressen[宴席]。

一年前施特劳斯对迈蒙尼德显白风格的复原,使他能够复原——享用——迈蒙尼德伟大的希腊导师们的显白风格:迈蒙尼德所做的,苏格拉底已经做过。"秘密"言辞不是故弄玄虚(hocus pocus);它们是日常使用的非常体面的言辞,由像苏格拉底、色诺芬或迈蒙尼德这样讲究技巧的人说出,从而变得非常不同于它们的日常意义,它们变得反讽。此处不仅是一种技巧实践。如果说迈蒙尼德给他的独一真启示宗教的环境,带来了苏格拉底在不同的雅典背景中形成的反讽或显白实践,那么就宗教而言,雅典和耶路撒冷的差异并无根本不同。苏格拉底、色诺芬、柏拉图都超出道德,因而不仅对道德,而且对道德的宗教基础都有洞见。从迈蒙尼德的显白风格追溯到苏格拉底圈子的显白风格,可以看出苏格拉底圈子虽然没有直接经验到,却洞见到了启示宗教,或者说一神论的性质。因此迈蒙尼德炸弹引向另一个更致命的炸弹,涉及[18]整个苏格拉底哲学,涉及后来对整个文明都具有根本性的道德教导。

色诺芬或许是施特劳斯的挚爱,但还是宏伟的柏拉图给了他最大的挑战和最大的回报。仍然是在这封信中,他告诉克莱因,《法义》第一卷暗中指向《斐多》的结尾场景,其中斐多说,当毒药的作用在苏格拉底体内扩散时,他"盖住了自己"。将柏拉图全部作品看作一个统一整体的做法再次带来洞见,为了解释《斐多》中的这一事件,施特劳斯指向《法义》第一卷的 648d5 – e5 和 647e。施特劳斯指向的整个段落都有相关性,但关键言辞是"害怕像所有人一样被酒打败"①——施特

---

① 我翻译了施特劳斯对这段的译文。

劳斯说:"骇人的饮料当然就是死亡!"因此施特劳斯论断:"甚至苏格拉底面对死亡也失败了,所有人面对死亡都遭到失败。"借助《法义》来理解《斐多》中的苏格拉底想在死亡临近时掩面,这让施特劳斯看到柏拉图在《斐多》这篇转述对话中的技巧,并说出了研究柏拉图对话时一个至关重要的收获:

> 转述人斐多的特点在于,他没有注意到这一点,为此也就接受了关于不死的论证。

柏拉图敢于把对苏格拉底最后一天的记忆安排给这么一名门徒,此人无法充分理解他虔诚记忆并乐于详述的事情——《斐多》是由柏拉图记载、由一名严守字面的弟子转述的苏格拉底的最后一天。由于对某些东西不曾留意,这名转述者是合适的转述者。他的绝大多数听众或读者也将不会留意;他把苏格拉底的言行转述给一名晚辈,后者在这个重要的方面跟他一样。但是,有少数听者和读者能够估量不死论证的有效性,能够做到施特劳斯正在做的,即把柏拉图巧妙分散在《斐多》和《法义》中的东西拼接起来。施特劳斯能够非常自信地断言,苏格拉底关于不死的论证是显白论证:足以说服斐多和绝大多数读者,但逻辑上有缺点。苏格拉底对死亡的害怕使得他在那些他用不死论辩鼓励和振作的人们面前,蒙上了脸。关于《法义》,施特劳斯最后说:"我相信《法义》已经清楚了(第十卷的神学是刑法的一部分!)。"那个感叹号非常合适:神学是政治的一部分,该部分关切实施惩罚的法律;实施惩罚的诸神确保了对法律的服从。有死的苏格拉底在他死亡之日所担保的,[19]对不死及善人和恶人不同命运的信仰,是刑法尤其有效的部分。

如果说《法义》现在清楚了,那么"《理想国》正开始变清楚"。这种日益澄清产生了结果:

> 从去年起我猜测它的实际主题是 bios polit. [政治生活]与 bi-

os philos.［哲人生活］之间的关系，并且它致力于激烈批判和拒斥政治生活，这个猜测得到了充分确认。

这使施特劳斯补充了对苏格拉底圈子来说第三个不可或缺的有双重含义的词，dikaiosunê，"正义"，他同样给出其隐微含义：

> ［我的猜测］在此找到了细节，即它致力于批判正义：《理想国》恰恰是对 adikia［不正义］的反讽辩护，因为哲学就是不正义——这完美地出现于忒拉绪马科斯（Thrasymachus）的讨论——正义输掉了测试，它取胜只能通过结尾的神话，即通过 kalon pseudos［美的谎言］，通过严格说来不正义的行为。

从第一卷到最后的神话，整个《理想国》已向施特劳斯敞开：它是对正义的显白维护，同时着眼于掩护哲学，哲学按其自然就是不正义；通过苏格拉底，正义的裁判者和批评者学到要赞扬现实生活及其所要求的正义。①

施特劳斯还有话说：正开始变清楚的《理想国》提供了又一个主要洞见，通过第四个重要的词，thumos，"血气"（spirit）或"热心"（heart），它是《理想国》关于灵魂的新教导的关键词：

> 血气也纯粹是反讽的！epithumia［欲望］（desire）跟血气之间的区分只在显白意义上成立，为此"格劳孔（Glaucon）的"kallipolis［完美城邦］破碎了。

那是格劳孔的完美城邦，不是苏格拉底的，苏格拉底建造它是为了

---

① 这个发现的先兆出现在《霍布斯的政治哲学》（147）（1935 年以德文写就），施特劳斯在此把柏拉图的美德论述概括为一种等级结构，其中"智慧最优越，但出于一种显白观点，正义最优越"。整个第 8 章，"新政治科学"，表明了施特劳斯在 1938–1939 年的诸多发现之前曾如何看待柏拉图。

格劳孔及跟他血气相投的人,建造它是为了用关于他们血气性质——荷马塑造的灵魂——的新信念来控制他们的血气。这些施特劳斯对《理想国》成熟解释的完整切片,以稍微含蓄的语言发表于《城邦与人》和《政治哲学史》之柏拉图章。在这些惊人的言论之后,施特劳斯收束自身:"但是现在要回到所谓生活。"

[20]两周后(2月28日),尽管压力重重——妻子患病,经济拮据,父亲身处1939年的德国,以及得在两周内完成关于色诺芬的文章——施特劳斯还是讲述说:"再无疑问了,色诺芬的苏格拉底跟柏拉图的一致——只是较之柏拉图,色诺芬表现苏格拉底时更加掩饰,更加如在眼前。此外,他比柏拉图远为矜贵(=更败俗)。"他的发现让他补充说:"语文学家傻得无法形容!"

六个月后,施特劳斯和他的妻子在纽约州菲什基尔(Fishkill)附近的威科匹(Wiccopee)度假。7月25日,施特劳斯写信告诉克莱因,他在新校的临时受聘已经结束,下一学年,即1939—1940学年,他将在汉密尔顿学院、米德尔伯利学院和联合学院各执教六周,在威斯莱茵大学执教三周,其余时间在阿姆赫斯特学院执教。接着他讲述了自己的工作。他曾收回自己关于色诺芬的文章并予以重写,对此他苏格拉底式地调侃了一下,

> 说到色诺芬,赫拉(Hera)在上,我没有夸大其词:他非常伟大,不亚于修昔底德,甚至希罗多德。他的史书的所谓缺点,说到底是因为他十分蔑视 kaloikagathoi[贤人]的 erga[行为]。

他还谈了色诺芬的显白写作:"此外,他言无不尽,只要人们努力睁开眼睛,或者如他所说,只要人们不满足于听,而愿意去看。"施特劳斯补充了他之前已经表达的判断:"毋庸置疑,色诺芬的和柏拉图的苏格拉底一致,两者有着同样的苏格拉底-奥德修斯,以及同样的教导。"他阐述了自己的主张:"《回忆》跟《理想国》的问题一致:正义与真相之间,或者说实践生活与理论生活之间的关系问题。"此外,

柏拉图和色诺芬的技艺大体一致：都不以自己的名字写作；《回忆》和《上行记》(*Anabasis*)的作者都不是色诺芬，而是匿名的我；在《回忆》中，唯有色诺芬被苏格拉底称为"孬种"(wretch)。至于 ne kuna [借用狗]，色诺芬是这么安排的：他让苏格拉底讲了个寓言，其中一条狗以宙斯(Zeus)起誓！这个例子非常清楚地表明色诺芬是怎样一条狗。总之，他美妙绝伦，是我今后毋庸置疑的挚爱。

随后开启下一段的句子是，"我这里有三条狗"。

[21]两周后(8月7日)，施特劳斯讲述他已经开始笺注《回忆》，而他遇到的"最大问题"是："苏格拉底只关心伦理事物这一原则——这一彻底虚假的原则，在何种意义上也是真实的。"施特劳斯对显白文本的阅读要求虚假在某种意义上真实，这种由于某种视角的真实有别于普通读者认为的真实。多数读者乐于读到苏格拉底只关心伦理；但少数读者想要了解，这种隐微来看虚假的表述，何种程度上可以是真实的。施特劳斯用希腊语词指出，通常的答案很清楚："anthropos - logos - on[人—言辞—存在]。"他补充说：

> 特别重要的是 philia [友爱]难题，鉴于对**友爱**是什么的理解摧毁了神话的神学：上等人难以成为下等人的"朋友"，于是拒绝神意。我相信这就是《回忆》的中心思想。

苏格拉底只关心伦理这一虚假声明中的真相在于，人们可以从这一声明得出本体论的/神学的意涵。因此施特劳斯在信的结尾说："我相信我已经大体理解了色诺芬关于苏格拉底的作品，以及《上行记》、《希腊志》(*Hellenica*)、《居鲁士的教育》，还有一些短篇。"

施特劳斯在他的假期里更加深入到色诺芬的作品中。8月18日，他说，虽然闷热阻止了他的"色诺芬统计"，即他对诸如 dialegesthai [论辩]和 philoi [朋友]这些词的使用的统计，但我在此期间完全理解了《回忆》,如果说理解了框架就等于完全理解了这类书的话。那些与柏拉图的一致之处简直令人震惊,有时甚至让人愕然自问:色诺芬和柏拉图是两个完全不同的人吗?

他得出一条关于苏格拉底的结论:"这种关联性无疑是因为绝大部分教导和技法都源自苏格拉底本人。"这位教师兼伪装者的苏格拉底,并非"苏格拉底对话或《回忆》"里面的道德家,而是比绝大多数人所想象的要激进、有远见和伟大得多。施特劳斯没有排除在苏格拉底圈子里色诺芬和柏拉图互相影响的可能性,这方面"非常难以置信的"表现,"是色诺芬(在《会饮》里)评论柏拉图!如果可以称之为'评论'的话"。施特劳斯发现色诺芬《会饮》里的柏拉图和色诺芬被漫画为叙拉古人和菲利波斯(Philippos)。当菲利波斯针对叙拉古人的指控而维护苏格拉底时,苏格拉底就叙拉古人(柏拉图)对菲利波斯(色诺芬)说:"你若声称在某个方面好过他,便是侮辱他。"施特劳斯说:[22]"如果这不是笔下的最高褒奖,我不知道还能怎么做。"①

施特劳斯的下一封信(10月10日,寄自汉密尔顿学院)以"诗式"段落开始,预示了信中随后的内容,因为这封信说,他已经将希腊的显白风格追溯到希腊的奠基性诗人——这是这些书信所记载的复原显白风格方面的最后一个大推进。②通过柏拉图,通过《蒂迈欧》的宇宙论,③施特劳斯进入赫西俄德(Hesiod)的《神谱》。该诗作"当然并非标题已经表明的神谱(哪个好的作者会在标题给出主题,而不是让他的

---

① 这一解读似乎没有再现于施特劳斯后来对《会饮》的解说;见《色诺芬的苏格拉底》,167 – 169。

② 关于这个重要的主题,参看 Janssens,"The Philosopher's Ancient Clothes: Leo Strauss on Philosophy and Poetry",载于 Armada 和 Gornisiewicz,*Modernity and What Has Been Lost*。

③ 在他要求下,他收到了克莱因的一封长信,克莱因在信中解读了《蒂迈欧》(*GS*,3. 577 – 579,1939 年 8 月 14 日)。这是这段时期唯一留存的来自克莱因的信。

读者去发现呢?)"。施特劳斯以三个简洁的判断讲述了主题:

> 而是回答何为初始的、非受生的事物这个问题;再就是通过这个问题来阐明奥林匹斯事物;最后是启迪这个问题及其回答意味着什么,亦即智慧意味着什么。初始事物并非诸神,而是大地、天空、星辰、海洋,诸如此类,它们在一个地方明白地区别于诸神。

通过解读显白细节的含义,施特劳斯再次找到打开一本奠基性希腊书籍的"钥匙":"打开此书的钥匙是——诸位缪斯。"诸位缪斯的"双重谱系"表明该书的显白和隐微特性:

> (1)[诸位缪斯]显白地源于宙斯和摩涅莫绪涅(Mnemosune);(2)她们隐微地是海洋的后裔。关联何在,你很快就会猜到,基于《奥德赛》的开端,以及《泰阿泰德》和《形而上学》对泰勒斯(Thales)起源原理的评论。

施特劳斯的列举表明,他对显白风格的发现如何将他引向对希腊思想整体的概观俯察:赫西俄德的诸位缪斯出自海洋的隐微含义,可以在荷马那里,也可以在柏拉图和亚里士多德那里读到,柏拉图和亚里士多德评论了泰勒斯的原理,即一切都源于水这个元素——每个伟大的希腊人都知道别人在说什么,并做出相应的反馈。于是施特劳斯给出概括性判断:"整个[23]都是真相与谎言的混杂,这在对赫西俄德的启示里说得很清楚。"施特劳斯只提到诸位缪斯把自己介绍给赫西俄德的行数(II. 26 – 28):她们先是斥责他;然后说她们知道如何把许多谎言说得像真相,而如果她们愿意,也知道如何说出真相。[①]

[①] 关于施特劳斯对赫西俄德《劳作与白天》的深入评论,见《古今自由主义》,36(1959);关于他对赫西俄德的总体解读,见评论《劳作与白天》的上下文,《古今自由主义》,34 – 37。还可参看伯纳德特(Seth Benardete)论赫西俄德的重要文章,《哲学的第一次危机》,见《情节论证》(Argument of the Action),3 – 14。

施特劳斯转而谈论赫西俄德的另一主要诗篇:

> 究竟赫西俄德本人对初始事物如何设想,我不知道:柏拉图在《克拉提洛斯》谈到这个问题时说:"我猜想"。但我肯定知道《劳作与白天》(Works and Days)和什么相关。你曾提问关于标题的意思。答案是:只需用诗中确实存在的相反元素替换掉原先的元素:言辞与黑夜,即掩饰了的言谈。主题是:夜莺与鹰,即歌者与国王之间的冲突,以及适合 hoi polloi[民众]的显白道德(后一点,即对劳作予以赞扬的显白特征,几乎全在表面)。赫西俄德显然是歌者。

一如既往,柏拉图出场了:

> 柏拉图在《泰阿泰德》中关于过去时代的诗人所说的话,即他们藏哲学于诗,就赫西俄德来说(他还出现在《理想国》某处一个故事的中间),①确实可以证实。

施特劳斯往赫西俄德之前追溯:

> 我相信,荷马也是如此。看看阿喀琉斯(Achilles)的盾!以及《奥德赛》中自我认同于奥德修斯,以及忒耳西忒斯(Thersites)说出真相这一醒目的事实。

最后,施特劳斯转向帕默尼德(Parmenides),说他如何符合施特劳斯发现的这个希腊智慧所在的秘传整体:"他与之前赫西俄德,与之后柏拉图的联系跃入视野。"施特劳斯点出女性在帕默尼德那里的角色,

---

① 是否施特劳斯指的是苏格拉底所说,"关于那些最大事物的最大谎言"(《理想国》377e)?苏格拉底说到赫西俄德的起源故事,其中神推翻神:关于它们"最好保持沉默",但如果必须谈到它们,"极少数人应该把它们当作不可说的秘密来听"(378a)。抑或苏格拉底在解释言词中的城邦之衰落时,提到的"赫西俄德的五种族"(546e)?

以及说"女人比男人更'温暖'(即更像光)"的片段,他称之为"对 andreia[男人血气]进行批评[24]的里程碑"。① 又是柏拉图:

> 这个句子是反讽的,跟《理想国》里关于妇女平等所说的一样——两处的背景都一样。然而人们只有相信哲学而非"希腊人",才能看到一些东西。

男性特征和女性特征,结合对男人气质的批评——这是成熟的施特劳斯的一个主题,令人难忘地表述于他后期的解读作品《色诺芬的苏格拉底言辞》,后面论 Gynaikologis[女学]和 Andrologia[男学]的第三章和第四章将予以说明。

施特劳斯以一句括起来的话结束了他的讲述:"(不要笑话你的小朋友,他如今已经步入施瓦本年纪。)"——按照古老的施瓦本规矩,进入40岁(三周前的9月20日)就是进入智慧的年纪。施特劳斯在开玩笑,但他说的不假:他在40岁时步入了最激动人心的智慧之中。荷马和赫西俄德获得了这一智慧,并以隐微方式传给他们培养的未来世代的希腊智慧之人。希罗多德和修昔底德别样地复原和重述了这一智慧,苏格拉底和他圈子里的两个伟大作家也别样地复原和重述了这一智慧。由于保存在色诺芬和柏拉图的作品中,希腊智慧传给了非希腊的各民族。②

---

① 两个半月前(1939年7月25日),施特劳斯在署名之后附上一个似乎不相干的评论:"注意男人血气理念的可疑性质。"

② 10月10日的这封信在结束时提到了古特曼(Julius Guttmann),施特劳斯在1935年的《哲学与律法》中抨击过他的迈蒙尼德解释。施特劳斯的表弟,天才的阿拉伯学专家克劳斯(Paul Kraus),在耶路撒冷与古特曼有过谈话。施特劳斯说:"古特曼说他正在写文章反驳我,对此克劳斯回答,太晚了,因为我这时有了新的迈蒙尼德解读。"是否施特劳斯曾经向克劳斯复述他在一年半前讲述给克莱因的他对迈蒙尼德显白风格的发现,抑或他曾寄给克劳斯他已经完成但未出版的关于迈蒙尼德的文章?

这封书信里没有体现,但在随后的书信中可以看到,累积的愁事儿让施特劳斯沮丧。在他关于赫西俄德的书信两周后,他再次从汉密尔顿学院写信(10月25日),讲述他的"工作进展得非常之慢"。尽管如此,"我从色诺芬那里得到足够的证据,指向苏格拉底哲学的毕达哥拉斯(Pythagoras)背景。色诺芬确实伟大"。他同时在研究柏拉图:

> 此外,我现在大体上理解了《会饮》:它是关于阿尔喀比亚德(Alcibiades)之渎神的"真正"启蒙;并非阿尔喀比亚德,而是苏格拉底道出了神秘。这佐证了一个头等事实,即苏格拉底的真正"控告者"是柏拉图。①决定性的是把普路托(Pluto)神话中的[25] Ge[大地]替换为 Penia[贫乏]:那就是渎神。"②

另一封信(11月7日)结尾的话表达了前所未有的深深沮丧:"没做什么——只剩忧心(我的父亲。米利亚姆的健康,失业,没钱),无法推进我的工作——快回信。"

三周后,他情绪好转,从联合学院写了一封长信谈进一步的发现(11月28日)。他的文章《斯巴达精神或色诺芬的品味》已经发表:"你不难想象我焦虑地等待着你对这篇大胆小文的看法"——大胆,但施特劳斯补充说,"我只呈现了一部分论证"。他还顾虑更广泛的学术界的反应,因为他"与主流意见的距离每周都在扩大"。真的是以周计算。在关于赫西俄德的信三周后,他讨论了柏拉图的

---

① 施特劳斯8月18日的信,谈到色诺芬《会饮》里叙拉古人这个人物时,也提到柏拉图是"苏格拉底的控告者"。

② Penia[贫乏]在第俄提玛(Diotima)关于 Eros[爱若斯]出生的神话中是爱若斯的母亲;在施特劳斯去世后出版的《会饮》解读中,贫乏是爱若斯所有特征的来源(《论柏拉图的〈会饮〉》,192-197),这意味着爱若斯没有双亲,或者说爱若斯"是自然的自然"(196)。

《书信》:

> 我相信全部柏拉图书信(包括第一封)都是真的:柏拉图的书信相当于色诺芬的《上行记》:它们意在表明作者未被苏格拉底败坏:作者在对话中始终掩藏自己,而《书信》的目标跟《上行记》一样,是表明掩藏着的作者绝对无害,绝对正常。

施特劳斯认为,柏拉图的书信是一个构思严密的整体,总数是13,第七封书信,或者说中心书信,处理的是中心问题。"除了你,我如何才能让别人相信这些——我真的不知道。"

施特劳斯在结尾说:

> 约翰逊正式把我从新校的教员名单上划掉了。我又回到了1938年1月的处境。你知道哪里有什么机会吗?①

1938年1月是他抵达新校谋求教职的时间,也是他首次写信讲述发现显白风格的时间,这封书信,这最后一封讲述那些发现的书信,以对这一时间的诡异提及结束;他最后一封书信重提他第一封书信的时间,并且说,他相信柏拉图的书信是个完备的整体。这一令人悚然的巧合有助于凸显这些关于显白风格的书信所传达的一个要点:伟大的[26]作者掌控着他们作品中的巧合,以便传达他们认为必须遮蔽的他们认为的真实。这种显白风格是希腊人智慧的一个突出特性,它的传承远远超出它的希腊故乡,施特劳斯在过去的两年里有幸成为这一希腊真品的最后藏家。他说自己处在1938年1月的境地,这就给他讲述复原显白风格的书信一个突然的、结束性的惊叹号。在许多方面,施特劳斯的确处在差不多两年前的地方,但有个重要的方面不是:在此期间的月份里,他复原了西方哲学与诗在其希腊

---

① 约翰逊(Alvin Johnson)是新校校长。

源头的隐微宝藏。①

施特劳斯选择如何张开他的手

施特劳斯致克莱因的书信是一座永久的宝藏。这些书信对显白风格爆炸性秘密的清晰表述——即信中因那些秘密而表达的狂喜——不见于其他任何他公开或未公开的作品。尽管这些书信对于追踪施特劳斯复原显白风格非常有用,但也要认识到它们的局限。这些书信所讲述的收获有着长期的前史,至少部分可以追溯到施特劳斯公开或未公开的作品。但比那个较长的发现轨迹更重要的是,这些书信本身甚至没有提及复原显白风格所蕴含的最重大的理论收获。面对当前时代最强大的偏见,即相信哲学本身受限于它思考所处的时空——即哲学在其古典意义上是不可能的——施特劳斯复原哲人的显白风格表明了哲学的实际存在,从而帮助证明哲学是可能的。对哲人显白风格的深入了解可以证明,渴望在思想上超越他们所处时空的伟大哲人所获得的眼光,显然可以被其他这样的思想家分享,并且看来可说是真实可证——通常在哲人最终知道的知识限度内。得到这些收获之后,哲人便开始下降,显白地讲述他们的收获,使之适应[27]他们时代流行的偏见,同时在字里行间与潜在的同类交流。然而在过去的两个世纪,那些必要的适应被过于字面地解读,好像它们表达的是哲人的最终定见。结果,哲学史被看作一个数千年之久的演示,证明了历史主义,证明了

---

① 在目前出版的施特劳斯往来书信中,没有与这些给克莱因的书信同时的、由他写给其他人的书信;因此无法知道,是否他只把自己的发现讲述给他最亲密的朋友,而没有告诉别人。对于这位本身通晓希腊作品的专家,施特劳斯后来说他"让我相信两件事:第一,哲学上必要的一件事,首先是返回、复原古典哲学;第二,解读柏拉图的方式,尤其是哲学教授和搞哲学的人的方式,完全不合适,因为没有考虑到那些对话的戏剧特性"("告白",《犹太哲学与现代性危机》,462)。

最伟大的思想家们无法在思想上超越他们的时代。施特劳斯复原显白风格的意义不亚于复原哲学的可能性,复原对世界和人性的真正理解。①

在他做出发现期间和之后,施特劳斯持续写作和发表,如果说所有相关文章都是谈显白风格,那么它们的方式非常不同于这些书信。第一篇,《〈迷途指津〉的文学特性》,所谓"奥秘论文",完成于1938年7月,但直到1941年才发表。它包含一个题为"道德两难"的小节,施特劳斯在这里讨论了解释者所感到的"良心苦痛",因为解释者想要解释作品中的秘密教导,而原作者却"非常强烈地恳求读者不要向其他人解释书里的任何内容"(《迫害与写作艺术》,54、55)。施特劳斯平复苦痛的办法是模仿《迷途指津》,该书呈现为对秘密教导的隐微解释:他的解释便是"对隐微教导的隐微解释进行隐微解释"(《迫害与写作艺术》,56)。施特劳斯在他的下一小节"秘密和矛盾"里描述了迈蒙尼德用来给他向往的读者传达真相的一些做法,但没有直接透露他自己的这一结论,即迈蒙尼德"就信仰来说绝对不是犹太教徒"。

他的下一篇文章是关于他的挚爱,写于1939年他的诸多发现期间,公开于1939年11月,即他关于显白风格的书信结束前不久。②《斯巴达精神或色诺芬的品味》比他后来写的关于色诺芬的东西都要坦率,例如声明"哲学否认城邦的诸神"(532),以及哲学"与接受城邦诸神根本不可调和"(534)。不过他还是忍住不去清楚说出,这对迈蒙尼

---

① 这一哲学收获是迈尔的主题。"The History of Philosophy and the Intention of the Philosopher" (*Leo Strauss and the Theologico - Political Problem*, 55 - 73);还可参看 Melzer, "Esotericism and the Critique of Historicism" 和 "On the Pedagodical Motive for Esoteric Writing"。

② 1939年5月初,在圣约翰学院,施特劳斯以出版时的标题讲了一课(致克莱因的信,1939年4月13日,*GS*,3.571;还可参看5月9日的信)。迈尔说这一作品是"施特劳斯在我们眼前展现精心写作艺术的第一个出版物……同时也是施特劳斯讨论一位古代哲人的第一篇文章"(*Denkbewegung*, 15 n. 4)。

德的神也有效。

[28]接着在1939年12月,他关于显白风格的书信正好结束且刚刚40岁不久,施特劳斯开始写一篇文章,题为《显白教导》。文章以莱辛开头——施特劳斯从未在致克莱因的书信中提及此人——讲述了莱辛"在大约40岁时"发现了显白风格(《显白教导》,57,注29)。施特劳斯开启最后一段的句子是"我回到莱辛",这是个宣言:我,施特劳斯,回到莱辛,回到逐步复原显白风格且亲身采取这一实践的莱辛。莱辛复原显白风格的各个阶段呈现于施特劳斯短文的架构里,此文开篇的疑问在结尾得到了答案:

> 恰恰是他坚定不移的古典主义……先是让他注意到一些古代哲人的显白风格,后又让他理解了所有古代哲人的显白风格。(59)

从"注意"进至"理解",包含一个转折点:

> 如果我没有弄错,他是在自身转变之后,在体验到哲学是什么以及哲学要求牺牲什么之后,通过自己的运用,重新发现了那一[显白与隐微之间]区分的分量。(57)

哲学体验可以区分"哲学性的人和非哲学性的人,并且由此可以区分两种呈现真相的方式"。施特劳斯强调莱辛"坚定不移的理性主义"的连续性,并且点出莱辛曾说"我已经抛弃的""某些偏见""我不得不再拿回来",施特劳斯在此触及的"政治难题"——"即便绝佳的公民政体也必然不完美"——"使莱辛的思想决定性地离弃了启蒙哲学"并"转向旧的哲学类型"(58)。施特劳斯强调莱辛的转变不是"转向任何浪漫主义——转向所谓更深入的和历史的关于统治和宗教的观点"。但莱辛"在从启蒙哲学转向那种旧的哲学类型的途中","表面上"接近"某些浪漫主义观点"。雅可比说莱辛做出的一个"政治评论"表明他多么接近某些浪漫主义观点:

> 据雅可比所述,莱辛曾说,反对教皇专制的论证要么根本不是论证,要么可以两三倍地用来反对君主专制。(58)

施特劳斯问:"是否莱辛有过这样的观点,教会专制两三倍地好过世俗专制?"①施特劳斯没有直[29]接回答,而是继续援引雅可比:"雅可比以自己的名义——但肯定有莱辛的精神——在别的地方说,'完全'基于迷信的专制不如世俗专制那么坏。"(58-59)施特劳斯点明对显白风格的不同立场:"世俗专制易于跟启蒙哲学结盟,同时拒斥严格来说的显白风格",正如霍布斯的教导所表明的。但

> "完全基于迷信的专制",即根本不基于强力的专制,如果不迷信的少数人不愿克制公开揭露和反驳"迷信"信仰的话,它就没法维持。

这种克制与启蒙的做法相悖,至于教皇专制,很难说是"根本不基于强力"。莱辛呢?离弃启蒙哲学之后,他在罗伯斯庇尔的世俗专制之前领先一代人认识到,"反对用政治来解决文明难题……这一浪漫主义者的主张是相对真理"。但他拒绝"这一相对真理"——拒绝回到教会专制——"宁愿选择通往绝对真理之路——哲学之路"。"那一刻的体验"使莱辛"能够理解莱布尼茨'审慎'的意味",因为莱布尼茨是"显白风格传统的链条上离莱辛最近的一环"。还有其他环节,"审慎的笛卡尔",甚至不那么审慎的斯宾诺莎。"但莱辛不必依赖任何现代或中世纪"环节,因为他熟悉显白传统的"源头";因此施特劳斯可以结束他关于莱辛"坚定不移的古典主义"的短文了,这种古典主义让他"理解所有古代哲人的显白风格"(59)。

---

① 教会专制和世俗专制哪个更严苛,这个问题在经验方面可由历史记录来回答;Pinker 的 *Better Angels of Our Nature* 大量总结相关记录,证明教会政制更残酷。这种残酷的理论根据在于,教会专制的末世论目标及其诉诸绝对权威和灵魂的永恒命运,无限抬高了所有参与者的赌注。

第一章 揭示显白风格:致克莱因的书信 **37**

莱辛是离施特劳斯最近的环节,施特劳斯本人像他所刻画的莱辛一样,勤勉深思,且熟悉中世纪和现代显白风格的源头。施特劳斯也先是注意到并最终理解了所有古代哲人的显白风格,他试图让自己的文章继续表明这一点。这篇遗文的公开版本结束于最后一段的最后一句,但施特劳斯并未在此结尾。迈尔说他以一个标题"Ⅱ"结尾,这个第二节没有写出,但留有提纲:

> 7. 亚里士多德的"显白"作品。8. 西塞罗(Cicero)。9. 色诺芬。论狩猎。10. 柏拉图的书信。11. 柏拉图的对话。斐多,理想国,蒂迈欧。12. 柏拉图论[30]诗人和赫西俄德论缪斯。13. 赫拉克利特(Herakleitus)。14. 重要的异议:伊壁鸠鲁和智术师。西塞罗。《论共和国》卷3。①

刚刚结束致克莱因论显白风格的书信,施特劳斯就筹划他对显白教导的首次解释,他先用一节来讲述跟他本人在40岁时的体验相似的莱辛在40岁时的体验,并进而去做莱辛没有做的事,也是之前任何古典显白风格的拥护者都没有做的事,即讲述他自己对古典作品"勤勉深思"的研究如何展现了几乎"所有古代哲人的显白风格"。施特劳斯

---

① 迈尔,*Denkbewegung*,15 n. 4。我修改了9和12两项,以符合迈尔认为正确的抄本。这些数目代表段落吗? 第一部分包含八段。施特劳斯在《告白》里说:"我所发现的关于显白言辞和隐微言辞的区分及其理由,莱辛已经都说过了。"(《犹太哲学与现代性危机》,462)莱辛的影响显见于施特劳斯给门德尔松全集写的那些导读,尤其是1937年《对〈晨时〉和〈致莱辛的朋友们〉的导读》("Einleitung zu 'Morgenstunden' und 'An die Freunde Lessings'",*GS*,2. 525-605)。施特劳斯1948年的讲演《理性与启示》("Reason and Revelation")在结尾时对莱辛的赞颂非常重要(迈尔,*Leo Strauss and the Theologico - Political Problem*,178-179)。迈尔极有价值的文章《施特劳斯如何成为施特劳斯》("How Strauss Became Strauss")的最后两段表明了莱辛对于那一"成为"有着重要作用,此文是他为*GS*所作"前言"(*GS*,2. ix - xxxiii)的英文修订和扩展版本。

选择不去公开,或甚至不去完成他关于显白教导的文章。这暗示了他为张开手而考虑的早期方式,其第二节未写出的部分在小篇幅上要做的,正是他余生大篇幅要做的,即写出显白风格的历史。但他决定不去写一篇文章来论莱辛和显白教导的简史。相反,他写了两篇关键文章,一篇是对该话题的一个导论,另一篇是一个注疏和宣言。

第一篇,《迫害与写作艺术》("Persecution and the Art of Writing"),发表于1941年11月的《社会研究》(Social Research),该刊物是新校社会研究方面的学术期刊,施特劳斯最终于1940年秋在这里得到一个永久职位。他于1952年将这篇文章作为同名著作的第二章出版,该书使他成名且引发争议。虽然这篇文章简要给出支配显白写作的条件和动机,但如果与致克莱因书信中所含的爆炸性相比,如果从施特劳斯本可选择说出的东西来判断,它却是一篇克制之作。

第二篇,《〈库萨里〉中的理性之法》("The Law of Reason in the Kuzari"),[1]施特劳斯在此以解读方式张开了他握着爆炸物的手,这种方式成了他的典型样式。这篇文章的突出重要性在于其话题:"'哲人[31]是什么',即哲学与社会生活或政治生活的关系"(《迫害与写作艺术》,95)。他的文章精彩示范了他对前辈们巧妙写作的巧妙接纳。但不止于此。他还表明了自己选择如何张开他告诉克莱因的他握有财富的手,与此同时,他决定宣布自己所做选择的理由。

---

[1] 从关于显白风格的书信结束后到这篇文章之前,施特劳斯还在《社会研究》发表了八篇书评。见迈尔的"Bibliographie", Denkbewegung, 54 – 55。

第二章
接纳显白风格:《〈库萨里〉中的理性之法》

[32]哈列维(Yehuda Halevi)是12世纪的犹太诗人(约1075—1141),只有犹太人纪念他。他通常被描述为诗人和哲人,但他的主要散文作品《库萨里》(*Kuzari*),一本"为这受蔑视的宗教论辩和论证之作",是对哲学的抨击。①施特劳斯的文章《〈库萨里〉中的理性之法》是他为自己所说的"中世纪犹太哲学的另一经典著作"②而发表的唯一作品,也是他唯一一次发文讨论哈列维。他的文章问世于1943年,即他关于显白风格的书信结束四年后。这篇文章在他的作品中占据特别的位置,因为施特劳斯在此宣布——如果可以用这个词的话——他这个复原伟大哲人们显白风格的学者,将接纳(embrace)显白风格,因为显白写作的理由,以及哈列维在显白写作中有所创新的理由,仍然有效。③

---

① 哈列维的一小部分诗作作为犹太教礼拜传统的成分留传下来。Hillel Halkin 所作传记 *Yehuda Halevi* 介绍了他的生平和诗作。施特劳斯引用的一篇关于哈列维的传记文章,是哥伦比亚大学的历史学家 Salo Baron 所作的"Yehuda Halevi: A Answer to an Historic Challenge"。

② 《〈哲学与律法〉一书的谋篇:历史文集》("Plan of a Book Entitled *Philosophy and the Law*: Historical Essays"),《犹太哲学与现代性危机》,469。在《哲学与律法》中,施特劳斯称迈蒙尼德和哈列维是"中世纪犹太哲学的两个领导人物"(68)。

③ 施特劳斯的文章首先发表于 *Proceeding of the American Academy for Jewish Research*,13(1943),47–96;后作为《迫害与写作艺术》五章中的第四章重新出版。至少更正了两处排印错误;改动了脚注中指向的文内页码;第10

[33]《〈库萨里〉中的理性之法》是个精细的解读作业,要求全神贯注。但它也是一场高级的戏剧表演:一位长期从事写作的成熟的思想家,近来知道了伟大思想家们和作家们的隐秘做法,获得了极具爆炸性的东西,且轻松展现了关于整个哲学传统的真相,现在他登上舞台,装扮为仅仅是名注释者,有一些大多都很乏味的东西要讲述,实际上涉及的事对于意中的读者来说却很是激动人心。这些炸药就等着他。

施特劳斯此文的显白性质由题词美妙地示意出来,首先,题词是希伯来文,其次,题词的内容是:"'他柔舌所出的智慧使他超出众人的争执。'——哈列维论巴录(Baruch)。"①哈列维对巴录的评论也适用于他自己。施特劳斯对哈列维的评论同样如此。

《库萨里》是一篇对话。开篇讲到卡札尔人的国王库萨里(Kuzari)梦到一位天使告诉他,神对他的宗教做法不悦。为了确定做什么以便取悦神,他咨询了一位哲人、一位基督徒、一位穆斯林,但都不满意,最后,他求助一位犹太学者,此人说服他,他所蔑视的犹太教对于他和他的民众乃是真宗教。在第一段,施特劳斯陈述了他文章的主题:"哲人

段,用 could not be imaged[难以想象]替换了原先的 is not even imaginable[甚至不可想象],par excellence[杰出]不再斜体;第 12 段,however[然而]用标点前后间隔开;第 17 段,face[脸]改成了 forehead[前额];第 27 段,places the main emphasis[主要强调]改成了 is chiefly concerned with[主要涉及];至少少了一处排印错误,Kusari(第 10 段)。这些小改动反衬出施特劳斯没有改动的内容都有什么:英式拼写,例如 defence[维护](译按:美式拼法是 defense),英语的错误,例如 we are used to read philosophy books[我们习惯于读哲学书](译按:philosophy 是名词,使用形容词 philosophic 或 philosophical 更符合语法),informations[讯息](译按:information 不可数,一般不加 s),inacceptable[不可接受](译按:一般拼法是 unacceptable),as 不带动词地用作连词,德语标点(包括无数次用用逗号把主语跟它的谓语隔开)。他也没有改动脚注数码 7ª 和 103ª。后面的引文将在圆括号里标明其所在段落序数。

① K. H. Green 在"Religion, Philosophy, Morality"(264 n. 30)里的译文。

是什么"或"哲学与社会生活或政治生活的关系"。施特劳斯对理性之法(law of reason)这一表述的使用,使他的标题可被读作"《库萨里》中哲人与社会的关系"。①

施特劳斯的前言

施特劳斯的文章始于"所有哲学史研究者们"开始的地方,即始于一个"必然含混的"关于哲学的看法。他文章的内在运动或谋篇布局犹如出自一名好的刚刚开始的研究者:努力将[34]一个含混的开端转变为"一个关于哲学的清晰看法"。施特劳斯断言,这一努力让人自然地从"哲人是什么"这个问题进至"哲学与社会生活或政治生活的关系"。这一关系"被'自然法'(Natural Law)一词勾画出来,该词既不可或缺,又招致严重的反对"。施特劳斯没有立即指出那些反对是什么,也没有指出"自然法"如何涉及他标题中的"理性之法"。相反,他在开篇表现得像一名刚刚开始的研究者,遵从权威:

> 如果我们遵从那些伟大的中世纪导师们的建议,首先询问"那位哲人",我们就会从他那里得知,有些事情"自然就正义"。

亚里士多德认为,"关键问题并非 ius naturale[自然法]的存在,而

---

① 这篇对话戏剧性地表现了一桩可能的历史事件,即卡札尔国王布兰二世(Bulan II)改宗犹太教,"发生在782到838年之间"(Brook, "Brief History of the Khazars",35)。当哈列维撰写他的对话时,这一事件对于犹太人已经具有传奇性和标志性地位:哈列维选择犹太教胜利的著名事件来写他关于哲学和犹太教的对话。这篇对话以希伯来字母的阿拉伯语写于1120年代或1130年代的安达卢西亚(Andalusia),后在1167年的普罗旺斯(Provence)被伊本·提朋(Judah ibn Tibbon)译为希伯来文,并且"《库萨里》是以伊本·提朋的译本成为犹太经典"(Halkin, *Yehuda Halevi*,244)。

是它的存在方式：它是像数目和数字那样'存在'，还是以别的方式'存在'？"①哲学的初始问题是本体论问题，即自然法有着何种存在。施特劳斯提到的一种是智力建构的存在，像数目或数字。他似乎用第一段来指示他的文章如何推进：他遵从伟大的中世纪导师们的权威；像他们一样，他遵从一位希腊哲人，一位苏格拉底式的哲人；像他们一样，他推断自然法是个心智建构，没有独立的存在。这段的最后一句也是个线索："这个问题本来(to begin with)可以化为一个更常见的形式：自然法是一个正当理性的命令吗，是一套本质上理性的规则吗？"——本体论问题"化为"询问自然法理性状况的道德或实践问题。施特劳斯的化约指出，一个心智建构的概念可以在实践或道德意义上是理性的。

施特劳斯的第二段给出了帕多瓦的马西利乌斯(Marsilius of Pasua)的清楚判断，他解释的亚里士多德是把自然法看作"可以说所有人"都接受的"一套习俗规则"；这些规则"有赖于人类制度"，"只能比喻地被称为自然法"。通过摆出马西利乌斯所理解的亚里士多德，施特劳斯区分了"基督教亚里士多德主义者马西利乌斯"和"基督教亚里士多德主义者阿奎那"，后者将自然法定义为"理性受造物对永恒法的参与"。

"回到犹太教亚里士多德主义者……"，但施特劳斯第三段开头的这个回到(return)很奇怪，因为他此前没有提名任何[35]犹太教亚里士多德主义者。若要回到说得通，只能是他之前所说的遵从"我们伟大的中世纪导师们的建议"已经指向犹太教亚里士多德主义者。他们是施特劳斯所遵从的人。迈蒙尼德讨论自然法的存在方式"这一根本问题"，选择的是"这一形式：有与启示法律(revealed laws)截然不同的

---

① 施特劳斯用了拉丁文的"自然法"，这一做法符合他这个简短前言的可怕密度。这个前言包括四段关于亚里士多德及其中世纪阐释者的紧密推论，以及字数比正文还多的八个脚注，还有未翻译的拉丁文、希腊文和希伯来文。施特劳斯的这个开端，对于新手来说可不容易。

理性法律(rational laws)吗?"并且迈蒙尼德认为"那些谈论理性法律的人罹患与穆台凯里姆(凯拉姆的研究者)一样的疾病"。施特劳斯认为,这"等同于否定了自然法的理性性质",因为穆台凯里姆所说的"理性的","被哲人们,被亚里士多德的徒众,称为'被普遍接受的'($\check{\epsilon}\nu\delta o \xi a$)"。施特劳斯从他的权威们那里得出的结论认为,

> 马西利乌斯对自然法的解释正是哲学的观点,而托马斯的解释是凯拉姆的观点,或者可以说,正是神学的观点。

施特劳斯前言的第四段,也是最后一段,确立了他文章的方向:这个印象,即哲人们"否认自然法的理性性质,显然相悖于哈列维对此问题的讨论"。哈列维如何表达他显然相悖的看法?

> 哈列维区分了理性法律和启示法律,而通过把"理性法律"(rational laws)和"理性法律"(rational *nomoi*)当作同义词使用,他断言哲人们确立了理性法律。

他真的断言吗?不确切:"他在戏剧性散文作品《库萨里》中推出的一个人物是位哲人,这位哲人承认这种理性法律乃是理所当然。"施特劳斯让哈列维断言他对话作品中一个人物所承认的东西。哈列维真的持有这个人物的观点吗?为了遵从他的伟大的中世纪导师们,施特劳斯着手从一篇对话中发现,导师之一如何看待"哲人是什么"这个问题。如何从一篇对话中发现对话作者实际所持的观点呢?

哈列维略去可以想象的犹太教最大胜利的理由
("一、《库萨里》的文学性质")

施特劳斯以谈论安全开始五个小节中的第一个小节:"不考虑《库萨里》的文学性质,则讨论《库萨里》的任何话题都不安全。"第一节呈现该文学性质的方式为后面四节讨论"哲人是什么"确立了所需的

安全。

施特劳斯对《库萨里》文学性质的讨论,是他首次公开地致力于成为他事业基础的东西,即如何阅读一篇对话,[36]色诺芬式的或柏拉图式的对话,并从中复原苏格拉底式哲人所教导和秉持的东西。"要理解《库萨里》",必须区别内容与形式,区别表述与表述的"谈话情境"(7)。

> 要理解这个作品的任何重要论题……都必须将各个人物的"相对"表述转译为……作者的"绝对"表述,即直接传达作者观点的表述。①

这一转译行为必须将人物当作人物,解读"他们所做的表述,必须依据他们特别的道德和知识素质,以及他们在特定谈话情境中或许着眼于那一情境的特定意图"。施特劳斯讨论了各个人物的许多表述,但他在这里强调哈列维为辩护犹太教而选择的情境,并使之成为这一节余下部分的主要话题。这一情境正是《库萨里》文学性质的一项,而施特劳斯完全依赖《库萨里》来复原哈列维的观点。

施特劳斯认为"哈列维的级别"毫无疑问:因为哈列维属于最高级别的思想家和作家,所以"安全的办法是假定":他"选择《库萨里》这一特别形式,肯定是因为他认为这对辩护犹太教是个理想情境"(8)。真的理想吗?施特劳斯历数了使辩护变得理想的种种考虑,然后判断说,"他对库萨里故事的选择绝对理性且因而完美"。但下一段他却承认,"对于《库萨里》的情境是辩护犹太教的理想情境,一种反对意见乍看上去似乎非常有力"(9),库萨里本人不是"最苛刻的对手";实际上他几乎根本不是对手,反倒"容易被犹太学者优越的知识和优越的谈话

---

① 施特劳斯利用这句话所附的重要脚注(17)搞了一个与反对者的小对话,以便确立一个结论,即哈列维的"代言人,那位犹太学者"的"相对"表述,不能简单等同于对作者观点的"绝对"表述。

技巧俘获"。所以哈列维,一位最高级别的思想家和作家,选择了不太理想的情境来辩护犹太教。他为什么这么做?

施特劳斯打造出这一戏剧性的疑问,并且绝非偶然地将这一疑问放在这一节的中心段(10),这一节 11 个段落中的第 6 个。施特劳斯把中心疑问放在中心段,这首次表明,他的文章跟他的诸位中世纪导师的文章一样,是出于精心建构。把最重要的事情放在中间是个写作的小设计,本身微不足道,但施特劳斯注意到,最高级别的作家们采用这一办法达成了有力的效果。《库萨里》[37]文学性质的中心议题是哈列维为辩护犹太教而选择的情境:为什么他选择一个不太理想的情境?

"为了初步理解"这一选择,"我们必须提及一个事实:从哈列维的观点来看,犹太教的真正对手不是基督教和伊斯兰教,而是哲学"。施特劳斯没有赘述,在哈列维的时代,全世界的犹太团体都被基督徒和穆斯林统治,受到基督徒和穆斯林之间日益升级的宗教战争的威胁,这些战争驱使这两个占统治地位的宗教越来越狂热,因而对其各自领土内的犹太团体越来越不宽容。①尽管有这样的危机,施特劳斯还是说哲学

---

① 施特劳斯引用的一篇文章(Baron,"Yehuda Halevi")认为,这就是哈列维撰写《库萨里》的主要原因:正如 Baron 的副标题所示,这是"对历史挑战的回应"。Baron 细致描述了在"宗教极不宽容的时代"(271)犹太人所面对的挑战。而之前很长时期,尤其是在伊斯兰世界,特别是在伊斯兰教西班牙的安达卢西亚,"犹太社区的处境"(257)给予犹太人"大体上的安全感"(246),使犹太人团体在物质上和知识上都很兴盛。哈列维在那个相对安全的时期度过青年,但在他成年之后,情况变得越来越糟,极端得多的伊斯兰教基要主义者控制了西班牙政治。与此同时,欧洲的基督徒在圣地发起十字军,并于 1104 年[译按:原文如此;但是基督徒重夺耶路撒冷是在 1099 年,1104 年夺取的是阿卡(Arce)]重夺耶路撒冷,这一事件对于哈列维极端重要,因为这一事件使他形成一个在《库萨里》中表达的理念:所有真犹太人必须返回圣地。哈列维在年老时踏上返回之旅并为此付出生命。哈列维被认为是犹太复国主义的先行倡导者,他所处的拉比传统教导说,在弥赛亚来临之前,流放是个持久的状况。

是主要对手,而理解这一点是理解《库萨里》文学性质的初步。随后的步伐将读者坚决地引向施特劳斯文章的结尾,他在那里标明了这一主要对手代表着什么,或者说"哲学有着如此巨大危险的最深层原因"(45)。

施特劳斯将《库萨里》解读为"主要是针对哲学为犹太教辩护"(10)。他在关于《库萨里》文学性质的一节的中心发问:哈列维选择的这一情境适合这一辩护吗?《库萨里》中两次讨论哲学,一次是在国王和哲人之间,一次是在国王和犹太人之间。①犹太人和哲人之间没有讨论,施特劳斯在此用脚注(25)说明,《库萨里》暗示了"犹太学者和哲人之间的隐蔽关系"。那一关系是什么?施特劳斯使之既隐蔽又根本。

国王在最重要的一点上有别于犹太学者和哲人:他对哲学只有肤浅的了解,而那两位则十分熟悉哲学。"这意味着:知识对等[38]的人物之间没有讨论哲学。"这个中心段的中心句子带有一个脚注,施特劳斯这篇文章中第一次,并且在一个"非常重要"的点上承认了哈列维的对话与柏拉图的对话所共享的特质:"在这个非常重要的方面,《库萨里》的形式与柏拉图对话的形式一致"——都不去描绘哲人之间关于哲学的讨论。因为《库萨里》中对哲学的讨论"占据的层次绝对低于真正哲学讨论的层次",于是施特劳斯初步判断,针对主要对手,《库萨里》的情境对于辩护犹太教,"显得格外不尽人意"。这一判断"更加有道理"是因为,哈列维原本很容易避免这一缺点:"对于诗人哈列维来说,安排一场犹太学者与哲人当着国王面的争论真是再容易不过了。"

诗人哈列维。哈列维以诗人身份闻名,②但施特劳斯仅在这一段强调他是诗人。效果是强化了哈列维作品创造性或想象性的方面,并

---

① 为了清楚起见,当我所指的 Philosopher[哲人]只是哈列维对话中的人物时,我将首字母大写[译按:中译用楷体]。
② Baron 称他是"圣经之后最伟大的希伯来诗人","Yehuda Halevi",243。

使他更加紧密地联系着刚刚提到的柏拉图,柏拉图是所有诗人兼哲人中最伟大的一位,在柏拉图创作的想象性对话中,至少部分是针对宗教为哲学辩护,而非针对哲学为宗教辩护。施特劳斯描述了一个情境,诗人哈列维原本可以选择为犹太教辩护的情境;该情境在逐渐增强的说服成就中达到顶峰,犹太学者不仅在论辩中击败了哲人,而且其方式"以不仅仅是国王,更突出地是哲人本人的皈依为高潮"。由诗人达成的这一假想成就有多极致呢?"对于学者、对于作者、对于犹太教、对于宗教,都难以想象还能有更大的胜利。"施特劳斯对这一诗人胜利的顶峰所作的脚注,指出了诗人哈列维事实上的创新之处:他给两个既有版本的卡札尔人改宗故事增添了一位哲人,但他省去了当着国王面的争论。诗人的自由促使他为宗教假想了可以假想的最大胜利,但"拒绝走那条捷径"。施特劳斯以一个他使之变得必要的问句结束了这段:"他的理由是什么?"在论《库萨里》文学性质的这一节的其余部分,他坚决地追求答案。这节的其余部分盯住一个问题,他的理由是什么?

[39]施特劳斯给出两个可能的理由。支配这两个理由的一段描述坦率地开启了这一段:

> 哈列维非常清楚,真正的哲人绝不可能真正改宗犹太教或其他任何宗教。因为在他看来,真正的哲人是像苏格拉底那样的人,有着"人的智慧",且冥顽不通"神的智慧"。(11)

这就引出了苏格拉底:他对哈列维来说是真正的哲人,哈列维通过他理解了哲人是什么,以及哲人与社会生活和政治生活的关系是什么。施特劳斯首次提到苏格拉底时附上了这一节的中心脚注(29),并在脚注里表达了关于哲学是什么的中心内容。哲学主要不是一套教条,而是"一种方法或态度",其典范是苏格拉底。这一脚注还教导读者如何研究《库萨里》,以便发现"哈列维使用'哲学'一词的本来含义和确切含义":研究《库萨里》靠后的一个短段落,对比"法的徒众"与"哲学的徒众";看哈列维放在那一段中心的东西,即"苏格拉底的一句话",这句话指向"哲学与法(即神法)之间,或人的智慧与神的智慧之间成问题的关系"。施特劳斯的教导用一个中心脚注,让人注意哈列维对居中的使用:读者在领教如何阅读哈列维的时候学会了阅读施特劳斯。施特劳斯没有引用苏格拉底的话,而仅仅谈到哈列维的话"回溯到柏拉图的《苏格拉底的申辩》(20d6 - e2)",①并提到《库萨里》更靠后的位置"略加变化"地再次使用了这句话。施特劳斯在此脚注的最后一句话,提请读者注意一个对他文章十分关键的问题,即《库萨里》另一片段所暗示的可能性——"哲学的徒众被包括进宗教的徒众"。这一可能性"本来不可理解,不像今天这样被认为不言而喻"。"本来"(to begin with)是个带来奇迹的词(《迫害与写作艺术》,78):施特劳斯力图表明一位真正的哲人会选择显得是某个宗教的徒众,其实他并不信仰这个宗教。

施特劳斯的段落按部就班地继续:"哈列维省去学者和哲人之间的一场争论,他清楚表明,要让哲人改宗犹太教并无可能"。但是如果学者不可能使哲人改宗,他们之间的争论会如何?"这样一场争论,我们本来可以说,[40]它不可能发生",因为哲人原则上否认"一切启示宗教赖以论证其真理性的前提"。这一否认的基础是什么?施特劳斯的第一个回答是哲人苏格拉底所作的防御性声明。这种否认"可以说是从如下事实出发:作为哲人,他对'神的事情'或'神的命令'无动于衷或从未体验……而犹太学者是实际信徒,国王是潜在信徒,他们都有实际体验"。信徒声称有优越的知识和直接的体验,"国王自始、自天性就虔诚",因为"他曾以极大热忱全心全意地遵奉自己国家的异教"。

施特劳斯认定哈列维含蓄地邀请读者对比信徒和哲人,于是对比了国王与苏格拉底——施特劳斯已经在他的中心脚注中讨论了哈列维

---

① 施特劳斯后来在讨论理性和启示的时候,谈到哈列维采用了柏拉图的苏格拉底的这一表述;见《进步抑或回头》(1952;《犹太哲学和现代性危机》,121),以及《耶路撒冷和雅典》(1967;《柏拉图式政治哲学研究》,170)。

如何对待苏格拉底。施特劳斯让哈列维退场，由他自己来作这个对比：

> [国王]遇到的事情与哲人苏格拉底遇到的事情既有惊人的相似，又有惊人的反差。

施特劳斯像哈列维一样，留意柏拉图《申辩》中所述苏格拉底向判决他的公民陪审团所说的话。他从哈列维放在自己段落中心的"苏格拉底的话"，进至那句话所带入的有关德尔斐神谕的苏格拉底故事。苏格拉底故事让施特劳斯有机会考虑，在最终成为他们各自生活转折点的事件上，哲人和信徒之间的相似和反差。这种相似和反差出自三个方面：事件本身，回应事件时的最初发现，以及事件及其回应导致当事人最终所安于其中的生活方式。

先说"发动"。"据说把苏格拉底发动起来的"——自称在场的柏拉图转述苏格拉底所说的话——"是德尔斐神庙的女祭司对苏格拉底一位朋友的求问所答复的神谕"。而国王"被一些梦从他的传统主义中唤起，梦中一位天使直接对他说话，显然是回应他的一次祷告"。事件触及直接体验问题：国王不止一次在梦中体验到天使的直接发话；苏格拉底则听一位前去向神求问的朋友讲述所听到的关于苏格拉底的神谕。

再说发现"秘密"的询问。苏格拉底询问"各种知识类型的代表人物"。国王询问"各种信仰的代表人物，并且更直接地受教于犹太学者"。

[41]第三，"意图"及其结果。苏格拉底意图"验证神谕的真实性"。国王意图"服从梦中对他说话的天使"。意图知道真相的苏格拉底被"引向……哲学生活"。意图服从他相信是天使的话语的国王，"立刻对哲学免疫了，并最终被引入……犹太教的圈囿"。探问的生活和服从的生活，两种不同的生活方式衍生于对某种意义上属于相似事件的不同回应。①施特劳斯搁下苏格拉底，以便仅从他的对比中得出结

---

① 施特劳斯在此加了一个脚注(31)，对照列出柏拉图和哈列维的描绘，以表明哈列维运笔精心，旨在描绘出正是施特劳斯所描绘的那种对比。

论,即关于哈列维作为作者的意图或关于《库萨里》文学性质的结论:

> 通过指出上述略显国王性格的事实,哈列维澄清了他那清晰论辩的自然限度:这些论辩只说服,并且只打算说服天性虔诚的人,他们已经对神的启示有些先行体验。

只有追究"上述事实"的读者才能看到,哈列维分派给他的国王的性格,标明了他清晰论辩的有限意图:只说服天性虔诚的人。并无虔诚天性而偏好追踪相关事实的读者,可以发现哈列维暗示给他的隐含论辩意在让他勿被简单说服,而要诘问各种知识类型。

施特劳斯是在解释,为什么哈列维选择不去呈现那场本来会是宗教可以想象的最大胜利的争论:那场争论并无可能的理由在于,哲人缺乏信徒体验到的东西。但他下一段的开头却说,"不过这一解释并不十分圆满。因为上述理由并不能使信徒与哲人之间的讨论丧失可能"(12)。不真的理由也可能让人满意,但不会完全让人满意,因为有人想要真理由。给出真理由之前,施特劳斯说了为什么第一个理由是错的:哲人不可能承认完全无力应对"信仰主宰的那一广大的特殊经验领域",该领域声明自身无限重要。宣布无知乃是"纯粹的防御态度",并非哲人的全部回应。哲人"声称的无知其实是怀疑或不信"。

施特劳斯给这句评论附了一个脚注(33),它再次指向中心脚注,指向苏格拉底受审时的表述,"他不[42]能把握他与之谈话的那些人的属神智慧"。施特劳斯再次将一个关键点托付给一个脚注:苏格拉底的话"显然客气地表达了他对这种智慧的拒斥"。苏格拉底的礼貌乃是防御,他选择不去告诉那些在座判决他的人,他拒绝他们假定的属神智慧。施特劳斯由此把他的读者分为两类。一类人

> 认为哈列维没有注意到苏格拉底的反讽,施特劳斯要求他们忽略这个段落,因为这个段落基于一个假定:哈列维确实注意到了苏格拉底的反讽。不过,这一假定本身与那些人的假定一样不可证明。

第二章 接纳显白风格：《〈库萨里〉中的理性之法》

施特劳斯让人莞尔的小礼貌承认了他宁愿一些人听不懂他关于哈列维要说什么。施特劳斯宁愿一些人根本听不到另一些人非常想要听到的东西：对于后者，他的礼貌就是向他们发出的邀请。他的礼貌在说，不要忽略这个段落；这种礼貌通过给出哈列维不去呈现那一争论的真理由，阐明了哈列维的防御态度。脚注的最后一句从哈列维对苏格拉底表述的首次引用得出推论：

> 如果苏格拉底时代的民众换成了启示宗教的徒众，哲人们的态度也不会改变。

哲人与社会的关系，在被启示所统治的社会中也并无根本不同；哲人在其中同样表现出防御性的礼貌。

施特劳斯之前说，哲人声称的无知是"怀疑和不信"。现在他予以强化。

> 哈列维所了解的哲人们甚至进而否认信徒们所解释的他们那种特殊体验的可能性，或者更准确地说，精确意义上神启的可能性。（12）

此处的脚注（34）请读者参看一些《库萨里》的片段，那些片段表明"这样的哲人是 sindik，是 apikores"，两个犹太式的希腊词，指背叛犹太教的变节者，最典型的就是因哲学而背叛犹太教的人。

哈列维所了解的哲人们不仅否认启示的可能性，而且表达出来，"采取的形式据说是论证性反驳"（12）。这一反驳声明没有伴随着号角，但它在施特劳斯文章中的默默出现意味着它是头等重要的事情。理性能够驳倒启示吗？"希腊人的科学"与它后来在犹太教和基督教，更后来在伊斯兰教那里所面对的相异传统之间的关系，这是个古老的问题，也是施特劳斯很早就一直关切的问题。他的博士论文触及这一问题，文中雅可比抨击启蒙，认为理性的限度，以及一尊全能神的不可思议性，使得理性无法评判和驳倒启示。施特劳斯的第一本书，《斯宾诺莎的宗教批判》(1928年写就,1930年出版),[43]就对斯宾诺莎采取了这一立场。他认为面对诸如加尔文的坚持,即理性是堕落的,神的方式不可思议,斯宾诺莎驳倒启示的意图失败了。斯宾诺莎的失败据说很关键:它是在据说现代启蒙的根基处,即在宗教批判方面的致命裂隙,如果宗教正统不被理性批判所触动,启蒙的所谓根基就瓦解了。施特劳斯的下一本书,《哲学与律法》(1935),配有一篇激动人心的导论,这篇导论着眼的不是启蒙的开端,而是启蒙在尼采及之后的结果或产物。施特劳斯很少点名但始终想着尼采,他似乎抨击尼采延伸了斯宾诺莎的失败:施特劳斯敦促他的普通读者去相信,启蒙在尼采那里抵达了自相矛盾的无神论终点,这种无神论单纯以 Redlichkeit[知性诚实]为基础,以道德、以意志行动而非理性为基础。

理性能驳倒启示吗?施特劳斯所关切的这个大议题进入了他关于哈列维的文章,就在他解释哈列维省略哲人和犹太学者之间争论的真理由之际;这是一个对苏格拉底之反讽的解释,谁若不认为哈列维如此这般阅读柏拉图,谁就可以忽略这个解释。哈列维时代的哲人们声称能够做到施特劳斯长期认为做不到的事情,即以理性驳倒启示。他们否认神启时采取"的形式据说是论证性反驳"。这一反驳是什么?施特劳斯没有提供。相反,他只限于描述那一争论。鉴于哲人的论证性反驳,"宗教的辩护人必须通过揭露这种反驳的谬误性质来予以反驳"。诗人哈列维指向但未能提供的这一争论究竟重要吗?

> 在反驳和反反驳的层面上,即在"属人智慧"的层面上,信徒和哲人之间的争论不仅可能,而且毫无疑问是全部过往的最重要事实。

哈列维创作了一篇涉及宗教方面的历史辩论的对话,给那一辩论的历史记载增添了一位哲人,并且决定略去乃是全部过往的最重要事实的一场争论。①

为了凸显这一议题的重要性,施特劳斯诉诸极高的权威:他在一个脚注(35)里用德文引用了歌德(Goethe)的话,[44]前面的导引等于是在告诫,

> 我们千万不要忘了歌德的这句话:"世界历史和人类历史真正的、唯一的、最深刻的主题,一直都是不信仰与信仰的冲突,其余所有主题都附属于它。"②

哈列维决定略去不谈这一冲突。但他没有简单略去,他略去的同时"非常有力地让我们注意到这样一场争论的可能性,办法是……在国王和学者之间的实际对话中,插入几乎相当于学者与哲人之间虚拟对话的内容:学者直接致言哲人,反驳了哲人们的一个反对意见"。在一个脚注(36)里,施特劳斯引用了学者的"哦,哲人",然后指向"国王在向真实哲人告别时所用的几乎相同的表达……也可说,哲人始终临在于《库萨里》"。哈列维略去那一争论以便使哲人在场,假想地在场,因读者努力想象他存在于书中所有争论之处而在场。学者在他的虚拟对话里反驳了哲人对启示的反驳——他的反驳会说服哲人吗?"显然国王很满意,"

---

① 五年后,在一场与神学家们的谈话中,施特劳斯提供了反驳——《理性和启示》,他决定不予公开。这篇文章刊印于迈尔,*Leo Strauss and the Theologico - Political Problem*,147 - 167,尤其注意166 - 167。迈尔的书对于直面哲学与启示这个问题极有价值。他揭示出,施特劳斯使启示的立场显得比实际要强,而哲学则弱,并揭示了原因所在。此外,迈尔给出施特劳斯邀请读者去考虑的四条反驳途经(3 - 28)。

② 歌德接下来的话也有助于施特劳斯的论述:"无论何种形式,但凡信仰做主的时代,对其当前和后代来说,都辉煌、昂扬和多产。反过来,无论是何种类,但凡不信仰宣布一场惨胜的时代,即便可能浮华一时,对于后代也是零,因为无人愿为不育的知识忙碌。"《注释和评论,以便更好地理解〈西东合集〉》(*Noten und Abhandlungen zum besseren verständnis des West - östlichen Divan*),Zank 引用,*EW*,210 - 211,n. 11。

施特劳斯说,"但或许不是所有读者都满意。"脚注(37)赞成一位不满意的读者的评论,这位读者表明,这些代表过时宇宙论的论辩不能服人。

为什么略去了全部过往的最重要争论,同时给出一个残缺虚拟的版本?施特劳斯把决定性的原因表述成了假定的原因:"假如哈列维是哲人,那么欠缺一场学者与哲人之间的实际对话这一事实,恰恰可以根据刚刚表达的怀疑来解释。"(上一句话里,对于学者的论辩是否以及多大程度上触动哲人,施特劳斯表达了不确定)。假如哈列维是哲人,他将着眼在一种读者中引发不确定和疑惑:他略去这一争论,将会"迫使这种读者不断想到缺席的哲人,即通过独立的思考来找出,缺席的哲人究竟可能说些什么"。这一读者弥补了哲人的缺席,他代替哲人出场,用自己的说理代表缺席者的说理。哈列维略去这场争论,就是要让一种读者来填补,让他充当争论一方的[45]哲人角色,来检验启示的代言人所提供的反驳。因此施特劳斯示意,一篇反对哲学的对话的作者哈列维是哲人:在一篇旨在让天性虔诚的人相信犹太教真理的对话中,他略去了历史中的最重要争论,以便邀请哲学倾向的读者加入不信仰与信仰之间准备仅凭理性解决的冲突。

> 这一令人不安和亢奋的思想[通过刺激来赋予活力的思想]将会阻止读者睡倒[被梦俘获],阻止读者那批判的注意力有片刻松懈。

跳过这一段?除非你害怕扰动。为了平息那些害怕者的不安,施特劳斯最后说:

> 但是哈列维对哲学持有激烈的反对态度,完全不相信什么独立思考的精神,所以我们最好不要过度强调这一思路。

不要过度强调这一思路就是接纳了这一思路。

《库萨里》的文学性质是面向两种读者,它说服自然就虔诚的读者

第二章　接纳显白风格:《〈库萨里〉中的理性之法》　55

进入犹太教,而训练具有哲学倾向的读者进入哲学。①后者被历史上再重要不过的争论所吸引,不断思索缺席的哲人,思索那个倾向于仅凭理性衡量一切问题的人所作的回应。受哈列维之邀偏向哲学的此种读者,自觉地开启了一个长过程,这个长过程将指导他像他的导师那样精致地对待哲学,这种精致也展现在施特劳斯的文章里。但施特劳斯是致克莱因的私人书信的作者,他在那些书信里完全坦率地对待哲学,他知道自己握有炸弹,正踌躇如何及何时引爆炸弹。发现了苏格拉底式哲人在宗教和道德方面真正结论的施特劳斯,也是这篇文章的作者:《〈库萨里〉中的理性之法》是讲述施特劳斯的教育的关键文章;他握有炸弹,但仅像哈列维那样,有选择地为一种读者张开手。

施特劳斯被迫"回到较安全的立足点"(13)。在那里,他表明哲学如何对哈列维施加"影响"。对于绝大多数人,影响永远只是部分的,且受制于"先入之见"。"但是,就哈列维来说,哲学对于他的影响在于一次朝着哲学的转向(conversion)。"施特劳斯采纳了出自《理想国》的柏拉图[46]用语,《理想国》中,苏格拉底在洞穴比喻之后的教导里,把洞穴居者的教育描述为一次转向(periagôgê)。②施特劳斯没有过于详述这个转向对于哈列维意味着什么,因为他刚说过,这种转向并非对于绝大多数人的那种影响:哈列维将会

> 受影响力量的引导,与他已有的观念[他的犹太教]拉开一段批判性的距离来看待事物,不是出于他习惯的观点,而是出于他清晰

---

① Eugene Sheppard 的 *Leo Strauss and the Politics of Exile* 经常提到施特劳斯的"多层"写作,这是一个常见错误。只有两个层面:表层,以及表层邀请读者凭借已说和未说去加以推断的层面。迈尔的说法是"显白和隐微的两面"(*Leo Strauss and the Theologico-Political Problem*,63-65)。

② 施特劳斯在他1939年未发表的《显白教导》中详述了conversion[转向]并援引《理想国》的段落(518c-e):"根据柏拉图,哲学预设了一种真实的转向,即预设了与初学者态度的整体决裂:初学者一刻都未曾离开过洞穴,而哲人已经离开了洞穴"(56)。

把握的富有影响力的教导的核心观点[哲学],他因此[能够]对那一教导进行严肃、彻底和坚决的讨论。

施特劳斯自己直接评价了哈列维的转向:"有段时间,我们倾向于认为是很短的一段时间,他是哲人。"施特劳斯装得好像哈列维这种人的转向可被反转(参考11),说出了全文最搞笑的话:"经过那段时间,那个精神地狱,他回到犹太教的圈囿。"精神地狱的可乐之处在于,这是个关于哲学的谎言,但对非哲学性的人来说是真实的:哲学是人类可能达到的最高快乐,但哲学发现的真相可以引起恐慌和绝望。施特劳斯文章中最审慎的相对化表述,转换成了对文章作者观点最搞笑的绝对化表述。较安全的立足点迫使施特劳斯遵从他伟大的中世纪导师,并且从信徒的观点来诽谤哲学,或者说似乎在诽谤哲学。但因为"他有过的经历",上升到哲学或者说看似坠入了精神地狱,哈列维"不禁要按只有曾是哲人的人才会有的那种方式来解释犹太教"——出于富于影响力的教导的核心观点,彻底和坚决地来解释。

施特劳斯没有说转向后的哲人又转回(converted back)犹太教:他"回到(returned)犹太教的圈囿",带着不可补救的差别回来了,即从哲学的视角看待犹太教。为什么回来?因为"他在那段时间体验到哲学的巨大诱惑和巨大危险"。脚注39很有用:它把危险和诱惑分开,把危险放在前面,把果实放在了花朵前面,而事实并非如此。哲学的危险在于其"有毒的"果实,关于世界永恒性的学说对立于犹太教关于神创造世界的教导;哲学的诱惑在于其花朵——"显然美丽的花朵"。哈列维一度转向哲学,被哲学之美吸引,被关于世界永恒性的理论[47]说服,他在体验了犹太教最大对手的巨大危险之后,回到了犹太教的圈囿。施特劳斯在脚注里清楚说明哈列维对美丽与危险的双重体验之后,又说:"[哈列维]针对哲学为犹太教辩护的方式证实了这一体验。"哈列维略去哲人与学者之间的争论,因为他对哲学之美的体验使他在经过一段时间之后——当然并非假想的很短时间——知道了哲学的巨大危险。此处真是无声胜有声:这位读者认识到,犹太教圈囿的哈列维披着羊皮,因为,如今正在引诱该读者的那种对美丽诱惑的体验,曾经引导他的老师去重视这种诱惑所包含的巨大危险。

如果哈列维呈现了这一争论,"他将被迫极其清晰、有力地为哲学陈述理由,从而展示出哲人对启示宗教所作的极为有力和无情的抨击"——哲学应得的理由正是对启示宗教的无情抨击。假如哈列维提供了他事实上略去的争论,施特劳斯重述道——

> 再说一遍,毫无疑问哲人的论辩会得到学者的回应,但是难说,是否这位或那位读者会更属意哲人的论辩,而非学者的答复。

这是对上一段中的片段的重述,该段点出没有哲人在场回答学者对哲人反对意见的反驳。①第二次片段中的"难说"和"这位或那位读者"替代了第一次片段中的"极端难说"和"或许并非所有读者"。这一对比澄清了哈列维略去那一争论的原因——也证实了施特劳斯能够做到哈列维所做的。极端难说的东西在一个方面根本不难:哲人当然不会被学者有所欠缺的反驳搞得哑口无言;但为缺席哲人提供理由却极端困难。难说的东西根本不难:国王本人就被一个"不动人的哲学概述"所"触动",尽管他根本不能独立提供哲人的论辩。第一次片段中的"或许并非所有读者"很快变成能够不断思考缺席的哲人并为缺席的哲人提供必要言辞的[48]单一读者。在重述中,这位或那位读者,即任何像国王倾听谈话那样阅读文本的老读者,也会像国王那样,更容易被哲人的论辩而非被学者的答复所触动,但却不能独立思考以重建哲人的论证。

略去哲人与学者之间的争论,这迫使某个特别的读者去从事哲学,

---

① 第12段、第108页上端。两年前,在论迈蒙尼德的文章里,施特劳斯说明,显白写作中的重述是"刻意迷惑人"的办法之一(62-64)。这篇文章也收入《迫害与写作艺术》,就是论哈列维的文章的前一篇。

并通过独立思考来提供反驳学者的理由。提供这一争论将使《库萨里》"成为引诱人,或至少是搅扰人的工具"。欠缺这一争论,则《库萨里》是引诱但非搅扰的工具;个别读者被引诱,不断思考缺席的哲人,重建哲人那极端困难的论辩。在提供这一启发性的重述之后,施特劳斯便说:较之学者与国王之间在对话后期的一次交流,"没有什么更能揭示"哲学的危险了,在那里,"哈列维展示了哲学的危险":"尽管人们和天使曾做过很多事情来保护"国王,他却被"不动人的哲学概述"深深触动,以至学者"不得不重述他对哲学的整个反驳"。

这一段的最后一句是施特劳斯之重述的最后举动,因为理解重述有赖于让读者回想起第一次表述。

> 只有通过详述哈列维,或者说只有通过详述哈列维笔下人物仅仅概述的哲学论辩,才能发掘哈列维对这一哲学论辩真正的、暧昧的反对和反驳。

读者的任务是通过独立思考来详述那一仅仅概述性的哲学论辩,并由此挖掘出哈列维对于该哲学论辩那埋藏的、真正的、暧昧的反驳。因为唯有潜在的哲人才能详述那一概述性的论辩,并挖掘出其真正的和暧昧的反驳,所以这个反驳出自哲学本身而非其对手——这个反驳只能是哲学的巨大危险,即哲学会导致怀疑和无政府。施特劳斯所作的重述使他的两个段落可视为具有互补性。第一个段落认为哈列维是哲人,第二个段落移至更安全的立足点,认为哈列维回到了犹太教圈围;两个段落共同表明哈列维略去哲人与学者之间的争论的理由:引诱有着哲学倾向的人,而避免搅扰其余的人,暗示哲学之美,而拦住危险。

芸芸众生中竟然是施特劳斯把哲学称为精神地狱,这是个可爱的谐剧,这个谐剧完成了逸出他中心段——理由是什么?——的论辩。于是施特劳斯可以开启下一段:"我所建议的解释"(14)。对于略去哲人和学者之间争论的解释是,哈列维[49]是哲人,他认识到哲学的危险,并知道如何保持哲学的诱惑。该解释引出一个疑问:为什么哈列维对哲学如此胆怯？针对欠缺勇气这一指控而为哈列维辩护，使得施特劳斯用为显白风格辩护来结束《库萨里》的文学性质"这一节。他诉诸一条"胆怯与责任之间的分界线"，一条"不同时代划法不同"的线，他的辩护有赖于"今天多数民众乐于认可"的事情，即"我们必须按作者所处时代的主流标准来评判作者"。哈列维的表面胆怯适合那时的标准，在那时，"压制有损于信仰的教导和书籍这一权利——如果不是义务的话——得到普遍认可"，而哲人"并不反对"。哲人沿袭"显白教导与隐微教导之间的传统区分，因此他们认为，把隐微教导传达给普通公众很危险，应予禁止。他们按照这一观点来写书"。

施特劳斯明确地只提到哲学对信仰的危险。但他的模范哲人是苏格拉底，在因不信城邦所奉诸神而被定罪和处死之前发表申辩演说的苏格拉底；施特劳斯也示意信仰对哲学的危险，即使苏格拉底时代的民众替换为启示宗教的徒众，情况至少也可以说没有改变。哈列维，这位用苏格拉底式哲学观点来衡量信仰的不信者，回到了犹太教圈围，他因而深知哲学面对的来自信仰的危险。在压制有损于信仰的教导作为义务得到普遍认可的时代，哈列维与哲人们一道，出于对哲学的责任而采取显白写作。哈列维划出胆怯与责任之间的界线，并在此指示了对哲学的责任。这就是他的理由。理性是他的理由。

施特劳斯在结束这节时，展开了之前的一个表述：哈列维针对哲人而为犹太教做的辩护"只说服天性虔诚的人"（15，参看第11段末尾），这些人并非"天性虔敬"，而是陷入只有通过论辩来解决的疑虑。"出于责任意识，哈列维没有在自然层面反驳哲人的论辩"，这既是对哲学的责任，也是（如施特劳斯在此指出的）对犹太教的责任。例如哈列维使改宗的异教国王来做陷入疑虑的天性虔诚之人，而不是去描绘一个心怀疑虑的犹太人，鉴于这位犹太学者所坚持的一条说服主线，就很反常：犹太教在各启示宗教中独一无二，因为它基于神在西奈山对六十万见证者的启示。这一原始启示见证者众多，且似乎未曾中断地传承到今天虔敬的后代，这都确保犹太教免于[50]欺骗或错误。施特劳斯重述了哈列维不去谈不信的犹太人:他仅在一个脚注里,且仅给出另一作者著述的页码来示意,在哈列维所处的时代,许多犹太人在来自基督徒和穆斯林的巨大压力下放弃了信仰。哈列维的对话跟施特劳斯的评论一样,是对哲学同时也是对犹太教负责任的做法。施特劳斯文章的文学性质在于,他出于对哲学,因而其次也是对信仰的责任,采取了安全的立足点。①

哲人对于宗教的立场
("二、哲人及其理性之法")

施特劳斯可以相对不受拘束地谈及哲人——国王的首个对话者——而对于宗教采取的立场,出于相同原因,哈列维也可以:哲人显然错误,因为国王拒绝他的建议,学者反驳他的论辩。用被拒绝和被驳斥的人物去说自己真正想说的话,这是哈列维在灵活运用的一种做法。对于这种做法,施特劳斯曾在他1941年的文章《迫害与写作艺术》中描述过,"用一些名声不佳的人物来代言",即那些给"过去最伟大的文学"增色的"有趣的魔鬼、疯子、乞丐、智术师、醉汉、伊壁鸠鲁派、小丑"。哈列维利用他那被反驳的哲人,得以在表述真相的同时表明"[他]多么反对宣示这些成问题的真相"(《迫害与写作艺

---

① Leora Batnitzky 在可能是最基本的方面误解了施特劳斯,她声称施特劳斯"主张哲学的基本问题……在于哲学与社会之间的关系是什么"(*Leo Strauss and Emmanuel Levinas*,121)。事实上,由于苏格拉底,哲人理解了自己的不同,哲学与社会之间的关系问题成为哲学最基本的政治问题。Batnitzky 的误解影响了整本书中她所使用的 philosophical[哲学的]一词。这使她认为,就当代犹太人的虔诚来说,哈列维比迈蒙尼德更是个典范,她在说哈列维离开哲学时,觉得她自己是在追随施特劳斯的观点(254,n. 77)。Batnitzky 如果想把施特劳斯的策略接纳为现代犹太教的可能基础,那她只能低估一个事实,即施特劳斯(如她所承认的)是个不信仰者,并且她还得无视一个事实,即施特劳斯所提议的神学是严格的正统,它单纯坚持它所信仰的东西。

术》,36),因为哲人给国王的建议是"《库萨里》中出现的,对于哲人意图的唯一真正宣示"(19)。

关于哲人的言说方式,施特劳斯提到两件事(17):哲人以反驳某事的否定开始,并且每次以第一人称说话时,他都必须加上"我的意思是说"。因此这位否定性的哲人使用"宗教术语,[但]含义非常不同[51]于它们通常的宗教意思"。①哲人认为"冥想生活"最高级;所有其他生活方式则认为行动最高级(18)。Contemplation[冥想]是宗教术语,需要加上"我的意思是说":只有哲人追求为理解而理解,不追求其他目的;因此他选择的宗教类型最有利于他那种热情追求理解的生活方式。

哲人的"神学假定"(19)把他引向关于宗教他会选择的实践结论,施特劳斯列出三个选项。②(1)不关心自己的敬拜方式,也不关心自己属于哪个特别的宗教群体。(2)"为自己发明一个宗教,以便规范自己的敬拜行为和道德指导"——如果哲人为了理解的便利而创立宗教,他就不会停留于自身,因为他发明的东西既是为了自己,也是为了"指导他的家庭和他的城邦"。也就是说,哲人发明了他的城邦对最高事物的理解,以便最好地服务他自己独特的生活方式,哲人通过宗教来统治,以便有利于哲学。③(3)哲人可以选择"把哲人们编制的理性法律接纳为自己的宗教,把灵魂的净化当作自己的目的和目标"。至于怎样对待那些编制品,那些哲人们的理性法律,成了施特劳斯文章其余部分的主题。

---

① 培根既运用,同时也描述了这一做法:"明辨之人[将会看出],个别地方……我的概念和想法可能有别于古人,但我刻意保留古代的术语。"培根,《知识的进步》(Advancement of Learning),2.7.2。

② 关于哲人的神学观点,施特劳斯指出,哲人在回应国王问题时说,"神没有任何喜恶,也没有任何意愿或意志,神对于可变的事物没有知识"(18)。

③ 施特劳斯所用的 city[城邦]——对于哈列维所属的普世宗教时代来说是过时的——示意哈列维笔下的哲人对涉及宗教选项的理解有着希腊或者说苏格拉底起源。

施特劳斯说,哲人向国王提供的这些选项是有条件的建议,条件是"国王成为哲人"。那么他的建议就是哲人王要做的事情:"仅基于权宜来决定宗教问题。"准备详述哲人涉及宗教的反应之前,施特劳斯要求"多少注意一下",并给了一个引人注意的开头:"哲人对宗教的漠不关心无以复加。"哲人漠不关心的姿态允许施特劳斯帮助细化哲人与社会生活或政治生活的关系:首先,"他没有用理性之宗教(the religion of reason)来反对实证宗教的'谬误'"——他没有从事正面相抗的精神战争。他第二个反应触及哈列维的处境:"他没有要求[52]不再信仰祖先宗教的哲人,出于不信仰,公开违反该宗教的法律,从而表明他在宗教上的漠然态度"——施特劳斯点名提到两个著名的犹太叛教者,他们的做法并非哲人所要求的。第三个反应是第二个反应的积极一面:

> 他认为,否认神圣启示的哲人完全有理由——举例来说——遵从伊斯兰教,即在行动和言辞两方面都服从该宗教的要求,一旦出现突然情况,就要维护那一他必须称之为真信仰的信仰,不仅用刀剑,而且用论辩,即辩证的论辩。①

最后,施特劳斯说出哲人"当然"既没有说也没有暗示的内容:"真正的哲人,必然公开拒绝任何其他宗教或法律,而赞同哲人们编制的理性法律……尽管他承认,某些情况下他有可能这么做。"哈列维笔下的哲人早早被遣退,常常被反驳,但对于哲人哈列维的做法却提供了真正的向导。

施特劳斯以询问开始他的下一段:"我们必须借助这些理性法律去理解什么?"(20)。对这一问题的追踪,对哈列维如何呈现"理性

---

① 见下一篇收入《迫害与写作艺术》的施特劳斯论斯宾诺莎的文章,"哈列维的《库萨里》中所呈现的典型的哲人认为,哲人完全有理由在言辞和行动中遵从一种宗教,而他在思想中并不遵从该宗教"(182)。

法律"的坚决探究,构成施特劳斯文章的其余部分:在此开始的内容直到最后一段才结束。因为施特劳斯发现,哈列维选择把"含混"植入他的哲人对 religious nomoi[宗教法律]的呈现。宗教法律不能等同于约束所有人的 lex naturalis[自然法],因为怎么可能"把这些命令换成"某种别的生活秩序?宗教法律也不能等同于"'理性法律'……所有团体必须同样遵从的那些基本的社会行为规则",因为哲人"所想到的不仅仅是一部法典的框架,而是一部完备的法典:它们等同于'哲人们的宗教'"。(为了阐明"所有团体",施特劳斯讲了全部团体的两个极端,他所采用的两个称谓将在他的文章中扮演虽然难以捉摸但却关键的角色:"最高尚的团体和……一帮强盗。")那么什么是理性法律?作为"哲人们的宗教",它们"无论如何不是强制性的",但"强调[53]'理性的',是因为哲人们建立理性法律时着眼于人之为人的不变需要;它们作为法典,确定了对人的最高完善非常有利的政治条件或其他条件"。由于那一完善是哲学,所以"理性法律"还指称别的东西:哲人(他们的生活方式基本上是不合群的)的隐居规则。

这就是"'理性法律'这个表述的含混之处":一方面,"它可能指示基本上政治的法典",一部包含"政治神学"的完备法典;另一方面,它可能指示"基本上非政治的行为规则,仅为指导哲人而定"。出于哲人的观点,哲人既可以是理性法律统治的团体的一员,也可以过完全私人的生活;"但这些生活方式的值得选择,并不使它们成为必不可少的和强制性的:苏格拉底虽然是个在他自己看来很不完善的政治团体的成员,但却过着哲人生活";苏格拉底是过着社会生活的哲学隐士的模范。施特劳斯给出了哲人的观点,于是可以转而讨论哈列维的犹太学者和他对哲学的立场。该立场被遮蔽着——但施特劳斯可以参透,因为犹太学者涉及理性法律的含混说法,似乎有别于哲人的含混说法。

但先得说,施特劳斯在结束他对哲人的论述时,提到"哲人们的宗教"的一个特征,哲人在只有一个短句的第二番话中表述了这一特征:哲人们的宗教"不赞同,也不命令杀死其他宗教的徒众"(21)。这一"平静和清晰的断言之后,哲人离开了舞台",其温和或宽容鲜明地对照于国王如今转而寻求的那些宗教,即三个由亚伯拉罕而来的一神教的完备法典。

为什么犹太学者反对哲人的理性法律
("三、作为神学政治法典的理性之法")

哈列维的犹太学者如何对待哲人们的理性法律?他反对它们又赞同它们(22)。施特劳斯说"这一含混很容易避免";不去避免是"出于刻意的选择,出于作者想要指示一个重大疑问"。又一处含混。在三个段落的范围内,施特劳斯选择含混地使用 ambiguous[含混];这指向两种主要的和似乎有所区别的含混,哈列维把它们植入自己对理性法律的呈现。第一个含混[54]是哲人的:政治法典与仅针对哲人的非政治的行为规则(20)。第二个含混是学者的:他反对理性法律,却又赞同它们(22)。为什么施特劳斯对含混含混?记住这两个含混继续阅读,就知道施特劳斯是通过解决这两个含混来安排文章的剩余部分。第三节和第四节厘清了学者既反对又赞同中的含混:他反对哲人们的宗教(三),但赞同作为哲人行为规则的理性法律(四);他的含混仅是他就哲人之含混所含两个部分的分别评判。于是第五节一开始(42)就可以明确地回溯到关于学者之含混的表述(22),从而开启结束这篇文章的讨论:哈列维为他的历史创新——他用他所回到的启示宗教替代哲人的政治法典或政治神学——所给出的理由。①

---

① 在解决这些含混的冗长过程开始时需要注意的是,在第 22 段和引述第 22 段的含混的第 42 段中施特劳斯所说的"作者";在这两处,把"作者"看作哈列维或看作施特劳斯都说得通。

第二章　接纳显白风格:《〈库萨里〉中的理性之法》

通过在第三节中摆出学者对哲人们理性法律的反对,施特劳斯将这一反对置于他文章的中心,置于文章五个小节中的第三个。他又将这一反对的详情置于文章的正中心,文章45个段落中的第23个。他还将实际控诉置于中心的中心,即文章中心段所含11个句子中的第6个。为什么施特劳斯如此坚决地将显白风格的这一老技法用于这一特定议题?答案在这一中心段浮现,在这一段进展的细节中浮现。就在之前的开端段落(22),施特劳斯点出学者对于哲人们的理性法律的含混态度,并且圈出学者反对理性法律的唯一时机(1.81):它发生在国王改宗犹太教之前。国王改宗犹太教之后,学者可以对理性法律采取正面的态度。在中心段之前的最后一句话中,施特劳斯陈述了这一前/后"含混"的基础,这完全是哈列维关于理性在他世界中的位置这个观点的基础:"只有在信仰的基础上才能为理性留下余地,或者说……把理性当作信仰的基础是危险的,如果不是徒劳的话。"这是施特劳斯如今接纳的观点。

施特劳斯在他中心段(23)的第一句话,就确定了理性法律对于学者的重要性:学者几乎一开始就谈理性法律,即在他第二次发言中就提出这个话题(《库萨里》1.13)。第一句话也标明了学者的立场:抨击确认了被抨击的东西("'[55]思辨导致的宗教'")和抨击者的观点("正确的宗教或法")。第二句确认了"思辨'宗教'……规范'行为'和'信仰'",它"跟'法'或'nomos[法]'是一回事"。第三句开启了一组五个句子,它们都排比地以"他"做什么开始:"他着眼它的基础而称呼它为'推论型'(syllogistic)宗教:它基于论证的、修辞的和其他的推论"——它有的部分单纯基于修辞性论辩。"他着眼它的目的而称呼它为'统治性'宗教",两种意义上的统治:政治支配和个体理性对个体激情的支配。施特劳斯给"统治性"加了一个脚注,给出了"统治性"的阿拉伯语原形,并把学者所抨击的这一宗教联系到其源头,即柏拉图的《理想国》。在那篇对话里,柏拉图在两个意义上呈现了他对统治的重大创新:他把哲人王放在正中心,同时在那篇对话里引入了包含三个部分的灵魂——理性靠血气的帮助支配激情。在两个以"他称呼"开始的句子之后,出现一个"他暗示",把被抨击的东西跟哲人相联系。

第六句,即中心句,始于"他反对。"这句话首先陈述了反对的确切理由:"他反对[哲人们的宗教],因为它导致怀疑和无政府。"这种宗教,即哲人们的理性法律,着眼于确定性和秩序,但学者指控它导致的结果跟意图相反。该句后半部分给出了反对理由的表面依据(《库萨里》1.13):

> 哲人们不能就哪怕一个行为或哪怕一个信念达成共识。

这并不属实。哲人是基于一项共识而形成的阶级或族类:他们同意只凭理性来度量一切。不过该依据在一个意义上是真实的:它是非哲人对哲人提出的共同责难。施特劳斯的中心句子怪得漂亮:它对哲人们的宗教的判断,说了一个真实理由,又将这一理由落脚于一个谎言,一个针对哲人们广泛持有的偏见。这一古怪容易解释。哈列维的学者所为之代言的作者是特殊种类的哲人,是犹太教的门徒。哈列维的代言人可以做出针对哲人们的宗教的真实判断,同时将该判断落脚在——似乎落脚在——针对哲人们的不真实判断上,该判断已经是他的听者、这位国王的偏见。施特劳斯的中心句子胜任其中心地位:它是犹太学者对待哲学的方式的绝妙缩影;它对哲人们的宗教的真正批评基于一项对哲人们的通常批评,而这个通常批评仅仅是修辞性的,推究的读者可以一眼看穿。施特劳斯在他的中心句子里主动回应[56]了一个问题:通过遵从他那些伟大的中世纪导师们的建议,他成为了什么。①

---

① 关于怀疑,即学者两项指控的第一项,施特劳斯在他1948年对神学家们的讲演中引用尼采来说明怀疑的积极方面:"谁若不能明白'怀疑对于健全的心智乃是一个好枕头',他就绝非哲人"。迈尔,*Leo Strauss and the Theologico - Political Problem*,171 – 172;尼采,《破晓》(*Daybreak*),格言46。

中心段的第七句是以"他"做什么开始的一组句子的最后一句:"他追究那一缺陷"——它导致怀疑和无政府——"到一个事实,即支持哲人们断言的论辩仅有部分是论证性的";他由此为自己的类似论辩开放了一个空间。第八句没有以"他"做什么开始,但里面包含一个"他克制":"或许正是着眼这一事实,他才克制住把那一宗教或法律称为理性的。"施特劳斯的下个句子没有谈学者做了什么,而是说学者所做的让人怀疑:"每个哲人,或至少每个哲学派别都炮制了那样一种宗教。"那么哲人哈列维将会怎么做呢?在转向哲学之后,哈列维发现大可不必炮制那样一种宗教,而可以选择一个哲人本人并不禁止的替代品,因为哲人"认为否认神圣启示的哲人完全有理由遵从诸如[犹太教],即在行动和言辞两方面都服从该宗教的要求"(19)。

施特劳斯回到学者的表述,考虑"他没有说"的东西,而这也导致他怀疑某些东西。学者没有说哲人们是否意识到他们一些论辩的修辞性质,或者说诡辩性质。但哲人们当然知道哪些论辩是论证性的,哪些是修辞性的:恰恰是他们"教导人类分辨论证性推论和非论证性推论"。施特劳斯是模范读者:他激起人对于学者所说和未说的东西的怀疑,与此同时,通过将哈列维的论辩划分为论证性的和诡辩性的,他推导出哈列维对宗教怎么做。施特劳斯的最后一句总结了这一段,并且清楚告知读者得出的结论,即哲人哈列维为之辩护的宗教是统治性的,并且它以不会导致怀疑和无政府的方式统治。①

于是施特劳斯中心段的弓形顶点是个命令性的中心。导致怀疑和无政府的、代表哲人宗教一方的论证性和诡辩性的论辩,预示了[57]许诺补救那些不足的、代表启示宗教一方所采取的论证性和诡辩性的论辩。这些论辩说服了国王及类似的人,即天性虔敬的人,但如果有读

---

① 在这里,以及在第28段,施特劳斯说"无论如何"。意思似乎是,"该明白的人会明白";属于他的读者对待他的文本就像他对待哈列维的文本那样。

者想要通过独立思考来找出缺席的哲人可能会说的话,则他研读时就会看到这些论辩符合哲人。它们不是要说服该读者信奉犹太教,而是要说服读者相信哈列维回到犹太教圈囿的合理性,这个个人的返回体现了哲人哈列维所主张的历史转折。哈列维并非试图说服该读者过去的哲人们是错的。他试图说服该读者,变化了的环境要求哲人们改变态度,来面对一个声明得自唯一真神启示的现存宗教。因转向哲学而对何种宗教统治漠不关心的潜在哲人,如今受到哈列维的教育,他的漠不关心要求他考虑哈列维的主张,即赞同一个导致信仰和秩序的宗教。

在他的下一段,施特劳斯更改了他大胆放在他文章中心的针对哲人的谎言:虽然在非哲人看来,哲人们无法在哪怕一个行动或信仰上达成一致,但他们"在最根本的问题上",即显白教导的必要性和目的上一致(24)。通过比较学者与哲人自己对哲人们的宗教的评论,施特劳斯抵达了他对显白教导的清楚讨论。哲人们的宗教显现为是在给予"不能等同于真正哲学教导"的信仰,因为这些信仰可以替换为任何别的信仰。所以可以推论说,"哲人们的宗教等同于,或至少部分包含着哲人们的显白教导"。①它是显白的,因为它的一些论辩是"辩证的或诡辩的"。它的目的是统治,"在上者'统治'在下者,尤其是指导政治团体"。学者对哲人们的理性法律的不赞同有这么一个积极结果:它表明,虽然哲人们的宗教如今"导致怀疑和无政府",但它却是基于显白教导的必要性,并服务于统治的目的。

在下一段,第三小节的中心段(25),施特劳斯使用了学者关于统治性法律的一个表述(《库萨里》1.35),以表明理性法律在何种精确意义上可称为理性的:它们是实践理性的产物,而非理论理性的产物。立法者[58]用"统治宗教"来加强"民众服从纯粹政治法律的意愿"。这种宗教"从理论理性的观点来看根本不是理性的";它"基于有效性可

---

① 在脚注75,施特劳斯已经暗示了这一点,他提到"哲人们不变的'信仰'",这里的信仰已经指向哲人们所知道的、一种显白宗教教导的必要性。

疑的论辩",但它在实践意义上是理性的,"因为它的信条显然有用"。

强调了实践理性与理论理性的分别之后,施特劳斯回到(26)学者对"宗教法律"(《库萨里》1.81)一词的最初使用,以便将该用法与他对统治法律的首次描述(1.13)相对比。施特劳斯判断《库萨里》1.81是对1.13的"重述",尽管"并非原样重述"。基于差异,他圈出两种理性法律,"一种是哲人们的作品,一种是迷信之人的作品"。"[作为]启示宗教门徒的哈列维认为",两种同属一类:"出自人的法典……部分或整个地由调节宗教信仰或行为的规则构成"(27);无论起源是哲学的还是迷信的,它们都是"实践理性的产物"。它们共享第三个特征:"它们的作者都明确否认神启。""最后但并非最不重要的"是,存在这样的可能性:"某些迷信法典的制定者,本身就是对大众说话的哲人"。这确实并非最不重要,这一可能性让施特劳斯在下一段专门探讨哈列维之外的哲人们。

施特劳斯诉诸迈蒙尼德的《迷途指津》(28)来解决这一猜疑,即哲人们写了一些迷信法律的书。迈蒙尼德指出,著名的迷信法律的作者"说了一些荒诞不经的话,目的是让人对圣经的神迹产生怀疑"。这表明这类书的作者可能是"哲人们的徒众"。施特劳斯表达了"这样的猜测,即至少有一部分迷信法律……与其说是从实践理性的观点来看,不如说是从理论理性的观点来看,是理性的"。他引入阿维森纳(Avicenna)来支持这一猜测,显然特意迫使读者去思忖,是否哲人们基于理论理性来反对启示。理论理性真的断定基于神启的宗教劣于将天体神化的迷信宗教吗?如果是这样,这个判断似乎属于"已被清楚把握的富于影响力的教导的核心观点"(13),哲人哈列维由此出发评判启示。不过哈列维笔下的学者反对哲人们的造成怀疑和无政府的理性法律,并且为启示宗教辩护。

在第二节,施特劳斯说"哲人对宗教的漠不关心无以复加"(19)。必须聪明地理解这一表述:哲人们认识到,宗教统治社会并内在地[59]统治激情。虽然他们没有任何宗教偏好,但他们关于宗教统治的知识,使得他们考虑何种宗教用来统治社会和灵魂最佳,并且使得他们发展出自己的宗教或者理性法律。在第三节,施特劳斯考虑了学者对那些理性法律的反对。由于针对哲人宗教的中心评判,由于对实践理性种种评判的中心强调,由于理论理性或许会断定基于启示的宗教并不那么有利这一结尾评判,第三节强化了哈列维通过回到犹太教圈囿而接纳他所接纳的神学政治法典的理由的复杂性。第四节考虑学者之含混的另一面,并找出他所确认的理性法律。唯有如此,第五节才能完结——并核准——哈列维关于回到一个启示宗教的主张,尽管有理论理性所造成的耽搁。

哲人们的理性法律中什么是犹太学者所赞同的 ("四、作为一切法典的框架的理性之法")

随着施特劳斯开始讨论学者之含混的分支,即对理性法律的赞同,第四节就有了一个纷杂的谋篇或运作。这一运作几乎激动人心——如果它不那么密集的话,因为这是一次狩猎,即以解说的方式搜求哈列维为他的读者布置的东西,以便找出哲人与社会生活或政治生活的关系的核心。首先,施特劳斯找出了这些赞同,他在对苦行主义的批评中发现了头两处(《库萨里》2.48和3.7),而对苦行主义的批评是学者对于哲学生活"根本上疏离社会"(29)这一批评的中心部分。施特劳斯用他的极端例子,"强盗团体",定义了他要狩猎的猎物:"一些规则的总和,它们表明了保存任何社会所必需的道德底线"(30)。合起来看学者第一次和第二次赞同性的提及,他"只得认为学者所赞同的理性法律只是一切法典的框架,而非一部法典"。谈论第一次赞同性表述时(31),施特劳斯列出了一些并不令他惊讶的特征。但是,作为能被惊到和有所期待的读者,他惊讶于学者似乎把对神的责任归入"最低限度的义务,就连最小、最低级的社会"也必须履行——就"作为一切法典的框架的理性之法的内容"来说,这是个"困难"。他还惊讶于学者似乎赞同他早先不赞同的、哲人所提倡的理性法律——就"一切法典的框架与哲人们所炮制的完备法典之间[60]显然密切的关系"来说,这是个"困难"。①

"对神的责任属于一切社会——无论多么低级——必须遵从的道德底线吗?"(32)施特劳斯如此表述了困难之后,考察了学者的第一次赞同性提及(《库萨里》2.48),并且发现了"具有启发性的顺序":它将道德底线从三条缩减到两条,再到一条:公正。"当明确谈到强盗团体时,他仅仅提到公正的义务,而当谈到最小、最低级的团体时,他提到公正、良善和承认神的恩典"——所以哈列维将强盗团体区别于最小、最低级的团体,并且仅把公正留作强盗团体的义务。第二次提及(《库萨里》3.7)没有把任何对神的责任列入"区别于神的(法律或行为)"的统治行为和理性法律。第三次对法律的表述(《库萨里》3.11)区别了"神圣法律、统治法律和心灵法律",但没有提到"统治法律中任何对神的责任,而神圣法律和心灵法律专注于这些责任"。第一次赞同性提及所开启的关于对神的责任这一"关键疑问",在另外两个片段中没有得到答复。不过哈列维肯定已经回答了他有意在某个读者那里激起的一个疑问。他是如何回答的?

"有鉴于此,能做的不过是讨论两个选项",施特劳斯用这句话开始了下一段(33),但他做的比这要多,他在讨论那两个选项之前耽搁了两个段落。那两个段落表明讨论那两个选项"不甚容易,因为学者的表述离奇诡异"。学者在两个疑问上表述诡异。宗教属于一切社会的道德底线吗,属于 iura naturalia[自然法律]吗?那一底线可称为理性的吗?这两个疑问产生了两个可能性。首先:"宗教对于社会不具根本意义,在他的论辩中,这一观点与自然法律不是理性的这一论点紧密相联。"其次:"反之。"施特劳斯迫使读者说出第二个可能性:宗教对于社会具有根本意义,这与自然法律是理性的相联系。施特劳斯结尾

---

① 第20段曾经说,哲人心目中的理性法律就是等同于哲人们的宗教的一部完备法典。

说:"这两个问题的联系就如同宗教本身与道德本身的联系一样紧密。"宗教和道德相联:如果神得到确认,道德法律就是理性的;如果得不到确认,就不是。施特劳斯就此打住。但在这一节的末尾(39-41),施特劳斯回到这个关键的小段落,并且对于那个可爱的小小的"反之"给出了自己的说法,该说法使得他[61]在文章最后讲出了他对宗教和道德的最后说法(45)。他所狩猎的道德底线——它包含对神的责任吗?它可称为理性的吗?——的这个方面,对于哲人与社会秩序的关系这一文章主题,变得至关重要,因为哲人的相关回答直达社会秩序的核心。

所以学者的诡异说到底并不奇怪:他很尴尬,并且他的"尴尬很容易理解"(34)。这是哈列维的尴尬:"否认宗教对社会具有根本意义,这对像哈列维这样虔敬的人来说很难。"不仅对他,"我们可以大胆补充说,对于任何相信人类的累积经验的人来说"都很难——施特劳斯代入他自己来强调有很好的理由分享哈列维的尴尬。断言宗教对社会具有根本意义意味着,"就连实行偶像崇拜的最可鄙的宗教也有一些价值",施特劳斯使用了学者的例子:"强盗的出名帮派,或最低级和最小的团体,不可能遵从唯一的真宗教或其摹本。"但这里变更了学者的例子:强盗团体变成了强盗的出名帮派,并且将帮派等同于最低级和最小的团体,虽然学者曾将这个团体区别于最低级和最小的团体(32)——关于哲人与社会关系的关键教导隐蔽地存在于这些变化中。

施特劳斯接着说:"从他的观点来看,我相信……"这是施特劳斯文中唯一一次我相信,他唯一的信念,出现在他说他感受到哈列维的困难之后。① 关于什么,施特劳斯说我相信呢?

> 从他的观点来看……比如说否认摩洛神(Moloch)的存在,同时又不断定某个其他神的存在,这究竟比信仰摩洛神更好还是更糟,

---

① 施特劳斯让人们注意基督徒和犹太教徒开始阐述时所用的 credo[我相信](17)。

这个问题不可能得到解决。

哈列维的观点是回到犹太教圈囿的哲人的观点,对于犹太教徒,亚扪人的摩洛神是可鄙的,因为亚扪人占据着耶和华应许犹太教徒的土地。哈列维仅因一个原因而尴尬:"他提出了一切社会的基础这样一个哲学问题。"哈列维的尴尬是一个哲人的尴尬,他认识到宗教的不可或缺,同时他又是犹太教徒。他的虔敬指示他说,不信神也好过信奉亚扪人的可鄙之物;他的知识告诉他,摩洛与亚扪人的关系正如耶和华与犹太人的关系。施特劳斯相信什么?他说"我相信,这不可能解决",这是[62]接纳了哈列维的观点。施特劳斯表白,我站在我伟大的中世纪导师的立场上。我接纳尴尬。我尴尬地不得不谈论尴尬。①

谈论诡异的两段耽搁之后推出了这一节的中心段(35),即施特劳斯的必然诡异的论述,它涉及如何猎获哈列维关于一切社会道德底线的回答。对于学者第一次关于理性法律的赞同性表述所提出的问题,"对神的责任属于一切社会——无论多么低级——必须遵从的道德底线吗?"(32),施特劳斯提供了学者通过分散的回答所提供的线索。学者后来的两次赞同性表述回答了那一问题。术语丛林中的基本术语是"统治法律"。②

统治法律本身似乎就是一切统治所必需的道德底线,或者说,

---

① 尴尬听起来不完全适合描述作为启示宗教门徒的哲人之不可避免的为难处境。施特劳斯显然在搜寻合适的英文词来描述这种为难,即一方面必须克制自己不去说出致命的真相,同时又必须指示真相。比起1939年施特劳斯用来描述色诺芬和柏拉图的为难处境时的有关措辞,尴尬是一个改进:"根据腼腆(bashfulness)的规则教导真相","非常腼腆的关于最腼腆之人的言辞"(《斯巴达精神》,530)。针对在犹太教圈囿里提出宗教的哲学问题的尴尬,施特劳斯在这一段两次点名哈列维。此后直到最后一段的最后几句之前,他都没有再点名哈列维。不提"哈列维"似乎有助于使施特劳斯有些含混地谈及"学者"和"作者",以便暗中表达他自己作为学者和作者的参与性赞同。

② 施特劳斯把自然法律用作"统治法律"(即第33段里的道德底线)的同义词。

许多人为法典和唯一神圣法典所共享的显然充分必要,又总是同一的框架。(35)

为了了解它们是什么,"必须克服一个困难",即哈列维在他第二和第三次关于法律的表述中所设置的困难:每次都提供了将统治法律与其他法律混合的列举,第二次是混合了理性法律(《库萨里》3.7),第三次是混合了启示法律和心灵法律(3.11)。施特劳斯发现一个最后暗示:第三次表述区别了统治法律和心灵法律,这"让人猜测"第二次表述中的"统治法律与理性法律之间存在着相应的——虽然绝非相同的——区别"。现在容易了。施特劳斯再次使用了一个动词,这个动词,他早先描述哈列维略去学者和哲人之间对话的原因时也用过:那一省略迫使读者"通过独立思考去找出(to find out)缺席的哲人可能会说些什么"(12)。为了"找出"作为道德底线的统治法律,而"比较第二和第三次表述"(35);那些出现在两次列举中的法律"毫无疑问"[63]就是要找的法律,一切法典的框架。施特劳斯找出了哈列维如何在人人可见之处隐藏无论何种社会的道德底线。

去找两次列举里的有关条目,这里没什么花招(36),但这位猎手通过错综复杂来施教,他挑出仅列出一次的头两条。通过斋戒和谦卑来训练心灵的责任仅列出一次:"这并不让人感到惊讶,因为一帮强盗不会通过斋戒和谦卑来训练自己的心灵,以确保他们团伙的持久存在。"禁止谋杀仅列出一次:"这同样很好理解,鉴于圣经绝对地禁止杀人,而一帮强盗则只需禁止杀害同一帮派的其他成员。"这两个反例——用强盗帮派来检验的做法确认它们是反例——引向了两次列举都出现的头一条:"这也解释了为什么他在两次列举中都提到针对欺骗或撒谎的禁令,因为圣经本身在涉及这一禁令时仅仅说到邻人。"没有说到强盗。为什么?这一问题必须得到回答,因为帮派回到了两次列举都出现的第二条,敬重父母的责任。涉及道德底线的头一条律法时不提帮派,这让有的读者去思考帮派的缺席,去找出为什么只在禁止撒谎时帮派才缺席。至于敬重父母,施特劳斯必须做点动作使之适合帮派:伊本·提本(Ibn Tibbon)的译文译成"敬重父辈",施特劳斯则将父辈理解为指导者或教谕者:

> 相应地,[学者]可能示意,如果不去敬重同伙中智识水平更高的人,那么就连一帮强盗也不可能持续。

强盗也得遵守头一条:不互相欺骗,但他们欺骗他们的邻人以便持存。通过重提强盗帮派(参考20),并把他们当作最小的和最低级的,施特劳斯迫使他的读者回想起学者谈到过强盗团体(30),并将他们区别于最小的和最低级的(32)。施特劳斯并未在一个严重问题上疏忽:他刻意用这些切换来让人惊讶,让人根据他文章的主题——哲人与社会生活或政治生活是怎样的关系——来予以解释。强盗团体其实是"最高尚的团体"(参考20)。哈列维和施特劳斯从他们拒绝提到的柏拉图的《理想国》中借用了一个著名的原型;借用一个苏格拉底与忒拉绪马科斯论辩——苏格拉底旨在由此与一个看似对手的人建立团体——中使用的比喻,他们敬重智识上优越的父辈中最伟大的一个。强盗团体是哲人团体;他们从社会生活中仅仅劫走那些与他们相似的人,劫走那些能够独立思考,能够[64]从哈列维的对话——以及施特劳斯的注解——找出缺席哲人的论辩的读者。①

哲人团体古怪吗?真正的哲人是隐士吗?他们的生活方式反社会吗?并不,他们是个跨时间的团体,虽然他们的个体生存有赖于欺骗,

---

① 苏格拉底的论辩让忒拉绪马科斯更加公正地把他看作与自己共享一个事业:苏格拉底未明言地建议忒拉绪马科斯把我们想象为一个强盗团体,该团体旨在偷走青年,使青年离开他们父辈的道路;我们的力量——你认为正义是较强党派的利益——有赖于彼此公正地对待(《理想国》351a-352d)。就团体问题,苏格拉底对普罗塔戈拉做了相似的论辩:苏格拉底关于斯巴达哲学的话题以对血亲的尊重将思想者转变为家庭成员(《普罗塔戈拉》342a-343b);他对西蒙尼德(Simonides)颂诗的注释使他获准去埋怨一位亲戚——鲁莽的普罗塔戈拉,因为后者的显白教导的新形式不适当,将整个家族置于险境(343b-347a)。

但他们作为团体的持存有赖于禁止彼此欺骗,有赖于诚实地彼此贡献他们的思索,就像哈列维在他的对话里所做的,使被他惊到并转变为狩猎者的读者能够得到真相。哈列维是个模范的团体成员,因为且仅因为对自己同类的义务,他以暗示和沉默向他们致意,同时"向天性虔诚者"(15)发表他对犹太教的维护。但当最高尚的团体是哲人团体这一点变得明显时,就需要一系列"我的意思是说",因为道德的语言,即服从的语言,不适合质疑者的团体。而团体的两条"道德"底线则必须解读为描述性的(descriptive)而非义务的或规定性的(prescriptive);它们陈述了团体成员所做的并非出于服从,而是出于驱使着他们的eros[爱欲]的源泉,至少包括自爱的爱。每个人的所做和所说都出于爱的感激而敬重父辈,每个人都留意不要欺骗潜在的"他的种族的幼崽,进而想要得到他们的爱"(《迫害与写作艺术》,36)。真实的哲学史是在时间中延展的爱者团体的故事。他们的显白风格目的是保护他们的团体穿越时间,并在某一时间让某个合适的读者加入。施特劳斯对待他的团体的方式,是敬重地回顾他智识上的前辈,并怀着期待和友爱展望与他同类的读者。凭着这篇1943年的文章,施特劳斯成了这一强盗团体的成员。

施特劳斯的狩猎成功了;"统治法律说到底不能称为理性法律"(37)。但一切法典——包括最理性的团体的法典在内——的框架能是不理性的吗?这不是一套理论理性的普遍有效的结论;这是实践理性的结论,后者"也可说更为理性",因为它[65]受权宜之计的指示,并"公正地"解决"存在于特定时间特定地域的问题"。于是施特劳斯可以陈述统治法律的形式特征(38)。它们不含对神的责任;它们界定了一切内部道德的基本元素;它们不能称为理性的。①第四节的成功狩猎

---

① 施特劳斯这里的 Binnenmoral[内部道德]取自韦伯(Max Weber),后者用这个概念来指示一种内在于一个特定群体的道德,顾名思义就是非普遍的道德,对群体的忠诚明确地优先于规定对待外人行为的 Außenmoral[外部道德]或 Außenpolitik[外部政治]。

回答了文章开篇的问题:是的,哈列维持有"哲人观点"(3);他"否定了自然法的理性性质"。他"表面上反对"那一观点,但仅仅是在表面上,这是出于权宜之计的理由,哲人的理由,实践理性的理由,强盗团体的成员之一(他偶然地在12世纪成为犹太人,并且知道他的时代对他的要求)提出的理由。

施特劳斯立即把水搅浑。他说得好像学者不能接受他所澄清的观点似的,"尽管这是对他的表述进行解释的选项之一"(38),关于宗教与道德之联系的两个选项之一(33)。施特劳斯说,学者"实际上拒绝"(38)施特劳斯在前面段落中提供的理由之一,即作为哲人道德底线的理性法律"说到底不能称为理性法律"(37)。那一实际上被拒绝的理由使理性法律成为实践理性的产物;通过实际上拒绝那一理由,学者引出"一个新的困难",施特劳斯在第39段接手了这个困难。学者的"中心表述"(《库萨里》3.7)清楚说明,"唯有神才能充分补足"哲人们道德底线的"提纲";"就连单纯的统治法典也必须出自启示,如果想要有益于团体的话"。施特劳斯发现自己"被推向"一个结论,并称之为学者的"最终答案"(40)。施特劳斯追随学者;他重新隐藏了一个选项,即最高尚的团体可以保存自身,凭借不对神负责地禁止欺骗和敬重"父辈",凭借一种不能被称为理性的内部道德。学者和施特劳斯增加了一种外部道德来断言,不仅宗教,还有启示均是必要的和理性的。施特劳斯似乎放开了他曾煞费苦心澄清的选项,但它却作为理性的替代,羞怯却又不可侵犯地、稳稳立于它的外部道德背后。

施特劳斯在结束狩猎时说明了如何从"最终答案"找到"返回"真选项的路(40):回想两个"选项"的关联(33)。他"回想"他作为"反之"所留下的选项,在表述其两个成分之前给这两个成分都加上了直白的[66]标签:断言。首先,学者接受了"自然法律是理性的"(意思是说,凭着实践理性)这一断言,接着他接受了"宗教属于这些自然法律"(意思是说,对于除哲人团体之外的社会)这一断言。他接受后者时"有些犹豫"。为什么犹豫？对宗教犹豫就是对那一最终使得经历了转向的哈列维回到犹太教圈囿的断言之一犹豫。他曾犹豫,他在哲人们的答案上、在他们的理性法律上逗留,后来他做出重大决定,与他们的完备法典、与他们的政治神学决裂,而回到一个完备法典,该法典就理论理性来说并不优于哲学。他曾犹豫,他曾权衡用来践行哲人们敬重智识上优越的父辈－创建者们的内部道德的新方式的智慧。这需要时间——并非现在这么美妙的谐剧所希望的"非常短的时间"(13)——来断定与其智识上优越的父辈们的一个断裂是智慧的。①施特劳斯知道如何从学者的最终答案回到学者的真实答案,他以自己重复那一运作结束了第四节:"于是我们要说",禁止欺骗和敬重导师"毫无疑问"(35)仅仅是统治法律,它们并未穷尽他早先所说的东西；而我们要说,"在他看来,理性的自然法律……还包括可称为自然虔敬之要求的东西"。

施特劳斯已经找出为什么学者对于哲人们的理性法律有着表面上"自相矛盾"的态度(22)。既反对又赞同理性法律的这一"含混"让学者指出,"只有在信仰的基础上理性才被允许"。哈列维让他的学者以诡异的方式赞同理性法律,这使他能够表明哲人如何与众不同,以及哲人与社会生活或政治生活的适当关系为何。哈列维告诉像施特劳斯这样的读者,对于他所发现的、理性将他引向的团体,道德底线是什么,同时向他表明,较之他所属的团体,其他一切社会所具有的道德底线都不算最低。通过在第四节末尾重复学者的运作,施特劳斯按照哈列维的条件加入了哈列维所属的团体；通过写成《〈库萨里〉中的理性之法》,施特劳斯敬重关于欺骗的禁令以及父辈的智慧,并且通过增加第五节,施特劳斯表明他接受哈列维在政治神学方面革新的理由。

---

① 在柏拉图《理想国》(450d)的一个相似的历史转折点上,苏格拉底敬拜阿德拉斯忒娅(Adrasteia),可怕的必然,苏格拉底不知道,也不能够知道,他即将迈出的历史性一步是否如他所愿,是真的最好。

施特劳斯接纳哈列维的革新理由
("五、理性之法与自然法")

[67]施特劳斯以重述第三节开端开始了第五节。其间的第三节和第四节对于施特劳斯引入的两个含混颇有教益,因为学者既反对又赞同哲人们的理性法律的含混态度(22),原来对应着哲人关于完备法典和一切法典之框架的含混(20):学者反对作为哲人完备政治神学法典的理性法律,但他赞同作为一切法典框架的理性法律。贯穿第三节和第四节,施特劳斯都区别了学者的含混与哲人的含混,这使他能够从学者对哲人们完备法典的反对中向读者表明,在启示时代,使信仰基础理性化会造成怀疑和无政府。对于一切法典的框架,读者首先学到圈出哲人们独特团体的道德底线,然后在他们的底限上增添所有其他社会的较大底限:他们对宗教的需要——如今显现为对启示的需要——要求将自然法称为理性的。哲人隐士和他周遭社会之间道德底线的差异,让读者知道了哲人们需要显白言辞。还剩下什么?还要表明哈列维接纳一种新的外部道德的合理根据,该外部道德用启示取代了哲人们的完备法典。

回看哲人们历史上的做法,施特劳斯指出,哲人们对他们外部道德通常规则的特殊应用,"很大程度上取决于他碰巧生活于其间的社会具有怎样的性质"(43)。①在像哈列维所属的这类敌视哲学且难以迁离的社会,哲人将"在必要的限度内暂时让自己的行为适应这一社会的要求"。因为,"冥想需要从社会中隐退",哲人"行为规则的总和"将是

---

① 为了简明,我省略了第五节给予"理性之法"的最后一段曲折的论述:施特劳斯将这一段的"核心"等同于哲人行为规则的总和;他将其外部道德看作属于其内部道德。清晰地理解第五节有赖于牢记这一"理性之法"的扩展了的核心。

"哲学化隐士"的规则(参考20)。①哲人是向内心迁移的移民,他的[68]榜样是友好合群的苏格拉底,苏格拉底拒绝离开雅典。所以施特劳斯最后可以说出"哲人是什么",或"哲学与社会生活的关系"(1)。"虽然哲学预设了社会生活……但哲人对社会并无依恋:他的灵魂在别处"(44)。他遵守他所属社会的规则仅仅是为了他的"冥想"(意思是探究)这一目的;仅对他而言,这些基础性法律"是'审慎'的规则,而非严格的道德规则"。与这些遁世者相对照的是"真正的好人或虔诚的人……城邦的守护者,φύλαξ πόλεως"。②统治好人或虔诚的人的那些绝对规则,哲人"并非无条件地"予以遵守;他因而可以"在言行中遵奉他在思想中并不遵奉的宗教;我认为,正是这一观点构成哲人们显白风格的基础"。施特劳斯区别了好人和智慧的人,使之成为显白风格的基础,于是他可以结束讨论哈列维关于启示的论辩中的智慧。

施特劳斯在最后一段的开端说,因为暗中断言自然法对于哲人不具强制性,所以学者接受了"哲人们关于自然法的观点"(45,参考4)。但是由于与哲人们一道走了那么远,学者发现了"哲学立场的根本弱点"——不是哲学的根本弱点——即"哲学有着如此巨大危险的最深层原因"。原因在于,哲人们是对的:"道德并不基于神的启示,自然道德严格来说根本不是道德。"哲人们判断自然道德"很难区别于保存一帮强盗的道德"。③"自然道德既是如此,那就只有全知全能的神所启示和批准的法才会促成真正的道德,'无条件的律令'。"这是哈列维对他

---

① 以一种保护隐士生活,不向旧宗教弯腰的方式,尼采列举了哲学隐士社会行为的规则(《快乐的科学》格言364-365),见我的《尼采与现时代》(*Nietzsche and Modern Times*),390-392。

② 施特劳斯的希腊文追溯到柏拉图的《理想国》(414a-b);这之后紧接着就是为了确保城邦——将要被哲人所统治的城邦——保卫者的善和虔诚而必需的高贵的谎言。

③ 在脚注141,施特劳斯就用"强盗团体"来说明,哲人们谈及某些规则是强制性的,以便使它们更有效。

与哲人们的理性法律决裂的论辩:凭着押上无限的赌注,启示的神加强了服从纯粹政治法律的意愿(25)。因此:犹太教的神要求回到犹太教圈囿,道德上说:"只有启示才能将自然人转变成'城邦的守护者',或者用圣经的语言来说,转变成他的弟兄的守护者"。

柏拉图用高贵的谎言来护持他的守护者们的道德;哈列维更进一步,通过关于全知全能的奖赏者和惩罚者的谎言,[69]将自然人转变为弟兄的守护者。哈列维凭着柏拉图的默许反对哲人们的理性法律,例如柏拉图的《法义》(27)。因为柏拉图发起了哲人们的危险游戏,即推进诗人们的道德谎言,以便将自然人转变为被希望和恐惧灼烧的信仰者。柏拉图预备了启示的方式:他在《理想国》里护持高贵的谎言,让苏格拉底仿佛主张整全是由单独一个好统治着,让苏格拉底以对全知的道德诸神的论辩结尾,并且说诸神在来生施以奖赏和惩罚。柏拉图的学生之一推进了这个游戏:他的创新即便有些犹豫,却将哲学从雅典移到了耶路撒冷,以利用耶路撒冷更恢宏和更猛烈的道德强制者的改造力量。哈列维缄默地主张,柏拉图言辞中的城邦已经凭着神以某种方式成真,如此他便回到了犹太教的圈囿,就像下降的苏格拉底,下降到已经被想象中最有力的强制者的统治所造就的洞穴。①

启示的呼求针对广大范围的人:不必像哈列维笔下的国王那样"天性虔诚",人只要"对真正的道德怀有热情,就会全心渴求启示;道德之人本身就是潜在的信仰者"——启示之神销路很好。自施特劳斯将要重召的段落(34)以来,哈列维都不被点名,现在哈列维可以回来了。哈列维在哲人们那里发现了对他革新的许可。他发现"一个对于

---

① 柏拉图《理想国》中的神学政治已经由《卡尔米德》预备好,在《卡尔米德》里,苏格拉底间接提到希罗多德关于神祇扎勒卯克斯(Zalmoxis)的故事,以表明一神论的道德权力。见我的《哲学如何成为苏格拉底式的》(*How Philosophy Became Socratic*)。

道德和启示之间存在必然关联的示意",这个示意见于哲人们密切相关的双重否认:否认"神圣立法者"和否认"我们称之为道德法的东西的强制性"。他们的双重否认示意需要——实践上需要——那个未说出的"反之",即对神圣立法者发布绝对律令(它们可称为理性的律令)的双重断言(33)。于是施特劳斯以完成他最后三个小节的论辩结尾,内容是:哈列维提倡服从一个非希腊传统的、有着绝对立法者的道德法,从而为哲学提供了新的居所。"针对哲学维护犹太教的同时,[哈列维]也在自觉地维护道德本身,因此他不但维护了犹太教的因由(cause),也维护了多数人的因由。"犹太教的支持者凸显为着眼全人类的道德的支持者,哲人在已经被启示及其道德律法的绝对执行者所统治的时空做出了信徒的断言。但哈列维的断言要求他——和[70]施特劳斯——装作好像哲人可以从超越哲学的某处来反对哲学:

> 所以,他对哲学的反对并非特别基于犹太教,甚至并非特别基于宗教,而是基于道德。

哈列维对哲学的道德反对是哲人的审慎判断,即奉劝启示时代的哲学放弃哲人的理性法律并转入地下,将哲学停靠在现存宗教旁边,而理论理性知道,该宗教不如神化天体的宗教对于哲学有利。因此哈列维对哲学的道德反对服务于一个超越道德的实践目的——哈列维肯定已将道德判断为哲学巨大危险的主要原因:哲学如果给了道德一个反对它的理由,就危及了自身,因为道德——总是更有力——能够也会召唤全能的神及其无限的律令。

这个理由简单、基本,且在施特劳斯那里处处得到重申:哲学和启示是对手。哲学是启示的危险对手,因为哲学能够发现真相。但哲学明白启示更能实施一切社会秩序所需的东西。哲学总是寄生在能够找到自己的更大的社会之中,对于哲学来说,自我隐匿在已经统治着信徒们的、道德上占优的宗教里,乃是明智的。对自己能够造成的怀疑和无政府有着警惕的哲学,选择表面上把场地让给道德权威,同时为自己保留是其全部所需的内在自由,但也为通向自己提供了难以觉察的路标。已经转向的哲人回到他本来的圈囿,为它的健康和持存提供论辩,在这些论辩里又藏着论辩,后者服务于哲人真正团体的健康和持存。在哲学利益的引导下,哈列维针对哲学维护犹太教。①

示意哈列维关于回到犹太教圈囿的主要理由之后,施特劳斯发出一个限制性命令。他的倒数第二句点出了哈列维的"尤其节制"并给出理由:他"不是狂热者"。在心智而非热心的支配下,"他不想向那些不谨慎的人和狂热的人提供肯定会遭到他们滥用的武器"。狂热者会滥用对作者处以死刑这一武器,或至少是焚烧他的书以消除他的影响[71]:面对这种迫害,节制理所当然。何为无所顾忌的人?有这么一些人,如果能够找出哈列维的秘密,他们会毫无顾忌地泄露出去。哈列维写作中的节制让那些无所顾忌的人无从了解他的秘密,同时训练那些必然审慎的人能够了解这些秘密。②

施特劳斯的最后一句话,使《〈库萨里〉中的理性之法》结束于一个虽然谨慎遮蔽但也复原了的哈列维。"然而这种节制欺骗不了有的读者(the reader)"——在他真正持有的道德底线中,出于爱的行为是禁止欺骗的。哈列维骗过了所有人,除了"有的读者",该单数个体凭着独自的阅读,将自己从文章第一句中"所有哲学史研究者们"这一复数指称中区别出来。独自的阅读使这位读者对哈列维惊人的省略和含混有着警觉,使这位读者找出了哈列维"主要和最终目标之专一"。所有哲学史研究者们都觉得是采纳亚伯拉罕的神,而这位读者知道是采纳

---

① 施特劳斯在这本书——《〈库萨里〉中的理性之法》将永久留驻其中——的导论中放有一个简明的表述,该表述将把结束《〈库萨里〉中的理性之法》的道德论辩指向其更高层面:哲人"仅仅维护哲学的利益。在这样做时,他们确实相信自己是在维护人类的最高利益"(《迫害与写作艺术》,18)。

② 施特劳斯在他1941年的文章《迫害与写作艺术》中给出两条公理,以表明为什么像哈列维这样一个作者的安全是有保障的(《迫害与写作艺术》,25-26)。

亚里士多德的神：哈列维主要和最终的目标是去理解。施特劳斯知道了如何引爆他手中握着的炸弹：以控制其爆炸的方式写作，将炸弹限制在能够承受其爆炸的读者的心智中。1943年的施特劳斯成了复原真实哈列维的读者，以及出于哈列维的理由，即出于哲学的利益，而采取哈列维式克制的作者。

揭示显白教导

不谨慎的人。施特劳斯必须提到这些人，部分是为了在他的读者中呼吁克制，这一呼吁冠盖着他的行文，使发现他所发现的东西变得困难。但较之哈列维，他更加与人方便。他将文章重刊在《迫害与写作艺术》一书，该书怀着各种谨慎来邀请心怀种种顾忌的读者考察过去哲人们令人着迷的做法，同时教导读者靠自己解开谜团。此文在那本书里重刊，就使他所复原的哈列维进入了对秘密怀着不友好的谨慎的现代学术界。但比现代学院的种种习惯更重要的，是哲人们对其当前精神处境所作的判断。《〈库萨里〉中的理性之法》关于"哲人是什么"很是小心掩护，但在1956年的未公开的演讲中，施特劳斯说："毫不夸张地说，[72]没人曾像尼采那样宏大地和那样高尚地谈论哲人是什么。"①

尼采公开谈论哲人是什么，因为他对当前精神处境的判断有别于施特劳斯的判断。尼采的判断也经过了一番犹豫：真相对于社会是致命的，怀着跟主流哲学传统同样的信念他写了五本书，但他后来认为，科学的现代推进决定性地改变了哲学的环境。曾被认为致命的真相，如今无可挽回地公开了，并且如哈列维所见，哲学的策略必须根据变化了的环境而改变。我这本书的目标——表明施特劳斯的持久重要性——包含着，主张尼采对当前精神处境的解读较之施特劳斯更为准

---

① 施特劳斯，《存在主义》("Existentialism")，315。

确。由于尼采,尼采之后旨在发现真实哲学史的人要采取不一样的谨慎了。尼采那么宏大和高尚地——以及公开地——谈论哲人是什么,是为了使哲学在推进现代启蒙及其基于真相来建立社会的实验中,担当合适的角色。我将尽我所能,采取尼采的观点,细致地揭示施特劳斯多少掩藏的或者说显白的论辩。

第二部分

苏格拉底式启蒙

[73]施特劳斯在1938—1939年致克莱因的书信中所讲述的对希腊显白风格的发现,后来绽放为他最重要、最持久的工作,即为当代读者们复原在伟大的苏格拉底那里达到巅峰的希腊智慧。色诺芬是施特劳斯的**挚爱**,为此,施特劳斯从现代的误解所带来的忽视和嘲讽中,独力复原了这位伟大的苏格拉底式思想家。洞见色诺芬编织进他文本那些平凡说教中的深意,非常有助于施特劳斯去理解显白风格的广度和目的。不仅如此,色诺芬的精巧还帮助塑造了施特劳斯自己为让读者接触哲学的激进而选择的方式;施特劳斯的显白风格有些是接纳色诺芬式的写作。第二部分,我将考察对色诺芬的理解和呈现中施特劳斯伟大成就的巅峰,在那一巅峰,施特劳斯表明了哲学和政治哲学中实质性的苏格拉底式收获。我先探讨色诺芬《治家》(*Oeconomicus*)的两章,之后转向施特劳斯论柏拉图对话(他总是视之为古代哲学的最高成就)的最重要的文章。我以伯纳德特结束这一探讨古代思想的部分,受施特劳斯的触发,这位思想家证实了施特劳斯在致克莱因的书信中所表达的:全都始于荷马。

第三章

特别的苏格拉底式哲思:色诺芬的女学

[75]读者们若被施特劳斯所吸引,颇有理由密切关注两本书。这两本书似乎不足称道,似乎远离今天知识生活的通常问题(它们是对色诺芬的评注),且乍看起来浅显(较之施特劳斯别的作品,显得更像是单纯释义)。①但施特劳斯在他去世前一年写给肖勒姆(Gershom Scholem)的一封信中说,"我两本论色诺芬的苏格拉底的书……并非我写的最后的东西,但我相信它们是最好的"(GS,3.764 - 765)。在他最好的两本书的第二本(《色诺芬的苏格拉底》)的前言里,施特劳斯指出第一本(《色诺芬的苏格拉底言辞》)更为重要:他首先写作和出版了他对《治家》的解读,他说,"因为在我看来,该著作在色诺芬的苏格拉底作品中最具启发性,同时最受误解"(《色诺芬的苏格拉底》,前言)。

施特劳斯最早写作色诺芬是在他发现显白写作期间,1939 年,他出版了第一篇论一位古代作者即论色诺芬的文章,《斯巴达精神和色诺芬的品味》。1948 年,他出版了关于色诺芬《希耶罗》的解说,在这个关于短篇对话的长篇文本中,在该文本所附极为丰富的 359 个脚注中,他极尽细致地指出了色诺芬的精巧。在为这本开辟性著作所写导论的结尾,在指出自己并未点出所有值得注意的地方之后,施特劳斯说:

---

① 这一章的较早版本出现于 Armada 和 Gornisiewicz, *Modernity and What Has Been Lost*, 147 - 171。

> 只能希望这个时代会再度到来:色诺芬的技艺将被这代人所理解,他们年轻时便训练有素,不再需要当前这一研究中的那类累赘导引。

颇有理由认为,[76]二十多年后,当他极为轻省地创作关于色诺芬的苏格拉底的两本书时,施特劳斯是为那一理想的时代而写作。还可以算上施特劳斯去世前一个月所写的最后文章,《色诺芬的〈上行记〉》("Xenophon's *Anabasis*")。色诺芬似乎是施特劳斯的模范导师,从施特劳斯复原希腊显白风格开始,直到他生命结束,色诺芬都在教导他哲学和政治哲学。所以施特劳斯出于感激,独力为当代读者复原这位古典作家,此人成功地将自己伪装为白痴,使得一个半世纪的现代学术真的把他当作白痴。

色诺芬讲述他的《治家》,是在说出唯一关于他自己的句子之后,这第一个句子是:"我也曾听他谈论理家的问题,大概是这样说的。"此后,除了诸如"苏格拉底说"、"克利托布勒斯(Kritoboulos)说"之外,他只讲述苏格拉底或克利托布勒斯的话。色诺芬关于他本人的唯一一句话暗示了他是他所述谈话的听众之一。至于他自己的听众,首先是所有可以阅读的人,但要缩减到对一本许多人认为平庸乏味的书能够保有兴趣的人;最终要缩减到极少数人,他们能够看到书中藏有仅仅给予他们的惊奇。施特劳斯在他最好的两本书里也运用了这一筛选听众的艺术;这两本书是韬光养晦的杰作。

色诺芬讲述了苏格拉底和克利托布勒斯之间关于贤人风范的谈话,其中苏格拉底询问克利托布勒斯,是否愿意听"我给你从头讲讲我从前如何会见一个人的事情,此人在我看来可是真正担得起贤人之名"(6.12),此后,色诺芬便让苏格拉底讲了更早时候他与伊斯霍马霍斯(Ischomachos)之间的谈话。苏格拉底对那一谈话的讲述占据了《治家》后三分之二的篇幅(第7-21章)。施特劳斯本人给苏格拉底讲述的前四章安上一个标题,女学,每个序数后面还配有小标题,以及《治家》中的相应章数：

  女学——一、依据诸神的婚姻与依据法的婚姻（第 7 章）
  女学——二、秩序之一（第 8 章）
  女学——三、秩序之二（第 9 章）
  女学——四、化妆（第 10 章）

  施特劳斯的这本书跟色诺芬的书一样，有 21 章。施特劳斯各章标题突出地标明了色诺芬的章数，但却没有标明他[77]自己的章数。说《治家》是色诺芬最具启发性的著作，施特劳斯有其理由："在其中心章，苏格拉底被直接与一位完美贤人作对比"（《色诺芬的苏格拉底》，前言）。在他自己的书里，施特劳斯把色诺芬的中心章即第 11 章稍微挪离了中心，使色诺芬的中心章尾随他自己的中心章即第 11 章，也是他关于女学的最后一章。对施特劳斯女学的研究证实了一些东西，一些在他 1943 年的《〈库萨里〉中的理性之法》中已经可见的东西：施特劳斯对每一章的中心、对女学的中心，对他整本书的中心，倾注了特别的关切。这些中心表明，施特劳斯运用了他在古典作家那里赞赏已久的一项技艺，居中的行文艺术，一种默默强调重要事物的方式。它是简洁的艺术，它控制论辩的行进和节奏，使论辩在巅峰的、中心的时刻达到极致洞见，它在巅峰处逗留，以便汇集和共享之前行进的解说已经几乎呈现的东西。这一居中的艺术绝不是机械的，它含有大度；它既有赖于读者愿意承认作者的指导身份，也有赖于作者怀有善意让读者可能抵达他曾学到的东西。在我看来，这些中心时刻的密度和精度，是施特劳斯之亲人类（他选择赠予他曾被赠予之物的方式）的最佳度量和最悦人的奖赏。

女学—— 一、依据诸神的婚姻与依据法的婚姻

施特劳斯准备讨论苏格拉底讲述的他与伊斯霍马霍斯之间的谈话,该谈话"披露和回忆他过去的一个独特事件",他一劳永逸地"发现了什么是完美的贤人风范"。①施特劳斯的女学探讨苏格拉底所述那一独特事件的前四章,该事件远远早于他与克利托布勒斯的谈话,苏格拉底有过许多其他独特事件,这不是唯一的独特事件,却是有着独特重要性的单个事件,因为它永久改变了哲学史,它就是苏格拉底的转变。

女学第一章的第一个主题是伊斯霍玛霍斯对他妻子的教育,他对她的"管理"。这一教育的[78]第一阶段强烈地激起了苏格拉底的好奇:"苏格拉底再没有在其他场合,用如此强烈的词语来表达他学习的急切。"(132)要解释他的急切,就要看伊斯霍玛霍斯给年轻妻子的第一课中所提起的话题,施特劳斯在第一章简短的中心段里汇集和总结了这些话题。他在那一段指出,伊斯霍玛霍斯鼓励他的妻子"尽力做好诸神产出她而使她能够去做和法所赞许的事"(135)。施特劳斯首先留意法,指出"伊斯霍玛霍斯没有把神圣起源归于法",并且"他想到的法是一种不成文法",其起源不明,但可以肯定其起源并不神圣。接着他谈到自然,回头指向伊斯霍玛霍斯对于诸神"产出"(bring forth)(ephusan,源自 phusis,"自然")他的妻子所用的词:

> 由诸神产生(generate)的东西,其存在归于诸神的东西,是自然,它特别有别于法。

这就开始了施特劳斯这些章的专门关注:苏格拉底,一个研究自然

---

① 《色诺芬的苏格拉底言辞》,129。后面文章对页码的指示将放在圆括号里。施特劳斯将 perfect gentleman[完美贤人]这一说法解释为"对一个希腊用语的一般英译,更字面的翻译是'一个既高尚(美、美观、优美)又好的人'"(128,括号内是施特劳斯的话)。

的人,搜出完美贤人,急欲听取他对他年轻妻子的教育里所隐含的、他对自然及自然与法定秩序(完美贤人被视为这种法定秩序的表率)之关系的缄默理解。此前仅研究自然的苏格拉底急切地得知,并不研究自然的贤人持有隐含的或未经检验的观点,即诸神产生自然,而法完全源于人。

女学第一章的后半部分由一个"比喻"主导,伊斯霍玛霍斯把他妻子在家里的地位比作蜂后在蜂巢的地位。施特劳斯衡量了那一比喻何以恰当又何以不恰当。伊斯霍玛霍斯在施特劳斯称为他给妻子的"课"(137)的开头就做出这一比喻,他的第一课紧随他对年轻妻子的第一个询问:她觉得他为什么娶她。为了回答她可以做些什么"以帮助发家"的问题,伊斯霍玛霍斯说,"宙斯在上……只需尽力做好诸神产出你而使你能够去做和法所赞许的事"。她询问"这些事是什么"(《治家》7.16–17)。他先是回答,它们是跟"蜂巢中的蜂后所负责的"工作相应的工作,该回答展开为他对她很长的、未间断的一课,讲的是基于诸神和法的婚姻是什么。结束时他重提开始时的比喻:"在我看来,蜂后也是这样忙碌着,以完成神命令她去做的工作。"(7.32)直到这时,他的妻子才又说话:"蜂后的工作是怎样与我必须做的工作相似呢?"他们随后的对话表明,为什么对于[79]伊斯霍玛霍斯首次引入他的比喻,施特劳斯会给出警示:这个比喻"显然容易被误解,甚至被误用"(135)。施特劳斯在这章的最后一段关注那一缺点。

施特劳斯讲述了伊斯霍玛霍斯的回答:

> 妻子可以比作蜂后,是因为两者虽然总是待在屋里,但都能控制团体成员在户外的工作。(138)

他指出伊斯霍玛霍斯强调"蜂后不会容忍蜜蜂闲着",但却对雄蜂沉默,原因之一是,"秩序井然的家庭不会容忍雄蜂似的人"。让人注意到涉及雄蜂时那一比喻的不恰当之后,施特劳斯说,伊斯霍玛霍斯对两种雌性所作的对比,很多地方是恰当的,尽管并非所有地方都能立即说服他的新娘。

　　这些地方能以她无法预见的方式变得可信吗?施特劳斯暗示了他的肯定性回答,他以三个向上的意涵(比喻的恰当性在其中似乎存疑①)结束了这章。

　　"例如,"蜂后控制后代的抚养,"当幼体适合工作时,她派他们随首领去建立殖民地。"妻子显然想要知道,是否她要派孩子们去"建立殖民地,而首领不是她自己(或她的丈夫)"。

　　"其次",这一比喻并未澄清,是否伊斯霍玛霍斯相信蜂后会像好妻子照顾生病的仆人们一样照顾那些生病的蜜蜂。但他的妻子立即明白,她这么做会有回报,因为"这使仆人们感激,更加心甘情愿"。伊斯霍玛霍斯使这一比喻更贴切,他指出,"当她离开蜂巢,没有谁会想要留下来,而是都跟着她"。这让施特劳斯去揣测,"是否离婚的时候,所有仆人都会跟着妻子离开"(139)。

　　"首先",把妻子比作蜂后"会碰到一个情况,即它没有给丈夫兼户主提供合适的位置"。施特劳斯指出,"伊斯霍玛霍斯尽可能挽救这个比喻,他偷偷确认他的妻子实际上是支配女仆们而非男仆们",但施特劳斯最后指出的东西很有内容,因为伊斯霍玛霍斯"有力且感人地说,如果她显然胜过他,她将成为他(男仆们的直接支配者)的女主人,甚至且尤其当她[80]不再年轻,风华已逝之后"。色诺芬或施特劳斯都未提及伊斯霍玛霍斯妻子的任何反应,但通过施特劳斯的解说而更加熟悉她之后,我们可以想象得到:她从她丈夫这里学到的第一课始于和终于一个非常难忘的比喻;为了"抵消他妻子极端的谦逊和羞怯","为了让她有信心"而引入的伊斯霍玛霍斯的蜂后之喻,或许在那个难忘

---

①　谈话将近结尾时,伊斯霍玛霍斯使得苏格拉底"去思考引入好的类比的重要性",因为他的类比——"应把雄蜂逐出蜂巢"(17.15)——引起苏格拉底对杂草的反感(190 – 191)。

的场合,在一位潜在女王那里种下了有望独揽大权的种子。

读罢全部四章女学,蜂后之喻的那些或许不当之处将会显现为完全恰当。这一研读表明了苏格拉底是谁,以及他如何外显。苏格拉底绝不是也不想做完美贤人,他在贤人看来可能是雄蜂。但施特劳斯着力强调,苏格拉底留意自己可能的外显,结果事实上变得——女气。伊斯霍玛霍斯当初的比喻先是似乎有恰当有不恰当,但在用于苏格拉底时将会让人觉得完全恰当。色诺芬所采用的这个公开的和家常的比喻,含有隐藏的和崇高的意味。

女学——二、秩序之一

"秩序之一",论秩序的两章中的第一章,关切"秩序对人类的用处和美"(140-141);第二章,"秩序之二","关切秩序本身"(146)。这两章在开始的方式上也彼此相关,"两章都开始于苏格拉底询问伊斯霍玛霍斯教导他妻子的效果"(146)。苏格拉底的询问是他在第一章的唯一一发言:"伊斯霍玛霍斯,你注意到……她因为这些话的激励而更勤勉了吗?""是的,宙斯在上",伊斯霍玛霍斯说罢立即转向关于他的教导的另一主题,占据这章剩余篇幅的一"课"。他仔细地想要确保这一课的效果,他把这一课放在了非常有利的环境里,因为她刚好辜负了他:未能找到他所需要的、由她收存的某样东西,"她脸涨得通红,很生自己的气"(140)。她正羞愧、自责,听了她丈夫关于秩序的一课之后,她再也不会让这种事发生了。

伊斯霍玛霍斯的课通过"例子"来传达秩序的用处和美,先是三个例子:合唱队、军队和战船。施特劳斯表明每个例子都既恰当又不恰当。部分不恰当是由于它们处在运动中,而伊斯霍玛霍斯理解的秩序"属于静止而非运动";此外,它们促成了失序。尽管他的例子有部分不恰当,但伊斯霍玛霍斯"转向告诫他的[81]妻子,像他一样把物件放到合适的地方,以便需要的时候可以轻易找到"(141)。

但"伊斯霍玛霍斯对他所给出的三个有关秩序的例子不是很满

意",他给出了第四个也是最后一个例子,施特劳斯说这个例子"最恰当"(142)、"最有启发"(144)。最恰当是因为,"伊斯霍玛霍斯关心的是,教导他的妻子如何在他们的工具和器皿中建立和保持秩序",而这个例子是一艘大型腓尼基商船上的器具的秩序。伊斯霍玛霍斯呼唤苏格拉底的名字,把这个例子说给他听,这"甚至是要指导、要教育苏格拉底"(142)。在腓尼基商船上,"每个人的生存都有赖……最美和最精确的秩序"。这要求"极度的仔细,尤其是负责人"。负责人就是水手长,商船上的小职员,"对所有东西放在哪儿,有多少,早已了如指掌"。尽管已经了如指掌,但伊斯霍玛霍斯看到他还是会"检查所有东西是否在发生任何情况时都顺手"。伊斯霍玛霍斯"对这一检查感到奇怪"(《治家》8.15),他对苏格拉底说,他"问他正在做什么"。施特劳斯把伊斯霍玛霍斯的讲述总结为这个关乎船上所有人生存的、了解情况并且检查情况的负责人的直接发言:

他告诉他,当神在海上掀起风暴时,人就没有时间去找需要的东西了,神恐吓并惩罚懒人;如果神没有摧毁那些未曾犯错的人,人应该感到满意;如果神保全了那些敬奉恭谨的人,人应该对诸神感激。

水手长关于诸神如何行事的观点区分了三种人:懒人、没有犯错的人和敬事恭谨的人。他的观点推动他认真守护船上建立的秩序。针对水手长的观点,伊斯霍玛霍斯"没有发现错误",而苏格拉底"整章都沉默"。施特劳斯亲自出来比较水手长和伊斯霍玛霍斯的观点:"较之伊斯霍玛霍斯,水手长更确信诸神惩罚(以及因而注意)懒人。"施特劳斯可以比较两人的观点是因为,在上一章里,他讲述了伊斯霍玛霍斯关于诸神留意并惩罚人的观点:"如果有人违背神或自然秩序,他的扰乱行为或许会被诸神留意,他因而受罚。"(137)在那一节点上,施特劳斯出来代沉默的苏格拉底发言,"较之苏格拉底,伊斯霍玛霍斯不太确信诸神的全知"。[82]施特劳斯能够知道苏格拉底的确信是因为,色诺芬在《回忆》(*Memorabilia*)里说,"苏格拉底相信诸神知道一切,一切言说、行为和默默思索"(1.1.19)。施特劳斯听凭他的读者自己去琢磨,苏格拉底在《回忆》里的确信与他在《治家》里的沉默是何种关系,或整个《回忆》与《治家》是何种关系。

施特劳斯先说水手长比伊斯霍玛霍斯更确信诸神对懒人的惩罚,之后又补充说,水手长"跟伊斯霍玛霍斯一样怀疑,是否灾祸只临到坏人,亦即怀疑能否不折不扣地谈论神的惩罚"(143)。施特劳斯随后转向这一最恰当的例子对于秩序问题的意味。

> 在水手长的表述中,因而也是在整章中,秩序没有被呈现为植根于某种神圣事物;而是被呈现为完全起源于人;诸神仅作为秩序的扰乱者而被提及。

施特劳斯结束了谈论水手长观点的这一段:"可以说,这里呈现的秩序是针对诸神难以预测的行为而设计出来的。"

施特劳斯所表述的伊斯霍玛霍斯的隐含观点(涉及诸神、法的起源和自然),落在了女学第一章的中心段;而他所思考的水手长的观点(涉及诸神的留意和惩罚,以及诸神与秩序的起源),也就是他所表述的伊斯霍玛霍斯关于秩序的最恰当的例子中所隐含的神学和本体论,落在了女学第二章的中心段。在此,施特劳斯从据说是水手长关于商船、海和风暴的话里,得出了水手长关于诸神和秩序的观点,从而可以声明,作为整体的秩序(不仅是法所代表的秩序)被呈现为完全源自人,而非植根于某种神圣事物,并且这种秩序是针对诸神难以预测的行为而设计出来的。根据由伊斯霍玛霍斯最恰当的例子所提炼出来的观点,秩序完全源自人,而自然(用施特劳斯在上一中心段用过的词)就像海,不断运动且陷入无序,这种无序有可能破坏一切人类秩序,这种无序来自诸神。在两个中心段里摆出两个观点之后,施特劳斯留待他女学第三章的中心段去将这两个观点与苏格拉底的"教导"对比(147—149)。他由此在女学三章的三个中心展开了非凡的主题,涉及诸神、自然和秩序,以及对这些事物的信念所导出的人的行为。他将在第三章完成他的探讨,并且暗示苏格拉底的"教导"作为明智的修正,源自对伊斯霍玛霍斯信念的思考。

[83]说到中心,女学第二章的第四段占据特殊位置:紧随本章中心段(它呼应上一章的中心段,且预备下一章的中心段)的这一段本身也是中心段,即女学21个段落中的第11个。对于诸神、自然、秩序和人的行为这些问题有着如此深刻意涵的一个中心之后,又有什么能放在下一个中心呢?

第四段打断了施特劳斯对伊斯霍玛霍斯之课的评论,因为,伊斯霍玛霍斯最恰当的例子,让施特劳斯想起苏格拉底向克利托布勒斯阐述农事时关于居鲁士(Cyrus)的一些说法。

> 伊斯霍玛霍斯关于腓尼基商船及其水手长的故事,让我们想起苏格拉底关于居鲁士及其乐园的故事。

女学的中心段对照了两个关于秩序的竞争性故事,完美贤人的故事和哲人的故事:施特劳斯说色诺芬《治家》的中心章做的就是这件事,"在其中心章,苏格拉底被直接与一位完美贤人对比",该对比在最具启发性的关于色诺芬的苏格拉底的作品里是"最具启发性的"事情(《色诺芬的苏格拉底》,前言)。在两个竞争性故事之间,施特劳斯提出五个不同的对比,但五个不同却以两个共同点作为背景:两个故事里,非希腊人都是"秩序方面的模范",且"秩序都起源于人"。在说出五个对比之后,施特劳斯将苏格拉底与伊斯霍玛霍斯的教导者区别开,同时将苏格拉底与伊斯霍玛霍斯和居鲁士相联系:

> 可以说,苏格拉底跟腓尼基水手长毫无交集,然而他与模范贤人伊斯霍玛霍斯和模范统治者居鲁士却颇多关联。

"毫无交集"(nothing in common)的决绝让人注意到"颇多关联"(has very much to do with)的含混——后者意味着什么?下一句是这一段结尾的两个命令句之一,句中暗示了答案:"因此我们肯定好奇,在他眼里,究竟是伊斯霍玛霍斯还是居鲁士占据着更高的品级。"让人去揣测苏格拉底如何品评两者,就是让人去揣测苏格拉底与作为模范的两者如何颇多关联。两者都是他的模范吗?完美贤人不是他的模范,因为施特劳斯说,苏格拉底无意成为完美贤人。波斯统治者是他的模范吗?施特劳斯以第二个命令句结束了这一段:"刚刚指出的那些对比,对于解决这一问题是否有用,我们不能论定。"如果我们想要论定,如果我们揣测施特劳斯的五个对比或许对于解决苏格拉底的模范问题有用,我们就会知道,它们完全解决了苏格拉底与作为模范统治者的居鲁士如何颇多关联的问题。

第一个对比,有序的事物。一座乐园;一艘商船。

[84]第二个对比,定秩序者。"一位近乎国王的人";"一位无名水手",他是"负责人"(142)。余下三个对比迅速超出了这两个基本成分的对比,但施特劳斯放在女学前两章中心的内容要求对这两个对比单独加以思考。如果商船是通过无名的负责人来建构秩序的模范的人类尝试,那么商船航行其上的海,那个神掀起风暴的地方又是什么呢?海必定是隐含在这一模范人类秩序中的自然的象征,面对不可预测、不可控制的自然,人类的建构凸显为临时避难所。乐园是近乎国王的人来建构秩序的模范的人类尝试,其中隐含着怎样的自然观呢?自然在那里显现为已经有序的种种事物的给予者,而这些事物留待近乎王者的雄心在愉悦感的牵动下进一步赋予秩序。那一花园中的愉悦之情对照着另一种模范秩序的人类根源:恐惧和担忧必定牵动着常见风暴的海上负责商船的无名者。

最后,两个故事所属的两个人的不同具有根本的重要性,因为,这两个人践行着源于两种不同激情的两种自然观,他们的生活被拿来对照哲人和完美贤人。但是,探讨涉及诸神、自然和秩序的两种对照观点,以及作为其基础的两种对照的人类激情,和它们所带来的人类行为的这些段落,仍然有个明显缺陷:乐园的比喻既缺少诸神,也缺少配得上近乎国王之人的事迹。女学最后的中心段将弥补这些缺陷,在那里,施特劳斯引入"苏格拉底最全面的教导",教导关于自然、诸神和秩序——显然出自近乎国王之人的秩序。

第三个对比,秩序和装饰。这一中心对比初看是个单句:"在波斯人故事里,秩序跟居鲁士的各种华丽装饰同在;在腓尼基人故事里,辉煌完全被实用取代。"这一将装饰和实用并列的对比,明确地把装饰从水手长的商船上完全排除。居鲁士的乐园呢?它完全排除实用吗?在居鲁士的乐园,以及其他即将被提到的华丽装饰中,实用的位置是什么?装饰和实用如何同在于乐园的秩序中,这一问题似乎是施特劳斯对这一包含中心对比的单句加以补充时所专注的议题,他以这章的中心脚注装饰了这一对比——女学[85]一个中心段的中心对比的中心脚注,肯定耐人寻味。它包含两个句子,告诉读者去做三件事:"参看《回忆》3.8.5–7,苏格拉底把美或高尚等同于好;参看《回忆》4.6.8–9。参看柏拉图《理想国》458e4。"我们将把这一包含秩序、装饰和实用的表述与两个片段相比较,这两个片段增加了一个元素:好。我们将参考柏拉图。

在第一个《回忆》的片段里,苏格拉底将美或高尚(kalos 的两个译名)等同于好,这意味着什么?当施特劳斯在他后一本关于色诺芬的书里评论这一片段时,他将这一等同称为"矛盾命题",并且给出了苏格拉底表述该命题的理由:它"源于想要把高尚超越于好之上斥为不合理"(《色诺芬的苏格拉底》,76;见73–76)。苏格拉底表述了一个关于好的矛盾命题,因为他的对话者想要把高尚(超出他所理解的好的高尚)的一切方面都斥为不合理。那一对话者是个哲人,阿里斯提波(Aristippos),施特劳斯示意,苏格拉底与他的谈话可解读为替代了与柏拉图的谈话(《色诺芬的苏格拉底》,73–74)。在《回忆》里的更早时候(2.1),苏格拉底曾与阿里斯提波谈话,但未能说服他严肃对待政治生活。阿里斯提波,一位认为好就是快乐的哲人,他所固执的观点意在尽可能轻松和快乐地活着。将高尚超越好斥为不合理,这是阿里斯提波无法严肃对待政治的一部分,因为政治生活有赖于高尚超出被设想为快乐的好之上。苏格拉底并非不曾说服柏拉图去严肃对待政治,同时去接纳将高尚和好等同起来的矛盾做法(《色诺芬的苏格拉底》,32-39;见《论僭政》,92-102)。苏格拉底向有志青年教导完美贤人的风范,但他本人不是贤人;他向哲人们忠告政治生活的严肃,却主张一个关于好的矛盾观点,该观点对由贤人们赋予秩序的政治生活有用。主张该观点对苏格拉底也有用,他的"故事"可以讲述一位处在繁华装饰的乐园中的统治者:苏格拉底如此严肃地对待政治生活,甚至不惜用一个关于好的矛盾命题来装饰自己,该命题同意高尚非理性地超越好,从而将贤人生活列为最高;他作为理性之人,同意那一非理性的超越,这对于他是一种好。①

[86] 至于施特劳斯在脚注(4.6.8-9)中提到的《回忆》的第二个片段,当施特劳斯予以讨论时(《色诺芬的苏格拉底》,119-120),他回溯到第一个片段,以便表明苏格拉底关于美和好的切换使用,如何标明每次交流的限定性目的:每次都服务于苏格拉底教育他的对话者的目的,而两次合起来可以教育那些两次都听取的同伴,或那些在色诺芬这里两次读到的读者。

如何看待施特劳斯在脚注中让读者去参考的柏拉图的片段呢?在评论脚注中提到的第一个《回忆》片段时,施特劳斯做了他让读到脚注的读者去做的事,即比照柏拉图《理想国》458e4。那一片段表明了实用与神圣之间的关系:"在一个建制合理的城邦,只有最有用的婚姻才是神圣的婚姻。"(《色诺芬的苏格拉底》,76)柏拉图指出,神圣可以对于哲人有用,正如华丽的装饰对于城邦有用。

因此,中心脚注示意了对于中心段的中心对比的下述解释。对于苏格拉底这位哲人来说的实用,要求他的好——乐园里的享受,即沉浸于探究诸存在之秩序的不可抑制的激情——被华丽的装饰保护起来,

---

① 讨论色诺芬《会饮》涉及苏格拉底之美的中心章时,施特劳斯指出苏格拉底对美与好或有用不可化约的理解;那一不可化约的第二个理由涉及苏格拉底这位观看者,美对于他是好(《色诺芬的苏格拉底》,167)。

这种装饰包括严肃对待政治生活,这就导致他必须把高尚和好等同,并且必须用说服性论辩来引入神圣,以便肯定贤人的生活方式。中心对比还将表明它确确实实是中心:它必须由女学的后半部分来补充。下一章的中心将呈现一种华丽装饰,该装饰通过提供新的关于诸神、自然、秩序和人类行为的教导,完成了之前的那些章的中心。女学完成论辩的最后一章表明了这种装饰是什么:"化妆。"中心对比并非并未让论辩留在悬而未决中:在苏格拉底看来,模范统治者占据更高位置,苏格拉底将在某种崇高的意义上模仿那位模范统治者的行为。

第四个对比,与源头的接近性。伊斯霍玛霍斯确实看到了他故事中描述的秩序,听到了秩序赋予者的话,而苏格拉底既没有看到,也没有听到,他间接地得到他的故事。因此,较之他自己的故事,"可以说,苏格拉底更接近其源头"的是他直接得自伊斯霍玛霍斯的腓尼基人故事。追问苏格拉底与他的故事源头的接近性,相当于询问:谁是它的源头?回答是:色诺芬。色诺芬曾看到居鲁士的乐园,曾听到居鲁士说话,他在注定使他成名的冒险故事里,在《居鲁士上行记》(*Anabasis of Cyrus*)里,写下了他的所见所闻。他还写了《居鲁士的教育》(*Cyropaedia*)一书,表明居鲁士大帝何以可视为模范统治者。他写的这本书包含[87]"苏格拉底的故事"以及《治家》中的所有其他故事。为什么施特劳斯提出这么一个对比,它指向——甚至仅仅指向——作为"苏格拉底的故事"之实际源头的色诺芬?

之前,当评论"苏格拉底的故事"时,施特劳斯强调色诺芬有义务使自己的故事有说服力,从而指示了色诺芬作为故事讲述者的角色(116–118)。施特劳斯思考这种说服努力的整个语境,是想要理解,为什么对于这篇苏格拉底对话,色诺芬选择了一场与克利托布勒斯的谈话(92)。克利托布勒斯是苏格拉底的老朋友、贤人克力同(Kriton)的儿子,他在对话中表现出不愿继续他父亲的生活方式,而被谐剧、马匹和苏格拉底所吸引。苏格拉底发起与克利托布勒斯的谈话,意在提醒他的责任,施特劳斯说,"我们很可以猜测"他是受克力同"的要求而这么做",克力同能够看出他的儿子"钦佩苏格拉底胜过、远远胜过他自己的父亲"(101)。苏格拉底旨在就贤人生活方式之可取说服克利托布勒斯,所以需要一位已经对克利托布勒斯具有权威的模范农夫。于是苏格拉底以"据说"中的伟大波斯国王开始:这位国王相信农业和战争艺术属于最高尚和最必需的事务,并且投身两者。苏格拉底必须"证明传闻为真",为此他首先借助一个论辩,而施特劳斯怀疑这个论辩是否充分。关于"最著名的国王居鲁士"的其他条目把苏格拉底带到一个故事,该故事"将使克利托布勒斯充分相信,所有波斯国王当中最荣耀的居鲁士"对自己作为农夫和作为武士同样自豪,"如果克利托布勒斯能确定该故事为真的话"。但是那个故事的主角并非这位最著名的国王:"苏格拉底被迫谈论小居鲁士。"还有个麻烦:"即便是小居鲁士,苏格拉底也没有第一手信息。"施特劳斯在此说道:

但是色诺芬有,并且我们记得,在苏格拉底和克利托布勒斯关于家务管理的谈话中,色诺芬在场。

施特劳斯没有直说色诺芬是故事源头,而是去谈另一个说服方面的麻烦。引入小居鲁士本身不能解决这一问题,因为小居鲁士的权威不如大居鲁士,"苏格拉底因此被迫设法改善小居鲁士的记录"。但即便改善那一记录也不足够:"首先,[苏格拉底被迫]尽可能隐瞒这一事实,即小居鲁士和大居鲁士并非同一个人。"随后,施特劳斯把从大居鲁士到小居鲁士的流畅过渡,与色诺芬从《回忆》到《治家》,以及从修昔底德的《历史》到《希腊志》的流畅过渡相比较,这两个并不明显流畅的[88]过渡引发一些疑问。就这样,施特劳斯先引入色诺芬,引入这位有着第一手信息,并且巧妙建构自己的写作方式以便说服的作者,然后他说,"此外,很多希腊人可能难以接受把蛮人树立为希腊人的模范"。这最后一个困难如何处理?

色诺芬因而被迫让他的苏格拉底用当时最大的希腊权威,伯罗奔半岛战争的胜利者,斯巴达的吕山德(Lysander),来树立小居鲁士的权威。

施特劳斯让苏格拉底的说服难题被视为色诺芬的难题,从而使他的读者看到,在整个故事讲述中,是谁不得不为了说服而改善、隐瞒和制造权威:色诺芬,他有第一手信息,他因自己的目的而被迫在他的《治家》里,让他的人物苏格拉底说出必须说的话,以便说服他的人物克利托布勒斯。点名苏格拉底故事的色诺芬源头之后,施特劳斯回到他惯常的叙述层面:"苏格拉底通过重述一个故事做到了这一点……"色诺芬消失了,不过现在他总是作为作者暗中在场,他必须让他的苏格拉底做出必要的调整,通过模范统治者居鲁士的一些故事,说服他的克利托布勒斯相信从事农业是高尚的。"苏格拉底"从此成为色诺芬的苏格拉底,色诺芬用合适的故事把苏格拉底装备起来,其中一些故事的真正源头是色诺芬。

色诺芬是善于发明的故事讲述者,他在苏格拉底对克利托布勒斯的说服中所起的积极作用,还需补充最后一个情况,这个情况使他明显是"苏格拉底的故事"的源头。[①]色诺芬让苏格拉底向克利托布勒斯讲述已经去世的小居鲁士,这就固定了他们交流的戏剧性日期:那一天肯定是在居鲁士被杀于库纳克萨(Cunaxa)之后,即前401年9月之后。但这一事实使色诺芬的第一句话,即他以自己名义所说的唯一一句话,变得蹊跷:从前401年9月到苏格拉底被处死的前399年7月之间,若苏格拉底与克利托布勒斯有过谈话,则色诺芬不可能在场,因为他正在小亚细亚,如他在《上行记》里所说,他于前401年3月去到那里,旨在为居鲁士效力,他还在这本书里讲了居鲁士之死的细节,他在《治家》里借苏格拉底之口提到过此事。

[①] 这一情况有力地强化了施特劳斯在这第四个对比中的观点,尽管他似乎没有注意到这个情况。判断根据是,他未加限定地说,"我们记得,在苏格拉底和克利托布勒斯之间的谈话中,色诺芬在场"(118)。

居鲁士死时,色诺芬在场,他那些耳闻目睹的细节指向另一场对话中他必定不在场,[89]而在这场对话的开头,他似乎声称自己在场。色诺芬肯定希望他的读者去推测,他以一个可矫正的虚构开启了他的《治家》。为什么要这么做?或许是示意,在其他场合,当苏格拉底用"大约这些话"——苏格拉底对他借以发现完美贤人之所是的那一独特事件的每次重述都略有不同——谈论家务管理时,他曾在场。色诺芬由此暗示,他在场时如此专心,以至于他能够知道在他其实并不在场的类似场合,苏格拉底会说些什么。他的第一句指示了他全部言辞的性质:它们基于色诺芬耳闻目睹的见证,说出了在这种场合苏格拉底将要说的话——并且他将要说的话总是通向他同时意指的一些别的东西,前提是要通过举一反三的推理来修正第一印象。

色诺芬的"在场"虽如幻影,但却是这一示范性的苏格拉底对话中不可去除的在场:这一对话必须表现一位色诺芬的在场,因为这一对话教导许多克利托布勒斯成为贤人,也邀请罕见的色诺芬进入哲学的乐园,训练贤人的同时也训练他。色诺芬从容地要求拥有苏格拉底的权威,他从容地为那些他似乎只是曾经在场的场合发明苏格拉底的言说。必须强调,苏格拉底不可能听到或讲述有关故事,在这一意义上,色诺芬,这位讲述说服性故事的大师,乃是"苏格拉底的故事"(Socrates' story)的源头。但色诺芬的故事并不因此而缺少权威性,以至于够不上称为苏格拉底故事(Socrates's story)。①

---

① 色诺芬或许也在《治家》记录的另一场谈话,即苏格拉底更早时候与伊斯霍玛霍斯的谈话中,也玩儿了这种不可能的在场。色诺芬选择将那场对话放在救主宙斯的柱廊,据泡赛尼阿斯(Pausanias)说,那一柱廊的特色是一幅画作,表现了前362年曼丁尼亚(Mantineia)战役中支援斯巴达人的雅典骑兵;画作中最著名的雅典人物是色诺芬之子格瑞洛斯(Grylos)(Pausanias, 1.3.3 - 4)。那场战役打破了斯巴达对希腊的霸权,并且是色诺芬《希腊志》所述的最后一个事件(7.5.15 - 27);他的描述成了在那里倒下的伟大的底比斯领导者伊巴密浓达(Epaminondas)的告别辞,而没有提及他的儿子。

色诺芬是"苏格拉底的故事"的实际源头,这与施特劳斯的五个对比所设置的议题——苏格拉底对于模范贤人和模范统治者的相对高下所持的观点——有何关系呢?如色诺芬所说,苏格拉底故事虚构了一位实际上是模范统治者的模范农夫,以此来推崇贤人的生活方式,帮助他的苏格拉底说服一位年轻的贤人去追随贤人的生活方式。整个谈话旨在让他朋友的儿子相信贤人生活是最高级的生活,因为即使一位受到钦佩的统治者也认为它最高级;但与此同时,苏格拉底故事暗示,苏格拉底本人认为统治比贤人风范更高级,[90]因为故事表明,故事讲述者用故事赢得了对年轻贤人的某种统治。苏格拉底无意成为贤人,他实际上是统治者,他的统治手段是权威性的故事讲述。

　　貌似模范贤人的色诺芬,委托给他的苏格拉底一个源头在他自己的故事;他在写作中模仿苏格拉底在言谈中的目的,他在做苏格拉底做过的事,他借助哲人苏格拉底来促进统治。"苏格拉底的故事"因而适于成为所有苏格拉底故事的模范,因为它表明它们同时做两件事:它教给相对众多的克利托布勒斯贤人风范,让他们觉得贤人风范是最高级的生活方式;与此同时,它教给少数色诺芬真正最高级的生活方式,包括讲故事的能力,这一能力使故事的源头问题——它是苏格拉底的还是色诺芬的?——变得无关紧要,因为所有这种讲故事者都讲同一类故事。①

　　第五个对比,装饰和神性。"波斯人故事对诸神沉默,尽管它用一个誓言来装饰;腓尼基人故事却相反"——它对誓言沉默,尽管它用诸神的行为来装饰。第五个对比的装饰让人想到中心对比:在代表模范统治者之秩序的乐园里,秩序连同许多装饰——包括誓言这种装饰,即

---

① 施特劳斯后来把"苏格拉底的故事"分派到了它合适的位置,那时苏格拉底先讲了一个他自己是源头和主题的故事,施特劳斯由此就可以说,苏格拉底关于外邦人尼基阿斯(Nikias)的马的故事"对于苏格拉底是典型的,正如关于居鲁士的故事对于吕山德是典型的"(160)——关于居鲁士的故事重被分派给色诺芬所选择的政治人物以确立故事的权威性,而苏格拉底被赋予的故事则指向他作为哲人的不同。

由波斯统治者向密特拉神(Mithras)说的誓言(118)——彼此相属。在代表模范贤人之模范秩序的商船上,这种辉煌完全被实用取代。在那里,负责人谈到作为秩序扰乱者的诸神,并且没有发誓,因为他的诸神不为誓言所动。

阅读施特劳斯后期论色诺芬的作品,读者必须投入绝不轻松但总是愉快的工作,即发现哲人们在他们著作中所藏的美妙宝藏。此处有待发现的最具爆炸性的宝藏之一,印证了仅仅作为断言存在于施特劳斯致克莱因书信中的东西。施特劳斯在书信中曾说,苏格拉底圈子里有着双重意味的词语之一是 kalokagathia[贤人风范]:"贤人风范在苏格拉底圈子里是个贬义词,有点像 19 世纪的'市侩'或'资产者'"(1939 年 2 月 16 日;*GS*, 3.567)。《色诺芬的苏格拉底言辞》里,这个词有了它应有的尊严:一位苏格拉底门徒所写的作品中,"贤人"[91]指称一种高级生活方式,即克利托布勒斯可以想象的和将会追求的最高级生活方式,而苏格拉底建言的方式则指向某个色诺芬一类的人可以想象和将会追求的最高级生活方式。显白的赞扬掩盖着隐微的更高赞扬。

施特劳斯的这五个对比表明,苏格拉底认为模范统治者高于模范贤人,并且示意苏格拉底追求来自哲学乐园的统治。哲人可以如何统治?这五个对比回答道,如近乎国王的居鲁士那样,通过与他的乐园彼此相属的辉煌装饰来统治。哲人的统治所特有的辉煌装饰在此预先标示出来:权威性故事所担保的对诸神的有用誓言,这些誓言反映一种新的共同自然观。苏格拉底关于诸神的故事是下一章中心段的主题。一位哲人学着通过装饰性故事去统治,这是女学最后一章"化妆"的主题。女学的中心段确实是中心:它汇总之前的内容,预示随后的内容,它解决了关于等级的中心议题,它表明哲人确实统治以及哲人如何统治,它还示意哲人——乐园的居民——主张什么。

这些对比紧凑又精微,它们完全遵照施特劳斯最后句子的命令,即对于究竟苏格拉底认为模范统治者抑或模范贤人占据更高的品级,不予定论。但它们终究给了定论，以施特劳斯所掌握的分寸给了定论。因此，"我们必须不予定论"，肯定表述了一项施特劳斯既视为一种冲动又对其读者发布的律令：不予定论。

女学——三、秩序之二

施特劳斯开启他的女学第三章时，让人注意关于秩序的两章之间"从内容上直接显现"的密切联系。"此外，这两章的开头也指示了"这一联系，每章都始于"苏格拉底关切伊斯霍玛霍斯教导他妻子的效果"。苏格拉底的疑问在上一章得到的回答是，他的教导促使她"更加谨慎：这种谨慎先于他的教导"（146），在后一章得到的回答是，她许诺小心谨慎，并且要求她的丈夫"尽快按他所说的，把他们的东西归置整齐：她对秩序的关切并非先于他的教导"。先在的谨慎和后来对秩序的关切，标记着伊斯霍玛霍斯"美妙或甜美的新娘"（133）。它们是否也标记着那位貌似无知的人，此人正向一位完美贤人询问完美的贤人风范是什么？苏格拉底现在询问伊斯霍玛霍斯，"他如何［92］为她把他们的东西归置好"（146）。先在的谨慎似乎驱使美妙和无知的苏格拉底去询问，并且对秩序的关切在他这里被点亮了，因为他听到伊斯霍玛霍斯如何"把屋里的东西分门别类，以便在他家里建立秩序"（147）。

提醒关于秩序的两章的开头密切相似之后，施特劳斯开始了他关于秩序的第二章的中心段，所用的句子与开启他女学中心段的句子也密切相似。两句都中断了他的评论，因为伊斯霍玛霍斯的某些事情让他想起苏格拉底的某些事情：那次，"伊斯霍玛霍斯的故事……让我们想起苏格拉底的故事"；这次，"伊斯霍玛霍斯把屋里的东西分门别类，以便在他家里建立秩序的做法，让我们想起，苏格拉底按照种或类划分存在，以便发现整全的秩序"（147）。正如两个开头的相似性所示意的，这一中心段接续并完成了那一中心段，那一段暗示，苏格拉底把处在乐园中的居鲁士当作他的模范。此外，女学第一章的中心段阐述了伊斯霍玛霍斯对诸神、自然和秩序的看法，第二章的中心段阐述了水手长对诸神、自然和秩序的看法。这一中心段则阐述"苏格拉底最全面的教导",关乎诸神、自然和秩序,或者说关乎最高存在、全体存在和人之存在。这一中心段接续并完成了呈现于前两章的中心段以及女学中心段——这是层峦之巅——的神学和本体论。

关于苏格拉底按照种类划分存在,施特劳斯援引了色诺芬的《回忆》:苏格拉底"从未停止与他的同伴们思考每个存在是什么"(147)。两年后,在评论《回忆》的这一片段时,施特劳斯提到另一种替代写法所保留的微妙之处:"或许苏格拉底从未停止'在他的同伴们中'(第二种解读)默默思考每个存在是什么,虽然他并未'与他的同伴们一起'思考"(《色诺芬的苏格拉底》,116–117)。根据这一解读,苏格拉底留待他的同伴们去参与他对存在的默默思考:一位色诺芬可以参与,一位克利托布勒斯则不能。沉默的参与导向"苏格拉底生活的中心——[色诺芬]没有说出这一中心,归因于他在《回忆》中专门加给自己的限制"(《色诺芬的苏格拉底》,117)。施特劳斯也默默地在这一中心段把他的读者导向苏格拉底生活的中心,由伊斯霍玛霍斯的分类联想到苏格拉底的分类,这给施特劳斯添了义务:

> 我们不禁想要知道,[93]伊斯霍玛霍斯把他屋里的东西分门别类,是不是那种特别的苏格拉底式哲思的模范。

在女学的这最后一个中心段,施特劳斯打造他的句子以提出问题,对这些问题的逐步回答将使人进入苏格拉底生活的中心,那种特别的苏格拉底式哲思。

苏格拉底想要通过辩证的方法,按照种或类发现整全的秩序,就此而言,伊斯霍玛霍斯是苏格拉底的模范吗?施特劳斯回想的两件事或许示意他是:苏格拉底接近他以便了解什么是完美的贤人风范,并且他关于秩序的最佳例子(商船)甚至意在教育苏格拉底。了解完美贤人是什么就是了解许多东西:"关于完美贤人的问题,可以说涵盖了苏格拉底常常提出的,关于人类事物的所有问题。"施特劳斯点名了两项,

虔诚和高尚,并且补充说,"这些问题要求分类,例如,区分什么是虔诚与什么是高尚。"这足以使他说,

> 似乎也可说,伊斯霍玛霍斯不仅是苏格拉底有关人类事物的实际知识的来源,也是他获得那种知识的方式,他的"方法"的来源。

这一难以置信的结论需要辩护,施特劳斯补充了理由,使之不像乍听起来那么惊人:"苏格拉底最全面的教导是这样的,它超越了人类事物,探讨宇宙的整体秩序,这一秩序服务人的利益,并且归因于神的oikonomein[齐家]。"苏格拉底教导,神以服务人类利益的有序方式,管理一个家庭,即宇宙。然而管理一个家庭的伊斯霍玛霍斯对诸神持有不同的观点(137),伊斯霍玛霍斯是这一教导的来源吗?

施特劳斯论苏格拉底最全面教导的句子,突兀且宽泛得令人震惊,这就产生了一个警示:"确实,目的论神学面临许多难题。"苏格拉底的教导是个目的论神学,施特劳斯发明这个标签,以便在一个词里包括这一教导的两个基本主张:苏格拉底教导一种神学和一种宇宙论,认为诸神管理一个为人类利益而定向的宇宙。①施特劳斯没有把那一教导跟它表面上的来源相关联——这是他此前的论点——而是在这一段后面部分暴露这一教导的难题,然后在结尾示意如何解决这些难题。他从出自《回忆》的两个难题开始。首先,苏格拉底声称"神没有需求",[94]这跟他自己的目的论神学矛盾。这一矛盾很重要,但更重要的是一项不明之处:

> 首要的是,不清楚苏格拉底的神学如何跟他从未停止提出的"什么是"问题相关联。

---

① 施特劳斯后面还谈到"目的论神学"。"可以说,[苏格拉底]早先对physiologia[自然学]的关切,一方面持存于《回忆》的目的论神学中,另一方面持存于《治家》关于农作的教导中"(196)。

首要的是,苏格拉底按照种类划分存在,以便发现整全的秩序,这跟他关于整全的"教导"如何关联?施特劳斯把"从未停止思考"(148,150)切换为"从未停止提出"(149,148),这一做法指示了初步答案:苏格拉底可以在他的同伴中提出他已经思考到尽头的"什么是……"问题。

施特劳斯随后转向《治家》对目的论神学提出的两个难题:"伊斯霍玛霍斯表示出涉及目的论神学的一些怀疑。"这不准确。伊斯霍玛霍斯在他与苏格拉底的单独谈话中从未听到目的论神学。但他表示出不同于苏格拉底目的论神学的对诸神的观点,这就提出一个问题:那一目的论神学如何源出于他。施特劳斯接着说:"特别是在专论'秩序'的部分,那里对神或诸神几乎完全沉默。"苏格拉底和伊斯霍玛霍斯对诸神完全沉默,谈到神的是腓尼基水手长。伊斯霍玛霍斯觉得水手长说的没错,尽管那一说法表明水手长比他更确信诸神的惩罚,以及诸神因而注意懒人:他欢迎这种秩序观吗?但那一观点给予"目的论神学的支持相比之前的观点更少",因为虽然水手长"像伊斯霍玛霍斯一样怀疑灾祸只临到坏人",但他没有提出秩序"植根于某种神圣的东西……被提及的诸神只是秩序的干扰者"(143,参考135)。沉默的苏格拉底立场如何?

> 至于苏格拉底,他在《治家》中提到的诸神,对亲人类秩序的干扰不亚于支持;伊斯霍玛霍斯讲授秩序期间他沉默;后来他说诸神并非有序地规划年岁。

《治家》中的两个难题所要求的解决隐含在《治家》的结构里:老年苏格拉底正在讲述他非常早年的一个事件。较之在《回忆》里教导目的论神学的苏格拉底,找到伊斯霍玛霍斯的苏格拉底要年轻得多:听了伊斯霍玛霍斯关于秩序的课,他知道了什么需要被教导——伊斯霍玛霍斯以这种方式成为特别的苏格拉底式哲思的模范。刚才援引的醒目表述,亲人类秩序(the philanthropic order),会示意与伊斯霍玛霍斯谈话的苏格拉底已经把自然看作一种亲人类秩序,而把伊斯霍玛霍斯和水手长的诸神看作可疑激情的厌人类的发作。苏格拉底与伊斯霍玛霍斯会面之后[95]所形成的全面教导,相当于把他自己的亲人类观点转变成了一种神学。施特劳斯这段话的最后一句确认了这一临时解决,并且推进了全面展示这一巅峰的思考过程。因为施特劳斯

> 不禁去揣测,是否色诺芬的苏格拉底,像柏拉图的苏格拉底一样,不满意乍看起来为所有难题都提供了最理性解决的简单的目的论——无论是不是以人类为中心的——并且因此转向"什么是……"问题,或者说转向"按照种类划分存在"。

对于色诺芬的苏格拉底,必须用发展的眼光去解释,就像柏拉图在《斐多》里所呈现的苏格拉底那样。青年苏格拉底所放弃的"简单目的论"——它缺少神学——肯定截然有别于他后来将要教导的目的论。用柏拉图所记述的苏格拉底的发展来解释《治家》,这示意苏格拉底与伊斯霍玛霍斯的谈话乃是色诺芬对苏格拉底之转向的呈现,呈现年轻的苏格拉底了转向他自己的探究方法,转向"什么是……"问题。但青年苏格拉底找到伊斯霍玛霍斯是他思想发生转向的结果,因为他找到后者以便追究那一特别的"什么是……"问题——什么是完美贤人?——该问题涵盖了"涉及人类存在的全部问题"(148)。听伊斯霍玛霍斯回答这一"什么是……"问题,青年苏格拉底了解到,适合贤人的教导将是一种目的论神学,它是对贤人们已经采取的厌人类神学的人类中心化意义上的改进。

施特劳斯给他中心段的这最后一句附了一个脚注。脚注中先是提供了《斐多》的两个参考文段。它们先把读者带到柏拉图的苏格拉底所讲述的对于一种目的论的最初希望,这种目的论认为,心智是万事万物的因由,心智为了最好而赋予万事万物秩序,无论大地、太阳、月亮,或其他天体(《斐多》97c3-98b6)。后来,又让读者看到,施特劳斯对这种因由的不信使他"再次出发寻找因由",他决定不再"观察存在",

转而"在逻各斯里寻求庇护,并在逻各斯里查找存在的真相"(99c6 – e6)。关于苏格拉底之转变的柏拉图模板也适合色诺芬的苏格拉底,可以说,找到伊斯霍玛霍斯就属于他转向逻各斯的一次表现,即在伊斯霍玛霍斯教育他妻子的课中查找存在的真相,并在这些课中发现完美贤人对诸神、自然和秩序的理解,施特劳斯把这些理解放在他女学前两章的各个中心。色诺芬和柏拉图郑重选择相近的方式来呈现[96]他们所认为的哲学史上的最重要事件:老年苏格拉底对青年同伴讲述导向他成熟教导的转变,以一种训谕式的目的论神学外在地教导克利托布勒斯,同时默默向色诺芬表明通往他生活中心的路。施特劳斯综合考察了色诺芬和柏拉图的记述,表明苏格拉底的教导,即他的目的论神学,如何出自他的"什么是……"提问,以此呈现特别的苏格拉底式哲思。

两次参考苏格拉底在《斐多》中的转变之后,施特劳斯的脚注克制地但非常启发性地揭示了柏拉图的苏格拉底。读者在消受《斐多》的两个片段之后,受邀去比较"更高层次('种类'或'理念'层次)上,以及在此意义上位于靠后阶段(如《帕默尼德》130b7 – e4 所述)的对应发展"。柏拉图的《帕默尼德》讲述了这么一个苏格拉底的发展:他仍然年轻,但比《斐多》里的那个要稍微年长,因为他已经完成了向理念的转向。柏拉图把他的《帕默尼德》设定在帕默尼德和他的门徒芝诺(Zeno)于前450年8月对雅典的著名造访,苏格拉底哲学发展的这一更高和靠后的阶段发生在他大约19岁时。①在这一阶段之初,如柏拉图所示,把种类理解为理念的苏格拉底是个鲁莽的年轻思想家,他相信自己已经用超验理念的学说解决了种类问题,因为他像武器一样挥舞这一学说,去打倒众所周知的、帕默尼德和芝诺多年来倡导的对一与多

---

① Nails, *People of Plato*, 308 – 309。施特劳斯说:"必须考虑'青年苏格拉底'问题,事实上,柏拉图让我们注意这一主题"(《苏格拉底和阿里斯托芬》, 4)。他还补充说:"似乎第俄提玛以爱欲秘密相告的那个苏格拉底也很年轻。"

问题的解决方案。在施特劳斯指引他的读者去看的唯一一段言辞中，老帕默尼德对苏格拉底的"言说热情"表达了钦佩，但他仅用他对超验理念的致命反驳中的第一个，就制住了苏格拉底的学说。在施特劳斯指引读者去看的这段言说中，他进而激励谦卑而年轻的苏格拉底：

> 在我看来，哲学尚未如它所愿地抓住你。如果它做到了，你将不会轻视这些事物中的任何一个；但是迄今，你仍然留意人们的意见，因为你的年轻。

作为与《斐多》中的发展"对应的发展"，"更高层次上……更靠后的阶段"，这一阶段肯定也是从寻求解决因由问题的一种方式进至另一种方式。在这一靠后的发展中，年轻的苏格拉底受帕默尼德的论辩推动，从他年轻的超验理念学说进至一种更圆融却虽未明言的、苏格拉底式哲思所特有的观点；[97]帕默尼德也曾说苏格拉底将来可能进至这一观点。但这引出柏拉图的一个谜题：《斐多》表明，苏格拉底把他被反驳的理念学说纳入他生命最后一天的教导，当时他把自己"安全的"理念学说塞给年轻的刻贝斯（Cebes），刻贝斯担心理性能否确定一个他迫切需要相信的事，即他的灵魂不朽。施特劳斯把这一与柏拉图的比较补充到他这段的最后一句，从而给他的读者留下了特别的苏格拉底式哲思的实际入口：这一与柏拉图的比较示意，色诺芬笔下成熟的苏格拉底教导目的论神学，正如柏拉图笔下成熟的苏格拉底教导理念学说，该学说是他早年所持学说的变体，他知道该学说面临难题，面临合乎逻辑的反驳，但他后来看到该学说对于年轻的贤人有益，对于可能的哲人有用。

施特劳斯最后一个中心段的复杂性可以看作是施特劳斯有意为之：他把分散在不同时间的事件集于一处。他做了色诺芬和柏拉图所做的，营造出暂时的复杂性来为难读者，并在解决难题时教育读者。解决办法就是把集中起来的事件推回到它们的时间顺序里；它们的分隔使得读者可以用发展的眼光看待苏格拉底。女学表明年轻的苏格拉底

第三章　特别的苏格拉底式哲思：色诺芬的女学　115

正在学习某种假以时日会使他成为一种目的论神学教师的东西。苏格拉底转向"什么是……"问题之后的关键事件，就是他与伊斯霍玛霍斯的谈话；了解了完美贤人是什么的他，进而了解了什么样的教导有益于贤人，同时这也使他能够继续理解因由，继续了解关于诸神、自然和秩序的真相。

借助柏拉图，成长的苏格拉底浮现在施特劳斯最终的中心段，苏格拉底变成特别的苏格拉底式哲思的苏格拉底。借助柏拉图，施特劳斯回答了他自己的问题，回答了苏格拉底的神学与他的"什么是……"问题之间的关联：他的"什么是……"问题被关联到作为其起源的神学。向完美贤人询问"什么是完美贤人？"，使他被引向适于贤人的神学——一种目的论神学，其中诸神如此赋予宇宙秩序是为了服务于贤人们的利益——主要通过允许他们不折不扣地谈及神的正义。这种目的论神学确实以某种方式源自伊斯霍玛霍斯：他关于诸神、自然和秩序的有缺陷的观点要求苏格拉底的修正。作为神学家的苏格拉底驯服诸神来为人服务；他统治任性的诸神，因为他使诸神此前不可预测的行为变得可预测或道德。

教导目的论神学但不提及其困难，这使得处在同伴当中的苏格拉底无声地提出一些问题，它们关乎存在的种类，[98]因而关乎最高存在以及那种存在如何关联着全体存在。这一目的论神学曾是施特劳斯预备好要去认识的东西：它是苏格拉底的神学政治规划，一项作为政治的神学事业，它提出一种将会受到未来的伊斯霍玛霍斯欢迎的教导，即它会受到焦虑的克力同的儿子们的欢迎。

在此，苏格拉底的先在谨慎着眼于克服他所欠缺的对秩序的先在关切——他知道自己不得不去设计关于整全的听起来合理的秩序，它符合人类灵魂的需要，并且提供乍看起来似乎最合理的对于所有难题的解决。通过这一行动，这位冥想之人、探究之人，成了所谓世界历史的漩涡，最终甚至成为开创性的现代哲人们的模范，教导他们如何为了哲学和社会秩序而行动——就他们而言，他们的行动是策略性地拆解了一种统治了哲学的带有剧毒的目的论神学。

但如果苏格拉底成熟的目的论神学属于特别的苏格拉底式哲思,即一种对贤人的政治教导——苏格拉底的政治哲学——那么苏格拉底对"整全的秩序"(147)实际上持有何种观点?他的"方法",他的"什么是……"问题,把他引向何种关于诸神、自然和秩序的知识?施特劳斯在最后一个中心段的脚注的最后一句开始回答这个问题:

> "什么是……"问题意在处理关于自然种类的"质料因和动力因"问题。

施特劳斯集齐了记述苏格拉底——他开启了伟大的传承——的三巨头:尽管在表现上有所不同,但色诺芬、柏拉图和亚里士多德始终忠于特别的苏格拉底式哲思。更重要的是,这一句指示了柏拉图《帕默尼德》中所述的"对应发展"如何帮助解决因由问题,因为它利用"处理"(dispose of)这个表达中精确的含混,解释了"什么是……"问题的目的。就如今最普通意义上的处理而言,"什么是……"的追问意在完全搁置关于自然种类的质料因和动力因的未决问题,并且——尽管这是不明言的——把它们的因由完全归在形式因和目的因上;这些追问再现了伊斯霍玛霍斯的观点,即诸神产生自然,意在通过目的论神学来处理自然种类的因由,以搁置希腊自然科学的危险追问。但处理在其最初意义上意指以妥当或合适的秩序来处置事物——根据自然种类来划分存在,以便发现整全的秩序。

特别的苏格拉底式哲思没有搁置真正的自然科学及其对质料因和动力因的研究——这是乐园的主要活动——[99]但它把这种研究掩藏在似乎可以作为替代但其实只是作为补充的那些因由里。借着形式因和目的因,苏格拉底的哲学所研究的是自然的和不可规避的人类认知活动,该活动用概念或理念为质料性的事件和事物赋予秩序。苏格拉底选择给那一活动之不可规避的结构附加上可以规避的目的论神学观念,采取或发明出假想种类和假想因由,把宇宙解读为满足假想存在的假想目的。施特劳斯最后一个中心段的脚注表明,虽然色诺芬、柏拉图和亚里士多德以不同方式从事特别的苏格拉底式哲思,但这种哲思始终藏在它知道有麻烦的关于自然和人之自然的有益教导之下,是永不停息的对自然和人之自然的思考。

施特劳斯脚注的最后一句因而服务于引出下一段,它作为施特劳斯关于特别的苏格拉底式哲思的讲述的一部分,探讨苏格拉底对自然的研究。它描述的那个苏格拉底可能完成了《帕默尼德》片段中预期的更高层次上的对应发展。施特劳斯在这一段的开头就为他中心段中的一个论点规定了适当的分量:示意伊斯霍玛霍斯可能是苏格拉底关于人类事物的实际知识和他的"方法"的来源,这是"一个刻意的夸大"(149),但需要以此修正"关切苏格拉底问题"的那些人;为了修正他们以为苏格拉底从伊斯霍玛霍斯那里没有学到什么,就要假装苏格拉底从伊斯霍玛霍斯学到了一切。所以,巅峰中的巅峰并非全然完成的:对于那里有什么东西必须被夸大,当前段落将给出准确说明。因为关切苏格拉底问题的那些人做了一些更糟的事:他们设法忽略苏格拉底想要"通过划分组成整全的存在的种类,来发现整全的秩序"。结果他们忽略了苏格拉底迄今无疑非常重要的成就:他"找出了那些种类分别是什么"。那一悄然的找出值得倍加关注,它预示施特劳斯将陈述苏格拉底对自然的研究实际得出了关于自然和人之自然的什么结论。

是的,苏格拉底谴责探究万物之自然的那些人,但原因是什么(150)?并非因为他们探究,而是因为他们公开陈述的答案使得整个事业看起来可笑或像是犯罪。施特劳斯由苏格拉底的谴责,推断出谴责里所暗含的关于全体存在"清醒和持重"的观点:种类的数目有限,种类本身既不变化,也不生成或消灭。施特劳斯本人也是色诺芬式的作者,他只是暗示了最引人注意的结果:所有特别的存在都生[100]成和消灭,包括具有最高存在种类的存在。所以说,苏格拉底的教导遮蔽了苏格拉底所找出的关于存在的本体论或真相,一种承认生成之统治权的自然主义。于是,目的论神学就像法律和商船,是全然源自人的建构,它源自哲人,后者理解了人之自然,理解了权威性教导掌控教导的权力。

施特劳斯关于特别的苏格拉底式哲思的最后一句解释了一个假象,即苏格拉底将其探究局限于人类事物。他由此触及了他在书中第二句所描述的状况,即关切苏格拉底问题的那些人把我们置于其中的那一状况:"据说,苏格拉底完全忽视整个自然,以便完全投入对伦理事物的研究。"(83)施特劳斯现在可以指向当代对苏格拉底的误解所无法破坏的东西:

> 这一表象最终具有重要性,只因它指向他特有哲思之卑下的(伊斯霍玛霍斯的)起源。

苏格拉底的特有哲思源自他转向人,但不止于人;它通过人发现自然,从而发现人在自然中的位置。苏格拉底由此成为他自己,成为教师,他公开的目的论神学教育贤人,同时引发对那些像他一样热心于理解的人的真正教育。苏格拉底的特有哲思是在自然种类的观点下对整全的教导和持续研究。它是基于哲学的政治哲学,是在极尽精微的言说中同时进行的教导和研究,这种言说就是苏格拉底的辩证法。苏格拉底通过他的辩证法教导一种目的论神学,并且从未停止在他的同伴中间思考每个存在的所是。施特劳斯的巅峰中的巅峰是个可爱的结构:一个中心段处在表面的巅峰,一个过渡性脚注和一个次级段落处在真正的巅峰,那势必天然罩在云中的从未被征服的巅峰。施特劳斯漂亮地从事了苏格拉底特有的哲思。

伊斯霍玛霍斯给他妻子的课暂时是《治家》里最深的追述。在其永恒的当前叙述中,《治家》是色诺芬的讲述:他为所有时代而叙述它。他的第一层追述讲了较早的苏格拉底和克利托布勒斯之间的对话。在那一对话里又有第二层追述,苏格拉底讲了更早的他与伊斯霍玛霍斯的对话。在那一讲述里有第三层追述,伊斯霍玛霍斯向苏格拉底讲了最早的他对妻子的教育。施特劳斯在他对伊斯霍玛霍斯的讲述加以评论的各个中心所做的逗留表明,[101]结构上处于最深处的追述,追述的是苏格拉底最深的主题。苏格拉底掌舵,而伊斯霍玛霍斯热心讲述自己的成功,这使苏格拉底能够听到这一完美贤人隐含的和未成形的自然理解,即他相信自己给诸神所产出的东西带来了秩序。他作为制作者处在自然之内,操心、勤勉、筹谋,对抗不可预期的和蛮横的自然,像稚嫩的女性屈服于掌控她的男性的干预。

施特劳斯精心营造的中心给苏格拉底关于自然的修正性教导,即他的目的论神学,安排了恰当的角色:作为对公民有益的东西,它固定且完成在中心,但作为理性上不牢靠的东西,它只是一个开始。施特劳斯简单陈述了"什么是……"问题在这一目的论神学的裂隙处所提示的东西:苏格拉底对自然种类和想象种类的发现,即一种隐含的本体论,根据这种本体论,自然过程产生出总是短暂的存在,它们散布于自然种类的各等级中。对自然的研究找出了那些种类和转向逻各斯后也会揭示出来的人为产生的种类或族类(多虑的存在无意间产生的那些种类,也可以说是"自然的")。经过一位知道它们起源的知情者(knower)的有意修改,这些人为产生的自然类型可被塑造为工具,用来为关照整全的存在赋予秩序。

女学的各个中心使得这一目的论神学成为对某个人来说合适的教导,这个人居于辉煌装饰的乐园中的居鲁士看作统治贤人的模范的君主统治者。作为齐家大师的色诺芬赞颂高的事物;最赞颂的是知;同样,他也赞颂因知而变得必要的统治。

女学——四、化妆

施特劳斯把色诺芬的中心章即第 11 章推后,使他自己的第 11 章成为中心章,这绝非偶然。他没有简单依循色诺芬的 21 章,而是在开头增加了一章,又为了以 21 结束,他把色诺芬的第 17 和 18 章合并进了他自己的第 18 章。施特劳斯的第 11 中心章没有中心段;它是一组共四个段落,三段疏解,一段关于伊斯霍玛霍斯教育妻子的评判。整个这一章表明了为什么施特劳斯设法把化妆放在他最好的书的中心。

伊斯霍玛霍斯渴望把他妻子之服从的其他例子讲给苏格拉底,而苏格拉底更渴望听第一个(153,132)。但一个例子已经足够。听过之后,他叫停伊斯霍玛霍斯,使得女学如施特劳斯所说并未完成其论述(156)。为什么一个例子就够了呢?[102]施特劳斯强调,苏格拉底对伊斯霍玛霍斯关于妻子德性的讲述,至少像对那种德性本身一样感兴趣。如果这一个例子就足以满足苏格拉底对于完美贤人试图教育妻子的兴趣,那它肯定既就完美贤人,也就完美贤人所述德性,教给了他所需的最后一课。

施特劳斯的第一段详述了苏格拉底如何对比两种对原型的再现,伊斯霍玛霍斯对妻子德性的讲述和宙克西斯(Zeuxis)对美丽女性的绘画。苏格拉底的对比"很容易让人去想,画家的模仿可以超越活人的美,而诗人或作家的模仿却不可能超越甚至追平活人的德性"。施特劳斯在这一段的结尾安排了第三个对原型的再现,即又一份对一个人德性的讲述:

> 我们这么断言肯定没错,即在色诺芬看来,他对苏格拉底德性的再现弱于那种德性本身,原因不止一个,但其中之一是,在公开呈现苏格拉底的德性时,他不能假设他只是在跟朋友们说话。

不过,色诺芬的再现仍然使真正的朋友可以见识苏格拉底的真正德性。那么,伊斯霍玛霍斯对他妻子德性的讲述如何呢?那一讲述本身也弱于她的德性吗?伊斯霍玛霍斯固然缺乏色诺芬的理由来使他妻子的德性显得弱于实际;毕竟,向朋友和非朋友充分展现她的德性,就是展现他自己作为完美贤人的德性。但是,他所以为的对她德性的充分展现,或许不符合她真正的德性。伊斯霍玛霍斯的讲述是什么,他妻子的德性又是什么呢?

施特劳斯提示,伊斯霍玛霍斯的妻子所用的化妆曾经再经出现在色诺芬的作品中(154–155)。在苏格拉底所转达的普罗狄科(Prodicus)的故事中,恶德美化自己以引诱赫拉克勒斯(Herakles):她装扮得使她的面色比实际上更加白皙红润,使她的举止比其天性似乎更加直率。①伟大的居鲁士,"据色诺芬说,为欺骗他的臣民,装扮时"用了同样的化妆(155),色诺芬为居鲁士鼓掌,因为他用了那些化妆,并且劝说他的指挥官们也用,高底鞋"使他们显得比实际更高……眼下彩使他们的眼睛显得比实际上更美,擦粉彩使他们的面色看起来比他们自然的面色更好"。②恶德把化妆用作引诱手段,居鲁士把化妆用作统治手段。伊斯霍玛霍斯的妻子用化妆来增加自己的魅力,但服从于丈夫的教导,她从未再用,因为他的课告诉[103]她,他讨厌化妆。施特劳斯说,"完美贤人伊斯霍玛霍斯用不着那样的做法",即试图"改善她的存在、她的真相、她的自然"的做法(154)。伊斯霍玛霍斯"为着自然或真相并针对欺骗"采取了"坚定立场"(156)。苏格拉底从伊斯霍玛霍斯的讲述中得知,完美贤人想要如其所是的存在、真相和自然——并且相信自己知道它们是什么。

从她丈夫的讲述中,苏格拉底对这位妻子的德性有怎样的了解呢?施特劳斯的这一章一开始就谈到苏格拉底钦佩她的"阳刚心智",同时像女人一样起誓(153)。施特劳斯解释说,她的阳刚心智"展现出对自身的雄健关切,它使人类成为他们自身的优秀维护者"。施特劳斯说了两次她的阳刚心智,尽管色诺芬没这么做:当伊斯霍玛霍斯威胁要欺骗她,要假装比他实际上更富有,她"立即""'直截了当'地打断"了他,"她变得积极","因为她必须祛除这种想法,即她丈夫可能通过夸耀或者隐瞒他的财产来欺骗她;她由此再次表明,当涉及自身时,她的心智多么阳刚"(155)。她在维护自身时是雄健的,但她的心智真就阳刚吗?施特劳斯细致解读的她跟说教的丈夫的对话表明,她实现其阳刚心智中的各种目标的手段不是也不可能是阳刚的,而肯定是女性的,是

---

① 《回忆》,2.1.22。
② 《居鲁士的教育》,8.1.41。

间接和微妙的,是狡黠和诱骗的。她"打断"丈夫的话,调用她所拥有的一个手段来确保对他的优势:她说(如施特劳斯所讲述的她丈夫的讲述),"如果他这么做,她将不再发自内心、发自灵魂地爱他"。她说到发自内心的爱,他则说到彼此分享肉体。他以一个对比,即女学的最后一个对比"钉住这个问题",该对比涉及诸神所做的事:正如诸神使马与马、牛与牛、羊与羊最相悦,"同样,人类也认为人的真正身体最悦人"。

施特劳斯提示,在这个对比中"欠缺对应",但他说这一欠缺"有事实依据,因为自然使人类有别于兽类,能够发明和使用化妆"。施特劳斯在他的"化妆"一章首次使用了化妆一词,此刻,他使自然取代了诸神,并且使化妆成为对于人类是自然的。他这一段的结尾讲伊斯霍玛霍斯如何谈及自然和化妆:"关于秩序的部分表明人能够,甚至多多少少必须改善自然",这部分之后,"现在伊斯霍玛霍斯把他妻子从多余的、烦人的偏离自然之处召回,这种偏离源自欺骗的愿望"。施特劳斯总结了他女学的后三章:"关于秩序的部分谈论真正的美,随后一章,[104]他谈论伪造的美。"伊斯霍玛霍斯把化妆判为伪造的美,它偏离自然,源自欺骗的愿望。

苏格拉底,这位自然的学生,既不赞同也不质疑"伊斯霍玛霍斯针对欺骗,为自然、为真相所采取的坚定立场",而是急切询问:"诸神在上……她如何回应?"她的回应可以"结束……'女学'"(156),因为它们将某种化妆教给了急切想知道答案的苏格拉底。施特劳斯的自始至终采取表象,而非存在、真相或自然的用语,从而表明了他的重点。伊斯霍玛霍斯的妻子再未使用那些化妆,而是"试着不加掩饰地呈现自己,且举止得体"——她的举止得体在于她成功地刻意努力使自己似乎不加掩饰。例如她问她的丈夫,"她如何才能看上去真的美,而非仅仅显得美"——她问他,何种表象才能符合他真的美的标准。他的直接建议会导致"通过如此表现,妻子比她的女仆看起来更吸引丈夫"。通过表现而看起来更有吸引力,"她将终究是更优的……凭着她的自愿服从"。她是更优的,但这位必须服从就像女仆那样必须服从的女子,她的服从是自愿服从吗？伊斯霍玛霍斯向苏格拉底保证,"他妻子如今的做法仍然像那时他教导的一样"。在她丈夫,在一个法律站在自己一边的男人统治的家庭里,她被迫服从,她知道必须显得自愿服从他关于存在、真相和自然的标准,使之成为她表面上的标准。明白她的境遇,又了解她丈夫的要求,她使自己成为化妆的主人,并且使她表面的主人成为被她化妆术欺骗的受害者。

借助伊斯霍玛霍斯关于她如何学着表现的讲述,这位完美贤人的妻子就化妆教给苏格拉底必不可少的一课,这一课是针对优于完美贤人但却受其统治的人:她放弃那些经不起近看的化妆,而以服从他关于存在、真相和自然的标准来给自己施用看不见的化妆。她把故意的阻隔藏在表面的透明之下,以确保让他看到他所乐意的透明。命令自己表面上服从她无力直接反对的命令者,她以隐蔽的方式间接地反对,她表演,并且完全胜过了她那乐盲的完美贤人丈夫,而这个实诚人为他的模范妻子自豪,渴望历数她服从的例子。他被妻子悦人的服从表象所蒙蔽,他的讲述让苏格拉底得以洞见贤人的生活方式:它自以为能够掌控,它自信能够通过训诫来给柔韧的自然赋予秩序,它无忧无虑,结果却容易被伪装的服从[105]所欺骗。它那被道德助燃的对自身正确的自信,使它显出呆板,显出对机巧、对自愿和故意的化妆欺骗不敏感。伊斯霍玛霍斯关于他妻子德性的讲述暴露了他自己吹出来的德性是多么脆弱。他关于他妻子德性的讲述,如同色诺芬关于苏格拉底德性的讲述,弱于那种德性本身。①

苏格拉底"比起伊斯霍玛霍斯妻子的阳刚特征,表现得像个女人"

---

① 他的讲述也可能超出他妻子的德性。如果施特劳斯在女学最后一段对她身份的辨认无误,那她对自己的内在要求和由此导致的外在行为都很放荡。她是"一个相当出名的妻子",施特劳斯意译了安多希德斯(Andocides)在谴责时历数的"那一无耻至极的丑老太婆"的所作所为。

(153)。但伊斯霍玛霍斯的阳刚妻子在守节方面表现得像个女人——她的例子教导了苏格拉底,后者在一个基本的方面与她相似:在完美贤人的城邦这一家庭里,他也被更有权力之人统治着。苏格拉底表现得像个女人;他从她的例子学到表面上服从和表面上对统治者透明这一德性。但"伊斯霍玛霍斯妻子的阳刚特征",使她放弃了恰恰是模范统治者居鲁士所采用和推荐的化妆。她是否为达成居鲁士的男人目的而放弃了居鲁士的手段呢?女学第一个比喻,蜂后之喻的倾向,表明她做到了:"家庭的女主人"(156)其实是"作为外部事物的直接统治者的他的女主人"(139);"她其实明显优于"她的"丈夫和主人"(139)。

当施特劳斯重提居鲁士以引述他采用化妆时(155),他重提的是品级高于完美贤人的模范统治者。男人苏格拉底从伊斯霍玛霍斯的妻子那里学到如何达成居鲁士的目的:他外在地采取女性手段以确保他的统治目的,同时他的阳刚心智内在是男性的。伊斯霍玛霍斯妻子的"阳刚心智"表明,"对自身的雄健关切,使人类成为他们自身的优秀维护者"。作为哲人,苏格拉底并不归属于自己的城邦或家庭,但凡事情合理,他都愿意衡量和放弃它们而支持外人。作为哲人,苏格拉底维护真正属于他的东西;在他的阳刚心智中,在他维护哲学本身的内在决心中,在他对"什么是……"问题的热切追求中,他很男人。他从伊斯霍玛霍斯的妻子那里学到,她丈夫关于她德性的讲述也教他明白到,某种女性的服从对于哲学不可或缺的内在自由来说很有必要,并且对她外在自由的限制并不妨碍她对表面上的统治者的[106]统治。为了维护凭着更优智慧的自然正当所临到他身上的东西,他必须通过化妆来获得对外在事物的统治者的统治。

施特劳斯女学前三章的中心段表明,苏格拉底通过统治贤人来维护自身,这只有一种途径:他可以通过贤人们所欢迎的关于整全的说服性教导来统治人类全体。人类行为源自人类对于人在自然中位置的信念。伊斯霍玛霍斯相信诸神产生自然,然而规范人间关系的法律并不神圣,它源自人(134-135)。他的信念经过提炼,便是水手长的信念,即秩序完全源自人,像一艘大商船航行在海上,而神可以掀起风暴,把所有人跟懒人一起处罚(142-143)。他了解关于自然和诸神的这些信念的力量,以及人类为建立持久秩序所做的努力;他未曾明言,但以自己的方式,特别地提出并回答了一个关于存在之种类的问题:什么是神?还有就是,出于他在家庭中的不牢靠地位,他学到对秩序的关切;这样的苏格拉底打造了关于诸神、自然和秩序的新教导。按照他的目的论神学,整全乃是一个服务人类利益的道德秩序,它归因于神的 oikonomein[经营](148-149);因此可以说,统治人类的法律并不完全出自人。

施特劳斯给他的书所打造的中心章表明了苏格拉底的教导是什么:化妆。这一教导献给社会栋梁的年轻后代,是统治那些社会统治者的未来工具,而这些统治者给予提供这一工具的哲人一个可敬的社会地位;苏格拉底通过统治"室内",统治关于神和自然的思想,来统治"户外",统治行为。苏格拉底这位亲人类者赠予贤人子嗣的礼物是一种目的论神学,一种全然源自人的、作为工具的秩序。他的亲人类是冥想者的双重行动,这一行动在贤人的城邦里保留了哲学的乐园,它向那些天性适合的人们敞开。由于这一行动,这一出自哲人统治者的乐园之治,女学的第一个比喻在一些方面重又变得十分恰当,而那些方面正是伊斯霍玛霍斯的妻子觉得不恰当的方面——仅仅对于蜂后之喻,伊斯霍玛霍斯羞怯的年轻妻子打破了她的沉默,甚至是她的敬畏,对他给她的第一课提出了疑问(137)。蜂后控制了对后代的抚养,当它们成熟时,就派领队带它们去建立殖民地(138)。因为蜂后对它们的治疗,蜂群变得非常依恋蜂后,一旦离婚,整个蜂群都将随统治的蜂后离开。[107]主人的地方将会被事实上明显优于他的主妇所统治,这位女主人统治了男仆们的直接统治者。蜂后之喻其实非常贴合那最非凡的人,即一位哲人统治者。

或许正因为如此,施特劳斯才把色诺芬的中心挪开,把化妆放在他的中心;他的中心并非那一男人做法,它创建不牢靠的教导,以便在它生产的蜂巢里掩护哲学;他的做法是复原那一创建的化妆性质。施特劳斯复原化妆,复原整个显白的艺术,这处在他整本书的中心,由此通向真正的中心,也是色诺芬的中心,即表明什么是一个真的真男人的男学。女学的四章共同传达了色诺芬对苏格拉底政治哲学的描述,即他的神学政治规划,还暗示了苏格拉底坚持什么,他的政治哲学之产生是为了掩护和推进什么。

因此,施特劳斯所表明的色诺芬对苏格拉底政治哲学的表明,暗示出施特劳斯所界定的古代哲学和现代哲学之间的差异,主要乃是服务于修辞上的目的:古代哲学和现代哲学一样能动/干涉主义,而现代哲学(后面将会看到)像古代哲学一样,崇尚把追问作为哲学的生活方式。古代和现代哲人都认为追问是首要的,行动是必要的,此外他们还共享关于自然、诸神和秩序之固有关系的理解,在这一苏格拉底所达成的自然主义中,自然种类在万物的持续洪流中的被给予性,使得诸神被理解为人类的秩序建构。

但是,哲人的自然种类之乐园,是否示意色诺芬窥见了更深的本体论,洞察了动态的全体存在普遍具有且有待命名的品质或特征,哪怕是以弱化和窄化的比喻,就像柏拉图将自然之自然命名为 eros[爱若斯](《论柏拉图的"会饮"》,196),而尼采把它命名为权力意志?施特劳斯分派给伊斯霍玛霍斯的那些范畴,使得苏格拉底的目的论神学作为化妆、伪造的美,成为源自欺骗的对自然的偏离。化妆的伪造之美能否包藏真正的自然之美,一种苏格拉底所切近的,但被伪造之美的徒众所贬斥的,全部存在的根本方式?施特劳斯非常简约地示意这是可能的,自然实际上闪耀着真正的美。他中心章的最后一句,连同他论色诺芬中心章的最后一句,对比了伊斯霍玛霍斯试图教育他的妻子,与苏格拉底从未努力去教育他的妻子。这是否意味着苏格拉底[108]能够改变他对自然之不可改变的行为的反应,因为他在其中发现并爱上了真正的美?那将是一种真正柏拉图式的,一种真正尼采式的,在本体论洞见和人类对它的恰当反应方面的成就——施特劳斯女学的结尾示意色诺芬也达到了那一成就。

第四章

苏格拉底,真的真男人:色诺芬的男学

[109]把他研究女人气质的最后一章置于他书的中心之后,施特劳斯进至被色诺芬置于中心的一章,即施特劳斯题名为男学(第十一章)的对男人气质的研究。他在此没有明确点出这章是色诺芬的中心,但他早就在1948年论色诺芬的书里(《论僭政》,85)点明了,①并且他将在《色诺芬的苏格拉底》的简略前言里予以强调。那一前言可以说是这两本书之间的合叶,是的,可以说是中心,施特劳斯就他的极度简短开了个玩笑,他对于第二本书中出现的似乎啰嗦的那些重复道了个歉。这位非常吝啬的作者让他的简短前言不仅指向男学章的中心性,也指向其原因:它是最具启发性的色诺芬的苏格拉底作品中最具启发性的部分,因为在这里,"苏格拉底被直接与一位完美贤人对比"。施特劳斯的男学表明苏格拉底发现了自己生活方式的独特,同时发现了这种生活方式有其自身的男人气质。

施特劳斯以哲人苏格拉底的优越结束了他的女学:他因对于教育他的妻子"不抱幻想而优于伊斯霍玛霍斯"。并且他以苏格拉底的方式表达了苏格拉底的优越:他"清楚自己对于御妻术的无知"。苏格拉底对于无知的清醒意味着知识:他知道他不知道什么;他知道什

---

① 该书"两种生活方式"这章提到《治家》,说"它的中心章引人注目地对比了治家者(他是个统治者)的生活和苏格拉底的生活方式"(《论僭政》,85)。这两种生活方式长期是施特劳斯的重要话题,例如他在1932年致克吕格(Gerhard Krüger)的信里说,圣经启示与希腊哲学之间的对比是"服从的传统和质疑的传统"(GS,3.406)。

么可知，什么不可知；[110]他知道什么在人类可能的知识之外，在人类可能的办法之外——此外，哲人生活方式的乐园象征意味着并非仅仅无知引导他的节制。苏格拉底在管理他妻子方面的节制伴随着一种无节制。从伊斯霍玛霍斯那里，苏格拉底得知自己在知识和行为上的优越，可是他根本无意将他所知道的教给伊斯霍玛霍斯。但苏格拉底正在把他与伊斯霍玛霍斯的对话讲给克利托布勒斯，一个年轻的潜在的伊斯霍玛霍斯类型，而施特劳斯经常指向色诺芬的《回忆》，示意苏格拉底后来所教导的东西是出于他从伊斯霍玛霍斯所学。苏格拉底对于管制自己妻子的无知，包含着知道伊斯霍玛霍斯的妻子如何管制他。因此，施特劳斯研究男人气质的一章，不仅展示了哲人生活方式与政治生活方式之间的差异，还最终示意苏格拉底如何开始管制伊斯霍玛霍斯，这是成为伊斯霍玛霍斯们的主人管制者的第一步。这一真的真男人显现为一个真男人的学生，他受教于那一男人的女主人。

苏格拉底控制着对话。他"止住了伊斯霍玛霍斯关于他妻子行为的讲述"——她的行为比初看起来要多得多——他让伊斯霍玛霍斯"讲述他自己的行为"（159）。苏格拉底的劝服办法是，把那些行为说成"他因之享有盛名的事情"。伊斯霍玛霍斯的回答展示出他对名声的关切：他请苏格拉底"修正自己，如果自己某一点看起来做得不好"。针对他认为苏格拉底可以修正一位完美贤人这一观点，"苏格拉底发现了错误"，他的理由凸显了他的名声问题：

> 一个出名的空谈者和度量空气的人，不可能公正地修正一位完美贤人的典范。

苏格拉底的名声还带来更糟的东西：他"由于贫穷而受到责备"。通过引入他的名声和他受的责备，苏格拉底开始揭示他的生活方式与完美贤人的生活方式之间"深刻的差异"。苏格拉底立即回应受到的责备，施特劳斯则考察了苏格拉底的名声：他获此名声，"至少部分是由于阿里斯托芬和其他谐剧诗人"。苏格拉底说对他的责备似乎"非常愚昧"(160),并且为了解释他的判断,他讲述了"他从前的一次经历"。施特劳斯细致地意译了苏格拉底的讲述:

> 苏格拉底或许会因别人指责他贫穷而大为沮丧,若非不久前他看到了外邦人尼基阿斯(Nikias)的马,很多人跟着那匹马,羡慕地看着它,有的还高度[111]赞赏它。苏格拉底靠近马夫,问他这匹马是不是很有钱。马夫看着他,觉得他不只是十分无知,甚至是不清醒,然后说:一匹马怎么会有钱?听到这话,苏格拉底从他的沮丧中振作起来,他意识到,如果一匹马有着自然就好的灵魂,就算身无分文,也会成为一匹好马,那么苏格拉底也能成为一个好的人。所以,针对贫穷的责备显然愚昧,倘若这种责备成立,那么一匹马也需要有钱才能变得好。

施特劳斯赋予这一"故事"以关键的地位:他说它"是典型的苏格拉底故事,正如居鲁士的故事对于吕山德,腓尼基水手长的故事对于伊斯霍玛霍斯"。施特劳斯在他的女学里把关于居鲁士的故事称为"苏格拉底的故事",以便强调苏格拉底和伊斯霍玛霍斯之间的差异,前者类似乐园里的居鲁士,后者类似腓尼基水手长。由于秩序主题被替换为两种生活的对比,施特劳斯就能把关于居鲁士的故事归给吕山德,并且关注真正苏格拉底的故事,他既是故事的源头,也是故事的主角。该故事将他与居鲁士和伊斯霍玛霍斯都区别开来,在比较两种生活方式的这一章里,那两个人变得"根本上一样"(161)。

苏格拉底的故事讲述了因贫穷而受责备的他"从他的沮丧中振作起来"的方法。施特劳斯点出,他的振作有赖于已有的自知,"基于一个隐含的前提,即他有着自然就好的灵魂"(160)——并且从《回忆》(4.1.2)里提供了自然就好的灵魂的定义。有此灵魂者拥有知识方面的天资和一种特别的激情:他"学得快,能记住他所学",他还渴求"所有知识分支,它们使人们能够高尚地居留于家中或城邦中,且能够总体上善加利用人和人类事务"(160)。"高尚地居留"似乎暗示对他人的含蓄顾及，但第二个限定谈及善加利用他人。

这则故事为何是苏格拉底的典型故事？不像吕山德和伊斯霍玛霍斯这两个希腊人，他们的典型故事让非希腊人成为他们的重要导师，"苏格拉底不曾遇到蛮人；他尽可能地远离蛮人，远离野蛮"。不过，苏格拉底"通过思考一匹马的德性，在人之真正德性的特点方面，获得了非常重要的洞见"。也就是说，苏格拉底从自然，从提给人的问题中学习。他了解自己的天性，在责备的推动下，他从马夫得知一匹马可以因它的天性而被赞赏，于是他获得了对于人的德性双重性的基本[112]洞见；"人的真正德性实在无关习俗"，但人的习俗德性则关乎习俗。

苏格拉底的典型故事不但区分了自然德性和习俗德性，还讲述了成长，讲述了苏格拉底如何洞见到人的德性的全部真相：遭受责备，同时已经知道自然德性的他，提出一个问题，然后得知自然德性和习俗德性的分离，以及后者有赖赞扬。他于是知道，为了避免将来的责备和沮丧，他必须进一步问：什么是习俗德性，或什么是完美贤人？苏格拉底的典型故事说明了为什么他找到伊斯霍玛霍斯。"由于他满意自己能够成为好的人"——询问马夫之后和询问伊斯霍玛霍斯之前，他已经感到满意——"他要求伊斯霍玛霍斯充分说明其行为，以便使他基于耳闻所获的理解，能够效仿，不是立即效仿，而是从明天开始"(161)。在色诺芬的对话里，苏格拉底的陈述得到一句让伊斯霍玛霍斯亮相的评论："苏格拉底，你在开玩笑，但我还是会向你说明。"(《治家》2.7)无需化妆的伊斯霍玛霍斯也无需谐剧，但他足够男人或足够自负，以致忽视琐细，严肃对待苏格拉底关于他行为的疑问。苏格拉底讲故事的方式利用了贤人的严肃来讲述关于自己的真相；他对真相的谐剧式处理使真相得以公开说出，却躲过了严肃者的注意。①

---

① 《回忆》里，在定义自然就好的灵魂之前，色诺芬说，当苏格拉底"开玩笑时，那些花时间跟他在一起的人所获的益处不亚于他认真的时候"(4.1.1)。

施特劳斯对苏格拉底谐剧故事的反应是,他无法抗拒其吸引,并且给让苏格拉底见识大增的一系列事件确定了"日子":

> 忍不住要说,苏格拉底与伊斯霍玛霍斯的对话,就发生在他从尼基阿斯的马夫那里间接知道他能够获得美德之后和他开始获得美德之前;那次对话无疑开启了他生活中的一个时期。

通过苏格拉底的典型故事,色诺芬摆出苏格拉底转向人类事务的那些事件,表明苏格拉底如何充分地成为他自己。苏格拉底找到伊斯霍玛霍斯之前的某一天,他问了外邦人尼基阿斯的马夫问题,并且因为得知自己可以获得美德而感到宽慰。昨天的事件指向了前天,指向了我们必须去猜想的苏格拉底的生活:度量空气、空谈、漠视财富。那种生活带来了恶名、责备和压力,以至于他向尼基阿斯的马夫[113]提出昨天的问题。今天在苏格拉底的生活里开启了一个时期,因为与伊斯霍玛霍斯关于获得美德的对话不仅揭示了伊斯霍玛霍斯自身行为的德性,而且首先揭示了他妻子的德性。明天,苏格拉底将开始获得美德。就连伊斯霍玛霍斯也知道他在开玩笑,只是不知道这个玩笑如何与自己相关,如果苏格拉底获得伊斯霍玛霍斯的美德总要等到明天,那么,从明天开始——如今天稍后显示的一个轻微暗示——苏格拉底将学到伊斯霍玛霍斯的妻子的德性,即涉及她自身时她心智中的阳刚。

伊斯霍玛霍斯因太严肃而未能注意到,但苏格拉底的故事"指向伊斯霍玛霍斯的德性或贤人风范(它是苏格拉底所缺乏的)……与苏格拉底的德性或贤人风范(它在他与伊斯霍玛霍斯对话之前和之后都存在)之间重要的差异"。施特劳斯完全明白:苏格拉底具有的德性有别于且不可见于完美贤人的德性,但仍可称为"贤人风范",它仍是男人的,或受男性特征的推动。由于财富标志着两种男性德性之间"最巨大的差异",施特劳斯可以说,伊斯霍玛霍斯和居鲁士"根本上一样"。苏格拉底讲述以吕山德为典型的波斯故事,可使自己有别于属于腓尼基故事的伊斯霍玛霍斯。随着施特劳斯的主题从哲学的统治转换到哲学本身,随着他表明苏格拉底的故事如何不被伊斯霍玛霍斯觉察地指向了对自然的研究,那个基于他对存在、真相或自然的理解,不同于伊斯霍玛霍斯所做的,而是像居鲁士的部分统治那样通过化妆来统治的苏格拉底(154),被搁置了,但没有退出。施特劳斯得出一个关于色诺芬的结论:

> 所以说,一方面是居鲁士或伊斯霍玛霍斯,一方面是苏格拉底,他们站在色诺芬"道德世界"的两极。

当色诺芬呈现苏格拉底的男人气质,并指向两种生活方式之根本的两极性时,之前苏格拉底和作为统治者的伊斯霍玛霍斯两极性,即重要到成为施特劳斯女学中心段的主题,就挪到了恰当的次中心的位置:特别的苏格拉底式哲思的中心是哲学,是对各个存在的研究。

直到在他的男学里,施特劳斯才确定了苏格拉底的恰切故事。克制至此的原因肯定在于女学和男学的领域不同。苏格拉底的男人气质展现在他发生转变的全部三"天",但尤其展现在贯穿他转变之前、期间和之后的行为,即他对所有户外工作中最伟大的工作的追求,即探究自然。他的转变本身是出于他男人心智的行动,该转变促使他学习并且在居鲁士的户外工作——统治——上获得成功,因为伊斯霍玛霍斯教导[114]他,要想挽救他的名声和避免责备,他只有通过进一步的男子气质行动,而教导那些像伊斯霍玛霍斯一样很男人的贤人正是这样的行动,要教导他们一种化妆的目的论神学,这种神学担保他们在神赋予秩序的宇宙中的地位。

施特劳斯的女学表明,色诺芬的苏格拉底得知了一种适合哲学的政治的必要性和性质,这种政治就是通过女性化妆术传达的神学政治计划或目的论神学教导。施特劳斯的男学表明,色诺芬的苏格拉底讲述他自己的典型故事,以指向他男人见识中的各个阶段;深处哲思,深处对自然和人之自然的探究,他逐渐得知它们所带来的名声和责备,得知他必须了解习俗德性如何关联着他的自然德性。苏格拉底特有的哲思是男性特征和女性特征在单个思想家那里的互补性交汇。哲学本身让哲人知道自然是一个乐园,这种知道包含了知道管理乐园的限度。然后,从一位家庭和城邦的管理者那里,苏格拉底知道了统治这样的管理者需要知道什么,于是苏格拉底在城邦里为他自己和他的乐园做了个窝。施特劳斯的女学和男学成功表明,何以色诺芬写《治家》是以"谐剧回应阿里斯托芬对苏格拉底的谐剧式攻击"(164),并且色诺芬在公开讲述关于苏格拉底的真相时,知道那些轻视和贬斥谐剧的人绝不会留意。结束这段时,施特劳斯用了这段开头用过的动词——点到(points)——以便突出色诺芬写作的特征有别于另外两种苏格拉底式写作的特征:亚里士多德谈到(speak),柏拉图讲到(articulate)。每个都以其自己的方式通向特别的苏格拉底式哲思,而这成了所有追随苏格拉底的真正哲人所共享和推进的"伟大传统"(83)的核心。①

　　施特劳斯随后的两段,六段中的第三和第四段,探讨如何达成幸福,探讨两种不同生活方式的[115]两种不同的幸福之路。②学生苏格

----

①　施特劳斯在《论卢克莱修》(《古今自由主义》,76 – 139)里讨论了可能例外的伊壁鸠鲁和卢克莱修(Lucretius)。卢克莱修无视宗教恐怖的有益结果,施特劳斯说这"留给我们一个不安的问题:非哲学的大众如果不再相信诸神会惩罚缺乏爱国心或缺乏孝心,他们将如何自处"(100)。后面,卢克莱修"让我们再次思考,拿走[宗教]恐惧,是否会削弱有益的约束"(105)。但在卢克莱修解释人类起源时,施特劳斯点出,神罚"有时起着约束作用。这意味着,在卢克莱修看来,宗教的用处也非完全可以忽略不计"(127)。在他最后探讨发达政治社会中的神罚恐惧时,施特劳斯说了这一关于卢克莱修的判断:"我们再次看到,宗教可能施加有益的约束。当然,如果哲学能够施加这种约束就更好了"(131)。

②　施特劳斯将达成幸福放在他男学章的中心,以此示意色诺芬做了柏拉图所做的事情:柏拉图的《理想国》把达成幸福及其唯一的进路放在中心:为了支持他自己的幸福,哲人必须通过许诺给城邦一条达成幸福的路来统治(473c – d)。

拉底得知,伊斯霍玛霍斯的幸福与他的幸福有着不同的基础,他同时得知,对于伊斯霍玛霍斯的幸福,他必须采取新的言说方式,这是支持他自己幸福的前提。这两段的开头很对称,每段都以将要被讨论其生活方式的人物的名字开头。

伊斯霍玛霍斯以敬奉诸神开始他对自己行为的讲述,这种敬奉出自他关于诸神与人类关系的观念,特别是他相信诸神只把幸福许给审慎者,他们"勤勉地做审慎所吩咐的事情"(162)。但他也相信诸神或许甚至不会让审慎和勤勉的人得到幸福。所以伊斯霍玛霍斯的行为所依据的未讲明的神学,是以"不那么惊人和野蛮的方式"所表达的腓尼基水手长的神学。施特劳斯历数了伊斯霍玛霍斯生活方式之幸福所包含的五个主要条目,并把"在城邦中享有的荣誉"放在中心。他评论说,这个列举表明,为什么家务管理的私人生活跟政治生活,或者说伊斯霍玛霍斯跟居鲁士的生活方式之间,"没有根本分别"。施特劳斯在他的下一段给出了苏格拉底对这些条目的评价,但是必须留意苏格拉底刚刚就贤人生活方式的基础所得知的东西:在"审慎和勤勉"这两个词里,施特劳斯已经汇总了贤人的德性,并且补充以践行贤人德性所凭靠的坚决投入。

苏格拉底在此得知了与他相异,但却是秩序制造者之特征的生活方式的核心,他曾经无心地生活在这秩序里,但基于此秩序,他自己独特和独立的生活方式如今可看作是消极寄生的,或者就蜂巢来说,是雄蜂的生活。他最终将留心确保他在这些审慎勤勉者之中的不牢靠地位,他为他们生活方式的有误基础提供了修正,将水手长的不充分的神学——对幸福的回报不确定——替换为一种目的论神学,它将担保审慎勤勉者的德性和投入有回报。①

---

① 施特劳斯在这段的末尾,也就是说,在分别讨论两种生活方式的两段之间,加了个脚注;该脚注邀请读者对比《治家》(2.5)前面的一个片段与《回忆》的一个片段,"2.1.8起(尤其是13–14)"。《回忆》的片段在这个节点上很

[116]苏格拉底所践行的生活方式让他"贫穷且满足于贫穷",由于他的满足,他"显然非常惊讶伊斯霍玛霍斯对富有的关切,和他愿意承受与拥有财富相伴的许多麻烦"。而伊斯霍玛霍斯的生活方式要求他"在苏格拉底只看到麻烦的地方,只看到快乐"。财富对于伊斯霍玛霍斯是可喜悦的,"因为它使人能够风光地荣耀诸神,能够及时帮助朋友,能够为装饰城邦有所贡献"。施特劳斯在对这三个目的的重要评论中说,它们"并不自私"。施特劳斯的这个判断非常简洁地传达了苏格拉底对两种生活方式之根本不同的洞见:他自己的生活方式是一种激情的自私追求;贤人的生活方式——那些麻烦、那种审慎和勤勉——则"并不自私"。这个洞见让苏格拉底立即改变了自己的言说方式;如施特劳斯的评论:

> 这或许足以让苏格拉底称它们为确实不是快乐的,但却是高尚的。

苏格拉底不会称它们为快乐的——他没有随伊斯霍玛霍斯走那么远——但他不再称它们为麻烦,不再从他自己生活方式的角度来称呼它们。相反,他称呼它们为"高尚",以伊斯霍玛霍斯对它们的称呼来

有启发,因为它提出两种生活方式之间一种中道的可能性。苏格拉底在那里发起了一次与阿里斯提波的对话,后者是他的哲学同伴,想要追求一种快乐的生活,避免与统治相关的麻烦。苏格拉底示意,如果被统治,快乐更少,阿里斯提波说(援引施特劳斯的解说),"他在统治之路与臣服之路之间选择一条中间道路,即自由之路,这条路在最高程度上通向幸福"(《色诺芬的苏格拉底》,34)。苏格拉底回答,这条中间道路是可行的,"如果它不是人间之路的话;活在人类当中,要么统治,要么被统治……不想做铁锤,就得做砧板;人类生活必然是政治的"。阿里斯提波回答说,为了避免这种情况,他"做个到处漂泊的外邦人",苏格拉底说这是"妙计",然后描述了这种曝露生活的更大危险。这个片段和施特劳斯对它的解说,阐明了苏格拉底必须为维护自己的生活方式而采取行动,在色诺芬《治家》的中心章末尾,他开始修正伊斯霍玛霍斯。

称呼它们；苏格拉底没有改变他的生活方式，但会改变他的言说方式，让他的表达适合伊斯霍玛霍斯生活方式的视角。同在这一句，施特劳斯最后补充说，"就此而言，学生苏格拉底已经信服了伊斯霍玛霍斯对完美贤人生活方式的辩护"。苏格拉底信服到为了自己的利益而采取一种言说方式，这种言说方式所赞扬的生活方式的快乐，将驱使完美贤人去自我牺牲，去为财富而操劳，以便荣耀诸神、帮助朋友和装饰城邦。

[117]完美贤人获取财富的方式有别于普通人管理家庭的方式：他必须关切他财富的增长。只有通过增长，他才能实现"他的愿望，即装饰城邦和支持朋友"。施特劳斯点出，苏格拉底表述完美贤人之愿望的方式，缄默地指示出他对伊斯霍玛霍斯所述三项财富之乐的看法：伊斯霍玛霍斯看作荣耀诸神的事情，苏格拉底理解为属于装饰城邦（163）。学生苏格拉底自觉地把自己归入众人，他们赞扬完美贤人的追求和对财富的使用，但却无法在这些麻烦方面效仿他。苏格拉底"因而暂时转向"伊斯霍玛霍斯所列构成幸福的条目中他自己可以追求的三项。但伊斯霍玛霍斯怀疑这一对他生活方式的最谦逊的顺应"可行"，而"苏格拉底认可"。这一认可让施特劳斯评论说，苏格拉底"肯定急于倾听完美贤人关于如何度过一天的讲述"。苏格拉底的急于倾听将会得到丰厚回报，因为他所听到的东西将使他替换掉他所"暂时"转向的那种立即的、行不通的对伊斯霍玛霍斯生活方式的顺应，而代之以一种可行的顺应，一种对伊斯霍玛霍斯初始神学的修正，这一转向将在这章将近结尾处的小修正上得到预示。施特劳斯的中心两段所点燃的预期，当然让他的读者渴求施特劳斯对男学的充分解释。①

---

① 或许施特劳斯所用的"暂时"一词，即他对苏格拉底充分修正伊斯霍玛霍斯生活方式的预期，解释了他加给这段的脚注，也是这一章的中心脚注。脚注用拉丁文说："亚里士多德，以及教会之外的所有古人，都认为得有恢弘的姿态才能崇拜诸神。"所以基督教似乎引入一个创新，虽然也是目的论神学，但却改变了它起而统治之前产生所有古人的神学政治规划的社会生活条件。该脚注示意，哲学生活方式对统治社会生活或政治生活的东西的所有适应都是"暂时"的。

施特劳斯论述完美贤人行为伊始,便宣布这一论述并不充分:"我们只提几点。"(163)较早的一点可谓基本:施特劳斯援引色诺芬的伊斯霍玛霍斯以陈述语气所说的话——他的仆人"让马打个滚,然后领回家"——这是重复了阿里斯托芬的斐狄庇德斯(Pheidippides)以命令语气所说的话。施特劳斯断言:"我们可以说,色诺芬的伊斯霍玛霍斯替代了阿里斯托芬的斐狄庇德斯。"微妙的替代:色诺芬用伊斯霍玛霍斯,即苏格拉底甘为其学生的年长的完美贤人,替代了阿里斯托芬的斐狄庇德斯,即被苏格拉底教坏的年轻的潜在贤人。施特劳斯[118]认为这句重复的话——这话充分代表贤人生活以至于斐狄庇德斯在梦中也会说——表明,色诺芬邀请读者将他的《治家》与阿里斯托芬的《云》相比较。施特劳斯比较了阿里斯托芬的苏格拉底对斐狄庇德斯所做的,跟色诺芬的苏格拉底正在对克利托布勒斯所做的。前者"把一名已经败坏一半的年轻人完全败坏了",后者"挽救一名年轻人免于败坏"。阿里斯托芬的苏格拉底"仅仅是个教师",而色诺芬的苏格拉底"首先是个学生"(164)。苏格拉底这位教师一度使自己成为完美贤人的学生,后者"无意中教导他一种正当哲思的初步知识"。学生苏格拉底得知他此前一直教导一种错误的哲思,一种败坏的哲思,鉴于他学到了正确的哲思,那么他将如何使那种特别的苏格拉底式哲思免于败坏呢?

阿里斯托芬笔下苏格拉底的学生轻视他的农夫父亲,但色诺芬笔下苏格拉底的教师却钦佩他的农夫父亲。

因此施特劳斯可以说,"《治家》以恰当柔和的方式,对阿里斯托芬以谐剧攻击苏格拉底作出了谐剧式的回应"。施特劳斯用"更准确地说"开启了他的下一句,

《治家》描述了苏格拉底的著名转向,即从他的早期追求——该追求带给他空谈和度量空气的名声,并且使他完全失察什么是

完美贤人——转向仅仅研究人的事物和对人有用的事物。

施特劳斯的仅仅，表明他模仿了色诺芬的做法，他书中的第二句说苏格拉底"据说已经完全无视自然整体，以便彻底投入对伦理事物的研究"(83)。他的女学和男学正是要在这方面修正"那些'苏格拉底问题'的关切者"(149)，因为它们表明苏格拉底从自然的学生变成了伊斯霍玛霍斯的学生。现在，澄清苏格拉底生活的整个轨迹之后，施特劳斯可以说仅仅，以便恢复苏格拉底在成为伊斯霍玛霍斯学生之后赋予自己生活的表象：这位学生今天所学到的东西，要求他在做前天所做的和所有明天将做的事情时，其方式要顾及贤人，要显得仅仅关切人类事物。①

[119] 施特劳斯这段的其余部分超出了色诺芬与阿里斯托芬之间的比较，摆出了针对苏格拉底如何因转向人类事物而成为苏格拉底，色诺芬和柏拉图的不同处理。两人都选择描述"谐剧攻击之后"苏格拉底的"深刻变化"。在柏拉图的《苏格拉底的申辩》里，这一变化"似乎追溯到……德尔斐的神或《云》中苏格拉底的杰出同伴凯瑞丰(Chairephon)"(《柏拉图式政治哲学研究》，41)。在色诺芬那里呢？对于这一变化，

色诺芬似乎追溯到谐剧诗人自身——此人通过他的谐剧，让克利托布勒斯不再务农，不再履行他的孝道。

因此，色诺芬的谐剧"以恰当柔和的方式"，指控阿里斯托芬败坏了年轻人。施特劳斯帮助他的读者欣赏这一精妙的色诺芬式玩笑：克力同不但不会烧毁苏格拉底的思想所，反倒要感谢慷慨的苏格拉底挽

---

① 针对苏格拉底的贤人风范，施特劳斯后来说："伊斯霍玛霍斯意义上的完美贤人深刻地不同于苏格拉底意义上的完美贤人。苏格拉底意义上的完美贤人通过思考，知道什么是虔诚，什么是不虔诚，什么是高尚，什么是卑下，诸如此类，或者说，他彻底考虑了正义和不正义的事物"(175–176)。

救他的克利托布勒斯免于邪恶的阿里斯托芬的败坏。色诺芬的柔和方式很恰当,因为它对阿里斯托芬的指控始终在幕后,在开明者(the enlightened)的家族内部,阿里斯托芬毫无疑问也属于这个家族,尽管他以不够恰当柔和的方式暴露了苏格拉底。

施特劳斯这段的最后几句陈述了柏拉图和色诺芬共享的东西:都"极尽微妙地处理苏格拉底的'前苏格拉底'过去"。柏拉图的微妙"让其师傅把关于那一过去的故事——该故事部分确认了《云》中的记述——讲给了他的朋友们,当时他已经摆脱了那些把研究自然判为邪恶的人们"。摆脱?这微妙地摆出一个事实,即那些把这种研究判为邪恶的人们已经找到了苏格拉底头上,因为柏拉图让苏格拉底讲述自己最初的自然研究,是仅当他被城邦判处喝下毒药之前数小时。色诺芬的微妙呢?施特劳斯的句子如下:

> 《治家》的伊斯霍玛霍斯部分,无论如何都是色诺芬所写这篇苏格拉底对话的重点部分。

施特劳斯对于色诺芬所绘苏格拉底转向的解说,是用色诺芬式的微妙来描述色诺芬的微妙,同时使之相较色诺芬或柏拉图所做的更为清晰:始终研究自然的苏格拉底,发展出一种关于自然的神学政治教导,它概念性地把握自然,以服务将来的贤人。

充分听闻完美贤人的行为之后,苏格拉底进至一个完成两种生活之比较的议题,[120]或者如施特劳斯现在选择的说法,"两种不可调和的生活方式之对抗"(165)。这一议题关切随贤人行为的言谈(speaking)。施特劳斯点出,苏格拉底的发言始于"再次以赫拉起誓",为平衡那个开头,他在结尾点出伊斯霍玛霍斯以宙斯起誓:女学和男学结束于将女人气质和男人气质提升到妻子和丈夫的神性范例,以便考虑适合双方的言谈。在色诺芬那里,两种不可调和的生活方式——哲人的和完美贤人的生活方式——之间的对抗,像赫拉和宙斯不可调和的状况一样:彼此拥抱、自愿结合的婚姻单位里,赫拉有所保留,透明的宙斯则说出他的心思。

苏格拉底"更深入的提问"——其答复完成了关于完美贤人的说明——是问伊斯霍玛霍斯,他"是否留意娴于辩论,即娴于答辩或要求别人答辩"。伊斯霍玛霍斯的回答聚焦于他的"自我辩护,他不亏待任何人,尽可能对大家好,并且监察那些私下亏欠大家、亏欠城邦和对谁都不好的人,控告他们"。他的辩护关乎他的正义,一种监察的正义,有着强烈的控告元素,警觉且准备起而反对可能的不正义,无论是私下的亏欠、公共的亏欠,还是未能行好。施特劳斯以此对照因美勒托斯(Meletus)的起诉而受审的苏格拉底:苏格拉底如今得知他是持续受审,监察他的是完美贤人的正义,他们敏于指控做错事的同邦公民。不像苏格拉底,伊斯霍玛霍斯不会"花时间考虑正义和不正义——这将是'空谈'"。正义的伊斯霍玛霍斯花时间做的事情源自他下意识的对正义和不正义的感觉。不像伊斯霍玛霍斯,苏格拉底"无论如何不会关切指控他人"(166),但他学会了关切他的教师对指控他人的需要。苏格拉底得知并评估他的教师的行为,得知并评估他的生活方式与伊斯霍玛霍斯指控人的方式之间的不可调和的对抗,但有了新关切的他仅仅指控自己,并且决定从明天开始获得美德。

伊斯霍玛霍斯的回答不能满足苏格拉底,因为它"没有说到是否他关切诉诸言辞"来为自己辩护和指控他人。伊斯霍玛霍斯向苏格拉底保证,他从未停止练习施特劳斯所说的"各种言谈",并且伊斯霍玛霍斯"补充说,他常被判罚"。施特劳斯直接推进到是谁判伊斯霍玛霍斯受处罚,以及为什么他无法[121]自我辩护。也就是说,他跳过了一截对话,色诺芬通过这截对话表明,苏格拉底通过提问学到了关键的一点,并且唯有如此才做出关键的评论。直到向伊斯霍玛霍斯提出两个直接的疑问,苏格拉底才学到这男学的最后一课,在此之前,他坦白说,伊斯霍玛霍斯被判罚这件事,完全"没被我注意到"。施特劳斯没有讲述苏格拉底让伊斯霍玛霍斯坦白自己不为人知的受罚的提问,使他显得比实际上对苏格拉底更坦率,这或许表明,他对苏格拉底的提问没有防范。施特劳斯关于他们对话的释文点出,伊斯霍玛霍斯对自己言谈的补充描述是,"他常被判罚,当然不是被任何法庭"——这或许可以预期,因为伊斯霍玛霍斯说明了自己言谈的控告性质——"而是被他的妻子;因为他在需要说谎时,不能很好地申诉他的理由;以宙斯起誓,他说他不能使弱的论辩变强"。在这一关键的、紧凑的句子里,施特劳斯表明,当他说伊斯霍玛霍斯练习"各种言谈"时,他是夸张。伊斯霍玛霍斯没有也不可能练习一种言谈,即忙于可责备的空谈的那些人所擅长运用的那种言谈——即使在这种言谈有用的时候。

伊斯霍玛霍斯的自负解说(关于自己作为从事考量、赞扬和归咎的言谈者),结束于惊人的坦白(关于失败、被归咎和服从于他必须忍受或赔偿的判决)。在一次他不知道是对抗的对抗中,在一次他不知道是审判的审判中,他完全公开地做出坦白。他与苏格拉底的对话肯定反映了他与他妻子的对话,他的自负使他同样不设防,因为他不知道那是对抗,因为他的妻子自我呈现为只有顺从。他高尚的坦白,他高尚的失败,进一步揭示了他的婚姻状况。这肯定说明了仰仗赫拉的他的妻子,如何制胜于仰仗宙斯的他。尽管他常被判罚,必须忍受或赔偿来服从她的裁判,但他不知道她对他的掌控到什么地步。施特劳斯随后补充的句子是关于苏格拉底的,苏格拉底从伊斯霍玛霍斯的妻子那里得知了她如何掌控她的丈夫,这位妻子显然克服了她的胆怯,就是她丈夫第一次跟她谈话时她作为美妙或甜美的新娘所显露出来的胆怯,苏格拉底也将在一次单独的对话里展现这种克服。

色诺芬的中心章结束于苏格拉底回应伊斯霍玛霍斯的坦陈失败——他不能使弱的论辩变强。施特劳斯在讲述苏格拉底的回应时,插入一个脚注,[122]指向苏格拉底能够做到什么,由此使苏格拉底对伊斯霍玛霍斯所说的话有了让人深思的背景:

苏格拉底与伊斯霍玛霍斯形成对照,他可以随意应对任何跟自己争论的人,他修正他说:"或许你不能使不真变真实。"①

关于此次交流,施特劳斯的最后一句精确地告诉他的读者,该如何看待苏格拉底修正伊斯霍玛霍斯:

> 这个跟伊斯霍玛霍斯谈话的苏格拉底,跟阿里斯托芬的苏格拉底一样,是个修辞家。

与伊斯霍玛霍斯谈话的苏格拉底是个修辞家,他可以随意应对任何跟自己争论的人。现在他愿意去修正伊斯霍玛霍斯,他现在所做的,是他在刚开始询问伊斯霍玛霍斯的行为时没法公正地去做的事情(159)。尽管他是个修辞家,但他是公正地修正伊斯霍玛霍斯。对于将不能自辩坦白为失败的伊斯霍玛霍斯,修辞家苏格拉底提供了一个褒扬的、道德的方式去理解他的失败:把它理解为力量。伊斯霍玛霍斯是为了真而正直——伊斯霍玛霍斯这样的人欢迎这一修正——他无意设法改善存在、真相或自然(154)。苏格拉底的修正向道德的伊斯霍玛霍斯提供了一个道德的、即使不真的关于他作为言谈者真的失败的解释——作为道德之人,他不愿把不真变真;他不能撒谎。苏格拉底的修辞使不真变真,使失败变成道德力量。苏格拉底用行动证明,他愿意使弱的论辩变强。苏格拉底提供给道德之人的礼物,即化妆的道德修辞,使一个特别的不真变真,为这位贤人作为言谈者的典型失败背

---

① 在这个句子里,施特劳斯插入一个脚注,就苏格拉底能够随意应对任何跟自己争论的人给出了《回忆》里的出处。他的脚注邀请读者去"参看《狩猎》,3.9"。《狩猎》中那一片段的背景涉及用来狩猎的猎犬的错误,在3.9描述的错误如下:"许多猎犬放弃追踪并折返,因为它们恨狩猎,另有许多是因为它们亲人类。其他猎犬试图虚张声势,它们冲着踪迹吠叫,把错误的路线表示为正确的。"两个许多和一个其他似乎就是全部。施特劳斯纳入这一文献,似乎认为色诺芬是示意苏格拉底愿意怎样应对那些跟他争论的人:允许多数人在他们的爱与恨的引导下放弃那一苏格拉底的特有的狩猎,而鼓励其他少数陪伴猎人,学会如何吠叫,如何在修辞的掩护下狩猎。

书——苏格拉底并不比伊斯霍玛霍斯的妻子更愿意让这位贤人学会通过夸大或隐瞒来欺骗(155)。通过赠予这位完美贤人以修辞而把他的失败解释为道德力量,哲人苏格拉底施惠于贤人,对他好;通过使两种不可调和的生活方式显得对贤人来说可以调和——因为他,纯粹谈话的人,把他的谈话放进了贤人的事务中——苏格拉底也施惠于自己。

[123] 所以修正开始了,除非达成最全面的形式,否则修正不会停止。今天苏格拉底对于伊斯霍玛霍斯坦陈的无能,公正地提供了一个道德的修正,由此开始的过程不会停止,直到明天之后的某天,苏格拉底完成修正的建构,通过一种想象宇宙本身具有道德的目的论神学,来假装修正了无法驯服的自然。苏格拉底是个敏捷的学习者。从伊斯霍玛霍斯关于妻子的讲述中得知化妆的用途之后,他用自己的缄默来修正伊斯霍玛霍斯,通过一种表象的艺术来掌控他。施特劳斯由此结束了关于苏格拉底如何统治的一个特别的例子,整个女学和男学都表现得不过是这样一个事例,即苏格拉底如何通过修正贤人对自身和宇宙的看法来管理贤人。作为可能非常宽泛的修正的缩影,这一特别的修正表明苏格拉底之转向的最终结果,他生命中的那一时期造成了哲学生命中的一个时代,因为将来每个伟大的苏格拉底式哲人都将继承那一结果,正如施特劳斯在男学最后一个补充里所标示的。

"某人可能说"——施特劳斯在男学的末尾虚拟出一个反对者,他复制了柏拉图在《苏格拉底的申辩》里为了让苏格拉底"离题"发言而三次采用的手法,三次都表述了至关重要的情况,即像他那样生活和行动的最深根基。①施特劳斯的"某人"恰当地反对说,较之伊斯霍玛霍斯跟他的妻子,苏格拉底跟他妻子的争论不太可能进展得更顺利。施特劳斯在他至关重要的离题话里说:

---

① 《柏拉图的〈苏格拉底的申辩〉》,见《柏拉图式政治哲学研究》,41、44、50;第二个例子里解释了这一手法。

如果我们从色诺芬给我们的唯一相关事例来推断,苏格拉底甚至没有开始跟克珊蒂珀(Xanthippe)争论:当他的儿子朗普罗克勒斯(Lamprokles)抱怨母亲对他难以忍受的行为时,苏格拉底没有跟他妻子提这件事,而是劝他儿子改变行为,即改变他对母亲不可改变的行为的反应。

苏格拉底从不教导他的妻子或者谴责她。相反,他说服儿子去改变对母亲行为的反应,说服他不要把那一行为判断为不可忍受,而要判断为不可改变。为了结束他的女学和男学,以及它们持续邀请的从家常中发现崇高,施特劳斯给出最后一个脚注,指向最崇高的事物。施特劳斯如此安排[124]——"某人可能说"——导致苏格拉底在这些章的最后交流不是与伊斯霍玛霍斯或克利托布勒斯,而是与他的儿子,他的后代,追随他的人,由他产生并继承了属于他的东西的人。"朗普罗克勒斯"代表这一苏格拉底对话的又一听者,即色诺芬,而色诺芬把自己的在场描绘为代表着所有将来的色诺芬,每个都是苏格拉底的真正儿子。对于留心听暗示且关切他母亲手段的人,苏格拉底提供了最明智、最深沉的劝告,说服他的儿子,每个儿子,以及从每个儿子那里听取良言的每个人,去改变他的行为,以应对他不可改变的母亲。为了他的儿子,苏格拉底修正了他针对贤人的最全面的教导。

施特劳斯就色诺芬论两种不可调和的生活方式这一中心章的末尾所示意的东西,扩展了他在自己论化妆的中心章所示意的东西。在那里,自然的学生听到完美贤人试图掌控自然,把他自己的秩序灌输给她,把源自他的法律给予她——在那里,苏格拉底知道他的优势在于他在这方面没有妄想,在于他意识到自己对于管理自然的艺术无知。如今他得知那一无知并非偶然,并非或许明天就能补救;这无知不可补救,因为它基于知识,一种关于自然的知识,它知道管理的限度。知道了他的无知及其原因,苏格拉底就能够故意进行伪装,让贤人们如居家般生活在他们相信由完美贤人,即由诸神统治的宇宙,他们会相信诸神对宇宙的统治,就像他们相信他们对自己家庭的统治。在男学章的末尾,施特劳斯的离题话指出,苏格拉底的高明在于他甚至不想去跟自然争论,他还将这一节制教给他的儿子,教的不是一种化妆的目的论神学,而是一种对自然行为的不一样的反应,他自己的反应,一种有见识的反应,它基于他的狩猎、他的追问,以及他对构成整全的存在种类的找出。关于苏格拉底对他智慧的真正后代的劝告,施特劳斯的讲述可能更有深意,超出仅仅与自然不可改变行为的和解,因为其背景是家庭之爱:爱那一行为,爱那追问者和整全——他是它心怀感激的观者——的共同源头。

苏格拉底与自然的关系似乎不止于节制,男学章结束于接纳。施特劳斯给女学章的最后一句附了最后一个脚注,针对从句"如果苏格拉底未能教育克珊蒂珀"(158)。脚注说,[125]"参看《会饮》2.10"。色诺芬《会饮》的第二章包含单独一个提示,它极大地补充了对苏格拉底生活方式的理解,那一生活方式不仅仅是接受自然本身。两个舞者在那次会饮中表演舞蹈,一个女孩和一个男孩,施特劳斯鲜明地区分了他们各自的舞蹈。女孩的第一次舞蹈引起安提斯蒂尼(Antisthenes)对苏格拉底的提问,问的是他为什么没有教育克珊蒂珀,"而是跟她就那样生活在一起,她可是古往今来所有妻子中最麻烦的"(《色诺芬的苏格拉底》,147);女孩的第二次舞蹈极端危险,它不仅解决了美德是否可教这一争议问题,还联系到教给整个城邦以男人气质。施特劳斯强调,苏格拉底没有把她的舞蹈当作模范。

"随后男孩跳舞。"苏格拉底表示愿意学习"这个男孩展现的舞姿,并且……他有此愿望是因为他想要跳舞"。①苏格拉底的愿望使大家都笑他,而苏格拉底对所有笑的人的回应是"一张非常严肃的脸",并且"解释说,他想学跳舞有很多理由"。施特劳斯只给出其中之一,并点

---

① 施特劳斯没有提及苏格拉底"此外还想到的一些东西,即他的身体在舞蹈时没有一处闲着"(《会饮》,2.16)——全都在动。

出其三项关键特征:"他不需要伴侣"——"也不必当众脱光"——"但可以私下在家跳"。接着施特劳斯谈及"那些原因",点出它们"非常有力,以至于他已经在跳",没有任何指导,并且他讲述了苏格拉底所透露的事,"卡尔米德(Charmides)某天早晨就碰到他在跳舞"。屈服于某种有力的东西,苏格拉底在破晓时独自跳舞。卡尔米德当时碰上了,他说起初担心苏格拉底疯了,但听了苏格拉底的解释后,"就泰然地回家,他确实没有跳舞,但做了他能做的最接近跳舞的事情"——色诺芬说是健身操。卡尔米德尽他所能模仿苏格拉底,而东道主卡里阿斯(Kallias)完全没有理解"苏格拉底之舞严格私密和无伴侣的性质"。没有伴侣,不必当众脱光,私下在家,苏格拉底在破晓时跳舞。理解了自然本身,苏格拉底改变了他对自然不可改变的行为的反应;但不止于此,自然的不可改变的行为,缩微在男孩的全身运动中,有力地驱使苏格拉底在破晓时独自跳舞。

凭着苏格拉底的舞蹈,以及一度是"苏格拉底的故事"的乐园,施特劳斯非常简约地触及了最深的[126]问题,问题关乎自然以及自然中人的位置的真相——加上人对那一真相的恰当回应。苏格拉底转向人之后得知,负责的人,负责的男性,断定自然在难以忍受地对待人,就像总在运动的海,总在用破坏来威胁人和人的建构,总是不能区分有价值和无价值。色诺芬的比喻揭示了苏格拉底对男性的洞见,男性需要把握可怕和可恨的自然,需要征服自然。这些比喻表明,研究自然和人之自然的苏格拉底明白到,他将不得不说服统治的男性,让他们相信他知道他们深切想要去相信的东西,即自然不是她看起来的样子,而是全然另一种样子,她在诸神照料下促成人类利益,诸神确保好人受益、坏人遭损。

苏格拉底没有跟自然争吵,但他教导虚构的故事,显得与自然争吵的男性误解了自然。就此而言,苏格拉底的目的论神学本身是一项把握自然、概念性地统治自然的计划,它是一次对自然的征服,即按着人的愿望赋予自然秩序;它是一项男性计划,一个真的真男人概念性地——哪怕是修辞性地——征服自然的计划。苏格拉底的主动介入，他的企图心，是施特劳斯后来认定为最重要的当代问题的序曲：

> 我们可以说，自然成了问题，因为人在征服自然，而这一征服没有可设的限制。(《柏拉图式政治哲学研究》,190)

三年后，当施特劳斯在尼采论文里做出这一评论时，他即将完成解读尼采所理解的男性对自然的修正这一问题。尼采绝不是要推进那一修正意志，他分析认为，那一修正的终极是目的论神学，由智慧者设计，服务于人类报复不可忍受的自然的激情，而尼采打算用自己的教导颠转这一道德修正。尼采以充分的明晰所探讨的东西，在施特劳斯结束女学和男学论苏格拉底与自然之关系的那些示意里亦悄然浮现。施特劳斯示意，与改变可恨自然的激情相反，苏格拉底与自然的关系是对自然本身的接纳，它导致对自然本身的爱，与自然本身的共舞。施特劳斯在女学和男学章末尾含蓄触及的大问题，示意苏格拉底独自在家思考和经验着尼采思想中对自然的明确肯定。

随着这本书的推进，结论越来越明显，毫不惊人，那就是从苏格拉底到尼采的哲人们共享着什么是最高和最好。热情和高度都相似的追问大师们，用同样的追问手段，研究同样的追问[127]客体——如果哲学完全可能，它的巅峰成就当然会带有亲近的家族雷同。正是对显白风格的需要，对使哲学适合统治的男人们的需要，迫使哲学在不同时代采取不同伪装，而如果没有欣赏显白风格的涵养就去回看，哲学看起来就会很不一样。

第五章
柏拉图式政治哲学:"辅佐诗"

[128]色诺芬是希腊教化中施特劳斯刊文论述的第一个思想家,也是施特劳斯最后文章的主题。但对于施特劳斯而言柏拉图乃是权威思想家。他对柏拉图的思考遍及他对始于荷马、经过亚里士多德的希腊思想的广泛研究;他在《城邦与人》一书里对柏拉图的决定性论述——《论柏拉图的〈理想国〉》,夹在论亚里士多德和论修昔底德的文章之间。《论柏拉图的〈理想国〉》首先讨论一个至关重要的问题——如何阅读一篇柏拉图对话,然后才开始解读《理想国》。由于《理想国》太为人熟知了,所以我大胆从施特劳斯文章的末尾开始我的有选择的讨论。

辅佐诗

《论柏拉图的〈理想国〉》最后六段的主题是诗,施特劳斯在此思考了第十卷里,苏格拉底"表面上无动机地回到""诗的主题"。①为了理解那一返回,施特劳斯把《理想国》中苏格拉底如何对待忒拉绪马科斯用作向导。忒拉绪马科斯怂恿不正义,但"苏格拉底可以成为忒拉绪马科斯的朋友"。"诗人们……怂恿不正义",同样,"没有理由说,[苏格拉底]不能成为诗人们——尤其是荷马——的朋友"(133 – 134)。

---

① 《城邦与人》,133。后面引用到《论柏拉图的〈理想国〉》,都会在括号里标出文中页码,而非标出段落,因为许多段落都长过一页。

施特劳斯由此接近了著名的"哲学[129]与诗之间的古老争吵",他好奇,那一争吵也有可能是友谊的序曲,联盟的序曲吗?①

苏格拉底在第十卷回到诗,其基础早就存在:"从最高主题——被理解为哲学的正义——下降时,是诗带的头"(134)。第八卷开始转离最高主题哲学,就意味着下降到诗。那一下降有三个部分:"对低级政体和低级灵魂的记述",明确回到诗,以及"关于'美德最大回报'的讨论"。因此,明确回到诗"构成《理想国》那一部分(其中的对话从最高主题下降)的中心"。施特劳斯对回到诗的记述阐明了诗与哲学的首要不同:"作为对真相的寻求,哲学是最高的人类活动,而诗并不关切真相。"

在最长的倒数第二段里,施特劳斯定义了诗人及诗人与哲人的关系(135-137)。这一段真是简明畅快,它扼要地从一个方面探讨了《理想国》所解答的哲学之神学政治问题,该问题是个历史事件,它为从柏拉图到尼采——尼采在此被点名绝非偶然——的西方思想设定了路线。"哲人的活动是冥想理念"(135),但却导致另一种活动,即"对工匠作品的模仿,这是诗人和其他'模仿性'工匠的活动"。苏格拉底以两种方式呈现了哲人、工匠和模仿性工匠之间的"等级秩序"(尼采用语),这一重复非常有启发性,因为第一次呈现在谈"制作"时把神放在最高,而第二次呈现在谈"使用"时,神被替换为使用者,"他拥有最高的或非常权威的知识",他就是哲人。施特劳斯点出,离开哲学领域意味着"关切有用而非某种美好的快乐"。他还点出:因为"第十卷前半部分所提到的等级秩序抽走了武士,看来好像不知道武士或模仿性工匠的健康城邦……将会因为添加给它的、它自然的首领——哲

---

① 施特劳斯主张,作为希腊启蒙的人物,苏格拉底和忒拉绪马科斯至少有些共同关切的问题,他表明在《理想国》里,苏格拉底试图将忒拉绪马科斯召入一个将会对他有利的计划:在苏格拉底筹谋的这个计划里,一位表面上的敌人变成了盟友。

人——而被修复"。通过表明从其乐园转向有用的哲人们如何可以作为健康城邦的首领旅行统治,[130]第十卷作为一次对健康城邦的"修复"完成了《理想国》。①

施特劳斯随后谈"苏格拉底看起来蛮横的对于诗的评判",并就他的三阶等级秩序提问:其作品被诗人-工匠模仿的工匠是谁?回答之前,施特劳斯把"诗人的主题"等同于"涉及美德和邪恶的人类;诗人按照美德来看待人类事物",即便"他们朝向的美德是不完美的,甚至是美德的扭曲形象"。然后他才回答:

> 诗人模仿的工匠是非哲学的立法者,他本身就是不完美的美德模仿者。(135 – 136)

施特劳斯将此答案应用到《理想国》:"城邦所理解的正义必然是立法者的作品"(136);他补充说:"没人比尼采把苏格拉底的示意说得更清楚了,尼采说,'诗人总是某种道德的仆人'"。②但施特劳斯补充说,"仆人眼里没有英雄",诗人实际上"了解他们的英雄的秘密弱点"。诗人,所谓仆人,因欠缺理解而反对立法者:诗人,"各种激情的代言人,反对作为理性代言人的立法者"。但施特劳斯发现了多数立法者的一个缺点:"非哲学的立法者并非无条件的理性代言人。"就这些立法者,他可以说,"针对激情和理性的冲突,诗人有更广的观察",并且出于这一更广的视野,他们可以"表明法律的局限"。于是,尼采的小格言失效了,"如果诗人或许最理解法律将要约束的各种激情之自然,他们就绝不仅仅是立法者的仆人"。这一事实对于一种特别的立法者——审慎的立法者——变得重要,因为"审慎的立法者将学习"诗人最理解的东西,"各种激情之自然"。在此,《理想国》中忒拉

---

① 施特劳斯在论《理想国》的第一段里对比了"政治修复"——《理想国》中的一些人物因而受害——与"苏格拉底修复"(63 – 64)。

② 施特劳斯指的是《快乐的科学》,格言1。

绪马科斯的命运变成了通往诗之真相的关键,因为在此可以看到,立法者中最审慎的哲人立法者苏格拉底成了诗人——特别是荷马——的朋友。苏格拉底从他们学到各种激情之自然,变成终极使用者,他在新的立法中将使用他所学到的东西。非哲人立法者被哲人立法者苏格拉底(无条件的理性代言人)取代,他不仅通过向他们学习,而且通过他随后的做法,变成诗人的朋友。

[131]施特劳斯继续进至这一最审慎立法者的行动。

> "哲学与诗之争"(607b5-6)的真正关切,在哲人看来,并非诗本身的价值,而是哲学和诗的等级秩序。

重述尼采的等级秩序这一表述标志着尼采回来了,尼采也曾表明,诗人仅仅是某种道德的仆人这一说法不完全准确,因为在一些罕见的例外里,真正的哲人先向诗人学习——"瓦格纳这一病例对于哲人是个意外收获"①——然后开始做审慎的立法者,哲人统治者,他作为终极使用者,可以为诸神立法。尼采对此话题最直接的讨论出现在《超善恶》论宗教的一章的紧somewhere处,就在末尾,关于哲学和宗教都做出适当铺垫之后,他为哲学布置了当前的任务:哲学必须再次着手统治宗教,因为"主宰性宗教"对人类的统治已经极大地危及人类的未来。②相关争吵是关于巅峰和为了巅峰的争吵,巅峰就是什么统治人,就是将要统治他们的教导,将要统治他们的善和恶,将要统治他们的最高存在的形象。③

---

① 尼采,《瓦格纳病例》,后记的结尾。[译按]*Der Fall Wagner*,国内有的译成《瓦格纳事件》。在此书前言中,尼采说自己"和瓦格纳一样是这个时代的产儿,可说是颓废者",但是"我最伟大的经历是一种痊愈。瓦格纳仅仅属于我的疾病"。因此,译成《瓦格纳病例》更合适。
② 尼采,《超善恶》,格言61-62。
③ 施特劳斯就《快乐的科学》格言1对尼采的表面反对,由此变为就伟大的诗人-立法者问题对尼采的完全赞同,那位罕见的诗人可不是某种道德的仆人,他本身就是道德的立法者。

因此施特劳斯在描述苏格拉底如何结束《理想国》时，心里想着尼采：

> 根据苏格拉底，诗如果合法，就不应自主，而只能辅佐卓越的"使用者"，辅佐是哲人的王者(597e7)。

辅佐或自主：这是施特劳斯归诸苏格拉底的非此即彼，尼采把这一任务视为哲学的首要政治任务，一项神学政治任务。尼采谈到主权性宗教；施特劳斯则追随柏拉图，谈到自主的诗，不同名称用于同一现象，即关于神和灵魂的各种基于信仰的教条，它们通过统治性人类活动进行统治。施特劳斯用了主权(sovereignty)这个政治术语，按照这个词，王者任命宰辅，为王者的利益而管理事务。作为他政治努力的巅峰，苏格拉底采取行动，让宗教处在哲学的照料下，让诗因为主权理由而成为辅佐性的。苏格拉底的行动是"这一争端"中的一件大事，这一争端"毫无疑问是全部过去中最重要的事实"，"全部世界史和人类史中，真正的、唯一的和最深的主题，所有其他主题都从属于它……[132]不信与信仰的冲突"(《迫害与写作艺术》，107，注释35)。施特劳斯表明，在《理想国》的结尾，苏格拉底通过制作一首辅佐主权性哲学的关于神和灵魂的新诗，着力提供信仰之"不信的、哲学的基础"(《哲学与律法》，76)。

施特劳斯在这段结尾摆出了非此即彼：

> 自主的诗把人类生活呈现为自主的，即不是朝着哲学生活定向……但辅佐诗把非哲学生活呈现为辅佐哲学生活。

自主的诗或自主的哲学，由诗统治或由哲学统治，非此即彼。哲学必然称王；它的境遇是要么统治要么被统治，而除了对真相的寻求，任何东西统治哲学，哲学都不再是哲学。当辅佐诗把非哲学生活呈现为辅佐哲学生活，它呈现的"首先是哲学生活本身(参看604e)。辅佐诗的最伟大实例就是柏拉图对话"(137)。作为辅佐诗的柏拉图对话呈现了苏格拉底的生活方式,《理想国》里表明,苏格拉底的生活方式要求返回洞穴,要求屈尊去统治,而哲人唯一可能的统治工具就是他自己生产的辅佐诗。

从《论柏拉图的〈理想国〉》的倒数第二段得到对辅佐诗的初步评价之后,施特劳斯的读者可以折回由文章结尾的视野所铺垫的文章主要内容——对苏格拉底给予诸神的新法律以及对理念学说的解释——并看到这些内容示范了柏拉图式的哲学要想统治宗教所必需的辅佐诗。

苏格拉底给予诸神的两条新法律

《城邦与人》中,施特劳斯论柏拉图一章的两个部分,即导论部分和《理想国》部分,由第13段结尾的一个小破折号隔开。这个破折号,仅仅一道线,隔开了对《理想国》的讨论,要求单独予以研究,尽管导论部分的思考也能帮忙。作为一个单独部分,这65个论《理想国》的段落在施特劳斯的安排下有个意味深长的中心:第33段(97-100)表明哲人苏格拉底如何对待宗教,当时他的谈话对象是年轻的阿德曼托斯(Adeimantus),此人蔑视自己成长于其中的宗教和产生该宗教的诗人们。引出中心段的一段可以说是铺垫,因为它讨论《理想国》中哲人一词的首次使用。该词让施特劳斯去修正他之前的判断,即看起来"好像所有技艺等级相同,唯一普遍的技艺,或者说伴随所有技艺的[133]唯一技艺是赚钱"(96-97)。但是

> 现在我们首次窥见真正的技艺秩序:该秩序是等级制;一个普遍的技艺是最高的技艺,是指导所有其他技艺的技艺。

宣布"这个技艺中的技艺将显现为哲学"之后,施特劳斯预期了柏拉图在《理想国》的中心所宣布的东西,即为了城邦的福祉,哲人必须统治——施特劳斯的中心段讨论苏格拉底关于诸神的教导,该教导是

该普遍技艺或最高技艺的一部分,是哲学施行巧妙统治的工具。

诗是这一长段落的第一个话题,诗服务于城邦的福祉:"仅当有助于高尚,品格的高尚时,诗所提供的特别快乐才被允许。"(97-98)施特劳斯点出:"阿德曼托斯完全同意这一苛刻的要求。"阿德曼托斯在呼吁苏格拉底为正义辩护之前的长篇讲辞里,严厉谴责传统诗不道德,从而展示了自己的苛刻。苏格拉底如何对待苛刻的阿德曼托斯完全同意的这一要求呢?"苏格拉底本人将那一要求看作暂时的;整个讨论带有神话的性质。"(98)这就区分了两种观点,苏格拉底的和阿德曼托斯的,施特劳斯在他的段落里将严格区分两者。

早期教育是虔诚方面的教育,要求向儿童讲述"正确种类的故事",不是出自"伟大诗人"——荷马和赫西俄德——的故事,而是符合苏格拉底"就阿德曼托斯称之为'神学'的东西"所定的两项法律的故事。由苏格拉底两项法律引出的关于诸神的儿童故事,像它们所取代的老故事一样,将继续支配"好城邦的成年公民"。施特劳斯点出,"苏格拉底和阿德曼托斯之间关于神学的对话,不知不觉地从查问关于诸神的高尚谎言,转变为查问关于诸神的真相"。关于诸神的真相不是普通议题,它回答哲学提出关于存在之自然的问题后所无法回避的、关于最高存在之自然的问题。鉴于阿德曼托斯所同意的东西对苏格拉底来说是暂时性的,对诸神真相的查问必须细究苛刻的阿德曼托斯与苏格拉底之间的一切区别。

> 两个发言者都从一个隐含的前提出发,即存诸神或一神,并且他们知道什么是神。

这一关键评论之后紧接着突然是:"一个例子可以说明有关难题。"什么难题?施特劳斯在这一段还用了三次难题,这随后三次使用——"明确的难题""没有难题"和一个脚注里的"难题的核心"——撑起了他剩余的讨论。难题是什么?这一议题变成了"关于诸神的[134]真相",两个发言者都好像知道什么是神。难题似乎是知道什么是神。阿德曼托斯知道吗？苏格拉底呢？施特劳斯用来说明难题的"例子"关切诸神如何对待撒谎,他的例子引发了他自己的一番对话演练,涉及阿德曼托斯可能知道什么,苏格拉底可能知道什么,以及苏格拉底正在不动声色地做什么。

施特劳斯的例子如下：

> 苏格拉底问阿德曼托斯,是否神会说谎或所说不真,因为他对古代事物无知,阿德曼托斯回答说,这会很荒唐。(382d6-8)

这个例子绝非偶然：它把单独一个条目放在了施特劳斯思考的开端,而柏拉图本人把该条目放在苏格拉底和阿德曼托斯谈论新神学两条法律的最后阶段——苏格拉底努力说服阿德曼托斯相信诸神不说谎。苏格拉底向阿德曼托斯提供了三条理由,它们或许可以证明说谎对神有用。第一条是,神对古代事物无知。在柏拉图的记述里,阿德曼托斯觉得另外两个理由同样荒唐,所以苏格拉底得出了结论："那神就没有什么理由要说谎了。"(382e)阿德曼托斯同意。于是当苏格拉底随后说诸神"完全免于说谎"时,阿德曼托斯强烈同意。施特劳斯不会暴露柏拉图论辩的说谎性质,该论辩未曾询问是否神会为了人的好处而说谎,这一使人说谎的可能理由刚刚得到确认(382c)。但施特劳斯确实把柏拉图三条可能的说谎理由中的第一条——他们对古代事物的无知——作为涉及知道什么是神这一"难题"的例子提了出来。

陈述阿德曼托斯觉得诸神为了那一理由而说谎实属荒唐之后,施特劳斯盯住了阿德曼托斯："但为什么阿德曼托斯觉得它荒唐?"这一关于阿德曼托斯观点的疑问结束了施特劳斯中心段的前半部分。随后他超出《理想国》范围,问了第二个问题,它有可能回答第一个疑问："因为诸神肯定非常知道他们自己的事务,如蒂迈欧所示?"(《蒂迈欧》40d3-41a5)施特劳斯的疑问似乎偏离了那一加注的议题,即为什么阿德曼托斯觉得苏格拉底的疑问荒唐,因为柏拉图的文本隐晦地暗示,此问题答案明显：他觉得它荒唐,因为他知道神知道古代事物；苏格拉底的论辩得以使诸神无理由说谎,有赖于他知道阿德曼托斯的知道。施特劳斯的第二个疑问超出了关于某种特别事物(诸如古代事物)的知识或无知,并且单看疑问本身,有着明显的答案:诸神当然非常知道他们自己的事务,这些事物可能包括也可能不包括关于古代事物的知识,但肯定包括正在被讨论的这个议题,即诸神非常知道说谎对于他们[135]是否必要。施特劳斯位于中心的疑问,其直接相关性并非一目了然。

施特劳斯的下一句停留在《蒂迈欧》,以便提出一个关于诸神的特别思考:

> 确实,蒂迈欧区分了显然旋转的可见诸神与根据自己选择而显现的诸神,区分了宇宙诸神与奥林匹斯诸神,而《理想国》的神学没有做出这种区分,仅仅奥林匹斯诸神得到确认。

这一观察引发了一个很有启发的评论:"但恰恰这一事实表明这一神学的'神话'性质"——它表明《理想国》的神学是诗,且如施特劳斯在文章末尾所说,"诗并不关切真相"(134)。但此处施特劳斯关于神话性质的强调所关切的是另一情况:蒂迈欧的区分不见于《理想国》,表明"提出和回答'什么是神?'或'诸神是谁?'这一疑问的严重失败"。这一严重失败仅仅是苏格拉底的:他引导讨论,他提出疑问,他说出被向往的结论。这一严重失败是苏格拉底故意为之。苏格拉底跟苛刻的阿德曼托斯谈话,以便定下诸神不说谎的法律,他从阿德曼托斯已经知道的什么是神起步,然后辩称,那样的神没有理由说谎。苏格拉底不知不觉地将谈话从查问关于诸神的高尚谎言,转变为查问关于诸神的真相,并且他推进那一查问,表明这场谈话实际上是要干什么:基于阿德曼托斯已经知道的什么是神,苏格拉底努力说服他诸神不说谎。苏格拉底转向查问关于诸神的真相,这使他能够植入新的关于诸神的高尚谎言。

在此需要暂停一下,因为施特劳斯刚刚在他的中心段说出一个疑问:什么是神?他在《城邦与人》的最后一句称之为"重中之重的疑问",这一疑问"与哲学并存,尽管哲人们不常说出它"。施特劳斯在书的结尾没有完全说出它:"quid sit deus[什么是神]这个疑问。"但他在论《理想国》行文的中心段说出了它,以便示意为什么哲人苏格拉底没有对阿德曼托斯说出它。苏格拉底没有问阿德曼托斯"什么是神?",因为他意在告诉阿德曼托斯什么是神,即让他相信新的、比他得自荷马的要更道德的关于诸神的观念;在论《理想国》的行文的中心,施特劳斯示意苏格拉底制造[136]诸神,他并不固执,他并不坚持在他的对话者没有疑问的地方提出疑问。相反,他着眼于"一种较为保守的行动方式,即用真相,或一种近似的真相,逐渐替换既有的观点"。①暂时接受阿德曼托斯的观点,使苏格拉底沿着阿德曼托斯已经踏上的那条路——阿德曼托斯苛刻的长篇讲辞里表达了对荷马和赫西俄德的诸神的道德否定——把他又送了一程。不必挑战阿德曼托斯所知道的神,苏格拉底就定下了两条新的、非荷马、非赫西俄德、道德上苛刻的关于诸神的法律。诸神知道他们必须说谎,知道他们必须被苛刻的阿德曼托斯看作无法说谎。

施特劳斯设计他的中心段塑造时,让两个彼此面对的关于什么是神的疑问贯穿中心。一个询问阿德曼托斯的观点,另一个则引入智慧者的观点。它们的全部差异通过《蒂迈欧》的片段得以显露:施特劳斯的两个疑问划分了两个阵营,较大的阵营由阿德曼托斯这样的人组成,较小的阵营由蒂迈欧这样的人组成,蒂迈欧示意这两个阵营是回答"什么是神?"这一疑问的两种可能方式。蒂迈欧以非常搞笑的方式表明这种差异。他把奥林匹斯诸神和显然旋转的可见诸神做出区分,然后他说,关

---

① 《迫害与写作艺术》,17。为澄清柏拉图的苏格拉底对待他的对话者的方式,施特劳斯在前面曾援引色诺芬,色诺芬说"苏格拉底的谈话技艺是两面的:对那些异议者,他提出与争论主题相关的'什么是……'问题";"如果他讨论他自己发起的主题,也就是说,如果他的谈话对象仅仅是听,他就从通常被接受的观点推进,由此得出不寻常的共识"(《城邦与人》,53),现在他就是这样对待阿德曼托斯。

于奥林匹斯诸神起源的知识"超出我们能力"。那为什么信仰他们？唯一的理由就是蒂迈欧为他自己信仰他们而给出的理由:我们知道他们,只是通过那些自称他们后裔的人,那些"非常了解自己祖先"的人;因为不可能不相信诸神的子嗣,如果"他们声明是在讲述家族的情况,我们肯定遵从习俗并且相信他们"(《蒂迈欧》40e)。带着这一对循环论证——所有根据传统信仰而索要权威的主张背后都存在的循环论证——的小小戏仿,蒂迈欧调侃自己的罕见;他跟轻信者隔开,同时又让自己被算作轻信者。

施特劳斯重述蒂迈欧的话时,对其中一个词采用了次要的意思:施特劳斯在询问是否"诸神肯定非常知道他们自己的事务"时,替换了该词通常意指的祖先(progonous)。他的小调整揭示了智慧者,他们的事务包括知道他们真正的祖先——即产生他们的前辈智慧者——对诸神的所说和所做;在此意义上,知道奥林匹斯诸神的起源并不[137]超出我们的能力。蒂迈欧信仰这些祖先,他的祖先,同时却把他的信仰表现为信仰奥林匹斯诸神。非常知道自己事务的诸神采取行动;知道智慧者事务的苏格拉底也采取行动,去改变阿德曼托斯关于诸神的观点。苏格拉底所做的,蒂迈欧没有做——他知道蒂迈欧所知道的,但他采取行动,生产出经过改造的奥林匹斯诸神。施特劳斯也知道智慧者的事务,他蒂迈欧式而非苏格拉底式地讲述苏格拉底的行动:蒂迈欧知道起源,但他自己不生产。①但智慧者之间在行动方面的这一差异并未触动他们与阿德曼托斯们之间的差异,一种在知情方面的根本差异。

询问"什么是神？"之后,施特劳斯接着说:"苏格拉底的其他说法或许可以让人确定苏格拉底的答案……"这里没有提供苏格拉底的其他说法,但将近十年之后,在他论尼采的文章里,施特劳斯指向了两个

---

① 或许这是施特劳斯让他论《理想国》的行文只有 65 段的原因,也就是说,它不是 66 段,即圣经——我们的奥林匹斯的来源——卷数之和;他文章的某种退缩是因为,它仅做蒂迈欧所做的事,即表明权威性奥林匹斯诸神的来源。

这种说法,它们有助于确定苏格拉底对于"什么是神?"这一疑问的答案,或者说他对于最高存在的观点。①这里他只说,苏格拉底的其他说法"无益于确定阿德曼托斯的答案,因而也无益于估量苏格拉底和阿德曼托斯达成的一致有多深"。施特劳斯掩藏了值得首要关切的苏格拉底的观点,并且聚拢了他曾区分开的阿德曼托斯的观点和苏格拉底的观点,以便陈述两者"肯定同意"的东西:

> 即诸神是超人的存在,他们有着超人的好和完美。神是好的,这甚至是第一条神学法律的主题。

苏格拉底为诸神定下的第一条法律断言,"神并非所有事物的因由,而仅仅是好的事物的因由"。施特劳斯提取出一个重要的暗示:这就

> 等于说,神是正义的:第一条神学法律应用于神的乃是与珀勒马科斯(Polemarchus)谈话的结果,照此结果,正义在于帮助朋友,即帮助明智的人,且不伤害任何人。

施特劳斯隐然使这一结果成为苏格拉底关于正义的观点或哲人的观点(72-73);关于诸神行为的第一条法律使诸神的行为成为哲人们的行为。②

[138]施特劳斯在此回到了难题,现在是"明确的难题":它"专门关切另一条断言神单纯的神学法律"(99)。那一法律"有两个含义:

---

① 施特劳斯在那里的论述,把尼采和柏拉图聚拢在这个根本议题上:"柏拉图很可能认为诸神哲思(《智术师》216b5-6;《泰阿泰德》151d1-2)"(《柏拉图式政治哲学研究》,175)。这些片段暗示哲思的诸神乃是哲人。

② 在一次给神学家们的讲演中,施特劳斯演绎了一番神学家和哲人之间的争论,最直言不讳的时候,他让他的哲人说,"如果我们根据神这一最完美的存在是个人身来理解,则没有诸神,只有哲人们……差劲的诸神?确实,如果以想象的标准来衡量的话"。迈尔,*Leo Strauss and the Theologico-Political Problem*,163。

(1)神不改变他的样态(eidos)或形式(idea)……(2)诸神不欺骗或说谎"。施特劳斯继续盯住阿德曼托斯:第二条法律"对于阿德曼托斯并非一目了然;第二个含义尤其如此"。施特劳斯把难题一词用在阿德曼托斯身上:阿德曼托斯"觉得认为诸神既好又说谎没有难题"。那么难题就属于苏格拉底,这个苏格拉底着力让阿德曼托斯改变他关于诸神说谎的观点。施特劳斯没有提及荷马或赫西俄德,他们是阿德曼托斯认为诸神既好又说谎没有难题的源头;相反,他为阿德曼托斯没有难题找到了理由:在阿德曼托斯看来,"诸神具有所有美德,也包括正义,而正义有时要求说谎"。苏格拉底似乎会同意,因为他认为"统治者必须为了他臣民的利益而说谎;如果诸神是正义的或者是统治者,似乎他们就必须说谎"。苏格拉底的难题是神学政治的难题:虽然他允许统治者为了被统治者的好处而说谎,但他把诸神的统治提升到禁止他们说谎的层面;他们的好意味着他们讲真相,且对他们最终统治的人们没有坏处。

澄清阿德曼托斯认为没有难题的原因之后,施特劳斯就可以陈述他与苏格拉底之间决定性的差异了:"那么阿德曼托斯的抵制"——对于诸神说谎他觉得没有难题——"是由于他关切的正义有别于爱真相(382a4-10)或哲学。"在382a4-10,苏格拉底实际上没有说爱真相,他说的是"真正的谎言",即"人神共愤"的灵魂中的谎言。阿德曼托斯对正义的关切在这一点上表现出来:阿德曼托斯没有这样的激情,即非常担心灵魂中的谎言,担心在自己主权性部分里持有关于主权性事物的谎言(382a)。由于正义在他的灵魂中占据主权,阿德曼托斯在激情等级上根本有别于苏格拉底。苏格拉底的激情,爱真相,使他非常担心在自己灵魂中有谎言。阿德曼托斯的激情,爱正义,要求抵制苏格拉底的法律,即诸神不欺骗或不说谎。明确的难题是苏格拉底的难题,它不在于知道什么是神,而在于让对正义有激情的人相信作为统治性存在的神甚至不去正义地说谎。

阿德曼托斯"抵制这一信条",抵制苏格拉底正在发布的信条,"因为较之他的弟弟,他更愿意同意正义类似知识或技艺,而非本质上是单纯的"。格劳孔在此议题上[139]没有给苏格拉底出难题,因为他把正义跟知识或技艺分开,并且认为"完美的正义之人作为单纯的人,没有正义之外的其他品质"(88)。至于阿德曼托斯,苏格拉底将会克服他的抵制,因为它"跟他长篇讲辞的含义并不完全和谐"(99)。欠缺和谐"并不惊人:他仍然有很多东西要学。毕竟,他还不知道什么是正义"——这一欠缺是苏格拉底的机会。施特劳斯邀请读者回看阿德曼托斯的长篇讲辞跟他的抵制不和谐的地方,还邀请读者展望年轻的阿德曼托斯那夜将要从苏格拉底学到的东西。

当指出阿德曼托斯的抵制跟他长篇讲辞的含义之间欠缺和谐的时候,施特劳斯添加了一个脚注,在脚注里最后一次用到难题这个词:

> 如果考虑到诸神本身肯定有着神圣的自然,就会看到 366c7 指示了难题的核心。

在 366c7,阿德曼托斯在他的长篇讲辞里说,没有人愿意正义,"除非某人出于神圣的自然不能忍受行不正义,或他得到了知识并躲开不正义"。阿德曼托斯谈及人类,施特劳斯谈及诸神。难题的核心涉及那些神圣自然的行为,苏格拉底把那些行为呈现给了阿德曼托斯。这些神圣自然不能忍受行不正义,但根据谁来定义什么是神和什么是正义?苏格拉底之前对珀勒马科斯正义定义的修正大可要求这些神圣自然去说谎,以便他们对朋友做的好事不伤害任何人。然而对于道德上苛刻的阿德曼托斯而言,说谎在道德上可疑,即便他所知道的什么是神允许诸神去说谎。如果讲真话总是出于好意,那将有益且道德上令人满意。而如果讲真话的诸神强迫人讲真话并惩罚说谎,那也将总是出于好意。苏格拉底将解决什么是神这一难题的核心,他将让诸神成为在一个道德宇宙中统治的讲真话者,来确保奖赏讲真话并惩罚说谎——即便不是现在,也是在将来的生活中。苏格拉底解决了这一明确的难题,通过让阿德曼托斯相信,他关于诸神说谎所持的真实观点是错误的,他反而应该持有诸神不说谎这一谎言,后者跟他道德上的严格相一致。苏格拉底通过整个《理想国》的故事克服了阿德曼托斯的抵制;相信诸神不说谎实现了道德上的一致:正义和讲真话在由道德诸神统治的秩序里完全兼容,道德诸神负责确保讲真话会有好结果。①

[140]知道神是什么和神做什么,并且出于一种神圣自然而采取符合自己正义观的行动,苏格拉底发布了诸神不说谎这一真正的谎言。他从事了神一样的行动,为诸神定下一条新法律,那些倾向于神之单纯性和道德一致性的人们将欢迎这一法律。苏格拉底这样的人已经"获得了知识且躲开了不正义",他为他将要通过言说来统治的那些人的好而说谎。通过向阿德曼托斯提供一个道德谎言,苏格拉底对朋友们做了好事,他们学到他所思的东西;同时他对大众也做了好事,他们将受约束于对他说法的单纯信仰,他没有伤害任何人。作为哲人,苏格拉底非常担心灵魂中的谎言;作为哲人统治者,他认为那些其激情不在真相而在正义的人们需要这种谎言。其神圣自然行事正义的苏格拉底,说服道德的、年轻的阿德曼托斯去把一个关于诸神的谎言纳入自己的灵魂。②

---

① 荷马知道这一难题:愤怒的阿喀琉斯发言支持一个苏格拉底式的解决版本(《伊利亚特》,9.308-314)。阿喀琉斯告诉多变的奥德修斯,他说话将"不计后果",因为他恨"心口不一"的人,不亚于他恨哈得斯(Hades)的门。阿喀琉斯这么说和这么恨的原因是他的信念:事情会按照讲真话者的愿望达成,因为有诸神的照看。柏拉图在《希琵阿斯后篇》里处理过该议题,他让苏格拉底针对耿直的阿喀琉斯为说谎的奥德修斯辩护;见我的《苏格拉底为多变的奥德修斯辩护》("Socrates' Defense of Polytropic Odysseus")。

② 《卡尔米德》里的一次言说或许几乎是在陈述苏格拉底所知道的奥林匹斯诸神是什么。柏拉图没有把这一言说委托给苏格拉底,而是委托给一个骄傲的门徒,克里提阿(Critias),此人渴望向离开多年、刚刚返回的苏格拉底证明,他向他的老师学得多么好。克里提阿的言说,即《卡尔米德》的中心,解释了德尔斐的谕令"认知你自己",以便表明神是个想象的存在,神的力量得自智慧者以神的名义昭示的话,智慧者的力量则得自这一行动。见我的《哲学如何成为苏格拉底式的》,前揭,185-189。

在他中心段的倒数第二句,苏格拉底为这一关于人类、诸神和谎言的议题增加了一些新元素,它们的指向超出当下的背景。

在这一谈话稍微靠后的地方,苏格拉底示意,正义是特别属人的德性(392a3－c3),或许因为正义根植于下述事实,即所有人都不足,因而朝着城邦建构秩序(369b5－7)。所以人本质上是"爱欲的",而诸神是自足的,免于爱欲。

免于爱欲的诸神不是荷马的诸神,而是服从苏格拉底新法律的诸神。他们免于爱欲,也免于说谎的需要,而作为人的苏格拉底在建立他们的统治时得说谎。人中最具爱欲的苏格拉底,也是人中最正义的,他通过说谎来正义地行动,以便尽力服务于不自足的哲学。让诸神为了道德的阿德曼托斯而免于说谎之后,苏格拉底顺势赋予诸神[141]以关系道德正义的东西:报应,恶有恶报,善有善报。苏格拉底的道德谎言把诸神置于一条规则之下,置于一条完全出自人类的法律之下。苏格拉底关于诸神的新谎言连带给宇宙编造了一个道德秩序;他的神学连带着一种本体论。柏拉图的苏格拉底推出了跟色诺芬的苏格拉底同样的神学政治计划,即目的论神学,给正义者的礼物,它使正义者能够"不折不扣地谈论神的惩罚"(《色诺芬的苏格拉底言辞》,143)。苏格拉底的这两位伟大听者一致认为:苏格拉底这位冥想者着力创建一种神学政治计划,并使遭受智术师启蒙、离致命的真相太近的雅典贤人子弟保住道德体面。苏格拉底的行动所立下的样板得到古代和中世纪柏拉图式政治哲人的遵循。苏格拉底的行动委派给现代柏拉图式政治哲人一项修正任务:部分地或全面地消除基督教取代苏格拉底的方案后给人类文化造成的损害。

在为哲学的福祉而设计神学政治规划方面,苏格拉底是典范哲人,并且施特劳斯指出,他在另一更基本的意义上也很典范,所以施特劳斯的最后一句扩展了他倒数第二句引入的关于爱欲的思想:"爱欲和正义似乎有着相同根源"(100),欠缺自足。施特劳斯选择用来结束他论

《理想国》之中心段的,是从《理想国》中抽走的话题,即爱欲,共同根源的这部分比正义更靠近这一根源的自然(110-112)。作为论正义的对话,《理想国》是关于政治哲学及其辅佐诗的决定性对话,但因为抽走了爱欲,它不能正面处理辅佐诗所为之服务的东西——哲学。对于论柏拉图《理想国》的中心段来说,再好不过的结尾就是邀请读者阅读《会饮》,这篇对话的主题是爱神,"唯一明确献给神的对话"(《论柏拉图的〈会饮〉》,17)。

从论正义的对话转到论爱欲的对话,就是从政治哲学转到哲学本身。但是如它错综复杂的背景所示意的,《会饮》也必须以政治的方式对待哲学,例如它把听众从苏格拉底受审时带回一个私人聚会的夜晚,此夜过后便发生了渎神的罪行:《会饮》亵渎了——几乎亵渎了——最重要的奥秘,即苏格拉底究竟是谁,或哲人可以知道什么。因为在那一夜,如柏拉图所示,苏格拉底私下向雅典最睿智的听众言说,把他们带到很久以前他终极的求知事件,带到他哲学教育的最后阶段。因为柏拉图在《会饮》里指出,苏格拉底对自然和人之自然的探究,把他引向了[142]对自然的最全面洞见。

> 我们可以说,爱欲是生成和消亡的核心。我们可以说,爱欲是自然的自然,是自然的本质。(《论柏拉图的〈会饮〉》,196)

正是这一终极的冥想结果,这一对自然和对欠缺自足程度的洞见,把从苏格拉底到尼采的哲人团结在一种共享的本体论中,该本体论支持哲学对神学政治规划的需要。①

---

① 难怪伯纳德特编辑了施特劳斯1959年论《会饮》的那些讲课,使它们以适合阅读的形式出版,即使他的第一稿不能令施特劳斯满意,第二稿又"丢了",33年后,整个计划"不得不从头再做一遍"(《论柏拉图的〈会饮〉》,vii)。成书的缺点是,未能由施特劳斯本人来最终定型;但它仍然多少满足了论《理想国》中心段的结尾所发出的邀请,它让施特劳斯的读者领略到施特劳斯如何理解这篇在终极话题上谈论最多的对话。

关于理念学说的圆满解释

在他后来论《理想国》的行文里,施特劳斯用两段来谈柏拉图的理念学说。苏格拉底把该学说引入《理想国》,好叫格劳孔不再抵制他的惊人声明,即为了实现他们在言说中建立的城邦,哲人必须统治:他将论辩,哲人有权统治,因为只有哲人知道理念。施特劳斯论理念学说的第一段重述了《理想国》中所呈现的学说;第二段思考该学说。①第二段中包含他的一个判断,即"没人曾经成功地对这一理念学说给出圆满或清楚的解释"(119)。但施特劳斯在他的两个段落里成功了。

施特劳斯在第五卷关于第二至四卷所谈的好城邦是否可能的问题上觉察到一个转换。首先,苏格拉底提出一个疑问,那一城邦在与人之自然一致的意义上是否可能:"涉及妇女儿童的共产主义",即该城邦存在的前提,可能吗(117)?提出那一可能性问题之后,苏格拉底"立即搁置了它",逃入战争主题。但格劳孔把他从逃避中召回,此后"他们回到的疑问是[143],好城邦是否可能通过改造现实城邦而生成"(118)。稍微复杂地描述了"他们"(苏格拉底和格劳孔)在这一转换中所说所做的详情之后,施特劳斯转而谈"我们"正在从中得知什么:

> 如我们现在所知,我们去找出什么是正义的整个努力(以便我们能够看出正义如何与幸福相连)是对作为"模型"的"正义本

---

① 这两段位于施特劳斯论《理想国》的 65 个段落的后半部分的中心,即后 32 段的第 16 和 17 段(118-121)。施特劳斯这么塑造他的行文,示意了前半部分 32 个段落的中心(79-81):第 16 段涉及忒拉绪马科斯和说服的技艺,说"甚至统治者也需要说服的技艺",但没有说终极统治者是哲人,他必须为说服的目的而招募忒拉绪马科斯。第 17 段指向"普遍技艺",在那里是赚钱的技艺;就在论《理想国》中心段(96-97)之前,施特劳斯自我修正,使普遍技艺成为位于技艺等级结构顶点的统治技艺,成为哲人的技艺。

身"的追求。

在下一句里,我们不再仅仅指得知者:

> 通过寻求作为模型的正义,我们已表明正义之人和正义城邦并非完美正义,实际上是特别近地趋于正义本身(472a–b):只有正义本身才是完美正义(479a;参看538c起)。

结果就是,"我们得知,即使是好城邦的典型制度……也非纯粹正义"。在随后的总结中,正义本身显现为"不能够生成",因为它一直在,且不可改变;它"是一个'形式'或'理念',许多理念之一"。

为了解释存在"理念",苏格拉底用一个长篇但简单的论辩来说服格劳孔,大意是,除了存在或非存在的领域,还有既存在又非存在的领域。施特劳斯没有重述该论辩,而只是说,理念"超越所有生成,生成的东西全都介于存在和非存在之间",理念作为"超越所有变化的唯一事物……也可说是所有变化的因由"(119)。他描述了理念:

> 它们是始终持存的自我维持的存在。它们最为光彩。

它们的光彩"躲开了肉眼","只有心智之眼可见,并且心智之为心智,除了理念不感知别的"。略过苏格拉底对格劳孔说话的细节,施特劳斯极为简洁地勾勒了理念学说所意味的心智概念。他还超出当前背景,指向《理想国》后面出现的理念学说的意味:"肯定有某种东西高于理念:它关乎好的理念,也可说是所有理念的因由,也是心智感知所有理念的因由(517c1–5)。"施特劳斯召来亚里士多德,以强调在柏拉图那里,最高存在"超出认识者和被认识者之间的差异,或者说,它不是一个思想的存在"。最后,虽然柏拉图那里的最高存在是否可称为一个理念乃是可疑的,但"只有准备妥当的人感知到好,好城邦才能生成且维持一时"。好城邦存在的前提是由理解了好的哲人[144]来统治;使好城邦从现实城邦中生成,有赖于哲人的统治。

施特劳斯论理念的第二段始于他醒目的和常被人引用的表述：

> 苏格拉底向他的对话者们阐发的理念学说很难理解：首先，且不说它显得奇幻，它完全不可信。

讲了理念学说如何变更了《理想国》里所探究的对象——正义——之后，施特劳斯再次关注我们：

> 迄今我们被给予的理解是，正义根本上是人类灵魂或城邦的某种品质，即某种不是自我维持的东西。

但是凭着理念学说，"我们被要求相信，正义是自我维持的，它好像归属完全不同于人类的某处，且所有其他东西都分享它"。我们能够相信我们被要求相信的东西吗？如果我们想要先理解它，就碰到一个问题："没人曾经成功地对这一理念学说给出圆满或清楚的解释"。施特劳斯在开始他的圆满的解释时，说他能够"相当精确地定义这一中心难题"。

在实际定义中心难题之前，施特劳斯说，理念

> 首先意味着事物的样子或形状；然后意味着一种或一类事物，它们集合起来的原因是，它们都具有相同的样子、相同的特征或力量，或者说相同的"自然"。

事物依自然而归入种或类，所以探究必须在思想中复原那些事物依自然是什么。理念因而"意味着属于相关类的事物的类-特征或自然"。施特劳斯把这个普遍定义拉近苏格拉底："一个事物的理念就是，当我们试图找出一个事物或一类事物的'什么'或'自然'的时候，我们所寻求的东西"（120）——苏格拉底总是询问"什么是……"这个或那个，对于这种问题，合适的答案必然是其"理念"。直到现在施特劳斯才定义中心难题：

然而这并未解释为什么理念被呈现为与事物——事物通过分享某个理念而成为某个事物——"分离",或者换句话说,为什么"狗性"(所有狗的类属特征)应是"真正的狗"。

狗性不是柏拉图使用的例子,但是格劳孔——被要求相信这个的第一人——驯狗,所以苏格拉底在其他论辩里利用这个情况,以使内容对于驯狗的格劳孔来说更形象。中心难题很经典,包含两个方面:柏拉图式理念的分离和在那一分离中的具体事物的共享。施特劳斯提到"两种现象支持苏格拉底的断言"。它们也很经典:"数学事物",诸如线和圆本身,绝不可能发现于它们的任何具体代表;"尤其是我们用正义和类似事物所意指的东西",它们超越[145]所有的具体实例。但苏格拉底超出这两种现象,似乎"说,数学方面和德性方面显然真实的东西也是普遍真实的",施特劳斯从第十卷引入苏格拉底的例子,"床或桌子的理念",但"很难说,一张完美的床是没人曾经在上面睡过的东西,或一声完美的呼号完全无法被听见"。无论有多难说,"格劳孔和阿德曼托斯相对容易地接受了这一理念学说"。

为什么格劳孔和阿德曼托斯这么容易就相信? 的确,他们"之前多次听说过理念",但这不是充分的理由,而施特劳斯现在给出的理由对柏拉图的学说提供了实质性的回答和实质性的洞见:格劳孔和阿德曼托斯

> 以他们知道的方式,更为经常地听说过像戴克(Dike)(536b3,参看487a6)或奈克(Nike)这样的神,奈克神不是这次或那次胜利,不是这尊或那尊奈克雕塑,而是同一的自我维持的存在,它也可说是所有胜利的因由,它有着难以置信的光彩。

施特劳斯把他之前用于理念的话用于奈克神,他描述奈克神的方式使她在一些基本方面像是一个理念:她超越所有具体的胜利,但也可说是每次胜利的因由,每次胜利都分享着她。施特劳斯的下一句结束

了他的说明：

> 格劳孔和阿德曼托斯知道有诸神——自我维持的存在，它们是所有好的事物的因由，它们有着难以置信的光彩，它们不能被感官捕捉，因为它们从不改变它们的"形式"。（参看379a－b和380d起）

格劳孔和阿德曼托斯知道，苏格拉底知道他们知道，从而轻易让他们相信了柏拉图主义的核心信条。当然，"《理想国》神学中所理解的诸神跟理念之间有着深刻的差异"，尽管如此，仍可以断言，"接受了那一神学的人们，已经准备好了接受理念"（121）。理念学说的中心难题根本不是男孩们的难题，男孩们从戴克和奈克起步，并且已经同意了苏格拉底针对诸神的两条新法律——这些法律本身始于阿德曼托斯所知道的什么是神。对格劳孔，像之前对阿德曼托斯一样，苏格拉底这个神学家利用对话者所知道的什么是神，来改变对话者关于神性的观念。①

[146] 在此，为了理解格劳孔和阿德曼托斯（他们世代的代表）所面对的危机的性质和程度，必须提示《理想国》的一个特征，施特劳斯虽然注解周详，但对此特征未曾注意。他解释《理想国》的第一句话是："虽然谈话的地点非常清楚，但是时间，即年份，却不清楚。"（62）实际上，柏拉图的第一句话迫使时间、年份、那一天，变成他的读者的疑问：苏格拉底说他讲述《理想国》那一天是雅典人引入一尊新女神的第

---

① 在1961年的一封致伯纳德特的信里，施特劳斯说："多年以前，我惊讶于格劳孔几乎立即就接受了理念学说，虽然他毫无准备。对莫摩斯（Momos）的援引为此提供了线索（487a）。简言之，他因诸神（特定种类的诸神，它们没有固有的合适名字）而准备好了接受理念。所有人都知道奈克临在于马拉松、萨拉米斯等战役，无论雕塑她的人是X还是Y，崇拜她的地点是a还是b……换言之，理念取代了诸神。为了让格劳孔接受理念，诸神就必须是理念的预示"（1961年5月17日）。从芝加哥大学的施特劳斯中心可以看到施特劳斯致伯纳德特的书信。

二天,这一事件非常值得注意,因为雅典这个城邦知道它的福祉有赖于神的眷顾,并且至少从波斯战争以来,就没有引入过新神。那一天是哪一天?柏拉图的第一句没有回答这句提出的疑问,因为它没有说出女神的名字,它使疑问保持为疑问。直到苏格拉底和忒拉绪马科斯长时间交谈的结尾,柏拉图才让忒拉绪马科斯说出那一节日是本狄斯节(Bendideia)(354a)。当他说出之后,所有有心的当代读者就都知道了柏拉图第一句所提疑问的答案:苏格拉底在雅典引入本狄斯(Bendis)的第二天讲述"理想国",当时的雅典人急切到迈出前所未有的一步,引入一尊新神,希望能够帮助处在生存之战中的雅典帝国治愈——而今柏拉图的读者都知道——一个前所未有的充斥着战败和瘟疫的时代。[1]

施特劳斯说我们无法得知《理想国》的确切时间,这就使他自己和我们领略不到柏拉图造成的有力对称:苏格拉底引入他关于神、正义和灵魂之创新的那一夜、那一地,他的同胞引入了一尊新女神,希望治愈他们的城邦,帮助城邦的事业。所以施特劳斯错过了柏拉图为所有时代最著名的政治著作所安排的修辞上的庄严场景:那一天,无数雅典人涌回雅典,去讲述引入新神的通宵公开表演,而苏格拉底回到雅典,去讲述同一夜、同一地他私下引入的东西。一旦看出 [147] 这一场景的内在分量,这无比重要的时间背景就会实现全部效果。格劳孔和阿德曼托斯迫使苏格拉底以《理想国》主体部分来回应的长篇讲辞,指向一个超出所有其他事件的历史事件,一个更大的危机,它甚至使战争和瘟疫的危机也显得没那么可怕了:柏拉图把"理想国"设定在荷马诸神对于体面的年轻雅典人来说已死的时代,这些年轻人陷于战争、瘟疫和智术师的启蒙之中。这一时间背景的分量——最重大的紧急状态、一个诸神死亡的时代——赋予苏格拉底昨夜和今天在雅典所做的事情以内

---

[1] 对于将《理想国》定位在前 429 年 6 月初的充分论证,见 Planeaux, "Date of Bendis' Entry into Attica"。

在的沉重:引入新的辅佐诗,引入只做好事且不说谎的诸神,引入处在好这一理念支配下的关于正义以及其他德性的永久理念,并且,用恐惧和希望,用监察的道德诸神执掌对不朽灵魂的惩罚和奖赏,以便钉住所有人类行为。这一对事物的观点——它能称为高尚吗?——将会主导后荷马的希腊文明以及随后的西方思想,直到它在我们的时代崩溃且发出长长的消退的呼啸——神之死和柏拉图主义之死。①

人们若得知苏格拉底引入理念作为一种神性这一重大背景,将会更加领会施特劳斯之成功——没人曾经在此成功——的重要性。这一圆满解释表明理念学说是哲人的暂时建构,他知道他所处时代的精神处境,于是采取行动,为相信正义的真实性提供新的基础。苏格拉底知道第一批理念学说的听众已知的什么是神,而他从不提出"什么是神?"这一疑问,然后说服他们相信他们非常想相信的东西:有许多好的理由去做体面人。面对格劳孔和阿德曼托斯描述的他们深有体验的道德/宗教危机,面对他们的诸神死亡的危机,苏格拉底的回应方式绝对适合那一时代。超越的"柏拉图式"理念可以得到其信奉者,他们知道诸神是像戴克或奈克一样的存在,自我维持,有着难以置信的光彩,以某种方式是所有像它们的具体事物的因由。施特劳斯表明,为何理念[148]会有人信,而无需使它们少些奇幻——已经存在的奇幻使它们显得可信。通过哲学、以这一特殊方式进入世界的理念学说是一项公共服务,针对的是特殊的公众,即雅典青年,他们已经失去他们父辈——其中包括克法罗斯(Cephalus)——仍然祭拜的诸神。

---

① 《理想国》这一重要的时间特征指向众多柏拉图对话所确认的一个类似特征:在他取代"教育了希腊人的诗人"(《理想国》606e)所教基本教义的重要行动中,柏拉图指出,他本人在那行动中也是受教于荷马。下一章将指出柏拉图教导的荷马根源;我通过《哲学如何成为苏格拉底式的》,表明苏格拉底在《普罗塔哥拉》、《卡尔米德》和《理想国》里发出的这一革命性教导何以有着自觉的荷马先例,柏拉图以势必间接的方式来感谢这些先例,即让一个开创性的教师用荷马来反对荷马。

施特劳斯以现在可以理解的苏格拉底引入理念的目的,结束了他的段落。

《理想国》的读者所面对的运动,是由服从法律和最终服从诸神的父辈联合体的城邦,朝向服从哲人和最终服从理念的工匠联合体的城邦。(121)

《理想国》的运动表明一个历史过程,服从的对象有了变化,从失去威信的祖先及其诸神转向哲人及其理念。理念是统治工具,有效的工具,因为它们太像听众所知道的神的样子。理念是辅佐诗,辅佐格劳孔和阿德曼托斯的好,以及哲学的好。①

施特劳斯指出关于永恒理念的学说有时间性,这使我们怀疑他是否真的认为柏拉图认为其学说可以永恒。该学说并不永恒:伟大的柏拉图式政治哲人阿尔法拉比(Alfarabi)完全放弃了它;他的听众不是基于戴克和奈克而被培养起来的。伟大的当代柏拉图式政治哲人施特劳斯进而表明,何以苏格拉底自愿的听众觉得它非常可信,这就强化了它对我们的不可信。但是如果理念学说可被柏拉图式政治哲学摈弃,那么,哪些是柏拉图式政治哲学不可摈弃的元素,真正确定性的元素?

正义城邦无可能而哲人统治有可能

施特劳斯对理念的讨论从属于他更大的、关于两个可能性疑问的

---

① 理念学说当然还可多谈。伯纳德特比施特劳斯更加专门地详论了苏格拉底呈现理念的方式之真相:它把人所共知的、通俗的"柏拉图主义"描绘为,在心智的范畴下,通过语言收集和规范所有经验。苏格拉底所教导的东西解释了作为柏拉图主义的知情,它让少数理解知情的人之外的所有人成为柏拉图主义者。对知情的知情,或如苏格拉底更加讲究的表述所说的,知道他不知道他不知道,使人极尽可能地免于"知"的洞穴。见伯纳德特,《苏格拉底的再次起航》(Socrates' Second Sailing),129 - 139;《行动之辩》,前揭,295 起。

第五章　柏拉图式政治哲学:"辅佐诗"

讨论:正义城邦可能吗?哲人的[149]统治可能吗?施特劳斯以自己的方式安排他的两个疑问,自由地变更了《理想国》中的话题安排。此处对施特劳斯复杂论辩的揭示将帮助洞见柏拉图放在《理想国》中心的议题,柏拉图式政治哲学不可摈弃的元素。为了随后几页行文清晰,我在开头陈述施特劳斯论辩的结论:正义城邦因其违反自然而不可能;哲人的统治极端难能,但唯有一种方式使之可能,即说服人们相信不可能的正义城邦是可能的。这确定了柏拉图式政治哲学:通过使不可能的正义城邦显得可能,来成功建立哲学的统治。

《理想国》的"新开端"出现在第五卷的开头,在一个重复场景中,苏格拉底"服从"(115)同伴们的决定,即"强迫他接手涉及妇女儿童的共产主义这个主题"(116)。苏格拉底引出这样两个疑问:"(1)那种共产主义可能吗?(2)它可取吗?"陈述了苏格拉底的解释之后,施特劳斯说,"我们失望地看到,虽然苏格拉底接手了涉及妇女儿童的共产主义是否可能的疑问,但他立即又搁置了(466d6起)"(117)。我们的失望关乎主要议题:因为"存疑的制度对于好城邦必不可少,苏格拉底由此让关于正义城邦的可能性疑问处于悬而未决中"。但"苏格拉底获准逃避回答正义城邦可能性疑问这一可怕责任的时间不长"(118)。施特劳斯先是说格劳孔迫使苏格拉底回到这一疑问,但他随后修正了自己的说法:苏格拉底"迫使格劳孔来迫使自己回到这一根本疑问"。并且他转换了疑问:关于"好城邦在与人之自然一致的意义上是否可能"的疑问,变成了关于"好城邦是否可能通过改造现实城邦而生成"的疑问。

在此,点出苏格拉底说他们正在寻求一个"正义本身"的"模型"之后,施特劳斯跳过居间的一些点,以便详论苏格拉底对于作为一个"形式"或一个"理念"的模型的观点,苏格拉底向犹疑的格劳孔引入该观点旨在为他所引入的哲人王辩护。解释理念之后,施特劳斯回到他原来的地方:"我们现在必须回到正义城邦的可能性疑问"(121)。我们回来时知道,正义城邦不可能是一个"理念"(idea)或一个"观念"(ideal），但"它的状况"类似苏格拉底最初示意的，"仅仅借助画家之笔的完美美人的状况"。正义城邦仅仅［150］凭借苏格拉底的言说"是"。但结果是，

> 甚至作为一个模型的正义城邦也无法如它曾经的蓝图那样生成；现实中的而非仅仅言说中的城邦只能期望趋近于它。

施特劳斯把苏格拉底的断言——正义城邦不能如蓝图那样生成——解释为"暂时的"（122）：该断言预备了他另一个断言，即通过现实城邦的可行变化，有可能生成正义城邦，尽管"非常难能"。那一可行的变化就是"政治权力和哲学的'重合'"。施特劳斯处理了这一重大表述的全部细节。当然他说到"哲人必须作为王者统治，或王者必须真正地和充分地哲思"，但他关注苏格拉底所声称的，"重合将带来""'恶的停止'，即私人和公共的幸福"。需要相信这一可能性：

> 这肯定可能，但凡完全献身城邦的正义皆因其本身而值得选择；要满足这一条件，城邦必须是圆满的好，足以带来"人类种族"的幸福。

我们由此看到"苏格拉底引入哲学作为《理想国》的一个主题"，以回答好城邦何以可能的疑问（122）；引入哲人的统治仅仅是"实现正义的手段"。施特劳斯点出，关于正义城邦可能性的疑问起自珀勒马科斯在第五卷开头的举动，并且作为"珀勒马科斯举动的长远后果，苏格拉底成功地把关于正义城邦可能性的疑问转换为关于哲学和政治权力之间重合的可能性的疑问"（123）。此处，组织起这些篇幅的两个可能性出现在单独一个句子里。施特劳斯首先触碰第二个可能性，即哲人的统治："这种应该可能的重合起初非常难以置信。"然后他把阿德曼托斯的疑虑推进到"所有人都能看到"："哲人在政治上无用，即便不是甚至有害"。如果要哲人的统治变得可能，城邦就必须"变得愿意被哲人统治，且哲人必须变得愿意统治城邦"。在他讨论的结尾，施特劳斯立即说出他所考虑过的判断的结论：

这一哲学和政治权力的重合，非常难以达成，非常难能，但并非不可能。

正是"在这一语境里"——应对代表着"所有人都能看到"的东西的阿德曼托斯——苏格拉底说，"他和忒拉绪马科斯刚成为朋友，之前也并非敌人"。这一友谊意味着忒拉绪马科斯把他说服公众的权力服务于苏格拉底的目的，哲学统治。施特劳斯结束这一长[151]段落时明确地说，"大众将必须由忒拉绪马科斯来劝说，而曾经倾听苏格拉底的他将会成功"(124)。

但苏格拉底接着在一个短段落里问，为什么会是这样？为什么不是"年长哲人""带来哲人的统治和随之而来他们城邦的拯救和幸福"？施特劳斯从谈话的这部分得出判断说，"似乎说服大众接受哲人统治要易于说服哲人去统治大众"。这意味着"哲人不可能被说服，他们只能被强迫去统治城邦"。施特劳斯的推理如下：

> 只有非哲人才能强迫哲人来照料城邦。但是，鉴于针对哲人的偏见，如果哲人不首先说服非哲人来强迫哲人统治他们，则这种强迫遥遥无期，而鉴于哲人不愿去统治，则这一说服也遥遥无期。

他结束段落时说："于是我们得出结论，正义城邦不可能，因为哲人不愿统治。"但我们是通过一种其前提穷尽各种可能性的有效论辩得出这一结论的吗？不。哲人可被非哲人之外的某些东西强迫——他可能像苏格拉底那样，被他所知道的强迫自己去统治的东西强迫。或者，潜在哲人可以从《理想国》里苏格拉底的论辩学到施特劳斯现在展开的论辩，因为他的下一段始于询问"哲人们为什么不愿统治"。

回答这一疑问的段落一开始描绘了前苏格拉底哲人对知识的爱欲导致他们"无暇垂顾人类事务"(125)。因为他们相信，

> 他们已经稳固地安居在"蒙福之岛"，远离他们的城邦——只有强迫才可能促使他们参与正义城邦里的公共生活。

这段给出了施特劳斯所述的苏格拉底的洞穴之喻,该比喻解释了苏格拉底的前苏格拉底开端:苏格拉底用洞穴之喻来引入他所主张的哲学重大革新。施特劳斯重述了这一非常有名的比喻,但他设法略去了其效果中最突出的特征,即使该特征恰恰是他在此关切的议题,那就是:什么强迫哲人去统治?他略去了苏格拉底放进去的、言说中的城邦对那些受哲学教育者的直接致辞中的醒目命令——"你们必须下[152]行"。苏格拉底下了命令,并且他的命令重复了他在《理想国》开头的宣告:"我下行。"施特劳斯用洞穴故事解释了为什么哲人不愿统治,但略去了这里发出的命令:对哲人统治的强迫最初源自苏格拉底的自我强迫。施特劳斯通过省略指出,凭着苏格拉底,哲学通过改造现实城邦而开始了它朝向统治的历史性努力。

洞穴故事帮助说明了,哲人统治因城邦所憩息其中的"编造的或习俗的意见"而遭遇抵制。甚至"最好的非哲人,好公民",他们也最强烈地反对哲学,因为他们最强烈地执着于城邦的信条。施特劳斯撤回了他之前的判断:"大众不像我们在这一论辩前面部分乐观设想的那样可被哲人说服。"原因很清楚:"哲学和城邦彼此趋向相反的方向。"施特劳斯这一段最后的话说出了"哲学与政治权力的重合为什么极端难能的真正原因"——也就是说,有可能,因为这样的人而有可能,他已经理解了好人和智慧之人有着自然的分歧。但他看到好人,良家子弟们,发现他们对城邦信条的执着正在松弛。①

苏格拉底的洞穴之喻被施特劳斯用来表明哲人的统治如何变得可能。对于为什么哲学和城邦有分歧的真正原因的理解,使苏格拉底理

---

① 关于那一理解,或关于哲人统治的可能性的全部故事,必须包括苏格拉底理解为什么哲学和城邦有分歧的真正原因所凭借的方式:苏格拉底询问和回答了"什么是德性"的疑问,由此理解了德性在城邦中的角色和哲人的歧异德性。"什么是德性"这一疑问,引向为了何种德性的缘故而采取行动的洞见,引向对于善所拥的权力的洞见,而那一关于善的知识,引向对于终止邪恶的观念所拥权力的洞见。关于善恶的知识,关于神禁止什么的知识,铺就了统治之路。

解了为什么哲人的统治更可取,以及如何和何时是可能的。施特劳斯用来开启下一段的头一句把"苏格拉底"和"转向"放在一起,这能是偶然的吗?施特劳斯在此关切的是,哲学从怀着对人类事物的蔑视所践行的前苏格拉底哲学,转向苏格拉底所践行的、非常小心的对人类事物的参与,这一转向始于苏格拉底转向逻各斯以便解释因由。"克服城邦和哲人之间自然的紧张,这一难题引发了苏格拉底的转向",从理论问题——"正义城邦……在符合人之自然的意义上[153]'可能吗'?"——转向实践问题:"在通过改造现实城邦来呈现的意义上'可能吗'?"。施特劳斯段落的其余部分探讨对于哲人统治而言的《理想国》的最后条件——"把超过十岁的人驱逐出城邦"(126)。这一"解决""让人怀疑"它如何可能,施特劳斯给出了答案:通过一种隐然的驱逐,因为苏格拉底"可能已经说服了许多优秀的年轻人,以及不少年长的人"去相信这一建筑在言说里,"因而会做到正义"的城邦之可能性,苏格拉底所说服的对话者有别于其他所有十岁以上的人的观点。

两个总结性段落结束了施特劳斯关于两个可能性的讨论——关于正义城邦和关于哲人统治。第一个段落表明"正义城邦是……不可能的",因为它以三种方式"反自然":不可能"终止恶",修辞学并不"拥有归给它的权力","两性平等和绝对的共产主义违反自然"(127)。但是想象终止恶并不违反人的自然;想象终止恶的方式实际上似乎恰恰属于人的自然。苏格拉底在《理想国》里的修辞学在辅佐诗中达到极点,即一个终止恶的道德故事,它讲的是正义的诸神在未来生活中赏善罚恶。

第二个总结性段落表明,哲学,并且唯有哲人,"能够真正正义",因为只有在他这里,灵魂中论证的部分才运转良好;这部分对灵魂其他部分的统治使他智慧、正义、勇敢和节制。于是可以说,"正义和幸福只在哲学里重合"。一方面,这意味着哲人是"自足的、真正自由的,或他的生活很少致力服务其他个体,就像城邦的生活很少致力服务其他城邦"。另一方面,"好城邦里的哲人的正义,也是在他服务作为人和公民的同胞、服务城邦的意义上"(127 – 128)。施特劳斯详述了这一服务,表明从事这一服务不是基于推动哲人去寻求真相的"自然倾向"或"爱欲",而是"受到强迫"。难道这没有危及他的"真正自由",他的不致力服务其他个体吗？考虑到此处的话题,服务他的同胞在此只可能意指一件事:哲人的统治。是什么强迫哲人从事那一服务？只能是这么一种强迫:"本来多此一举但却不得不说,强迫始终是强迫,即使是自我强迫。"为了解释为什么哲人会强迫自己屈尊去统治,施特劳斯再次引入"更大意义上的正义,它存在于给每个人对他灵魂[154]好的东西"。他区别了两种出自哲人的亲人类。第一种,"给予对于给予者有着内在的吸引力":哲人给予的是使"潜在哲人"踏上哲学之路所必需的东西。第二种,给予"仅仅是一种义务或强迫","我下行"的自我强迫,以便在一个紧要时刻言说《理想国》。如果第一种"因其自身而值得选择,全然不顾后果",第二种则"仅仅是必需,且在可以想象的最高事例上等同于哲人的统治"。

正义城邦无可能,哲人统治有可能。施特劳斯在他的对子里迈出最后一步,即结合两者:苏格拉底在第八卷对诸较次城邦的讨论,"要求维持关于正义城邦可能性的谎言"(129)。认识到正义城邦不可能,随之而来的必然是认识到,"《理想国》未曾放弃这个谎言,即正义城邦作为一种人类社会——有可能"。原因很清楚:为了保持精神振作——怒气和义愤对于城邦必不可少——必须支持正义城邦有可能这一信念。施特劳斯这个现实主义者严肃对待"乌托邦":支持"非凡的精神",需要"相信有可能终止恶"。苏格拉底营造这一谎言、这一功能性乌托邦的方式是讲述神话,让缪斯表现得好像正义城邦一度真实存在于开端,存在于堕入当前各种低级政体之前,以暗示正义城邦有可能。这一步的成功——灌输关于正义城邦可能性的谎言——使极端难能的哲人统治变得现实。凭着这一步,柏拉图式政治哲学以其原初和典范的形式巍然屹立。哲人通过成功创建可信的乌托邦谎言来统治。相信不可能的终止恶,变成了改善恶的手段,特别是对于一种恶,即优秀的非哲人与哲人的分歧,好人和智慧之人的分歧。所有随后的柏拉图式政治哲学都遵循苏格拉底开辟的路径;都领会苏格拉底的"你们必须下行"这一命令的真相。

施特劳斯表明,柏拉图如何表明了哲人有可能通过教导关于不可能的正义城邦的新梦幻来统治。施特劳斯由此表明在柏拉图式政治哲学中,什么是永恒的:在紧要时刻为哲学而行动,提供新的辅佐诗,以便针对恶,充满意义地去建构世界。施特劳斯对柏拉图神学政治计划的解释,就像他对色诺芬目的论神学的解释一样,导致他本人所说的古代哲学与现代哲学之间的分界线,在哲学的终极抱负和自我强迫中消失不见了。始于苏格拉底的古代哲人着力提供有利哲学的辅佐诗:他们从事逐渐有着世界历史规模的"计划"。中世纪的柏拉图式政治哲人,像哈列维,把他们时代的精神处境理解为服从一尊普遍神(人人知其是唯一神)之各个代理人的信众联合体,他支持作为道德法律最强维护者的这尊神,同时设法为那个既有的"柏拉图式"体系里的哲学提供隐匿之所。早期现代的柏拉图式政治哲人,把他们时代的精神处境理解为一场危机,即黑暗王国威胁到了哲学本身;他们建构了新的正义之城,它相隔长路但却值得通过立足世界——可以理解自然运作的新自然科学所告知的世界——的努力而趋近。最终是尼采,我将在本书最后部分来论述他,他把我们时代的精神处境理解为柏拉图主义崩溃所带来的虚无主义危机,他像柏拉图式政治哲人那样以一项神学政治规划作出回应,该规划是适合这个时代的近似的真相。

施特劳斯的复原工作,他所提供的通向理解显白写作及其必要性和技巧的钥匙,使柏拉图的读者能够揭示哲人苏格拉底在世界转折处的计划。那一标志性事件,即苏格拉底的神学政治革新,给直到尼采之前的西方文明留下了印记。但从另一个方向看,即带着对苏格拉底革新的理解回看苏格拉底之前,就能看到——他非常清楚,并且柏拉图也处处指出——他有一个首要的前辈,即希腊人——他们的诸神已然垂死——的导师荷马。

第六章

将哲学史回溯到荷马：伯纳德特眼中的《奥德赛》

有朝一日，我的信念会被证实，荷马开启所有，从荷马到18世纪末有一个持续的传统。

——施特劳斯致伯纳德特，1957年11月15日

[156]读者们在施特劳斯的鼓励下，已经生产出无数对西方传统之古典作品的翻译和解读，这对复原西方传统贡献巨大。其中伯纳德特脱颖而出，非常值得读，虽然非常难。他聚焦于柏拉图，但他或许最可进入但绝不容易的书，是《弓与琴：对〈奥德赛〉的柏拉图式解读》(*The Bow and the Lyre: A Platonic Reading of the* Odyssey)。我以伯纳德特的书来结束"苏格拉底式启蒙"是因为，它证实了施特劳斯的信念——荷马开启所有。伯纳德特把荷马当作施特劳斯所复原的显白艺术的大师来阅读，他发现荷马，我们传统中的首位已知作家，是此传统的首位哲人和政治哲人。

当最初在希腊作品中发现显白风格时，施特劳斯告诉克莱因，"柏拉图在《泰阿泰德》中关于过去时代的诗人所说的话，即他们藏哲学于诗，确实可以得到证实，赫西俄德就是一例"。给出赫西俄德那里的证据之后，他补充说，"我相信，在荷马那里并无不同"。在那些信里，他没有再说荷马，荷马在他后来作品中也未占据突出位置。然而，一个重要位置的一则评论尽显本质。在为他和克罗波西（Cropsey）所编《政治哲学史》而写的导论中，施特劳斯从政治哲学在哲学中的起源开始谈，他说

> [157]哲学的首要主题……是"自然"。什么是自然？著作流传至今的首个希腊人,荷马,只有一次提及"自然";对"自然"的这一首次提及,给了我们非常重要的提示,涉及希腊哲人们的"自然"理解。(《政治哲学史》,2)

他接着援引了《奥德赛》卷十中的事件(伯纳德特对此事件的处理将是我这章的主题之一),赫耳墨斯(Hermes)将药草 moly[莫莉草]的自然揭示给奥德修斯。施特劳斯对荷马的援引结束于这样一句话:"有死之人难采掘,但诸神却能做到一切。"施特劳斯得出结论,诸神能做到一切,不是因为他们知道一切,他们不知道,而是因为他们

> 知道各个事物的自然……"自然"在此意味着一个或一种事物的性质,一个或一种事物显现和生效的方式,而这个或这种事物被认为不是由神或人所制作。

施特劳斯的最后评论紧贴荷马的字面:"我们所知首个谈到自然的人是多谋的奥德修斯,他看到过许多人们的城邦,因而知道不同城邦、不同部落的人们的思想,有多么不同"(《政治哲学史》,3)。荷马的奥德修斯最先知道人之自然,并且根据那一知识而行动。施特劳斯为开启他的政治哲学史而暗示的首个哲人和政治哲人,是多谋的奥德修斯,因为此人知道只有诸神知道的东西,取得了赋予诸神权力的知识。

谈及他跟施特劳斯一起做研究的经验,伯纳德特说施特劳斯的能力是,即使他对一本书不是特别了解,也"对整个论辩有爆破式的洞见":

> 他对《奥德赛》中 physis[自然]片段(10.303)的了悟就是如此,那并非依靠对整个作品的解读。[他就是知道]这个是重中之重。①

---

① 伯纳德特,《相遇与反思》(*Encounter and Reflections*),42-43。

伯纳德特对荷马投入颇多关注,他就《伊利亚特》写了学位论文,发表了一些文章。《弓与琴》写于1994年,是他一生关注荷马的成果。他在前言里描述说,他不能以从柏拉图那里获知的方式从荷马和悲剧诗人那里获知。对于他的这一失败,这些更古的作家"没有过失":是我们失去了阅读他们的知识。伯纳德特说,柏拉图关于"诗与哲学之间的古代争论"的著名评论对他施了咒,阻止他好奇于是否柏拉图本人曾经从诗人获知。然后,他简短叙述柏拉图本人如何引导他逐渐提出这一疑问,从而使他得以复原[158]失落的、阅读荷马和其他智慧诗人的艺术——智慧诗人是伯纳德特的繁琐说法,因为他区分诗人跟押韵手。①

将近前言结尾处,伯纳德特讲了他发现柏拉图《斐德若》所表达的一个观点:"向诸存在的攀升,总是歧出地经过奥林匹斯诸神之虚构。"并且他询问诗人,奥林匹斯诸神的诗化者,是否理解他们自己的行为或制作。如果他们理解,那么他们将不仅仅是哲学的前导,还将进入哲学本身,进入关于诸存在的知识。就此议题,仅此一次,伯纳德特在书中提及"我的导师,晚年的列奥·施特劳斯":施特劳斯"经常对我谈及这一可能性,但当时我不知道他的真正意指,现在我也不知道我自认为现在理解的东西是不是他真正意指的东西"。伯纳德特论《奥德赛》的书,呈现了他关于诗与哲学之间古代争吵的成熟观点,他思考这一议题的动力来自施特劳斯。他的书所呈现的观点是,柏拉图从诗人那里复原了"一种思想方法,它不是通向哲学,而就是哲学"。因此当他说,基于这一观点,"诗人柏拉图与哲人柏拉图之间的表面紧张将会消失"时,他暗示了荷马同样如此:《奥德赛》的诗人荷马与哲人荷马合一。

我挑出伯纳德特书中的两个部分,"自然"和"哈得斯",理由明显:

---

① 见伯纳德特,《弓与琴》,页153,注释2。后面的引文将在圆括号里标明其所在页。

它们先后处理哲学和政治哲学,其方式展示了两者之间的和谐关系,如果在最宽泛的意义上理解诗:造神。挑出两个部分,把它们从伯纳德特连贯的叙述中抽出来,代价高昂:它们处理的情节内在于两种紧密交织的荷马叙述,一种是奥德修斯关于他自己的奥德赛故事,讲给智慧的阿尔基诺奥斯(Alcinous),一种是荷马的故事,他说这故事听自缪斯。这两种更广的叙述包含我所讨论的两个部分,它们对于如荷马所述的奥德修斯的整个历险来说很根本。我挑出这两个部分是因为,它们表明在荷马那里,哲学和政治哲学也有着连续意味的相关性:根本洞见带来普泛行动。

伯纳德特这本杰作的最后两句总是让我深思:

> 奥德修斯自由地服从他的命运,开始他的第二次旅行。他现在应该知道,他的命运是树立信仰而非知识。

伯纳德特整本书的论辩凝练为这[159]两句,因为他的论辩重演了一次生成(becoming)。"最智慧的人"(《理想国》390a)变得真正智慧,只因他理解了在特洛亚所赢得的战争的意义,这场道德战争和它的勇士们的意义。追随缪斯为呈现奥德修斯之复杂历险而采取的方式的复杂线索,伯纳德特揭示了这一借以进入哲学和政治哲学的诸阶段。

"自然"

"强大的必然逼迫着我。"奥德修斯边说边前往基尔克(Circe)的住所,这次前往导致伯纳德特所说的一次"启示","从内部外部的方方面面来看……都是《奥德赛》的巅峰"(84)。作为赫耳墨斯赠礼的这一启示即"事物有其自然",矗立为巅峰,哲学凭此不可或缺的洞见而获得其真正根据。但导致这一启示的强大必然是什么?这牵涉许多预备步骤,包括奥德修斯正在为费埃克斯人(Phaeacians)智慧的国王——阿尔基诺奥斯——所描述的九阶段历险中已经述及的所有四个情节。但强大必然的直接触发，是奥德修斯认识到他"对责任的疏忽或放弃"，即他前所未有的退出指挥，造成莱斯特律戈涅斯（Laestrygonian）灾难：他放弃指挥，任凭他12艘船中的11艘驶入莱斯特律戈涅斯人的港口，而他因"谨慎的特质"，把自己的船驶离港口，让自己和他的船员有机会逃走。为什么奥德修斯退出指挥，并以这种消极方式毁灭了他的超过90%的部下？之前的情节，艾奥洛斯（Aeolus）和他的风之礼物，解释了原因。这三个情节，艾奥洛斯、莱斯特律戈涅斯人和基尔克，被伯纳德特合放在"自然"这个标题下：在基尔克情节中出现对自然的发现，是因为艾奥洛斯和莱斯特律戈涅斯两事件对奥德修斯的作用。①

[160]艾奥洛斯，诸风的总管，给了奥德修斯一个袋子，里面缝住了除和风（Zephyr）之外的所有风，使他有望顺利返回伊塔卡。奥德修斯认为在返乡航行中只能相信自己，于是九天九夜不眠地掌舵。第十天，伊塔卡已然在望，近到可见人烟，但他却被睡眠击倒了。由于奥德修斯入睡，他的船员打开了风袋，不乏道理地怀疑里面有艾奥洛斯赠给奥德修斯但他却不与大家分享的财宝；放出的风把他们吹离了伊塔卡。伯纳德特讲述了奥德修斯对船员谈话的重构，"奥德修斯理解他们的

---

① 无人曾经造访一个实存的基尔克的岛或艾奥洛斯的岛，或其他奥德修斯为向智慧的阿尔基诺奥斯传达他朝着哲学和政治哲学的奥德赛之旅而发明的想象地点。但是感谢 Robert Bittlestone 充满灵感和令人着迷的劳作，还有辅助他的剑桥大学语文学者 James Diggle 和爱丁堡大学地质学者 John Underhill 的专业贡献，我们现在可以明确地造访奥德修斯的实存的伊塔卡（Ithaca），这是古代以来的首次。地点并非现在称为伊塔卡的西爱奥尼亚岛屿，而是凯法洛尼亚（Cephalonia）附近的一个西北半岛，先前跟凯法洛尼亚岛本身隔着一道海峡。我们现在可以再次从福耳库斯湾（Phorkys Bay）的沙滩海岸上行到欧迈俄斯（Eumaeus）的牧猪场，然后上行到指挥高台，那里曾经矗立着奥德修斯的宅邸，可叹西方哲学、西方文明的源头就是从这些山峦港口获得其动力的。见 Bittlestone, *Odysseus Unbound* 和 www.odysseus-unbound.org。

怨愤,他说这是因为他们虽然跟他一样完成旅程,回家时却两手空空"(80-81)——这是对奥德修斯之旅的一种误解很深的观点,即使是一种容易理解的观点。伯纳德特关注奥德修斯讲述的当他醒来发现远离伊塔卡时的想法:绝望中他考虑自杀。但奥德修斯没有弃船跳海,而是"默默忍受:他放弃控制他的船和人。他不再问事……听凭事情发展。他变得漠然"(81)。他选择"隐退"。

吹回艾奥洛斯的岛之后,奥德修斯听到艾奥洛斯诅咒他是"不朽者们敌意的对象"(82),伯纳德特评论说,奥德修斯似乎也推论出,"除非他自己是完美的,或他博得船员们的完全信任,否则他无以继续存在"。艾奥洛斯的诅咒造成奥德修斯的"决定性变化",因为他现在知道,他"孑然一身,无望得到神助"。伯纳德特的用词凸显了这一变化的异常重要:"这一转向完全的自恃显现为他的人必须连续划桨六天。"转向划桨让伯纳德特想到"'再次起航'这一谚语,它用于那些不能利用可能最好的手段,而必须满足于无论何种可用手段的人们"。这一转向,这一再次起航,意味着"可行取代了观念"。伯纳德特用了柏拉图《斐多》中苏格拉底的著名说法(99d)而没有提到苏格拉底,但他的前言谈及"苏格拉底的'再次起航'"是苏格拉底"自己的说法,指称他自己思想中的转向,即他放弃直接触碰宇宙论,转向言辞而非存在(xii)。伯纳德特邀请读者思考他正在描述的《奥德赛》中的事件,它们是苏格拉底转向的荷马版本,该转向也把荷马引向对自然的发现。

[161] 说出"可行取代了观念"之后,伯纳德特接着描述这一取代所造成的先后两个变化。首先,它"改变了奥德修斯叙述的性质"(82):奥德修斯对莱斯特律戈涅斯情节的叙述不一样了。其次,"莱斯特律戈涅斯灾难改变了奥德修斯"(84):正是改变了的奥德修斯前往基尔克的宅邸,营救他的人,于是赫耳墨斯向他揭示莫莉草的自然。叙述的变化和奥德修斯的变化表明,放弃观念的方式之后,可行的新方式是通向哲学的方式。

伯纳德特转述了奥德修斯的措辞有所变化的叙述:

> 奥德修斯只字不提[莱斯特律戈涅斯人的]不义或邪恶。他甚至没有祈祷他们的毁灭。他的讲述是中立的,恰如荷马对战争屠杀的描述。(82 - 83)①

奥德修斯的中立叙述,"剥去了……任何对诸神的提及"(83)。中立描述使我们得以从莱斯特律戈涅斯人的视角来看他们的行动:11艘外来战船驶入他们的港口,看起来像一支入侵的军队,于是他们起而防卫自己。中立性给予奥德修斯不同的视角:弃掉他的部下,把他自己的船系在港口外,甚至没有警告他们像他一样小心——这是否意味着奥德修斯的"中立风格"出于"对部下的怨愤。以及相应的,对他们'受罚'的满足"?②考虑到他与这些人的关系,伯纳德特说,难以想象,奥德修斯"对责任的疏忽或放弃可以在家乡得到辩护——如果有人设法活了下来的话"。最后,中立性或许反映一个事实,"奥德修斯为自己解决了一个潜在的严重问题,他本人在重述船员言论时注意到的问题";他说出了他们对他的怨愤,"虽然他们跟他一样完成旅程,回家时却两手空空"(81)。他们表现出的"严重问题"是,即使不能理解奥德修斯所理解的一切,"他们的经验仍使他们智慧些了";对他们的父权统治不再可能。留待[162]奥德修斯的

---

① 伯纳德特为强调叙述的变化,反复援引奥德修斯之前对波吕斐摩斯(Polyphemus)情节的叙述。为表明荷马的中立性,他引证了《伊利亚特》16.404 - 410:荷马对英雄帕特罗克洛斯(Patroclus)行为的描述,用了奥德修斯描述莱斯特律戈涅斯人行为的比喻——叉鱼。

② 伯纳德特就此示意,奥德修斯的做法可能基于愤怒,他外祖父奥托吕科斯(Autolycus)给他起的名字就是这个意思,"愤怒"。如果在这个名字上再加进奥德修斯与波吕斐摩斯那段经历中他给自己起的名字,outis[无人],就很能说明问题。伯纳德特对奥德修斯名字的论述持续给人启发(3、43 - 44、76 - 79、129 - 30)。

任务,即确保特勒马科斯(Telemachus)即将执掌的伊塔卡的新政制,在数百人相信"他们跟[奥德修斯]一样完成了旅程"的情况下,将会变得无比复杂。奥德修斯知道自己对灾难的责任,因为他的叙述"实际上剥去了任何对诸神的提及",从而修正了他先前把责任归给宙斯的做法(9.551–555)。埋怨宙斯表明奥德修斯"为掩盖自己的责任"(84)而愿意采取的手段;中立地叙述莱斯特律戈涅斯的灾难表明,他知道自己的责任。

"莱斯特律戈涅斯灾难改变了奥德修斯"(84)。当伯纳德特转而讨论可行取代观念的第二个也是更重要的后果时,他点出,奥德修斯的这些变化出于被迫,是"民主式让步":他首次对他的人以朋友相待;他分了他打的雄鹿;他把他的 44 个人平均分成两组,让欧律洛科斯(Eurylochus)带领一组;他搞了一次抽签,来决定哪组去勘查那个后来知道属于基尔克的岛。然而两个额外变化是出于他的主动选择。一个是言辞方面。他首次说出一些船员的名字:欧律洛科斯、波利特斯(Polites),以及"他结束在基尔克处的停留……称呼了小人物埃尔佩诺尔(Elpenor)"。行为方面奥德修斯有何变化呢?当欧律洛科斯回来禀报所有其他人都失踪了时,"奥德修斯决定营救他们",说"强大的必然逼迫着我"。这强大的必然标志着一种头等改变:

> 这是奥德修斯首次做不涉及自己利益的事。他为"可恶的"同伴冒生命危险,并且相信留下来的人(包括不可靠的欧律洛科斯)不会抛弃他。

总是指向中心有点像是作弊,像是对作者不公,作者精心调整表达,把读者引向他为私密辅导而精心建构的东西,这些特别的财富经不起大声宣扬。但伯纳德特却直指荷马的各个中心,其中之一就是基尔克情节(他在此指了出来)。他自己对基尔克情节的论述,即对强大的必然,奥德修斯的变化,带来了什么的论述,始于他这本书的复杂中心,即"奥德修斯自己的故事"这一中心章,"自然"和"哈得斯"这两个联袂中心节的"自然"一节,以及两个联袂中心段里的第一段。①[163]两个中心段里的第二段涉及奥德修斯为部下冒生命危险的结果:"这一完全正义和大胆的行动,及其暗含的对他与他的人类同伴之共享事物的承认,立即得到了回报。"回报是诸神的一个礼物:

> 赫耳墨斯向他启示事物有其自然。从内部外部的方方面面来看,这一启示都是《奥德赛》的巅峰。

可以想象,在此中心和巅峰,措辞非常讲究;绝非偶然的是,对于理性的根本洞见,对于理性势必迈向哲学和对事物秩序的合理论述,伯纳德特选择了施特劳斯用于理性根本对手的措辞:启示。他这么做的原因很清楚。奥德修斯讲述自己的故事,是在跟卡吕普索(Calypso)这位"隐瞒者"(37)共处七年之后,这七年的经历影响了他将采取何种方式把旅途故事讲给阿尔基诺奥斯这样的人——他把他的洞见归给赫耳墨斯。荷马把他讲的故事塑造为只在这里用了一次 physis[自然]这个词。伯纳德特遵从奥德修斯,遵从荷马,遵从施特劳斯,把理性之根本和普泛的结论称为一个"启示"。伯纳德特在他关于哲学的第一个措辞中,表明了哲学与政治哲学之间的必然关联。

描述位于巅峰的实际事件之前,伯纳德特表明,无论内部外部,它

---

① 《弓与琴》共九章,中心章"奥德修斯自己的故事"有四节,"自然"和"哈得斯"是位于中心的一对儿。这两节也是 20 节中的第 10 和 11 节。有些章没有节;如果把没有节的章算作节,那么该书有 22 个单元。伯纳德特在"自然"的中心段放了一个论各个中心的尾注(127),附于"[奥德修斯]赋予他故事的形态"(85)。伯纳德特在此处理的基尔克情节是奥德修斯塑造的故事,"奥德修斯所述九个冒险"中的第五个,或者说中心情节。但在荷马"记述奥德修斯的 11 个冒险中",哈得斯是中心情节。那么伯纳德特将"哈得斯"跟"自然"联作中心就很妥当。"自然"和"哈得斯"作为伯纳德特的联袂中心,其形式上的合宜反映了实质上的合宜:"自然"和"哈得斯"分别处理本质上相关的哲学和政治哲学。

都是巅峰。伯纳德特在《奥德赛》内部发现了巅峰的两个方面。首先，涉及人类本身，

> 巅峰的到来后于一系列与人的遭遇，那些人例证了人所包含的兽性，由此揭穿了政治生活的条件。(84)

巅峰紧随着政治生活之兽性条件揭穿给一位返乡途中的思想者而出现；但巅峰本身所触及的时刻又揭穿了人的一个不同方面，它充分表达于奥德修斯所述基尔克情节之后他的遭遇："只有各种神性形式——哈得斯、塞壬（Sirens）、斯库拉（Scylla）和卡律布狄斯（Charybdis），还有太阳神的牛。"巅峰本身包含一个新的兽性："奥德修斯的部下变成猪完成了"兽性系列。神性呢？它必定呈现在[164]巅峰，且只能是——尚未遭遇基尔克——奥德修斯的救人行动。他"正义和大胆的行动，及其暗含的对他与他的人类同伴共享事物的承认"，这般体验，这般认知，似乎是那一启示的触发点：存在为人，就是存在为一个兽性/神性混合体，本质上存在为那一混合体；存在为人，就是去做人必须做的，根据他所是，根据他有着兽性/神性形式的——自然。人是其所是而非其他东西；存在为人就是出于一种自然来行动，存在为人类的一例。从这一对自然的巅峰洞见，伯纳德特回顾了荷马在《奥德赛》中讲过的涉及兽性/神性分裂的一个事件。

> 奥德修斯的叙述就这样分享了他离开卡吕普索后的海上经验。他那时首先选择了神性，然后是兽性。(84–85)

那一选择顺序内在于奥德修斯在卡吕普索那里已经做出的根本选择，"他选择家乡和有死"。荷马讲过的那一特别的神性/兽性分裂，"显得在[奥德修斯]给予他故事的形态中已经预示"。通过考虑荷马选择先行讲述但时间上靠后的一个事件，巅峰事件得到阐明。对顺序的复杂分层中，折叠着通往哲学和政治哲学的整个奥德赛的时间表。展开来看，主要事件有：对特洛亚或道德的后特洛亚理解；以基尔克情

节为巅峰的通往哲学本身的奥德赛;在相当于蒙福之岛(the Isle of the Blest)上的伴随隐瞒者(Concealer)的七年时间;选择家乡和有死,要求乘木筏还乡,或下到家乡;那一选择(要求先选神性、后选兽性)中的风暴;把整个改编过的故事实际讲述给合适的听者——这次的听众是一位智慧的国王。①

人之自然是莫莉草启示的一个方面,它使那一启示成为《奥德赛》内部的巅峰。伯纳德特给出了第二个方面。"与此同时,[奥德修斯的]故事包含'涅斯托尔'(Nestor)和'墨涅拉奥斯'(Menelaus)的版本。"这两个名字代表关于整全的两种观点,伯纳德特已经讨论过,因为荷马把他们放在故事很早的部分。《奥德赛》靠前部分,特勒马库斯旅行到皮洛斯(Pylos)和斯巴达,去询问涅斯托尔和墨涅拉奥斯关于他父亲的情况,在此巅峰,伯纳德特总结了他在这里所听到的:涅斯托尔[165]对整全的解释,试图"让一切……适于一个神性正义的模式"。墨涅拉奥斯接近"示意一种对生成的普泛理解,海伦深化了这一理解,她示意所有表象背后都有着不可思议的核心"。②

赫耳墨斯的启示是巅峰,还因为它想要理解涅斯托尔与墨涅拉奥斯和海伦想要理解的东西:整全的秩序。较之这些先前的努力,"赫耳墨斯对莫莉草之自然的显示,似乎涉及一种不同的秩序"。巅峰抵达一个的确不同的秩序,整全的秩序被合理地解释为以莫莉草为例证的诸自然的秩序。对这一秩序的启示,"让奥德修斯分享了诸神具有的知识,而无需分享诸神的存在"。伯纳德特在他中心两段的最后话语里,幽默地说出了奥德修斯的洞见:人之存在比不老和不死的神之存在更值得选择。这一点并非显而易见。伯纳德特使涅斯托尔儿子的话,

---

① 伯纳德特展示了荷马所呈现的海上风暴之后奥德修斯对神性和兽性的选择顺序(这些选择后于基础性选择,哲人奥德修斯选择家乡和有死),见高密度的页40-43,巅峰有助于解释这几页以及页51和页148的内容。

② 伯纳德特关于这两种观点的一章题为"模式和意欲",这章分为两节,"涅斯托尔"和"海伦和墨涅拉奥斯"。

"所有人都需要诸神"(17),成为涉及奥德修斯的一个持续主题。奥德修斯需要神吗?他不需要:他可以分享诸神的知识,而无需分享诸神的存在。但他也需要神:知道了政治生活的条件,以及人身上的神性和兽性之后,他将明白,选择这一神性/兽性混合体,注定了他的定命是去确立信仰而非知识。

外部呢?伯纳德特在他的下一段表明,赫耳墨斯的启示,即事物有其自然,从一种外部观点看,是《奥德赛》的巅峰。他跳到亚里士多德的《政治学》,表明其中对人之自然的论述如何包含着奥德修斯之发现的最基本元素。"迄今展开的奥德修斯冒险,仿佛意在阐明亚里士多德的说法"(85)。但奥德修斯经验中的亚里士多德元素,"并非基于亚里士多德的自然理解"。这似乎不仅意味着,这些元素的出现先于对自然的发现(是那一发现的凭借),还意味着,巅峰洞见需要一系列思想家来得出其所蕴含的充分观点。

伯纳德特再次总结奥德修斯关于莱斯特律戈涅斯人和库克洛普斯人(Cyclops)的经验,并且得出结论,"似乎通往发现自然的路"——最终通往亚里士多德的路——"其决定性的准备"是两个事件:"一方面,单凭人的努力而接触到莱斯特律戈涅斯人",这是探究者的再次起航,放弃观念而代之以可行;另一方面是"凭着奥德修斯不受强迫的选择[166]正义"。将奥德修斯推向营救之举的强大必然,再次被肯定为不可或缺:亲人类不仅属于哲学,它根本就是作为哲学发端的前提条件而出现在哲学的发端。伯纳德特不常复述,但在这里,他引入亚里士多德,从而一瞥从荷马到亚里士多德的整个古希腊的自然理解,并就达致哲学所预设的强大必然做了复述:对人之为人的爱,这是带来对自然之洞见的那种自我认识的前提条件。

证明巅峰内部外部都是巅峰之后,伯纳德特可以思考赫耳墨斯的启示了。决定性的事情是,将莫莉草理解为基尔克迷术的"解药"。它不是魔药或符咒;它的名字不带特殊效力。"赫耳墨斯用莫莉草做的,是向奥德修斯表明它的自然(*phusis*)"(86)。①"根呈黑色,花如奶液;诸神称之为莫莉草,有死之人难采掘,但诸神却能做到一切。"启示完全在于表明"诸神的权力出自关于它的自然的知识"。奥德修斯采掘到了有死之人难采掘的东西,进至知道诸神所知的东西,那一知识就是权力,起初是用来抵制迷术的权力。但知道如何抵制迷术,意味着知道如何施术。知道诸神所知的奥德修斯,接过了诸神的权力。

以知识为武装,奥德修斯不受基尔克特别迷术的侵入,该迷术"变人为猪,有猪的头、猪的声音、猪的鬃毛、猪的构造,但心智(noos)一如既往"。伯纳德特重复了他古怪的用词,build[构造]:奥德修斯的"知识,便是人的心智跟他的构造彼此相属。它们像莫莉草的根和花一样不可分"。人是心智和构造。构造是什么?它肯定是可以变形成猪属性的东西,是可败坏为似猪之兽性的人的元素,尽管心智仍是心智。如果把它延伸到奥德修斯经验到的其他兽性形式,并且柏拉图式地为其命名,那么构造肯定是嗜欲(appetite)和血气(spirit),即可以主导灵魂,迫使心智为其服务的灵魂元素。奥德修斯是少数人,他的经验使他的心智理解他的构造,即他如何被构造,因而控制了自身潜在的[167]兽性:"基尔克告诉奥德修斯,'你胸中的心智不容迷术的侵入'(10.329)。"如果他的知识赋予他的心智以支配他的构造的权力,那么也能赋予他的心智以支配所有其他人(他们虽被构造统治,却觉得是被心智统治)的构造的潜在权力。

伯纳德特反思了"就我们所知,荷马第一个达致"理解的东西(87),即关于眼睛可见事物之下的同一性(unity)的"哲学原则",据此,

---

① 赫耳墨斯是谁?当奥德修斯靠近基尔克的宅邸时,他显现为"执金杖的赫耳墨斯"(10.277-278),诸神的信使,但在给奥德修斯解药并解释它的自然时,他是"弑阿尔戈斯者(Argeïphontes)",盗贼之友(10.302)。并且赫耳墨斯曾教导奥托吕科斯,奥德修斯的外祖父,此人"在偷盗和起誓方面无人能及,只缘赫耳墨斯神亲自赐予"(《奥德赛》19.395-396)。见 N. O. Brown, *Hermes the Thief*, 8。

一个复合秩序的 kosmos[宇宙]向心智敞开;荷马"名之为'自然'"。"逻各斯发现的同一性可被探测"——它可被测度和言说——"但绝非毫不含糊"。荷马更进一步吗?是否他把这些同一性理解为因由,如"苏格拉底似乎曾经建议的"(注释134)?伯纳德特在他的注释里答道,"在荷马那里,只迈出了第一步"。他的正文同意:"不清楚是否奥德修斯把该原则扩展到超出这单个洞见,但他确实肯定了该原则"(87)。这一肯定稍后出现在哈得斯那里,并且成为奥德修斯对人之自然的理解的永久成分。在这对哈得斯的预先展望中,伯纳德特指出其关键特征之一:

> 在哈得斯,他得知,那里有男男女女的可辨识形象,但都没有心智,除了特瑞西阿斯(Teiresias)。

只有智慧之人在哈得斯那里带着心智存活,也只有他的来世不只是一个外在形象。伯纳德特点出,为逃离波吕斐摩斯,奥德修斯声明自己只是心智而非其他;然而现在,看到莫莉莩之后,他更加了解自己了。此外,在基尔克那里,他看到他的人"处在不可辨识的形式中,但心智无损"。结合这些洞见,奥德修斯得知,没有人不死,没有人把整个外形和心智带到哈得斯那里,尽管智慧者仍以不同方式继续存在且仍然教导人。所以多年以后,他不为卡吕普索让他不死和不老的提议所动,因为他知道这"无法成真"。莫莉莩的启示,即关于人之自然中兽性和神性一体的知识,让有死的奥德修斯不受基尔克和卡吕普索的迷术所惑;他不可能被变成猪,他也不可能相信他多于他所是。

那么,奥德修斯是谁?他的名字得自他外祖父,奥托吕科斯(意为"本是狼"),而伯纳德特表明,他名字的根源是愤怒,并且除了奥托吕科斯为奥德修斯命名时之外,荷马只把 odussomai 这个动词用于神的愤怒(43-44)。但奥德修斯也自我命名,称自己为 outis[无人],以便逃离波吕斐摩斯的洞穴,伯纳德特还表明,ou tis 如何意指 mê tis,因而奥德修斯给自己起的名字涉及匿名的心智(mêtis)(3, 77-79)。奥德修斯的人类心智(在他名字所描绘的双重性中认识了自己)发现了自然。

[168]通过基尔克对他部下的驯化,奥德修斯得知可以有"猪的城邦",这种对人的兽化随着他把他的统治民主化而来。通过援引柏拉图的《理想国》,伯纳德特预备了荷马描绘的通往哲学的奥德赛中的关键一步。他说,兽性主题"两次臻极,第一次是在莱斯特律戈涅斯人那里,然后是在基尔克的猪那里"。然而后者指向一个不同等级的洞见;伯纳德特言辞谨慎地说,它指向"一种人性,虽然属于人之为人,但不是开放给每个人,因为他并不必然是他所必然是,除非他知道那是他所必然是"。谁知道这个?仅奥德修斯,且仅在他看到充分驯化之人的兽性之后。仅他——且仅那时——进至知道只有人才可能知道自己是谁。民主"指向"哲学;关于人必然是什么的所有变体,都能在民主制的自由和许可中繁盛,不止于此,民主制的驯化推到极限,才有可能造成最罕见的变体,该变体进至知道人必然是什么。迈向哲学的一步是,哲人得知他的不同,和他不同之中的同。

知情者奥德修斯独一无二:"若没有相关知识[关于人必然是什么],他就可被施术,从而服从完美统治。"这是否意味着,有相关知识,就可以复制基尔克的迷术,完美地施行统治?这一疑问把我们更深地带入《理想国》,带入其中心,在那里,苏格拉底宣布完美统治的前提条件是哲人成为王者,或王者成为哲人。指出这是奥德修斯——成为哲人的王者——所思所想之后,伯纳德特问道:行与知之间,正义与知识之间的这一关联有多"紧密"?是否它跟"无知和兽性"之间的关联一样紧密,是一种相互牵连的紧密?伯纳德特答道,"洞见或许隐含在行动里",奥德修斯营救部下的举动或许隐含着莫莉草的启示,"但该行动并非由洞见引导"(88)——如奥德修斯所述,洞见在行动之后。所以下个问题肯定是:"是否奥德修斯所承认的他被迫营救部下的必然,其实就是关于样貌和心智必然共在的知识?"① 那一朝向行动的强大必

---

① 这句里的"样貌"(looks)等同于更常用的"人类外形"(human shape)(例如87,92)。

第六章 将哲学史回溯到荷马：伯纳德特眼中的《奥德赛》 195

然,是那一已有的知识吗？是否正义和知识如此紧密关联,以至于在最高巅峰它们是一回事？如果是,那么伯纳德特所描述的知识,即样貌和心智的必然共在,以及导致这一知识的行动,就是被诗人两分的一个事件。巅峰(它的[169]强大必然,它的莫莉草的启示)就将是"诗性辩证法之计谋"(xiii)的一个例证。正义和知识之间的关联就将紧密到知情者奥德修斯必须营救他的部下。如果确实如此,则哲人必须统治,俯身去统治。

下一段接受了这一关联,并且指出行动和知识如何共在。伯纳德特言辞谨慎地说：

> 如果说人不可能非政治地生活,他就必须同这样的人一起生活：如果他们不知道什么构成人,那他们肯定有一版关于什么构成人的知识,这个版本无论可能反映多少人之自然,也不会保护人之自然。(88)

奥德修斯在心智方面孤身一人,但作为人,他不可能非政治地生活；得知什么构成人,以及必须跟那些不知道的人共同生活之后,他知道必须给他们提供他这知识的某种版本,该版本反映此知识,但没有简单揭穿此知识的有害真相。奥德修斯营救部下的正义之举,包含着对他自己的正义；他对他人的行动也是一项利己的行动,是智慧之人的自我保存,即通过教导关于他的知识的某种版本,使他能够政治地生活。奥德修斯营救他的部下,以便通过一个教导来统治他们,那一教导促成了服务于他的知识的统治。伯纳德特表述了那一统治中不可或缺的元素：

> 荷马指出,关于那一知识的一个非常有力的版本,汇总于一个词,"哈得斯"。

"哈得斯"是伯纳德特书里的下一节,即该书中心的后半部分,前半部分是"自然"。但在这里,伯纳德特把哈得斯提前了,打破次序是为了解释，作为一个知识版本的教导，哈得斯如何与自然关联；奥德修斯的教导将是奥德修斯知识的一个版本。

"哈得斯"以特别的方式切分肉体和灵魂：灵魂保留肉体的样貌，心智却完全消失。

这一切分指出哈得斯的不真实，但伯纳德特在此的要点是指出哈得斯的教导功能。首先，"哈得斯将人区别于其他一切。人去往哈得斯，所有其他动物只是死掉"。哈得斯让人相信，有个关键差异让人高于所有其他动物。其次，"人的这一差异性，无论是否夸大，给人强加了一些限制"，伯纳德特提到吃人的禁忌。对哈得斯的信仰既提升人，也指导人的行为。奥德修斯因他的知识，被迫为他必须与之共同生活却绝不可能成为知情者的那些人采取行动，他的行动就是通过信仰提升并约束那些人。

哈得斯是对人的消极规定，就此而言，它也是奥德修斯关于人之自然的知识的合法对应物。

奥德修斯知情并出于知识而行动；他将教导他与之共同生活的那些人信仰哈得斯，然后出于信仰强加的[170]限制而行动，即合乎法律地行动。哈得斯的不可见，"似乎取代了人之自然中不可见的约束"，奥德修斯知道的约束。"因此，哈得斯并非关于那一约束的知识之推论。"它并非知识所含的知识，而是一个知识的诗性版本，适合以埃尔佩诺尔（Elpenor）为首的信仰者们。埃尔佩诺尔，即希望，表明他多么需要哈得斯，而奥德修斯多么不需要：他"不得不提醒奥德修斯埋葬自己，并以惩罚相威胁，如果他不去埋葬的话"。

伯纳德特下一段的开头断言，"奥德修斯关于自然的知识没有超出关于普遍的人的知识"（88）。它没有延伸到关于男性特征和女性特征的知识，比如关于基尔克的知识，正如伯纳德特在下一段表明的：奥德修斯的知识不能帮他防范一种可能,即如果他与基尔克同眠,他或许不再男人(anênôr)。人类(anthrôpos)的知性 eidos[样态]跟男(anêr)女(gunê)可见种类(样态)之间,似乎含有差异。

存在男人气质和女人气质的知性 eidê[样态]吗?伯纳德特止步于一个大问题的边缘。基尔克是一尊女性神。她会把她的女人气质服务于她的男性心智,从而对奥德修斯做出伊斯霍玛霍斯妻子对伊斯霍玛霍斯所做的事吗?关于这样的男人气质和女人气质,奥德修斯知道什么?荷马知道什么?伯纳德特留意到,"如果奥德修斯是裸体的,他就无法防范基尔克,除非她先发誓不另想办法伤害他"。伯纳德特示意,裸体或许兼指"没有衣服和没有武装"。奥德修斯需要武装吗?不需要,如果基尔克是对的——"基尔克把性爱理解为卸下相互不信的方式。"但奥德修斯不信她:他"被告知,她对他仍有优势"。什么优势?伯纳德特没有追踪女性可能固有的优势,而留意男性的弱点:

> 男人有某种抵制的能力,灵魂的力量或无论我们称之为什么,它可能丧失或缩减,与知识无关。

面对女人时,男人有什么可能丧失或缩减,而非如基尔克或许示意的补充或增加?"就男人来说,可以认为与性相伴的,似乎不止包括羞耻和虚弱。"但伯纳德特没有试图辨认那可丧失的更多东西,他结束于把基尔克拿来作比较:"作为女神和太阳神之女,基尔克没什么东西可供丧失和隐藏。"面对男人气质的女人气质真的如此吗——她能冒险对男性完全透明?伯纳德特可以利用《奥德赛》的许多资源,《奥德赛》神化了那么多女性,特别是智慧和好战的雅典娜(Athena),但他止步于男人气质和女人气质这一问题的边缘,他放过了这个议题。是否他告白了施特劳斯在他[171]论尼采的文章里所告白的:"我未进入"神化阿里阿德涅(Ariadne)的尼采"神学"的这个成分?①

《弓与琴》将荷马的奥德修斯所达致的关于自然的知识,限制在"关于普遍的人的知识"(88)。②但伯纳德特1984年对柏拉图《泰阿泰德》的疏解表明,荷马本人声明拥有一种关于自然整体的知识。《泰阿泰德》里,苏格拉底说荷马这员大将带领着构成希腊智慧传统的一支大军(《泰阿泰德》153a),这种智慧认为,"所有事物……都形成于移动、运动和相互混合;无物永在,(一切)总是生成"(152d)。苏格拉底在那里接着说,

> 前后所有智慧者,除了帕默尼德,汇聚于此,普罗塔戈拉、赫拉克利特、恩培多克勒(Empedocles),以及两种诗的顶尖诗人,喜剧的厄庇卡尔谟(Epicharmus),悲剧的荷马。荷马有诗行,"大洋(Ocean)和母亲忒提斯(Mother Tethys),诸神的生成",说一切都是流变和运动的产物。③

伯纳德特对《泰阿泰德》的疏解揭示出,苏格拉底参透了荷马开创的显白风格,他这么描述:

> 荷马遮掩的言辞,"俄刻阿努斯(Oceanus)和母亲忒提斯(Tethys)两者,诸神的生成"……在苏格拉底看来意味着,所有事物都

---

① 见后面页293-300[原书页码]。伯纳德特此刻的脚注承认奥德修斯的非男人性(unmanning)或许指的是睡眠,而非性。他关于佩涅洛佩(Penelope)的观点不鼓励对女人气质的神化。

② 伯纳德特说,奥德修斯的"故事包括'涅斯托尔'和'墨涅拉奥斯'的版本"(85;墨涅拉奥斯见86),即《奥德赛》中两个在先的解释整全的尝试。但他似乎没有详述一个奥德修斯式的对自然整体的解释,对内在于种类总体的人类的解释。

③ 《泰阿泰德》152e(伯纳德特译文);《伊利亚特》14.302。见《泰阿泰德》180d,那里谈到有些人不听劝地做普罗塔戈拉所做的,公开向所有人揭示这一关于事物的真相。

是流变和运动的产物,不过这句似乎是在说,诸神起源于一尊男性神和一尊女性神,这两尊神本身不生成。①

荷马,作品流传给我们的首位作家,最先传达出一个过程本体论,一个生成的总体,并且用关于那些貌似不死存在的诗性神学来遮掩它。但这一创始性的荷马成就,在苏格拉底这里,达致某种比仅仅明确性要远为重要的东西,因为苏格拉底看到,"一切事物的原则是某种永久、普泛的东西,它把自己的性质赋予一切事物";荷马以来的整个希腊本体论传统,聚向一个苏格拉底[172]顶点。但即使"唯有现在,凭苏格拉底才能把真相完全曝光",那光亮肯定也包含着对它自己的遮蔽,因为即使苏格拉底告诉了泰阿泰德"智慧者的秘密",他们的秘密是他们从不"说他们的意图"。智慧的苏格拉底将把他涉及永久种类的洞见,诗化为关于貌似永久实体的神学。从荷马起源,到苏格拉底臻极的这一希腊本体论和诗性神学的历史,似乎没有写入《弓与琴》;伯纳德特的书满足于追随奥德修斯,从在人之自然中最早发现自然,进至发现遮掩它所需的神学政治规划。

放过男人气质和女人气质这一大议题之后,伯纳德特追随奥德修斯的叙述,进入一个划时代的神学节点。基尔克起誓以及他们欢愉之后,奥德修斯陷入苦恼,基尔克不明所以。奥德修斯和他的人类同伴共有一些基尔克所没有的东西;他怜悯他们,而她不。她的怜悯要等到她看见每个人都紧握奥德修斯的手,听见房间回响着想念的恸哭才出现。"此事非比寻常;神向人学习"(89)。非比寻常在于,这是宗教史事件:诸神从此怜悯人类,并且基于怜悯行事。像哈得斯一样,诸神的怜悯代表在宗教上、在神是什么上的历史推进。伯纳德特好奇,如果基尔克没有起誓和学到怜悯,会发生什么:或许已经达致求知和享受之乐园的奥德修斯,"会被非人化……会遭受另一形式的迷术……或许他不再有热心或男人

---

① 伯纳德特,*Being of the Beautiful*,1.105。

气质去抵制卡吕普索版本的引诱"。如果他没有学到他可以教会神怜悯,或许他将选择永久居于蒙福之岛,永不降至人间。如果奥德修斯没有教会神去怜悯,则他在巅峰处学到的东西,他的进入哲学,将在历史上变得无用;他首次做正义和大胆的事,且不涉及自己的利益,由此教导诸神像他一样。

当奥德修斯返回,把他剩下的船员带给基尔克时,他用了一个比喻,把他的部下说成欢快地依赖他的家畜。欧律洛科斯粉碎了那一完美统治的比喻,机敏的欧律洛科斯指控说,正是由于奥德修斯的恶事,他们的同伴才会亡命波吕斐摩斯的洞穴。伯纳德特评论说,

> 这一指控不经意地把罪过归结为求知的渴望,非常接近真相,以致难以有效反驳。(90)

伯纳德特"自然"一节的最后一段始于这样一句话:"对自然的发现显然关联着统治问题。"由奥德修斯统治,这一度非常自然、非常充分[173]和温和,以至于他在他父亲,本身是好统治者的拉厄尔特斯(Laertes)死前很久,就接管了伊塔卡的统治。①然而现在,既然战争和返回已经改变了他的部下,既然新一代年轻的伊塔卡人力求取代被认为失踪的奥德修斯,并篡夺特勒马库斯的统治权,那么,自然的发现者必须以两种方式树立新的统治。一种方式是向埃尔佩诺尔提供哈得斯,另一种方式在此由奥德修斯对于欧律洛科斯的失败暗示出来。因为在太阳神的岛上,"奥德修斯最终输给了欧律洛科斯",在基尔克这里,他失去了掌控,他的部下要求一年后返乡。"欧律洛科斯所代表的障碍直接指向求婚者们。"奥德修斯从他在欧律洛科斯这里的失败得知,他将安置的那些人,特勒马库斯及其随从,若要成功统治他们,有赖

---

① 现身为门特斯(Mentes)的雅典娜泄露了那一温和统治背后的拳头:"[门特斯的父亲]如此厚爱"奥德修斯,甚至馈赠他所迫切寻求的致命毒药,用于涂抹箭簇(《奥德赛》,1.260–264)。

一项具有政治建树的行动,该行动将让人铭记反对者的卑劣和建树者的美德:所有求婚者必须死,且死于道德理由。

"哈得斯"

"哈得斯可谓"奥林匹斯诸神"最有力的象征"(91)。在"哈得斯"这一跟"自然"联袂作中心的一节,伯纳德特表明,奥德修斯了解到哈得斯的力量并由此学到或许是他最难的一课,即他必须教导什么。"奥德修斯即将领受他的命运",因为他从对自然的发现得出一些逻辑推论。得知人类有一种自然,表现出一种自然之后,他得知必须教导人类一种有力的超自然。哲人必须成为拥有神学政治教导的政治哲人。奥德修斯在哈得斯那里得知他命运的两个要素。一个关乎他的正义,涉及在伊塔卡确立继承秩序,以便即使智慧者不在了,也有制度化的智慧统治。另一个关乎他的虔敬,涉及离家踏上他的最后旅程,去把哈得斯和奥林匹斯诸神确立在未曾听闻的人们当中。"对自然的发现显然关联着统治问题"(90),伯纳德特在"哈得斯"表明,奥德修斯得知了统治问题的两个方面及其解决。《弓与琴》的中心表明哲学正在产生出政治哲学。

[174]"哈得斯"的第二段特别雄辩和深刻,因为伯纳德特传达了奥德修斯在他第二个获知阶段的绝望。因为这个奥德修斯刚刚获得一个启蒙阶段,这个阶段只会带来最深的兴奋——与基尔克共处一年。然而现在,他触及对启蒙的限制,对启蒙之权力的限制,这似乎使启蒙变得无价值。伯纳德特示意该问题是永久的:奥德修斯曾面对"我们在理解哈得斯时的困难"。但他解决了:如果说他为自己必须去往哈得斯而绝望,那么,随着他从埃尔佩诺尔和特瑞西阿斯那里有所获知,他缓慢地复原了。伯纳德特在"自然"的结尾介绍埃尔佩诺尔是"希望之人……最年轻,脑力和体力都最薄弱"(90)。他现在讲述了奥德修斯所述"埃尔佩诺尔的不幸"(91)。《奥德赛》里,埃尔佩诺尔之前,

没有灵魂去往哈得斯,奥德修斯本人也再未如此谈及。"但荷马再次谈及,"荷马见证了哈得斯。这是荷马唯一重述的奥德修斯记述"(92)。哈得斯是伯纳德特唯一用过两次的标题,荷马讲到求婚者们的灵魂去往哈得斯,伯纳德特给了那一事件同样的标题,"哈得斯"(146-150)。

"奥德修斯本人,"伯纳德特说,"似乎相信灵魂不过是呼吸这一事实……灵魂作为某种可分离的和自在的东西,这仅仅是愚蠢的'希望之人'埃尔佩诺尔的希望"。通过比较荷马和奥德修斯对哈得斯的观点,伯纳德特能够解释奥德修斯的绝望:绝望"出自他被告知,当他已经认识到人的外形和人的心智必然共在之后,诸神可以分离它们"。奥德修斯得知诸神有权做不可能做的事,即分离或看似分离那只能共在的人之自然的构成要素。但诸神也授予一项恩惠:"就特瑞西阿斯来说",诸神可以"再次合并外形和心智,不涉生命且远离阳光"。诸神许可智慧者一个特殊的未来,唯有他才有活的心智在死后持存。

如伯纳德特贯穿本节所展现的,奥德修斯的绝望,是理性之人对非理性权力的绝望。诸神的权力是那些想象性存在对一种想象性实体的权力,那些非常缺乏头脑的人相信该实体会下到哈得斯。对人之自然获得洞见的奥德修斯,看到了诸神拥有的对人之自然的权力,例如对埃尔佩诺尔的统治。向奥德修斯表明诸神权力的一课,还出现在去往哈得斯之旅的结尾:他看到基墨里奥伊人(Kimmerian people)"从不被太阳照耀,无论太阳是升是降",这是一个完全未启蒙的、完全永夜的[175]民族,但却是一个活的民族。"活着并不等同于见到阳光……夜属于诸神"(92)。那里总是夜,而夜总是把它不可见的权力带入白昼,以满足埃尔佩诺尔的需要。荷马表明他的奥德修斯学到了不受欢迎的一课,数千年后,尼采知道了这一课对于他那些书的对象,即刚刚解放的、接受了现代启蒙的自由心智来说,也将最不受欢迎:宗教的权力。荷马将表明,绝望的奥德修斯正学着触碰那一权力——这正是尼采学到和必须教导的一课,虽然他担心,在从神那里解放之后,这一课来得太早太快。

第六章　将哲学史回溯到荷马:伯纳德特眼中的《奥德赛》

在哈得斯,奥德修斯遇到的头两个人和最后一个人尤其耐人寻味。从第一个人埃尔佩诺尔那里,他"得知他对无足轻重的人们所负的神圣义务"(92)。埃尔佩诺尔在基尔克那里摔死,并先于奥德修斯抵达哈得斯。他补充了奥德修斯已经给出的对他死亡的解释,"神注定了他……而奥德修斯把他的死归结为缺乏头脑"(93)。糊涂的埃尔佩诺尔和其后遇到的智慧的特瑞西阿斯,每个都派给奥德修斯一项任务。埃尔佩诺尔要求把他"跟盔甲合葬,坟墓(sêma)靠近海岸,坟头插上他生前用过的桨"。埃尔佩诺尔"想被未来的人们当作大人物,即使他不知名。他们将从他所做的来了解他。做得不多,但毕竟有"。"从特瑞西阿斯那里,奥德修斯得知他的未来"(92),因为特瑞西阿斯告诉他,杀死求婚者们之后,他命定还得做一件事:"你必须带上你完好的桨旅行一趟。"(11.121)埃尔佩诺尔坟头的桨"不可能被误解"(93),但特瑞西阿斯指示奥德修斯携带的桨必定被误解:奥德修斯的旅行

将把他带到一个不知道海、也不吃盐的民族;他们不知道船和桨。对奥德修斯来说,他到达目的地的清楚迹象(sêma)将是,一个路人遇到他,看到特瑞西阿斯让他扛在肩上的桨,说那是扬谷大铲。

当听到他的桨被说成扬谷大铲时,"奥德修斯就要把桨插在地上,并向波塞冬(Poseidon)献祭"。为了履行特瑞西阿斯所述的大献祭,奥德修斯将不得不说服他遇到的陌生民族提供献祭所需的牲畜。他将不得不做一个说服性演说。特瑞西阿斯没有告诉他该说什么,但伯纳德特起了个头:

他将说,"有一尊神,他掌管着[176]一些你们看不见的东西"。

看不见的神是有力的哈得斯,他掌管看不见的来世。献祭是给波塞冬,他密切关联他的兄弟,哈得斯和宙斯,奥德修斯因弄瞎他钟爱的

儿子波吕斐摩斯而冒犯了这尊复仇的神。在不知道海的人们当中给波塞冬献祭,并且讲述看不见的哈得斯,这是把奥林匹斯诸神带给那些仍然不知道这些神的人们。智慧的特瑞西阿斯指示这位知情者,他必须旅行去树立对诸神的信仰,虽然他本人已经学到不信仰。

为奥德修斯关于不可见之神的演说起头之后,伯纳德特回到奥德修斯叙述的背景,费埃克斯人及其智慧的国王:

> 奥德修斯,他被选定去让费埃克斯人明白,诸神已经停止向他们现身,并且诸神本质上不可见;他注定要把奥林匹斯诸神扩展到没有迹象表示他们存在的地方。

奥德修斯的任务具有历史意义。该任务的预先"演练"(50)就是通过给智慧的国王讲述他的历险而作用于费埃克斯人:通过把知识传递给智慧的统治者,自然的知情者表明自己注定是激进的宗教改革者,即把可见的诸神替换为不可见的奥林匹斯诸神;诸神隐没于言辞,隐没于言辞的帷幕。奥德修斯"将打断与仍然间接残存于奥林匹斯诸神中的宇宙诸神的关联。桨是具有替代意义的信号。该意义将是全新的"(93)。奥德修斯通过诗来实现他的宗教革命:

> 扬谷大铲(athêrêloigos)——字面上是"谷壳驱逐器"——一词所隐含的诗,无助于解释桨。

埃尔佩诺尔坟头作为信号的桨,毫无疑问是为海的主人波塞冬以及下面埋葬的水手而立。插在地上、处在不知道海的人们当中的桨,将是为扬谷大铲的哈得斯而立,象征复仇的正义要在来世区分好和坏。伯纳德特过后才说出奥德修斯神学政治努力的范围:把桨误读为扬谷大铲,"不只为不知道海的民族所坚持;那一误读的效果还将到处传播,将所有人置于恐惧和战栗之中"(106)。这个说法成了费埃克斯人的命运,就在阿尔基诺奥斯听到并接受奥德修斯的故事,且委派一艘船带他返乡之后。宙斯缓和了波塞冬因他们帮助奥德修斯而想要惩罚他们的强烈欲望,但伯纳德特很清楚,他在陈述新宗教的核心时毫不留情:"这一新关系[诸神和人之间]的本质将是恐惧"(105)。这恐惧无可逃避,因为新宗教教导,人对于"诸神来说毫无遮挡。诸神……可以抵达任何地方,人无处可藏"[177](57)。在伯纳德特书的中心,死者当中唯一活着的心智指示奥德修斯通过第二次旅行树立不可见的道德诸神,他们将威慑所有地方的所有人。在他书的后半部分,该旅行是持续的背景和经常的前景,直到最后一句他才宣布,这艰难的一课奥德修斯已经学到。①

特瑞西阿斯,心智持存的智慧之人,通过指派奥德修斯带桨旅行,把他的遥远未来告诉了他。他还告诉了他不远的未来,即他开始最后旅行之前必须在伊塔卡做什么。伯纳德特改变了特瑞西阿斯交代的任务次序,把"哈得斯"一节的中心段用于这一任务。他用来接近这一中心的段落有着相同主题,即在伊塔卡确立新政制,智慧的统治者由此确保智慧统治在他之后势必不那么智慧的世代仍能延续。特瑞西阿斯告知他

家里的麻烦
无礼之人,正吃尽你的营生
向你神样的妻子求婚,赠送礼品以结其心。
当你返家,你将惩罚这些人的粗暴。(11.115-118)

如伯纳德特所说,"特瑞西阿斯谈及的暴行……只有一件:安提诺奥斯(Antinous)拿凳子击中奥德修斯"(94)。这是"又一个迹象",它"要求杀死108个求婚者,以便有个报复"。"哈得斯"的中心段研究用奥德修斯被凳子击中这一迹象,"特瑞西阿斯意图"什么;研究"求婚者

---

① 该书后半部分的诸多财富之一是,伯纳德特证明,与诸神退入有力的不可见性相对应的是,罪恶感的内在化以及所引发的对于应受惩罚的恐惧:不可见的奥林匹亚兄弟们也必须对灵魂有一种新的理解。

们的罪行跟他们所受惩罚之间的明显不相称"。

求婚者们追求佩涅洛佩,在他们眼里,这位王后因外出的奥德修斯已死而成了寡妇:遵循合法继承的传统,他们志在统治,只要能除掉特勒马库斯。①伯纳德特谈及奥德修斯的"复仇",并且好奇[178]为什么求婚者们"最后一刻的建议不被接受,即他们赔偿他们吃喝和损坏掉的东西"。②他断定,"他们必定因侵吞他的财物这一行为背后的想法而受罚"。该想法把他当作不再活着,"他们觉得不再活着就意味着无助"——而不意味着降入哈得斯。"求婚者们不信哈得斯"(95)。求婚者们威胁把犯错的人送交"鬼怪艾克托斯王"(King Echetus),而非哈得斯。艾克托斯缺乏哈得斯的力量:他"是一种前奥林匹斯哈得斯,不对有死之人设限"。这一惩罚方面的不足还指向某种更有深意的东西:

> 求婚者们从未谈及人之有死……[他们]不相信人由 athanatos [不死]和 thnêtos[有死]这对矛盾构成。因此他们不承认作为这

---

① 在一个极为严肃的问题上,我觉得伯纳德特连续出错:佩涅洛佩。他嘲笑她只有虔敬、太过虔敬,缺少强硬,遇水即溶。对佩涅洛佩的这一嘲笑并不恰当,考虑一下死去并降到哈得斯的求婚者安菲墨冬(Amphimedon),他"明确说到佩涅洛佩是针对求婚者的密谋的中心人物"(149),并且"觉得佩涅洛佩从一开始就参与其中"(96)。伯纳德特认为安菲墨冬误会了,但他没有。Eva Brann 认识到佩涅洛佩的敏锐和果断:"佩涅洛佩何时认出奥德修斯? 当然是在第一眼之时"(*Homeric Moments*,274;Brann 提供的注解证据基于佩涅洛佩对奥德修斯完美精确的致辞,274-284)。认出伪装的丈夫之后,她告之以自己的骗术,即让求婚者们相信他正在为拉厄耳特斯织寿衣;她告之以一个"梦",传递出她认出了他,同时也传递出她知道需要绝对保密;她设立射箭比赛是为了武装他以便战斗。伯纳德特是否想过施特劳斯所揭示的伊斯霍玛霍斯之妻的化妆术的力量? 就佩涅洛佩的骗术来说,非常给人启发的是 Winkler, "Penelope's Cunning and Homer's"。还可见 Haller, "Gates of Horn and Ivory in *Odyssey* 19"。

② 伯纳德特把这个建议归给求婚者中最好的人,佩涅洛佩最喜欢的安菲诺摩斯(Amphinomus),说他提醒了奥德修斯;实际上提醒奥德修斯的是欧律马科斯(Eurymachos),他跟安提诺奥斯一起,是求婚者们的首领。

对矛盾的标志性术语的"有死"连同"哈得斯"及其背后所有的东西。

结束这段的正是"哈得斯"带来的东西:"报复,小人物埃尔佩诺尔以此胁迫奥德修斯去埋葬他,这预设他虽然死亡,但并非无助。他是个人物。"①

[179] 伯纳德特没有径直说出特瑞西阿斯所意图的东西:创建新宗教。所有求婚者,旧秩序中有统治志向的人,必须死掉,以便清除对旧宗教的记忆,旧宗教不知道如何通过威胁性的适当惩罚来约束有死之人。伯纳德特使之成为"哈得斯"的中心段,考虑的是创建这一新宗教的代价,哈得斯是这一新宗教的最有力象征,他设定了代价,即108个求婚者,而收获则是哈得斯的力量:小人物可以从哈得斯那里威胁大人物。奥德修斯不得不杀死所有108个求婚者,以便用哈得斯武装诸神,或者说,通过使诸神成为惩罚代理,来给小人物的报复赋予力量。"道德方面的奴隶造反"并非奴隶或主人的作品,而是智慧诗人的作品。

为什么赋予小人物权力?因为将来的秩序必然更加民主,统治者

---

① 在"非命定的事物"一章的中心节,伯纳德特辨识出荷马使所有人都是个人物的肯定做法。伪装成乞丐的奥德修斯,在他的大殿门口受到真乞丐伊洛斯(Irus)的挑战。奥德修斯揍了他,把他踢出去——使他免于即将的杀戮。奥德修斯"实际上告诉他,他受罚是因为他假装是行乞者和外乡人的君主"(127)。奥德修斯向许多人自夸并发出挑战,以证明自己是个优越的下等人:向乞丐、向牧猪奴、向求婚者、向女仆。伯纳德特最后说:"似乎人人都有的人的尊严,跟没有别人可以宣称拥有的奥德修斯的骄傲,一起呈现;所有人都要受罚,如果他们不承认人的类属特征与人的最高代表同在。没有人(No body)是无足轻重的人(No one)"(128)。所有人都是人物,因为人人都跟奥德修斯属于同一物种。施特劳斯表达了这一思想:"由于开始意识到心智的尊严,我们认识到人之尊严的真正根据,以及这个世界的好,无论我们把世界理解为受造的还是非受造的,它都是人的家园,因为它是人之心智的家园"(《古今自由主义》,8)。

不是智慧之人，而是特勒马库斯和他的同伴们。荷马最强调的一个同伴是你，欧迈奥斯（Eumaeus），"高贵的牧猪奴"和"人们的首领"，荷马诗中唯一的第二人称，被称呼"你"有 15 次左右。荷马严格地称他为"高贵的牧猪奴"：他有着王室的血统，却有着奴隶的自然，他忠诚地照看消失了二十年的主人的猪群，乐意去谴责他那不惜代价追求自由的腓尼基保姆，这个保姆把他交给她的救助者们，来为她自己换取自由。称呼欧迈奥斯为"人们的首领"，这"显示《奥德赛》首要地是为他而作"（124），猪群的首领。一个更民主的秩序需要奥林匹斯诸神：本身不强的统治者的力量，必须由更强大的代理来巩固。

但这是否使杀死所有 108 个求婚者成了纯粹算计的行动，而非荷马自己加上诸神、佩涅洛佩、特勒马库斯以及所有其他人所说的正义的行动？"非命定的事物"这章的中心节是"女奴们"，这个中心段直面奥德修斯出于纯粹算计而行动的可能性："奥德修斯显得越算计，他就变得越恐怖……即使我们发现奥德修斯可憎，我们也不会有太大感觉，因为他能给自己找到理由"（126）。伯纳德特也睁一只眼闭一只眼。他设法还给奥德修斯道德性，他重视所有反对"冷血奥德修斯"的"证据"，这些证据把他的行动追溯到他的心，追溯到对求婚者们（他们越来越邪恶和咎由自取）的正当义愤。伯纳德特对奥德修斯的可憎睁一只眼闭一只眼，这服务于一个终究是算计性的目标：

> 这种再解释并非想让我们对奥德修斯感觉好点，而是想突出荷马那眼睛眨也不眨的凝视，荷马要这样[180]使弓与琴相区别。

伯纳德特用他的书的标题来暗示，奥德修斯的杀戮之弓，被一个不眨眼的算计心智的甜蜜之琴，歌颂为正义的工具。继承权要求对旧政制所有高贵的后裔进行冷血的杀戮，还要求允许无缘无故的卑劣行径，即新统治者们施行的净化性报复举动，把女奴们绞死。荷马美化了笔下人物可憎的必要性算计；荷马需要他道德上的体面不受影响，因为他将被永远荣耀，他是我们借智慧宙斯的恩典而享有的政治秩序的创立者。①

伯纳德特在开启和结束基尔克情节的诗行中找到了奥德修斯对哈得斯究竟是什么的发现:"哭泣和忧伤的人们,没有成功的可能。"(97)在哈得斯,所有人都哭泣和忧伤。"事有未竟是哈得斯的特征。"一种特殊的事有未竟:"希望正义得偿的要求主导着哈得斯……不死的是无根据或无意义的期盼。"自我认识使奥德修斯认识到正义得偿的这一要求有其力量:他自己对波吕斐摩斯的复仇渴望就教导他,"意愿承受极大压力要把必要重新解释为正当"(75)。对那一压力的屈服造就和维持了哈得斯。

奥德修斯把他在哈得斯的最后所见视为"一个迹象,他不会再见[哈得斯]"(97)。他最后所见是赫拉克勒斯(Herakles)。哈得斯的赫拉克勒斯所例证的部分是"哈得斯的不真":哈得斯的赫拉克勒斯跟他金绶带上的雕刻一样真实,因"赫拉克勒斯本人(autos)跻身诸神"(98)。赫拉克勒斯成神,这意味着哈得斯的赫拉克勒斯至关重要地例证了"好的缺失"。对于奥德修斯,赫拉克勒斯是谁? 伯纳德特告诉读者荷马暂时按下的东西:赫拉克勒斯杀死了奥德修斯的朋友伊菲托斯(Iphitus),奥德修斯将要用来屠戮求婚者们的弓就是伊菲托斯所赠。赫拉克勒斯把伊菲托斯杀死在奥德修斯的家里,当时伊菲托斯作为朋友寄宿在那里(21.11-41)。

"诸神以不死回报不正义。""或许他害怕自己会见到伊菲托斯"——伯纳德特以这些苦涩的雄辩之词结束"哈得斯",解释了为什么好奇的奥德修斯在"灰白的恐惧"中离开。"这是奥德修斯叙述的低点",或许是最低点,不真的诸神迎接一个真罪犯加入他们,使他逃脱

---

① 伯纳德特的书结束于奥德修斯并未被视为求婚者们的杀戮者:佩涅洛佩把这一杀戮归给正义的诸神;拉厄尔特斯认为这一杀戮正好证明诸神存在。奥德修斯不再需要被认出他究竟是谁和做过什么,这使他得以自由地服从他的宿命;现在,他应知道他的定命了(152)。

哈得斯,去往奥林匹斯和真的不死荣耀。奥德修斯可以接受[181]自然的不道德,但诸神的不道德,他们以不死来回报犯罪,更难忍受。但特瑞西阿斯知道这是奥德修斯必须吞下的药。

那么特瑞西阿斯,这位下界的指导者是谁?这位智慧之人是哈得斯唯一活着的心智,唯独他拥有作为自己、作为心智的来世,他教导带着完好心智抵达哈得斯的罕见的活人造访者,说他还有一项使命待完成。特瑞西阿斯是荷马的答谢,荷马也从一位已故的导师得到恩惠。当荷马也旅行到下界时,他也从活在智慧言辞中的智慧前辈那里得知,在他理解人之自然之后,他还有一项使命要去完成。荷马用他笔下的特瑞西阿斯示意,有个可以上溯的古老的智慧传统,他从该传统学习,也通过撰写《奥德赛》为该传统作出贡献。

那么荷马是谁?作为史诗传统中的歌者,他示意,他是智慧者们代代相传、根据必要性来修正或推进的无名智慧的当前的具名持有者。荷马教导"特瑞西阿斯"发动起来的诸神,教导一种关于诸神的智慧,它使因外显力量而受尊敬的可见诸神,在不可见的奥林匹斯诸神的灿烂光芒中隐没,后者更能对人之自然施加必要的作用,更能在他们的不可见中始终在场,去鼓励和评判人。作为史诗传统中的歌者,他知道歌有迷惑和影响全体民众的力量。作为荷马,他知道如何把那一传统扭转到新的、更道德的目的,该目的实施者是愤怒的波塞冬和不可见的哈得斯,统治者是智慧的宙斯和智慧的雅典娜(出生于宙斯头脑的智慧);他还知道如何在已有史诗的显白形式中嵌入隐微真相,以便提示和教导像他一样的人们。荷马因《奥德赛》而成为将来的特瑞西阿斯;在他死后,进入《奥德赛》的下界来造访他的人们,将发现他是活着的心智,就再次旅行的必要性,就通过提供关于诸神的言辞来追求统治的必要性,有追求的智慧者可以咨询他。

伯纳德特在那里造访了荷马,但他在论荷马的书的开头说,他在荷马那里发现了柏拉图,他怀疑他的发现是"勉强的和执拗的"(xi)。柏拉图像伯纳德特一样,把荷马读作他的特瑞西阿斯吗?

柏拉图如何阅读荷马?

说柏拉图像伯纳德特一样阅读荷马,其证据必然是间接的。柏拉图《理想国》里的苏格拉底抨击荷马,这并非反证,因为《理想国》表明,苏格拉底也得知他的命运[182]是去确立信仰而非知识——而要确立那些信仰,就必须打破荷马的权威。苏格拉底没有杀死108个求婚者,他必须杀死荷马,貌似杀死荷马。我只举三个例子来表明,柏拉图像伯纳德特一样阅读荷马。①

柏拉图给他的多数对话以一个苏格拉底生命中的时空,这一年代背景使这些对话能够沿着苏格拉底生命的时间线来排列。如果把这些对话当作整体,则最年轻的苏格拉底出现在《普罗塔戈拉》。②所以柏拉图全部作品里,年代上最早的言辞是一位公民同伴向苏格拉底提出的问题:"你从哪儿来,苏格拉底?"这位公民回答了自己的疑问,因为他相信自己了解苏格拉底,足以断定他肯定来自对阿尔喀比亚德的情欲追求,鉴于阿尔喀比亚德初长的胡须已经可见,这追求现在是非法的。苏格拉底承认了对他犯罪的轻松指控,他以在柏拉图舞台上的第一次言说来为自己辩护:"荷马说,初长胡须是最迷人的年纪,你不是赞美荷马吗?"荷马说赫耳墨斯显现给奥德修斯时初长胡须,当时强大的必然推动奥德修斯去从基尔克的迷术中营救他的部下,而赫耳墨斯向奥德修斯启示了莫莉草的自然。所以柏拉图安排他笔下的苏格拉底所说的第一句话,既答复了他的来历,也答复了一项犯罪指控——苏格拉底的第一句话为奥德修斯遭遇赫耳墨斯,为《奥德赛》巅峰的启示行动,

---

① 额外的例子和对这三个例子的扩展,见我的《哲学如何成为苏格拉底式的》,前揭。
② 在《斐多》、《帕默尼德》和《会饮》里,柏拉图让读者一瞥更年轻、正通往成熟思想的苏格拉底,而成熟的苏格拉底首次展示于他与普罗塔戈拉的会面,后者被认为是当时最智慧的人。

而赞扬了荷马。无法想象柏拉图的全部作品能有更惊人的开端。你从哪儿来，苏格拉底？我来自对自然的理解，正要去从迷术中解救我的人民。

那么，是否柏拉图暗指苏格拉底是新的奥德修斯？柏拉图把《卡尔米德》设定在前429年5月末，《普罗塔戈拉》约4年后，苏格拉底从参与雅典军队围攻反叛的波提岱亚（Potidaea）两年半或三年后返乡。苏格拉底说他回来时不一样了，外出期间他学到一种新的灵魂教导，该教导是可以医治卡尔米德头疼病的药。药采取了"咒语"形式，苏格拉底说他学自扎勒卯克西斯（Zalmoxis）的医生，扎勒卯克西斯是革塔伊人（Getae）所奉的唯一的神。长期外出之后返乡，[183] 宣布带来一种关于神和灵魂的新教导，这位返回的苏格拉底是谁？柏拉图或公开或毫不公开地四次指向《奥德赛》，从而把他的读者引向恰当的理解。四次中的每一次都指向《奥德赛》中的一次相认场景，即伪装成乞丐回归的奥德修斯被认出。柏拉图将四次相认按序排列，从特勒马科斯最早认出他到多利奥斯（Dolius）最后认出他，而最突出的则是佩涅洛佩通过她讲述的梦向奥德修斯传达她已认出他。柏拉图由此让他受过荷马训练的听众去认出《卡尔米德》的苏格拉底是新的奥德修斯，他在长期外出之后返回，要用新的关于神和灵魂的教导来挽救他的人民。

但为什么《卡尔米德》没有关于已许诺咒语的只言片语？柏拉图把《理想国》设定在前429年6月初，《卡尔米德》之后一两周：《理想国》讲述了这位回归的奥德修斯在《卡尔米德》中许诺但未说出的治疗性咒语。《理想国》是苏格拉底在雅典讲述他主持的私人会谈，会谈发生在前一夜的佩莱坞（Piraeus），同时同地，雅典人正公开引入一尊新女神，希望借此从瘟疫中得救。当天，苏格拉底在雅典为所有听取真正解救办法的人们讲述他自己的新教导，该教导关乎神和灵魂——以及哲人应被相信为是什么。

柏拉图非常完美地暗示，新奥德修斯正在教导新信仰：他只让奥德修斯的名字被说出两次，其他几次明确地回避了他的名字，诸如提到

"最智慧之人"①的时候。苏格拉底在开端不久首次点名奥德修斯,他指向奥德修斯的外祖父奥托吕科斯,"本是狼",此人是给奥德修斯取名的人。他援引荷马对奥托吕科斯的描述,此人"的偷盗和起誓"无人能及,这些助益苏格拉底的不名誉品质似乎消解了他论辩的结论,即正义之人是最好的贼(334b-c)——奥托吕科斯传给他外孙的这些品质,逐渐浮现为智慧之人的正义的特征。苏格拉底再次点名荷马是在结尾,在《理想国》的结尾神话里,奥德修斯的灵魂最后一个选择新生活,该神话帮助确立了柏拉图新的、后荷马的哈得斯。从爱荣誉中悔悟的奥德修斯的灵魂,花了很长时间在可选生活种类里寻找,最终找到一种"关心自己事务的私人的生活"。《理想国》教导,关心自己事务的人中,最私人性的是哲人:奥德修斯的灵魂所选择的来生是苏格拉底的生活,苏格拉底是《卡尔米德》和《理想国》中回归的奥德修斯。

柏拉图让苏格拉底只在《理想国》的开端和结尾,并且只在涉及前辈和后裔的时候点名奥德修斯,从而示意苏格拉底也有他的特瑞西阿斯,他在智慧序列上的前辈:智慧的荷马。柏拉图由此承认,他也将有灵魂后裔,即那些部分通过阅读他,通过进入他作品的下界而选择新生活的灵魂:柏拉图还承认,他也知道他的后裔必须杀死所有 108 个求婚者。②

---

① 《理想国》390a。柏拉图在那里似乎批评奥德修斯以吃喝"最精致的东西"为乐。但奥德修斯的话实际上指向他对什么是最精致东西的定位,指向聆听智慧的诗人这样的盛宴。

② 在完成《弓与琴》五年之前出版的论《理想国》的书里,伯纳德特拒绝把智慧的柏拉图置入不断替换的特瑞西阿斯人流。相反,他致力使柏拉图的苏格拉底仿佛是个没有前辈的活的心智:他在最后一段谈及奥德修斯灵魂的命运选择,"在厄尔(Er)的神话里,无人选择[哲学生活]……苏格拉底本人似乎决不曾是奥德修斯。他说他的 daimonion[命神]或许独一无二"(《苏格拉底的再次起航》,前揭,229)。

从荷马到尼采

如果说哲学是就人和世界的重大主题,由意见进至知识的激情,那么,该激情能带来哲学在激情和理解两方面,从古代人到现代人的连续性;其体现就是本书非常突出地提到的人物,也就是说,从古代的荷马及苏格拉底到现代的培根及尼采,哲人对自然和人之自然的理解有着连续性。而且,如果说显白风格是在这世界上推进哲学的神学政治艺术,那么,从古代人到现代人,在荷马及苏格拉底和培根及尼采的神学政治规划中,都有着显白风格的连续性。就显白风格来说,如今变得至关重要的历史背景方面的差异,也正是培根计划将其变得至关重要的差异:此即一种公共的自然科学兴起,它对自然和人之自然的研究,将真相和缓地公开给一大片民众。生成的无上主权,所有概念、类型和种类的流动性,以及人和其他动物之间没有根本差异,这早就被荷马看出的致命真相,如今成了公共的知识,从而使尼采有机会发展一种新的显白风格,一种不再假装这个世界非其所是的辅佐诗。

卡拉索(Roberto Calasso)说:"《伊利亚特》的存在反驳了所有进步学说。"① 不,《奥德赛》的进步超出《伊利亚特》。而[185]伯纳德特指出,柏拉图的苏格拉底,在哲学(视理念为因由)和政治哲学(教导道德上更严格的诸神和道德上更严格的哈得斯)两方面的进步则超出《奥德赛》。伯纳德特表明,荷马预见到了宗教的下一步,因为特奥克吕墨诺斯(Theoclymenus),"他倾听诸神"(119)。他这样的"心智被诸神占据,以至于能够'看见'别人所不能见"。"他体现了先知的未来统治,一旦诸神完成退隐,他将是诸神和人之间的唯一中介"(120)。他发出的哀歌像"准圣经的预言",他"属于另一个故事"。伯纳德特在他书里最劲爆的神学判断中说,特奥克吕墨诺斯是"一个论辩的推论"。荷马

---

① 卡拉索,*Marriage of Cadmus and Harmony*,106。

以其特奥克吕墨诺斯教导作为宗教之无情逻辑的宗教的自然史。①柏拉图的苏格拉底是真正自由的心智,他知道宗教的逻辑且站在荷马式传统内,他引入了准圣经的改革:他在特奥克吕墨诺斯的方向上改革诸神,用从超越的存在来统治的好,使诸神更道德,并朝着一神论运动;相应地,他还通过驯化荷马所灌溉的血气元素以及使灵魂不死,而改变了灵魂;他通过增加其恐怖并美化其希望而改变了哈得斯。

是否有超出苏格拉底(带来准圣经式推进的奥德修斯式苏格拉底)的进步?尼采《人性的、太人性的》的第一篇附录《各式各样的观点和格言》,其结尾是《降入哈得斯》。它的开头是:

> 我也曾到过下界,像奥德修斯,并且还将多次到那里;为了能与死者谈话,我不仅祭献公羊,还不吝自己的鲜血。②

尼采咨询了死者中活着的心智,共四组八位思想家,"他们没有拒绝我这个献祭者",柏拉图位列其中并与卢梭结对。

> 无论我为自己和他人言说、决定、思虑什么:我的眼睛都盯着这八个人,也看到他们盯着我。

在他那些成熟作品中,那些眼睛盯着他这位哈得斯的新造访者,从一个极端变化的当前降入那一下界,为哲学(知道世界无非是权力意志)和政治哲学(通过造神的本能来颂扬那个世界)两者进步的必要性而争辩。

---

① 施特劳斯在《理性和启示》里追溯了宗教的逻辑或系谱,见迈尔,*Leo Strauss and the Theologico - Political Problem*,141-180。

② 《人性的、太人性的》,第二部分,《各式各样的观点和格言》,格言406。若无特别指出,《人性的、太人性的》的引文都出自 Hollingdale 译本。

第三部分

现代启蒙

[187]从古代人进至现代人,这是跨越施特劳斯作品中最突出的区隔之一,跨越一个明显的鸿沟,它区分了哲学在苏格拉底智慧中的最高成就,与施特劳斯呈现为因受干扰物(基督教,或更普遍地说,启示)的感染而次于那一成就的思想形式。施特劳斯推崇古人,认为古人持有最高的冥想或追问,但却贬斥现代人,声称他们仅仅持有最高的行动。但是色诺芬和柏拉图的显白风格隐藏了苏格拉底涉及哲学统治的进取行动;而伟大的现代人的显白风格,出于策略理由而推崇行动至上,同时隐藏了他们持有最高的冥想或追问这一事实。有鉴于此,我采取为现代思想家辩护的形式对施特劳斯之亲人类加以解释,并纳入一种批评元素。现代启蒙面对苏格拉底启蒙如何自处?这一疑问位于施特劳斯关于当前精神处境和哲学恰当策略路线之思考的核心。我关注三个跨越施特劳斯生涯(从1935年到1954–1955年,再到1972–1973年)的作品。施特劳斯对现代思想的批评,其一极站着现代启蒙的创建者们——针对施特劳斯的贬斥,我为那些创建者辩护,我认为他们的计划是古代哲学之政治努力的延续。另一极站着尼采,表面上消极的现代启蒙的结果——针对施特劳斯表面上的攻击,我为尼采辩护,我认为尼采推进现代启蒙的政治计划,正当地基于一种对整全和对当前精神处境的哲学理解,且正当地推进了哲学的伟大传统,即由理性之人通过辅佐诗来统治。

第七章
代表正统抨击启蒙:《哲学与律法》导论

[189]《哲学与律法》出版于 1935 年 3 月 30 日,六周后,施特劳斯致信在巴黎的科耶夫(Kojève),埋怨科耶夫还没阅读就把他的副本借给了朋友:

> 就读读导论和第一篇。导论非常大胆,仅此就会让你感兴趣……在我看来,这是我写过的最好的东西。①

克莱因表示赞成;他在向施特劳斯反馈时,称之为"划时代的""无与伦比的书",并说导论"无疑属于你写过的最好的东西"。但克莱因补充说:

> 如果为了理解所写的东西,人们就得翻来覆去再三思考——"人们"怎么会理解它呢!?②

克莱因援引的是施特劳斯对导论的"自我评论",但如果它必须被"翻来覆去"(hintenherum)再三阅读,他肯定刻意把它弄得间接和复杂了,尽管他还不知道伟大哲人们的书实际上多么间接和复杂,多么显白。

---

① 1935 年 3 月 9 日的信,《论僭政》,230。"大胆"可能部分在于该书的场合:施特劳斯需要该书支持他获得耶路撒冷希伯来大学中世纪犹太哲学方面的新职位。写一篇在结尾实际上宣布自己无神论的导论,就求职意图来说很大胆。
② 1935 年 5 月 6 日的信件。未能得到克莱因所援引的施特劳斯信件。

施特劳斯能够在 1935 年初的几周之内写就导论,是因为导论所汇集的主题,他已经密集思考了 15 年,然后他作为完全投入的辩护人,以简驭繁和能言善辩地呈现它们——这是战争,赌注极高的精神之战,他知道如何制敌。汇集他过去思考的同时,如迈尔所述,这篇导论也"规划了施特劳斯未来的研究"。①这篇导论写在他关于显白风格的那些决定性发现的前[190]三年,展现了施特劳斯生涯的连续性:那些发现并未改变他的关注,但带来了新的和意想不到的深度,因为在他这里已经先入为主的中世纪和古代哲人,竟然是比他先前所想更好的向导、更知情的榜样。尽管如此关键,尽管自我好评,但施特劳斯并未关注对导论或《哲学与律法》中另外三篇文章予以翻译。②

施特劳斯的前两段——用一个小破折号跟其余 15 个段落划分开——为他的书设定了目标,且表明了他的历史意图:从现代偏见中复原"对真相的寻求",那是哲学的真正戳记。③苏格拉底还不是典范。在施特劳斯发现迈蒙尼德实际藏在《迷途指津》里的是什么之前三年,迈蒙尼德已经是理性主义"真正自然的典范"。施特劳斯第一段里对迈蒙尼德的推崇表述了他的论辩意图:迈蒙尼德是"让现代理性主义跌倒的绊脚石"。反启蒙是施特劳斯的基本目标:

> 唤起一种赞成如此看待迈蒙尼德的偏见,甚至激起对强大的相反偏见的怀疑,乃是当前这部作品的目标。

作为辩护人,施特劳斯在写作时很清楚自己的修辞目的:偏见不

---

① *GS*, 2. xxvi。

② 肯定有其道理,鉴于他确实安排翻译了《斯宾诺莎的宗教批判》,一本不太关键的书——它的翻译可悲地缺乏一些必需的东西,更别提是一个"施特劳斯式的"翻译了。

③ Eve Adler 的翻译(两个英文译本中较为准确的一个)忽略了施特劳斯放在第二段后面的有用的小破折号。对这篇导论的引用将给出段落序数。我采用了 Adler 的译本,但有时候会做更加直译的调整。

第七章　代表正统抨击启蒙:《哲学与律法》导论　221

仅是他的靶子,也是他想要树立的东西。因此他的导论既非靠注解,也非靠理性证据来论证;相反,它打算去说服,诱人且强劲地去说服。①

第二段摆出了对施特劳斯来说什么是哲学的一个范例:首先是非常努力地了解当前的精神[191]处境,即思想家常常发现包围着自己的先入之见的云雾。自知——从苏格拉底到尼采的哲人们的特征——的第一步,是通过外部观察来了解他所处的、已经由主导意见塑造的世界。施特劳斯声明,我们的当前处境使人预先相信当前是已经达到的最高一阶,从过去学不到什么重要的东西。但"谁若想要厘清关于当前的想法",谁就肯定会对照"现代理性主义"和它起初借以兴起、最终又予以击败的中世纪理性主义。他许诺,严肃地做此对照,将会转变探究者心目中的中世纪理性主义:起初只是澄清当前处境的手段,现在上升为度量现代理性主义的"标准",且将现代理性主义贬低为仅仅是"假装的理性主义"。施特劳斯将暴露和批评其两个主要特征,其"观念论"和其事实/价值分离。

施特劳斯的目标是复原他在这段第一行所说的东西,一种"自然的对过去的倾向"。他没有解释他的用语,但复原自然的东西意味着当前或现代是不自然的,因其背弃过去,向未来寻找榜样。自然的在此

---

①　甚至 Adler 的翻译也不能将德语散文的特别力量转入英语,德语散文能够把冲击、惊奇和乐趣叠加进很长的、结构复杂的、能量满满的句子之流,其整体感因一个或多个结尾动词而干脆明了——且这些长句被简洁短小的句子隔开。这篇导论表明施特劳斯长期打磨的修辞技术的高度。对于未曾浸润于那些久远争论的后来读者,它的一个缺点是高度抽象地处理那些历史上可辨别的立场。施特劳斯后来成熟时对这些思想战争的反思,以可敬的清晰呈现于他 1962 年自传性的《〈斯宾诺莎的宗教批判〉前言》(《古今自由主义》,224 - 259)。在导言的抽象中还朦胧不明的许多材料,在自传中则变得清晰了,有名称的给出了具体的名称,有引用的给出了引文,有历史背景的交代了背景,而且,一切都是作为一个老人对自己的反思心酸地表达出来的——那时他还是"一个犹太青年……陷在神学 - 政治的困境中"。

不是指向作为探究对象的自然,而是指向某种类似胡塞尔(Husserl)所说的"自然的态度",人们按习俗所采纳的对事物不加反思的处置方式。将一种"自然的对过去的倾向"当作事实,意味着存在一套超历史的先入之见,一个普遍化的生活世界,它会把现代历史观看作错误或冒犯。施特劳斯对过去的复原,其目标不只是复原当前的起源,而且是复原他似乎看作榜样的和超时间的人类状况,这种先于反思的人类状况已经被主推历史性的现代观点给弄丢了。

启蒙与犹太教的当前处境

《哲学与律法》旨在复原中世纪理性主义,其"对于我们而言的'典范'是迈蒙尼德"。我们:施特劳斯1935年的书是为犹太人而写的,如同他之前的多数作品。①他的诉讼始于第三段。"犹太教的当前处境……由启蒙决定",[192]而启蒙是"由笛卡尔的《沉思》(*Meditations*)和霍布斯的《利维坦》(*Leviathan*)所发起的17和18世纪的运动"。这是关于施特劳斯的启蒙观的第一个指示,可以作为衡量他的理解的第一个机会,因为他点到的两本书远非发起了启蒙,严格来说,它们意在服务于一些已经被发起的东西,它们旨在推进启蒙的真正根基。笛卡尔的《沉思》(1641)服务他第一本书,1637年的《谈谈正确运用自己的理性在各门科学里寻求真理的方法》(*Discourse on the Method for Conducting One's Reason Well and for Seeking the Truth in the Sciences*)里所展现的计划。在那里,他的"沉思"占据了第四部分,由作为笛卡尔自我掩护手段的第三部分精心导入,又由第五部分精心跟随,第五部分宣布他将只在这里呈现"比我之前学到的、甚至希望学到的一切都更有用和更重要的真理"——这

---

① 迈尔点出,在1935年的德国,"一位'犹太作者'在犹太出版社出的论'犹太主题'的出版物……实际上无人问津……《哲学与律法》自1935年付印以来未曾真的公开"。"How Strauss Became Strauss",2;*GS*,2. x – xi。

第七章　代表正统抨击启蒙:《哲学与律法》导论

里还概括了他对新自然科学的贡献,他在第六部分缄默地承认,这种新自然科学源于培根。至于霍布斯的《利维坦》(1650),克雷格(Leon Craig)表明,霍布斯在那里以世界历史上的成功事物所倡导的政体,旨在提供培根式科学可在其中得到推进和确保的政治框架。"大法官培根喜欢会晤"①他的秘书霍布斯,霍布斯肯定也喜欢跟他会晤,《利维坦》就服务于这位导师的新科学。这一启蒙的元素,启蒙在新自然科学中的基础,被施特劳斯忽视了。未能承认公共的自然科学对我们当前精神处境的根本作用或最终影响,这在我看来是施特劳斯对现代启蒙之看法的主要缺点。1935年的时候,他还不能充分意识到他在1938–1939年所发现的无所不在的显白风格,但即便在那些发现之后,他对现代哲学和政治哲学的解释也未能对新自然科学所扮演的角色给予应有的地位。

摆出"犹太教的当前处境"(3)之后,施特劳斯谈及与当前有着特别联系的、作为过去事件的"启蒙时代":因为当前与启蒙共享所有的前提,所以"仅仅或主要是启[193]蒙与当前之间的对立容易得到评论和严肃对待"。在不太根本的问题上的对立,使当前断定启蒙在进步意义上"被克服了",抛在后面的是其"琐碎的"关切和可鄙的"浅薄"。施特劳斯列出四个"启蒙和正统所争论的重大争议问题",它们甚至不再被提出:经文的字面启示,圣经神迹的真实性,律法的永恒,世界的受造。如今得到承认的是:经文出自人,神迹不可能,律法可以随历史变化,世界是永恒的。当前可以嘲笑启蒙是肤浅的和过去的,因为在所有重要的方面,启蒙过去胜出了且如今正在统治。启蒙应该胜出,应该统治吗?施特劳斯在1935年的答案是不,正如1921年,他在博士论文里维护雅可

---

① 见克雷格放在他丰碑般的和极具启发的 *The Platonian Leviathan* 开头,出自 John Aubrey 的 *The Life of Mr Thomas Hobbes of Malmesbury* 的长段引文。施特劳斯在《霍布斯的政治哲学》中认为,"霍布斯的成就……无论多么伟大,都是次级的——次于伽利略和笛卡尔对现代科学的奠定"(《霍布斯的政治哲学》,2)。

比的观点,即启蒙的攻击不可能触及正统基督教的驳不倒的核心信仰。在 1921 到 1935 年之间的文章、讲课和信件中,施特劳斯经常重复这一观点。①

为他 1935 年的"不"做准备,施特劳斯强调了这一议题的分量:如果这四个争议点都倒向启蒙,"则必须说,启蒙已经侵蚀了犹太传统的基础"(4)。他认为,那正是斯宾诺莎激进启蒙的意图,激进启蒙衍生了"温和启蒙",后者努力调和启示的要求和理性的要求,这遭到施特劳斯的鄙视。②"后来的思想家"看到无法维护这一温和的努力,便接受了激进启蒙的全部结论,同时代表传统构筑了"反击"的工事,办法是把创世、神迹、律法和启示这些概念"内在化",他们的想法是,通过把这些概念转化为对人类经验来说真实的心理现象,来重建根基。施特劳斯三次不点名地说到"后来者",谴责他们的观点:"内在化"是一种不诚实;如果神没有在"外在的"意义上[194]创造这个世界,"那就必须诚实地否认创世,或至少绝口不提创世"。

为回应温和启蒙的不足而发展出来的内在化策略延续到"今天",延续到新神学(后来被称为"新正统"),那是施特劳斯在 1920 年代密切研究的主题;其犹太传统中的最重要人物是罗森茨威格(Franz Rosenzweig),施特劳斯对他非常敬重,还有布伯(Martin Buber),施特劳

---

① 施特劳斯的博士论文,《雅可比哲学中的知识问题》("Das Erkenntnisproblem in der philosophischen Lehre Fr. H. Jacobi")重刊于 GS, 2. 237 – 298;尤其参见 247、250 – 251、270 – 277、281 – 283、285 – 287、288 – 291。关于施特劳斯的思想起源,参看 Chacón, "Reading Strauss from the Start"。还可参看 Janssens, "Problem of Enlightenment"。Janssens 的 Between Jerusalem and Athens,对于施特劳斯从 1921 年起、经过 1935 年对启蒙一贯的和激烈的攻击,提供了虽然不加批判但是有用的解释。施特劳斯从这一时期起的许多重要出版物都由 Zank 翻译并给予精良的注释和评论,见 Leo Strauss: The Early Writings。

② 以色列(激进启蒙)显示的自我意识,正是激进的斯宾诺莎用来准备温和启蒙的自我意识,而温和启蒙得到自由主义的新教神学家和知识分子的热情拥抱。

斯对他无感。① 对施特劳斯来说，实际上这一反击在唯一重要的层面（创世、神迹、律法和启示的实在性）是彻底的投降。"内在化其实就是否认"，但又显得不是否认，因为我们已经受制于启蒙思想方法的权力(5)。打破那一权力的唯一方法是"通过历史反思来刻意地与我们的偏见斗争"——这正是施特劳斯终生采取的手段。他把我们无意识陷入其中的当代偏见称为 Befangenheit，这个词在司法上用于证词中的偏见。施特劳斯认为，我们能够逐渐明白我们陷入了偏见——只要我们审查"内在化"通过两种文本证明方法为自己辩护的方式：一种是从教义形成的时代之前选择性地引述有利的表述；另一种是采用传统内部的极端表述，好像这些表述很根本。施特劳斯在这里添加了一个脚注，在脚注里，他的神学论辩"延伸"到哲学。这个脚注很重要，因为它是施特劳斯多年思考哲学史和古今之间差异的结晶。他在此表达了他对启蒙的关键控诉，并且指出了如何打破启蒙对我们的钳制。

哲学脚注中的自然

　　启蒙的目标是通过否定（或限制）超自然，来恢复自然，结果却发现新的"自然"根基，但它远非自然的，倒不如说是"超自然"的残余。

——这一声明将在[195]施特劳斯的工作中具有长期和重要的作用：启蒙不自然和不自觉地延续了启示；它不自知；如实地了解它就从它那

---

① 施特劳斯对新神学的关切很宽泛：他先是感受到以巴特（Karl Barth）的《〈罗马书〉释义》(Commentary on the Epistle to the Romans) 为代表的基督教思想中的革命(1919年；见《犹太哲学和现代性危机》，460，《告白》)，他还阅读当时其他基督教神学家诸如 Friedrich Gogarten 的作品(《哲学与律法》，48-49)；他研究过加尔文(Calvin)，加尔文对基督教正统的辩护为他辩护犹太教正统提供了榜样(《斯宾诺莎的宗教批判》，193-214)。还可参看施特劳斯的文章《〈霍布斯政治学〉前言》(Preface to Hobbes politische Wissenschaft)，1："神学的再次唤醒，对我来说，其代表人物是巴特和罗森茨威格。"

里赢得了自由,且打开了复原真正自然的途径。

施特劳斯的控诉声明,"宗教和哲学传统的创建者们,从自然和典型出发",抵达某些"极端的可能性和主张"。那些极端几百年来为人所知,使它们对于现代的创建者来说"自明,并且在这个意义上'自然'",现代的创建者没有如实地对待它们,竟把它们当作起点或基础,以便否定宗教传统和哲学传统。施特劳斯简洁地做了关于古代和现代如何不同的普遍声明:

> 古代和中世纪哲学从典型出发来理解极端,相反,现代哲学在其源头和所有不回归古老教导的地方,都从极端出发来理解典型。

有四个例子证实了这一抽象主张;它们全都源自施特劳斯论霍布斯的书,他把霍布斯视为"现代政治哲学的创始人"。①

第一个例子说,现代人不考虑"德性的本质和德性是否可教这一'琐碎的'疑问",如此一来,"极端的('神学的')博爱德性就成了'自然的'('哲学的')德性"。读过柏拉图的《普罗塔戈拉》就知道,施特劳斯在此暗指苏格拉底所做的努力,即迫使普罗塔戈拉去考虑德性的本质和德性是否可教。虔敬在那里跟勇敢、正义、节制和智慧一起出现,但博爱这一"神学的"德性当然没有出现。②基督教的博爱德性并不属于哲学传统的创建者审定为自然的或典型的德性;它是由使徒保

---

① 《霍布斯的政治哲学》,"美版前言",xv。施特劳斯此书的德文版,*Hobbes' politische Wissenschaft in ihrer Genesis*,完成于1935年5月,即写完《哲学与律法》的导论之后数月(*GS*,3.773)。最早的英文版,*The Political Philosophy of Hobbes: Its Basis and Its Genesis*,问世于1936年。

② 施特劳斯在他论霍布斯的书里讨论了柏拉图的《普罗塔戈拉》(*GS*,3.166–169;《霍布斯的政治哲学》,145–149)。论及霍布斯未能"首先询问'什么是德性?'和'德性可教吗?'",施特劳斯补充了一个疑问,"什么是国家的目标?"(《霍布斯的政治哲学》,152)。头两个疑问由此扩展到根本的政治疑问。他进而认为,霍布斯用国家目标取代了(基督教)传统或通常意见,其回答是国家的目标是"不惜代价的和平"。霍布斯因此未能遵循柏拉图,提出对于国家来说"什么是好的和合适的"这一疑问(《霍布斯的政治哲学》,153)。

罗提升到具有独一重要性的"极端",使徒保罗大概属于施特劳斯所说的"宗教传统……创建者"之一。鉴于基督教的长期优势,[196]博爱逐渐显得自然,甚至成了"哲学的"德性。是否现代传统的创建者不自觉地忽略了苏格拉底,欠考虑地接过基督教的极端,并把它当作对哲学来说自然的东西?答案是不。培根这位娴于辞令的大师,这位为现代创建者们的修辞策略确立典范的人物,是为了修辞的好处而自觉采用了基督教用语——博爱。他要把反基督教的计划推销给他所敌对的基督教世界:采用对方的词汇,使这个计划改头换面,显现为基督教博爱的虔诚应用。培根显白地抬高博爱,但更推崇亲人类,一个希腊的而非基督教的德性,一个他知道有着柏拉图根源的哲学德性。跟施特劳斯发现显白风格之前的这篇文章里的观点相反,培根和他的徒众知道他们是把基督教语言用到反基督教的计划,用到希腊的、哲学的计划上。①

施特劳斯第二个关于极端的例子,从他指向《普罗塔戈拉》和《法义》来看,指向的是"哲学传统的创建者"(没有点名,但可以等同于苏格拉底/柏拉图)对希腊勇敢德性的批评。②苏格拉底对勇敢(希腊男人气质的首要德性)的哲学批评,从属于他对"知识的极端(因而在此生不可实现)观念"的发现。苏格拉底对知识极端的追求并未牺牲勇敢的德性品质,但现代人霍布斯"激进化了"古代的批评,"以致勇敢的德性品质被直接否定"。③苏格拉底式哲学安置了社会德性的"自然"秩

---

① 培根,《文集》(*Essays*)13,《善和自然的善》;参看我的《尼采与现时代》,前揭,137。培根对博爱的用法影响了笛卡尔的慷慨大度(générosité)和霍布斯的恢弘气度(magnanimity),对此施特劳斯有过讨论,见《霍布斯的政治哲学》,55-57。

② 施特劳斯指的是普罗塔戈拉的一个讲辞,该讲辞推崇勇敢,且把勇敢跟其他三个德性分离(《普罗塔戈拉》349d)。施特劳斯还指向雅典异乡人的一篇讲辞,后者贬低他的两个对话者最推崇的德性——勇敢(《法义》,630d)。参看《霍布斯的政治哲学》,145-149。

③ 关于施特劳斯展开讨论的"勇敢"在霍布斯那里的命运,参看《霍布斯的政治哲学》,163-165。霍布斯否认了勇敢的德性品质(164),但他的方法必然导致"勇敢对智慧的反噬"(165)。

序,同时上升到真实的知识极端,它是自知无知,是关于难以企及的东西的知识。这一极端已经成了传统并因而普通,或者说外在可见,对它的熟悉使它容易被误用,容易名不副实。施特劳斯的要点似乎是,现代哲学并非哲学,并且它摧毁自然德性。

[197]施特劳斯的第三个例子也出自不点名的霍布斯,他把"'必要性的权利'这一极端情况……纳入自然权利的根基"。必要性的权利出自恐惧暴死这一根本激情;作为自我保存的权利,它是现代自然权利的基础,它先于法律,是法律的基础。①这篇导论的一个主要议题就是,当苏格拉底式地加以理解时,自然权利赋予的究竟是什么。

第四个例子着眼于未来而非过去:"驳斥神迹的极端可能性,成了哲学'观念论的'转变的根基。"施特劳斯将用这一声明的两个部分来说明问题:驳斥神迹是现代哲学的基础,这种反驳基于恐惧;"观念论的"转变指向认识论的观念论而非道德的观念论,指向一种更极端的把人类认识当作制造的解释,认识世界就是制造世界。

施特劳斯的四个例子讲出他对启蒙哲学根基的主要批评:它不知道自己在做什么。出于反抗统治宗教的单纯激情,启蒙哲学从哲学传统挪用了高明的洞见,把它们当作普通的现象,同时受到了它起而反对的宗教的感染。这是1935年:施特劳斯后来的发现所促成的对现代创建者们显白风格的恰当洞见,取消了这些反驳:伟大的现代创建者们是显白的大师。他们非常知道他们在做什么;他们认为敌对的基督教是对哲学的威胁,他们认为必须与之开战,同时又要显得与之结盟。

施特劳斯接着说:尽管有这些位于源头的失败,启蒙之路却走向了一个幸运的结果。当它在我们当前精神中结束时,创建者们因欠缺自知而看不到的真实创建行动变得可见了。哲学本身从中创建的自然处境,现代性予以掩盖的自然处境,变得可见了。施特劳斯致密的脚注结

---

① 施特劳斯详论了霍布斯关于权利优先于法律这一观点的革命性,参看《霍布斯的政治哲学》,155 – 157。

束于这一重大的好运:"启蒙所着眼但却错过的自然根基,[如今]变得切近。"尼采来帮忙:他"激进化了""启蒙对传统的批评"。凭着他"对传统(希腊和圣经)原则的批评……一种对这些原则的原初理解再次变得可能"。处在他所拒绝的历史主义当中,施特劳斯小心地说,"为且仅为那个目的"——即复原传统的原初原则——"哲学的'历史化'才正当和必要"。这里有施特劳斯的终生目标,[198]即把开辟性的哲学"历史化",复原哲学的原初处境,复原哲学总是重新发生的自然的和必然的方式;只有通过那一复原,哲学才能成为自我理解,成为以他是谁、他在哪儿的理性知识为凭借的人类收获。完成了的现代弧线促成了哲学的复原。

对于这一从现代性复原,以便获得哲学之自然源头的过程,施特劳斯用了一个比喻。他说,我们已经落入"第二个'不自然的'洞穴"。这个比喻修改了施特劳斯在迈蒙尼德那里发现的一点,即迈蒙尼德给柏拉图洞穴之喻所描绘的三个障碍所补充的第四个对于哲思的障碍。那第四个障碍就是圣经传统,为了哲学的开始,必须打破对权威文本的习惯和服从。①圣

---

① 迈蒙尼德,《迷途指津》,66-67(1.31)。施特劳斯援引并讨论过迈蒙尼德的比喻,见《哲学与律法》,57-58。施特劳斯的第二洞穴之喻最早问世于1931年的一则书评:"今天我们发现自己处在第二个更深的洞穴中。"("Review of Ebbinghaus",*EW*,215)他最早暗示第二洞穴是在1930年12月21日的一次不公开的讲座,《当前的宗教处境》("Religiöse Lage der Gegenwart",*GS*,2.377-391)。在论及柏拉图的洞穴和迈蒙尼德的第四障碍的语境中(*GS*,2.385-387),他谈到陷入启蒙的偏见,说"我们比柏拉图的洞穴居民陷得更深"(*GS*,2.389)。时间为1932年2月6日的一篇手稿,《当前精神处境》("Die geistige Lage der Gegenwart"),同样是在论及迈蒙尼德的语境中,施特劳斯说,"如今在柏拉图洞穴之下又有一个洞穴"(*GS*,2.456;另见 462:"现代性的洞穴","第二洞穴")。在他 1948 年论斯宾诺莎的文章里,第二洞穴成了现代哲人在"他们降生所处的沟下面"挖的"深沟"(《迫害与写作艺术》,155)。对于第二洞穴的讨论,参看 Janssens,*Between Jerusalem and Athens*,102-108,以及迈尔,*Leo Strauss and the Theologico-Political Problem*,56-59。施特劳斯从未提及蒙田(Montaigne)的表述,即在黑暗和自然性方面,他的时代之于古人的时代,就如矿井底部之于仅仅一个洞(*Essays* 3.9,"Of Vanity")。

经传统仅仅是第二位的被告:我们落入第二洞穴,"较少是因为传统本身,更多是因为针对传统的反驳传统"——即因为启蒙,并且施特劳斯假定启蒙对其先入之见无知。我们必须先从启蒙那里复原,然后才能复原启蒙在其反驳中所误解和误传的东西。施特劳斯当前的哲学计划,在这个脚注里显现为设法了解如何开始,或设法使自己摆脱最初的误解并发现那一确保真正哲学结果的起点。这是一个双重的上升:"从第二个'不自然的'洞穴上升……进入柏拉图的比喻所描述的第一个'自然的'洞穴,从这里上达光明是哲思的原意。"洞察施特劳斯神学论辩的哲学背景之后,我们就可以从他的脚注返回他的正文了。

"对犹太教的关切把我们导向这里"

[199]施特劳斯对新神学的驳回,连带他更早的对温和启蒙在正统和启蒙之间所做调和的驳回,使他力促恢复"非此即彼的正统和启蒙"的"争吵","关于唯一永恒真理的……战斗"(6)。他指控最近的犹太思想者——柯亨(Hermann Cohen)、布伯、罗森茨威格——没有从事对那一争吵的"根本重审",因为这些犹太思想对正统有保留,且很清楚这种保留"源自启蒙"(7)。施特劳斯声明,"但凡密切观察过"最近犹太思想中这一运动的人们都会知道,它既没有承认启蒙所攻击的东西,也没有承认它自己对启蒙和正统之间争吵的沉默。施特劳斯的脚注(6)甚至将这一批评加诸"这一运动中涌现出的显然最重要的对启蒙的批评,即柯亨对斯宾诺莎《神学政治论》的批评"。他"顺便"向读者提到他1924年的文章,此文抨击柯亨的斯宾诺莎批判。此文非常值得注意:他24岁便在他发表的第一篇长文里信心满满且游刃有余地,摧毁了包括他自己在内的"投身犹太教的、有哲学精神的犹太人所崇敬的……大师"针对斯宾诺莎的著名论辩。①他精彩的爆破无可辩

---

① 《柏拉图式政治哲学研究》,233。

驳;其方法论的论辩将斯宾诺莎的论证提升到超出了单纯私人偏见,而纳入17世纪的荷兰这一历史背景中对正统的原则性反对,以及对"从教会监护下解放科学和国家"的原则性提倡。①完成他对柯亨的重要论辩之后,感觉到摔倒这位可敬的大师将显得多么叫人咋舌,年轻的施特劳斯好像突然羞涩了——他意识到有必要去说"一个原则问题",就好像他刚听到了一个未说出的质问:为什么你这么做?"对犹太教的关切把我们导向这里。"他进而说,那些关切有赖于真正理解斯宾诺莎的宗教批判,施特劳斯通过摧毁柯亨的私人性抨击帮助了这一理解,这一理解又导向施特劳斯自己激烈的斯宾诺莎批判。

[200]对犹太教的关切把我们导向这里。②这是施特劳斯1920年代所有作品的导向性关切,一个政治犹太复国主义者的关切,他断然不相信传统犹太教所相信的东西,他在1928年宣布自己是无神论者,且无神论是可行的现代犹太教的唯一基础。③这一基本观点在1935年没有改变。施特劳斯的导论阐明了考虑到启蒙的攻击,对犹太教的关切向无神论犹太人要求什么:对犹太教的关切要求一种健康的正统,所以它的不信仰的辩护人把回应启蒙攻击的有用论辩交给了正统。

非常重要的是,启蒙和正统之间的古老争吵必须得到重启或重新理解。(7)

在这一律令下,施特劳斯审视"启蒙对正统的所谓'胜利'",现实的但不当的胜利。为了能够审视,"就得拽出尘封的书,它们被视为这一争吵的经典文献"(8)。施特劳斯对古书的研究,尚未受到充分复原

---

① *EW*,147;*GS*,1.370。

② 施特劳斯的德语是:Wir sind hier vom interesse des Judentums bestimmt (*GS*,1.370)。

③ 《弗洛伊德,"一种幻觉的未来"》("Sigmund Freud,'The Future of an Illusion'"),*EW*,202-208;*GS*,1.431-439。

显白风格及其基础的影响,但已着眼于"获得关于两派隐秘前提的观点……以及关于争吵中它们孰是孰非的原则性判断"。他的脚注(8)示意,许多工作已经完成:他让读者去参看《斯宾诺莎的宗教批判》中的六处,它们涉及古典宗教批判和现代宗教批判的隐藏前提,并且得出他在此表述的结论:"根本不可能驳倒……传统的基本信条。"相关的一个理由在《斯宾诺莎的宗教批判》里反复陈述:"所有这些信条都基于驳不倒的前提,神全能,他的意志不可测。"并且,"作为驳不倒的正统最终前提的后果,所有基于这一前提的个别断言都无法被撼动。"①

施特劳斯的修辞不允许他承认,启蒙创建者们充分了解正统防卫理性挑战的这一护盾(其实从圣经传统开始对抗希腊智慧以来,所有哲学上有见识的信仰主义的对手都充分了解),即犹太人、基督徒和穆斯林都诉诸由全能、全知的神给予他们的成文启示,神的意图不可能由那些被死亡遮断其有限智力的[201]造物所测度。启蒙思想家知道他们的对手不被论辩所触及,知道必须采用驳斥之外的策略。施特劳斯重视他们实际采用的武器,即莱辛在启蒙与基督教的对抗中辨认出的武器:这个"武器是嘲笑"(9)。嘲笑并非尾随着先行的对所嘲笑教导的驳斥而出现,嘲笑"就是驳斥"。嘲笑因而是"正统不可驳倒的间接证据"。因此,"正统能够经受住启蒙的攻击,以及所有后来的攻击和躲闪,其本质无变化"。

施特劳斯的修辞很怪:他强调启示的一种假定的不可驳倒性,然后责备它的对手没有驳倒它,而仅仅嘲笑它。他没有说出他非常清楚的事:嘲笑在一开始,必然是遮掩的。拥有主权的正统统治且行使统治

---

① 迈尔为施特劳斯研究帮了一个大忙,他发表的《理性和启示》("Reason and Revelation")陈明了施特劳斯所示理性可以反驳启示的四种方式,这是施特劳斯对理性反驳启示的最直接演示(*Leo Strauss and the Theologico - Political Problem*,23 - 28,141 - 180)。

权;基督教正统用公开的死刑,用当众吊死、烧死、分尸、剖腹,来惩罚公开的嘲笑,震慑进一步的嘲笑。想要有效嘲笑的嘲笑者,必须像伟大的笛卡尔那样小心;他们必须成为能力非凡的思想家和灵敏技巧的作家。笛卡尔,世界历史级别的玩笑家,仅仅引导这样一些读者成为笑客,他们能够参透他的作品,并且看到他隐蔽地嘲笑的对象配得什么,那就是——被嘲笑。他由此参与发起了一个逐渐的转变,这一转变促成了像伏尔泰(Voltaire)那种公开的嘲笑——伏尔泰说,在他的时代,高级教士们彼此打量时很难不笑。清醒的施特劳斯拒绝说明的是,针对已经抛弃理性的对手,嘲笑不仅是唯一可用的武器,而且是——如伟大的现代创建者们那样正确运用的话——致命的武器。①

施特劳斯当然心知肚明。他研究尼采多年,而尼采在《快乐的科学》第一条格言就颂扬嘲笑具有改变世界的力量,这本书认为,科学与它的外观相反,它可以带来愉快,还有,关于事物的真实看法真的能带来笑,非常提神。尼采的格言把嘲笑的力量对准所有关于目的的教导。这些基于信仰的教导,禁止嘲笑任何被判定为必不可少的信条;它们招来的秘密嘲笑颠覆性地使它们丧失了信誉。最后,所有这些教导遭受的命运都是,裸露地站在台上面对着这样的观众:他们终[202]于得以尽情笑话那个一度曾支配他们的笑话。一位尼采的学生,现在则站出来嘲笑对启示之可笑性的嘲笑。他知道,没有武器好过他如此严肃揭批的嘲笑。②

施特劳斯把启蒙的诉诸嘲笑当作启蒙未能驳倒正统的证据。但启

---

① 我的《尼采与现时代》(*Nietzche and Modern Times*)中谈笛卡尔的四章(145－271)表明,笛卡尔开玩笑的能力实际上有多么大:足够帮着改变世界,而我们对他的感谢远远不够。我对笛卡尔、对培根伟大著作的解读,当然受惠于施特劳斯复原显白风格。

② 施特劳斯在一封信里谈到霍布斯宗教批判中嘲笑的作用时说:"嘲笑本质上属于所有的启蒙,无论是柏拉图式的还是现代的。"(致克吕格,1933 年 7 月 17 日,*GS*,3.431)笛卡尔在《灵魂的激情》(*The Passions of the Soul*)中谈到过对嘲笑的运用(180－181 节),施特劳斯熟读此书(《霍布斯的政治哲学》,56、88)。

蒙似乎赢了，它的貌似胜利对它有着"高度重要的积极结果"（10）。虽然启蒙的攻击失败了，但它的防御成功了：它揭示了一个事实，即正统的前提"不可被认知……只能被信仰，因而那些前提不具有可知之物的有限性"。仅仅是信仰，这彻底改变了正统在现代科学环境中的处境：

> 前启蒙的科学与信仰的教义有着某种和谐，新科学则实际处在与正统的战斗中，即使它在那一战斗中并不真的理直气壮，但它往往隐秘地，可终究总是活跃地，总是此起彼伏地反对信仰。

新科学在针对正统的战斗中是否理所当然？培根知道它并不，正是这位哲人最先把新科学的武器放在前线，与变得强大和好战的正统作战。对于培根，战斗具有的理所当然乃是针对一种宗教维护哲学本身，这种宗教把自己呈现为真哲学，并且以两个基督教正统下的彼此敌对的军队统治欧洲，而这两个正统互相推向更严格的正统和更严重的暴力，从而威胁所有温和阵营的生存。凭借"对自然神学和自然权利的破坏"，发展中的新科学成功地使启示的前提仅仅成为信仰。在现代科学的世界，

> 最终结果是，不信仰的科学跟信仰不再具有如中世纪那样的关于自然知识的共同基础，这一基础促成了信仰和不信仰之间有意义的争吵。

当前的精神处境里，正统

> 无法参与启蒙及其后嗣所创造的世界……它作为被遗忘的过去的被误解的遗物，熬过19世纪，得到的蔑视多于好奇。

施特劳斯由此证明了现代政治哲学创建策略的成功：曾经统治世界，以至威胁哲学本身（培根的判断）的东西，萎缩成微弱的力量，它的

知识[203]声明没有认知价值,它的权威声明也就没有基础。施特劳斯说正统被蔑视;这比他论辩中的修辞(说现代科学所塑造的世界使正统被嘲笑)更准确。

现代启蒙的"实则拿破仑式的策略"

启蒙对正统的攻击失败了,但这并未动摇它"建构自己的世界"(11),施特劳斯把这一建构呈现为越来越清楚地表达潜藏在现代理性主义根基处的"观念论"。"倒不如说,由于这一失败,启蒙被迫建构一个世界。"因为正统的那些信条"不能被经验或矛盾律驳倒",所以,

> 没有别的办法,只能尝试证明,无需假定不可测的神,就完全能理解世界和生命。也就是说,反驳正统要求一个体系的胜利。

> 人造的世界必须抹掉单纯"被给予"他的世界;正统将不只是被驳倒——它会被"甩掉"。

施特劳斯向前迈进,像个犹太人的克尔凯郭尔(Kierkegaard),或至少是约翰尼斯·克里马科斯(Johannes Climacus)[译按:克尔凯郭尔的笔名之一],后者嘲笑黑格尔的体系及其假想的驳倒基督教的力量。他甚至做到颇有约翰尼斯的尖刻,后者曾说,总是得为有关体系的完成等到下个礼拜日。就施特劳斯来说,想要的体系始于斯宾诺莎,终于海德格尔(Heidegger)。他修辞的靶子是启蒙对一个世界的"建构"(这个世界看上去完全是个观念建构物),是一种世界解释,它的有效性基于它最终解释一切,而不给神留下位置。

施特劳斯给这一策略引入一个军事比喻:

> 启蒙以一种实则拿破仑式的策略来争取胜利,即把正统无法攻克的堡垒丢在后面,告诉自己敌人不会也不能冒险出击。

施特劳斯的比喻听起来像好记的、敲打性的嘲讽,但它是完美的赞扬,非常漂亮地符合这一实际策略。像所有"因对抗同一个力量——黑暗王国——而团结"(《思索马基雅维利》,231)的盟友一样,笛卡尔知道他的敌人,也知道孤独的思想家若要颠覆那一时代的统治者们所能采取的策略:只能用书来引发一场运动,它将缓慢地吸引门徒,直到它变成一支大军,让任何"古代王国"都难以抵御。他的《谈谈方法》仅仅提及"中国和墨西哥的古代王国"(第三部分),但用意主要在于基督教欧洲,欧洲受制于[204]两派敌对的基督徒,而笛卡尔特别注意第一手地观察两派的战争。笛卡尔承认培根精通拿破仑式策略。培根在《宣告一场圣战》这篇刻意死后发表的对话里展现了这一策略。六个欧洲领导者齐聚巴黎,讨论针对伊斯兰进行圣战的必要性;但培根精湛的显白风格让我们看到,两个从希腊和罗马得名的人物密谋针对基督教发动理性圣战,而两个从圣经得名的人物,代表天主教和新教这两个正统的宗教狂热者,则通过坦率呈现数百年来由他们的两个最高正统所犯下的罪行,来颂扬这两大正统的神圣使命。①

如培根自己在《献给安德鲁斯主教的信》("Letter of Dedication to Bishop Andrews")中所说,《宣告一场圣战》是这位现代科学技术计划的创建者唯一"进入圣殿"的作品,他的其他作品都是"进入城邦"。凭着这个小对话,雅典人进入了耶路撒冷,目标是占据和统治它,正如使徒保罗曾经进入雅典,旨在统治它和它的"未识之神"(《使徒行传》17:15-34)。培根意在取得保罗那样的成就,先只靠言辞。自从培根的小对话首次问世,过去的将近四百年已经验证了他那实则拿破仑式的策略对于改变世界的效果。跟后基督教的欧洲一样,在世界上那些现代

---

① 对于现代的精神战争,培根的《宣告一场圣战》是极为重要的文献,但它似乎让当代编者感到为难或不屑,没有一个觉得适合在他们的集子里再版它。我的版本,最先由 Waveland Press 出版,现在可以在 http://books.google.com 免费下载。感谢 Dereck Coatney 制作在线版本。

第七章　代表正统抨击启蒙:《哲学与律法》导论　237

启蒙精神已经成为主导的地区,驳不倒的正统已经变成了什么？后方的一系列难以攻破但根本不能冒险出击的小堡垒,像哈特莱特派(Hutterite)或门诺派(Amish)居住区,在一个愿意宽容他们的世界的包围圈内,平静地践行他们的真理,而如果他们像加尔文在日内瓦那样掌权,他们将绝不会宽容"世俗",并且会让塞尔维特(Servetus)因异端观点而被烧死。哪个无法攻克的堡垒不像门诺派居住区,它们哪个有终极统治权且能用所有现代技术武器武装自己以便出击？像施特劳斯在1935年所做的那样,继续用论辩来武装他们,这还可被看作智慧吗？

　　该议题不仅仅是策略的,因为这个被激进启蒙"建构的"世界,被科学看待的世界,并非如施特劳斯此处的修辞所想的那样,仅仅是观念建构物。现代[205]科学对这个世界的描述旨在符合这个世界,同时它认识到这一描述永远未完成,永远服从进一步的发现,沿着唯一可行的基于事实的学问轨迹;科学的获知方法所担保的世界,其真实性是有条件、可验证和可反驳的,如尼采所说,其真实性处在不信的警察监督之下。①启蒙不怕人嘲笑它在下个礼拜日总是需要完成两个任务:一个概念性任务,涉及它对这个世界的理解;一个说服性任务,涉及所有人群解释这个世界的方式。启蒙的实则拿破仑式的策略既掌管着其起源,也掌管着其当前。

　　值得多加考虑施特劳斯关于一种实则拿破仑式的策略的比喻,因为很多事情恰恰取决于启蒙在其开端如何行动。对于欧洲的未来,启蒙的显白方法隐藏着什么动机和目标？这个比喻描画了一支推进的军队,它不在围攻按说无法攻克的堡垒上浪费精力,它的力量控制了整个平原及其周围一切目力可及之处。这个比喻描画了唯一的获胜策略:尽可能地推进;通过对自然世界和人类世界的如实洞见,在所有方向打开新的视界,从而向新的地平线推进;背对着那些封闭的地域向前推进——那些攻克无望的堡垒声称了解这些地域,并声称这些地域就是

---

① 尼采,《快乐的科学》,格言344。

规定了我们的地平线的世界。现代哲学的创建者们处在极大压力之下,他们认为这压力威胁到大有希望的文艺复兴文明,进而威胁到哲学本身,他们知道自己在冒极大的风险。培根像他所有后来的盟友一样,是柏拉图的学生,他非常知道柏拉图对科学技术进步的警告:他把自己死后出版的向着这一世界的邀请命名为《新大西岛》(*New Atlantis*),并且表明,鉴于他当前时代精神处境的迫切需要,为什么柏拉图在《蒂迈欧》-《克里提阿斯》中针对他所虚构的大西岛的苛责可以合理地撤销。①《新大西岛》暗示了培根神学政治规划的长期目标,即约束自主的或者说统治性的基督教。在本撒冷(Bensalem)这个已经受惠于培根式科学有三百年的太平洋岛屿,一位智慧的领导者引入基督教作为公民宗教。其圣书的现身是通过科学营造的奇迹,但策划这一奇迹的不是单纯的科学家,而是本撒冷的实际统治者,一位哲人,他像哲人通常那样,罕见而自然地显现在那个时代,但他顾及本撒冷的制度,在自己降生的这个岛上[206]发现了一条已经铺就的通往哲学统治的路。像所有哲人那样,这位哲人在本撒冷历史的此刻估量了他的时代,并且给出可行的最佳方向。他判断,现在最应在已经确立的科学的公共统治之下,引入温和版本的基督教。培根的神学政治规划利用了现成的神,同时缓解了他的威力,使他服从哲学统治。②

培根启动他宏大的神学政治策略是为了什么?是为了苏格拉底式理解的哲学,因为培根跟苏格拉底一样,认为哲学的本体论,或者说关于存在的最终看法,可以通过爱若斯的寓言传达。培根在《论古人的智慧》(*The Wisdom of the Ancients*)中重述了31个寓言,其中第17个是

---

① 我对《新大西岛》的解读收录在《尼采与现时代》,前揭,27-66。

② 参看我的《尼采与现时代》,前揭,30-31。在一个值得注意的情节中,一位哲人承认了另一位哲人兼导师,笛卡尔在《气象学》(*Meteorology*)里表明如何营造一版天空迹象,以比肩培根的把基督教引入本撒冷的奇迹:笛卡尔也着眼于把基督教制成作为温和公民宗教的新粘土。参看我的《尼采与现时代》,前揭,157-159。

《丘比特或原子》("Cupid, or the Atom")。"这个寓言涉及自然的婴幼时期,并且所见之深"——达到极致,

> 我觉得,爱是原初质料的嗜欲或本能;或者更直白地说,是原子的自然运动;它确实是从质料中构造和形塑事物的原始且独一的力量。

这个寓言让爱若斯"完全无父无母;即没有因由",从而把质料固有的嗜欲描述为初始原则。在后来抛出的对这一神话的解释中,培根说,把丘比特表现为无父无母或没有因由,这是"非同小可的重要判断;而且,我不知道这是不是最重要的事情"。①它如此重要,以至于"哲人应该始终提醒自己,丘比特没有父母,以免他的知性偏向不真实"(463)。当时培根正在讨论德谟克利特(Democritus)的原子论,他用丘比特的寓言来描述质料的根本嗜欲,并且在德谟克利特的方向上修正德谟克利特,他认为比原子质料更原初的乃是比所有已知的力更根本的力,即原力或原初运动(464)。培根作品19世纪的编辑者埃利斯(Robert Ellis)说,"培根对原子理论的那些原则有深入的洞见",因为在培根那里,"原子理论成了仅仅关于力的理论"。②培根赞同哲人们的本体论,即认可生成的主权,并在生成中发现一种根本的嗜欲原则。培根还像古代哲人们一样,从[207]关于全体存在的理解进至关于最高存在的理解。

培根的神学政治策略在所有方向都推进了战线,包括神学,对于神学,如色诺芬和柏拉图所示,显白风格是哲人不可缺少的化妆。搁置无法攻克的堡垒;让这些堡垒的护卫们确信,他们统治的领地完全是他们

---

① 《根据丘比特和天的寓言,论原则和起源》("On Principles and Origins according to the Fables of Cupid and Coelum"),GS,5.426。
② GS,3.70,《论原则和起源》的前言(preface to De Principiis atque Originibus)。

的;假装承认他们凭信仰所持的东西是知识;主张他们对他们的知识领域有权利,而我们对我们的有权利。只在这一程度上触及他们的领域:规劝,如果不是规劝正统的护卫们,也是规劝护卫们的个别门徒去相信他们自己的权威也鼓励知识的增进。所罗门王不是也研究自然吗?所以有了神秘的新大西岛的神秘的开创国王所拉门纳(Solomona)这个名字,他从事关于自然的理性研究。最深的基督教德性——博爱不是命令救济人类的生计吗?所以使博爱成为召唤新科学及其伴随技术的声音。激进启蒙的显白风格,培根的策略,着眼于愚弄有关时代的精神统治者:你统治你的领域,让我们统治我们的,因为我们都在为神做工。确信正统没有认知价值之后,培根就可以解放一种对自然的研究,它配备所有可以利用的人类智力和想象,并且有望赢得所有认知方面的争夺战。它还有望使无法攻克的堡垒解除武装,在新的知性视界内剥夺它们的攻击武器,最终在一个推崇理智的世界里剥夺它们理智方面的尊严。它还有望在几百年后,在现实世界复制他为新大西岛所想象的条件:一种貌似基督教的宗教来辅佐由主权性哲学悄然统治着的科学。

这一革新有必要是——施特劳斯和约翰尼斯·克里马科斯嘲笑它不是——完美体系吗?随着科学几百年的进展,有一个关于宇宙、生命和人的联合科学的融贯体系,有一个宇宙学、生物学和人类学能够在相关主题上获得高度可信和不断拓展的知识,这就足够了。①要求完美体系就是要求无法攻克的堡垒——足够聪明的人可能会戏仿和嘲笑这一要求。笛卡尔足够聪明。他向耶稣会士,[208]掌权者的教育者,提交他的《沉思》。在《沉思》里,耶稣会士们可以看到一个论证体系,它宣称完美,且证明了神的存在和(在第一版的副标题中)灵魂不朽:耶稣

---

① Stephen Greenblatt 的 *The Swerve: How the World Became Modern* 主张,卢克莱修长期失传的《物性论》(*De rerum natura*)及其自然解释所基于的原子物理学于 1417 年重被发现,启动了奠定现代革命的思想力量。还可参看 Brown, *Return of Lucretius to Renaissance Florence*。

会士们是否乐意把《沉思》作为唯一引导学生通往哲学的书籍,取代所有他们用过的老的经院作品呢?这是拿破仑式策略的一个新办法,因为《沉思》包含笛卡尔物理学的所有原则,耶稣会士若采用它,就是把希腊木马引入特洛亚堡垒。

笛卡尔在致好友 Marin Mersenne 的信里密告他以《沉思》的策略:

> 这六篇沉思包含了我物理学的全部基础。但是,请你千万不要说出去,因为亚里士多德的徒众会觉得很难赞同它们。我希望他们逐渐适应我的原则,认可它们的真理性,然后再注意到它们摧毁了亚里士多德的原则。①

与此同时,对于既非耶稣会士,也不领受耶稣会士监护的那些人,《沉思》里有"比[笛卡尔]之前学到的甚至希望学到的任何东西都更为有用和更为重要的真理",追随培根,笛卡尔承诺,这些源于自然研究的真理将使我们成为"自然的掌控者和拥有者"。笛卡尔称赞伊丽莎白公主(Princess Elizabeth)是自己最好的读者,他私下愉快地说给她的东西,最好的读者们将自己从他精湛的显白著述中学到。至于他的形而上学沉思?在上面不要比他花时间更多,一年几个小时就够了。②

一种实则拿破仑式的策略。施特劳斯尚未发现其成功所凭借的显白风格的性质和规模。③

---

① 笛卡尔,《哲学书信》,92 - 94(1641 年 1 月 28 日);见我的《尼采与现时代》,前揭,163。对笛卡尔显白风格的总论,见《尼采与现时代》中的《培根分子笛卡尔》这一章,145 - 170。

② 笛卡尔,《哲学书信》,141 - 142(1643 年 6 月 28 日)。

③ 感谢 Theodor Ebert 的侦探之作,如今我们可以领略到设防的天主教徒是以生死存亡的严肃性来看待笛卡尔的威胁:350 年后,Ebert 构筑了一个有说服力的案情,证明笛卡尔是被天主教教士谋杀,一名索邦的神学博士,效力于驻斯德哥尔摩的法国大使馆,他施用了含有砒霜的圣餐饼。见《笛卡尔的神秘死亡》(*Der rätselhafte Tod des René Descartes*)。

与此同时,施特劳斯嘲笑实则拿破仑式策略的段落(11)得出了它的结论:启蒙失败了。施特劳斯带着讽刺指出,启蒙放弃了"对于正统的不可能的直接反驳",转而"致力于它自己专属的工作,对世界和人的文明化"。启蒙的胜利取决于那一工作的成功(启蒙谋略家们很清楚):"如果这一工作顺利,或许就无需进一步证明启蒙对正统的胜利是正当的。"但施特劳斯对当前精神处境的看法使他判断[209]启蒙已经失败:

> 这一信念正在熄灭,即通过一再推后"自然的界限",人可以进至越来越大的"自由",即人可以"征服"自然,为自然"开出人的法律",凭借纯粹思想来"产生"自然。

施特劳斯援引现代哲人的表述来示意现代图谋已死,接着他用两个疑问——它们为导论的后面部分设定了议程——结束了这段。不过在考虑这两个疑问之前,思考施特劳斯的表述,"征服自然"或为自然"开出法律",不无益处。在1935年的此处,他用出自洛克和康德的表述来谴责启蒙,但这两个表述完美适用于施特劳斯35年后放在他最好的书——《色诺芬的苏格拉底言辞》——中心的东西:苏格拉底设计了一个"目的论神学"来使自然服从于关于自然的理念或观念。苏格拉底的目的论神学为自然开出了完全出自人的法律;它建构、创造了一个人类生活其中的世界。施特劳斯所叙述的柏拉图式政治哲学的历史表明:苏格拉底式的建构,那种诗,如何起而统治一个世界,如今这个世界衰微,缩小为无法攻克的堡垒,原因是培根-笛卡尔的现代科学越来越有说服力地展示出对自然的复原。施特劳斯在一篇1953年论迈蒙尼德的文章里说,物理学"不会以它可能伤害到启示律法信徒的方式伤害到异教徒"(《什么是政治哲学?》,164)。

施特劳斯毕生事业中有着持久重要性的东西,即他对伟大哲人们的显白风格的复原,表明不仅物理学伤害启示宗教的信徒;显白哲学的历史做了同样的事:它表明理性的对手——目的论神学完全是属人的建构,是苏格拉底对于什么适合时代的论证产物。

第七章 代表正统抨击启蒙:《哲学与律法》导论

显白哲学的历史表明,伟大的现代创建者们像苏格拉底这位创建者一样,知道他们的位置——培根甚至把这种知识放在复原"古人的智慧"的最开始:《卡珊德拉或实话实说》证实,智慧的人需要知道自己在哪儿,以及知道在自己所处的地方和时代如何说话。培根知道自己既不在"柏拉图的理想国中",也不在"罗慕卢斯(Romulus)的遗存中",他以将使他的预言生效的方式,说出了他对基督教的反叛(第二个寓言是《堤丰或造反者》)。受教于柏拉图以及部分受教于柏拉图的中世纪穆斯林和犹太继承者,以及培根和其他现代启蒙的创建者,都是苏格拉底的自觉的继承者,他们知道自己生活世界的统治者是支持一种好斗的目的论神学的两个武装阵营,这种目的论神学,启示,多多少少继续了希腊和罗马的哲学传统。

但是,作为在苏格拉底式传统中受教的哲人,他们的律令始终是"你们必须下行",他们判断当前洞穴的紧急精神处境[210]要求他们采取行动,来抑制日益危及哲学本身的一种柏拉图主义。由于没有雅典娜来帮忙杀死108个求婚者,他们打算把视界扩展到接近哲人们的或类似的人类精神的视界,从而把支配性的目的论神学压缩为无法攻克的堡垒。而这需要对他们改变世界的书籍进行非笛卡尔式的显白言说。施特劳斯的持久重要性再次显现:他对哲学写作艺术的复原,使重建和赞同现代启蒙的创建策略变得可能。

回到施特劳斯1935年的导论,第11段结束于两个关键疑问。第一个是总的疑问:"启蒙的成功最终剩下什么?"第二个疑问确定了施特劳斯将在余下内容里考察什么:"什么最终显现为这一成功的根基和辩护?"对于启蒙所声明的成功,施特劳斯先追究其根基(Grund),再追究其辩护(Rechtfertigung)。①

---

① Adler 对 Rechtfertigung 的翻译在 vindication 和 justification 之间变动,她对 Grund 的翻译在 foundation 和 basis 之间变动;这些变动使施特劳斯表述中问与答之间的紧密连续性有所损失。

现代启蒙的"根基"

启蒙对正统的批评基于"神迹的不可知",而这又基于"新自然科学的前提"(12)。因此,新自然科学"显现为启蒙实际上的根据(Rechtsgrund)"。施特劳斯作为正统的辩护人,在此指向现代自然科学的认知地位这一重大议题,指向它所声明的要给出比正统更真的世界解释的声明。施特劳斯承认:

> 启蒙的成功首先取决于相信伽利略、笛卡尔和牛顿已经驳倒了亚里士多德的科学及其引申的"自然的世界观",那也是圣经的"世界观"。

现代自然科学可以声明提供了关于世界的知识吗?对这一十分重要的问题,施特劳斯的回答是:

> 新科学不可能长期坚持声明已经揭示了关于世界"本身"的真相;新科学从一开始就潜藏着对世界的"观念论的"解释。

施特劳斯将用现代认识论(哲学为解释科学在知识方面的明显成功而努力提出来的知识理论)[211]的标准来评判现代科学声明的关于世界的知识。在一个长句里,他引入康德和海德格尔作为证人,说他们结合起来的认识论摧毁了启蒙的根基和辩护,因此他声明圣经的复权。他是这么说的:

> 现代"观念论"——一方面完成于发现"审美",将此作为对人的创造性的最纯粹洞见,一方面完成于发现人及其世界的极端"历史性",将此作为对关于永恒自然、永恒真理的观念的决定性克服……

第七章 代表正统抨击启蒙:《哲学与律法》导论

两个对科学的现代反思——康德对结构创造性(它内在于所有可能的人类对世界和自身的意识)的解说和海德格尔对人在世上之彻底历史性的解说——合力止息了关于永恒自然和永恒真理的古典观念。施特劳斯接着谈他在海德格尔认识论中看到的收获:现代"观念论"

> ……最终将现代自然科学理解为历史上"世界建构"的偶然形式之一……

现代自然科学只是提供了又一幅世界图景,提供了许多建构之一。康德加上海德格尔,这一所谓现代科学的自我理解,使一位正统的辩护人可以断言,现代"观念论"

> 因此……使圣经所依靠的"自然世界观"有可能复权。

长期的现代精神战争对现代思想来说讽刺地结束了,因为伴随它的最后一步,海德格尔的历史主义,"启蒙对正统的胜利失去了它原初的决定性辩护:对神迹不可知性的证明变得无效"。只要现代科学把自己理解为通往关于世界真正知识的途径,它就可以排除作为可知事物的神迹,而启示正是凭着这种神迹,这种根本性的关于神的奇迹,告诉人们如何生活。但是随着现代科学仅仅成了一种世界观,自称是知识的神迹又在同等平台上得到了重申。"只要这一科学作为通往唯一真理的唯一道路牢牢站稳,人们就能安于认为……神迹的断言[212]关联着人类的前科学阶段,因而毫无尊严。"是海德格尔授权施特劳斯去断言神迹的断言在知识上有效。

施特劳斯接纳海德格尔的历史主义,以服务于他唤起一种偏见的目的;作者把自己呈现为极端历史主义的批评者,却又采用极端历史主义来废止那些最伟大的科学心智 350 年来紧张知识劳动所达成的全部结论,并把它们放在跟前科学达成的、支持正统世界观的"自然"结论同等的平台上。这是高级的、有趣的律师式诡辩:在此,让我借用你的这一错误结论,以便削弱现代科学关于世界的结论的地位,重新引入"自然"理解,把正统迎回到跟理性平等的地位;我完事儿后,你可以把它拿回去,这样我可以普遍地抨击历史主义。施特劳斯的办法若要合理,除非海德格尔的历史主义逻辑上必然出于自始内在于现代科学的自然研究原则。是吗?施特劳斯没有给出说是的论辩。尼采认为不是,尼采很重要,因为施特劳斯结束论辩时遗弃了海德格尔(毫无感谢),而采用了尼采。从1935年起,对于关键问题——关于"什么是"的人类知识是否可能这一本体论问题——施特劳斯将仔细区别尼采跟海德格尔。

此时,施特劳斯把他的论辩当作结论。启示的声明跟科学的声明有着同等尊严,但仍然要问:既然可以看出科学并非现代理性主义的基础,那么后者的实际基础和动机是什么?施特劳斯以两个疑问结束这段,第二个疑问加强了第一个,他没有给出问题的答案:他以对一个疑问的隐含答案终止了他的诉讼。①这一疑问如下:

> 莫非现代自然科学"独特的""世界建构"(据此,启示当然是不可知的),其明摆的设计目的即神迹是不可知的,由此人们可以防范全能的神的掌控?

是吗?施特劳斯想要的答案是,是的,现代启蒙的创建者们设计了一个世界观,以便人们防范启示[213]的神。这是施特劳斯的老话题,是《斯宾诺莎的宗教批判》里他的无神论史的结果:伊壁鸠鲁主义许诺要解放人脱离其中的宗教的恐怖,被启示加强了,从而使逃逸办法变得更加急需。施特劳斯的疑问没有非常责备现代创建者们的做法,即他们因恐惧他们不信的神而采取的做法。它仅仅询问,是否他们的动机是针对全能的神的掌控而保护人性。施特劳斯想要的答案仍然是:现代科学的创建是为了缓和对愤怒的神的恐惧。他这篇导论的目的是

---

① 暗示的答案也回答了第11段结束时的疑问:"什么最终显现为[启蒙]这一成功的根基和辩护?"

"唤起一种偏见,赞成"迈蒙尼德是理性主义的典范,"甚至激起对强大的相反偏见的怀疑",后一种偏见赞成现代理性主义。施特劳斯的疑问暗指现代理性主义,整个现代科学都建基于一种偏见,一种对全能的神的恐惧,并且发展了一种要排除神的世界观。

很难相信施特劳斯相信他自己的论辩,即现代自然科学仅仅是一种世界观,并且其根本动机是恐惧:这些论辩基于赋予海德格尔以对施特劳斯而言并不具有的信经般的权威,以及基于仅仅对不高贵动机的指控。为什么把一切都系于这么可疑的论辩?似乎施特劳斯仅仅意在唤起偏见和激起怀疑,他觉得迫不得已可以采用本身是偏见的论辩。施特劳斯对科耶夫说这篇导论"非常大胆",而以上似乎也属于大胆的一部分。如果施特劳斯运用偏见可以说服读者相信现代理性主义是基于偏见和恐惧——很大程度上,他说服施特劳斯学派不是坚持这个就是主张那个——那他激起一种赞成中世纪的偏见的愿望就成功了,像据说现代理性主义所达成的那样,凭借诡辩的论证而成功了。

下一段(13)迫使第二个所谓现代自然科学的产物服务于贬损那种自然科学:事实-价值的区分。施特劳斯声称,仅当"关于真理的老观念"做主时,现代自然科学才能作为启蒙胜利的基础。根据那一老观念,自然为观念提供了唯一适合的根基。但这只能是暂时的"欺瞒",因为以下情况最终将暴露出来:

> 关于"目的和价值",现代自然科学的"目的中立"和"价值中立"对人无可奉告,现代自然科学意义上所理解的"是",一点也不指向"应该",因此,正当的生活是一种依据自然的生活这一传统看法,在现代前提下变得无意义。

[214]事实和价值的切分为施特劳斯提供了空隙:"如果现代自然科学不能为现代理想辩护",鉴于两者之间肯定存在关系,那么是什么关系?这次,施特劳斯以虚拟的而非真正的疑问结束了段落:

不得不问，是否……实际上现代理想是现代自然科学的基础。

施特劳斯在此实现的逆转近似他在上一段的逆转：现代自然科学的当代后果，即施特劳斯认为错误的后果，有利于质疑现代自然科学的起源。施特劳斯重述了不得不问的疑问，以便使它严格地符合结束第11段的导向性疑问：不得不问，"是否恰恰是新信仰而非新知识在为启蒙辩护（rechtfertigt）"。他想要的答案是，启蒙信仰为启蒙科学辩护。如果以逻辑必要性来看待这一他想要的结论，则他在第13段的论辩跟第12段的论辩一样是诡辩：事实与价值的切分并不意味着价值是事实的基础。但这次，施特劳斯没有把他的疑问本身当作结论。跟结束第12段的疑问不同，结束第13段的疑问得到一个延展的注解：现代自然科学的所谓基于信仰的性质是随后长达四页的决定性段落的主题，这段也是这篇导论中施特劳斯之诉讼的收尾论辩。

考察那一收尾论辩之前，有必要先考察施特劳斯唯一明确指向的一个尼采文本，因为他这样结束关于事实-价值区分的关键句："正当的生活是一种依据自然的生活，这一传统看法在现代前提下变得无意义"，在此他加了一个脚注："关于后一点，见尼采《超善恶》的格言9。"尼采在那里嘲笑古代廊下派想要"依据自然来生活"，但却错误地解释自然：廊下派以斯多亚主义的想象创造世界，据此来生活不难。不过针对廊下派的小教导，尼采邀请他们"想象一种像自然的存在，挥霍无度，漠然无度，没有目的和顾虑，没有怜悯和正义，既富有又荒凉，还难测——你怎么可能依据这一漠然来生活？"

施特劳斯不予评论，仅仅指向这一敏锐的格言，这一《超善恶》中对权力意志的首次提及。他的指向因而模棱两可地指示，到1935年时，他已经获得他1972-1973年论尼采的文章里最重要的洞见：尼采恰恰示意，以他在这里的"想象"来理解，自然就是权力意志，是我们必须学会依据它来生活的东西——该事实，即真正的自然[215]理解，必须成为价值的基础。①这一点(我将在这最后几章强调)是施特劳斯关于现代思想轨迹之成熟看法的必不可少的部分:尼采,而非海德格尔,是其真正产物,并且尼采不是极端的历史主义者,他并未把启蒙科学所揭示的世界当作仅仅又一种世界观。相反,借助施特劳斯看作尼采权力意志本体论的东西的深化,启蒙科学提出了最终事实,人将不得不学会依据这一事实生活,因为权力意志

  作为理论,是个创新——作为现实,它是全部历史的根本事实(Ur–Faktum)。②

将权力意志理解为根本事实,这把尼采引向新的最高价值,肯定这个世界如其所是的永恒复返,肯定这个真实的世界——施特劳斯在他后期对《超善恶》的解释中以评注的方式表明,尼采的思想从对根本事实的洞见进至对最高价值的肯定。通过施特劳斯所解释的尼采,施特劳斯1935年导论中的一个核心意涵解体了:"现代理性主义"的内在逻辑并非完结于事实和价值的分离(这一分离证明在确立现代自然科学时价值的首要性)。

现代启蒙的"辩护"

施特劳斯的第14段长达四页,因为他毫不间断地追溯由一种观念来为启蒙辩护的浓缩的历史。他的论辩耐人寻味:它以强劲和确信的句子,表达十多年来他对正统和哲学的思考;它把时代转折处最重要精

---

① 对权力意志的这一首次提及,导向第一部分中的另外三次提及,这四次提及先后主张权力意志对于哲学(格言9)、生命(格言13)、世界(格言22)和灵魂(格言23)乃是基本的,它们共同预备了第二部分的论辩,即"世界从内在来看……无非是权力意志"(格言36);见我的《尼采的使命》(Nietzsche's Task)。

② 《超善恶》,格言259。

神议题的全部爆炸性能量都集合进那些句子里;在结尾处,它激起我们一种怀疑——且慢,这全部律师式的说法,这全部修辞,能为施特劳斯的超载的关切赢得诉讼吗?

指责现代自然科学基于恐惧,这听起来不体面;指责它凭靠信仰一个新的观念而得到辩护,则可以避开那种污名,因为它自己的辩护者们承认,"启蒙压倒正统的胜利取决于"一个新观念(34)。① 那一观念是什么? [216]它的徒众说是"作为人及其文化之自主性的自由这一观念"(35),但康德的答案既非最初的也非最终的观念:用观念来为启蒙辩护的历史分为三个阶段。自主性作为这一观念的可行版本,"仅存在于和平间歇期",即康德的时代,当时"针对正统的战斗似乎已经决出了"胜负。最初的观念是良心的自由,哲学探究的自由,对此施特劳斯引述了犹太传统的观点:"反抗律法……伊壁鸠鲁主义",这一观点"得到确证是靠对原初伊壁鸠鲁主义的历史研究",例如《斯宾诺莎的宗教批判》。伊壁鸠鲁是"宗教批判的典范",但伊壁鸠鲁的批判在启蒙中经历了根本变化。或许伊壁鸠鲁和现代的目标都是安宁,但根据启蒙的原初辩护,只有通过征服自然,特别是征服人之自然,才能达成安宁。古代伊壁鸠鲁主义迎战宗教幻觉的恐怖,而启蒙迎战幻觉本身。②施特劳斯散文的韵律模仿了《共产党宣言》,并且通过先后援引伏尔泰和笛卡尔,变更了退隐花园的伊壁鸠鲁的想法:

> 摆脱了宗教幻觉,觉醒过来并清醒意识到自身的真实处境,再加上受教于坏的经验,即他被吝啬和敌意的自然威胁着,使人认识到他唯一的拯救和责任,首先是种植一个使他自己成为自然的主人和拥有者的花园,而非"耕耘自己的花园"。

启蒙的这一"粗糙"的原初构想被启蒙的最终观念"克服"了,后者

---

① 对于长达四页的第14段,我用页码作标识。
② 施特劳斯把他1935年文本的这一段译入了他1962年的自传性前言,并用"现代的不信仰"取代了"启蒙"。

暴露出它的真实内核是改造伊壁鸠鲁主义。但在着手讨论那一最终产物之前,有必要掂量笛卡尔的表述,"自然的主人和拥有者"。施特劳斯尚未发现哲学传统中显白风格的全部规模,即便发现了,也很难弄清他是否把启蒙的开创性文献,例如培根和笛卡尔的文献,当作显白哲人的作品来阅读。①但笛卡尔属于这种哲人。他在这里的表述属于他对圣经伊甸园的[217]召唤,他美妙精确的用语表明,并非梦想者的笛卡尔,正在利用圣经的完美之梦来颠覆圣经的规则,其方式是唯一可能的方式,即由培根开辟的方式:植入新的梦,它响应圣经所梦想的完美身体的不朽,但把这一快乐的结果转变为人类长期尘世工作的假想结局;这一工作得到了新科学的促进,而笛卡尔这位数学天才为这一新科学配备了培根所缺乏的数学方法。笛卡尔知道,绝对有必要使这一新的不可能的梦看似与老的梦兼容,因为新的梦只能逐渐地,在数百年之后,取代老的梦,即把那一统治笛卡尔所处世界的来世梦想,留作致力立即改善人类境遇的前进世界背后之无法攻克的堡垒。

笛卡尔做的是那个他呈现为基督教梦想之世俗版本的梦吗?如同柏拉图,如同培根,笛卡尔知道,许诺天堂、许诺不可能的正义之城,既有用也必需,并且如同柏拉图和培根,他为了可能的哲学统治而利用了不可能的正义之城——在笛卡尔那里跟在培根那里一样,一种实则拿破仑式的策略为超越主权性宗教的新时代奠定了基础,并且采用了属于经典的柏拉图式手段的神学政治规划,使不可能的正义之城显得可能。"自然的主人和拥有者"不过表达了一个流行的梦:受过柏拉图训练的完全清醒的政治哲人,为了推出他们所造的梦以便让哲学统治主权性宗教,有意识地培植了这么一个梦。如果施特劳斯不理解这一点,而以为"自然的主人和拥有者"指别的什么,那他就没有充分理解那些奠定了现代世界

---

① 施特劳斯1941年的文章,《迫害与写作艺术》,区分了古代人和现代人的显白风格,但在我看来,这一区分并不符合伟大的现代人;《迫害与写作艺术》,33 - 37。

的显白大师。①

施特劳斯断言,为启蒙辩护的最终观念最能展示启蒙那始终存在的核心:在这一观念里,"拒绝宗教理念的原因并非它们让人害怕,而是……它们令人慰藉;宗教……是可选的出路……以逃避生命的恐怖和绝望"(36-37)。施特劳斯在描述这一为启蒙辩护的"最后和最纯"观念时非常动人:

> 一种新的坚强,它完全禁止自己从生命的恐怖逃入慰藉的幻觉,它接受关于无神之人[218]的不幸的动人描述,以此作为它动机善的证据,它把自己最终显现为反抗启示传统的终极和纯粹基础。

它始终是反叛,终结了这种反叛的那次公开反叛揭示了这一点。

这一新的坚强乃是直面人之被弃的决心,是迎接可怕真相的勇气,是反对人关于自身处境之自欺倾向的刚硬——它是**诚实**(Redlichkeit)。

基于勇敢德性的诚实德性是为启蒙辩护的最终观念。

施特劳斯在此附了一个脚注,以否定"新的诚实"有着"老的爱真理"的尊严,他让自己通信多年的两个哲学友人——克吕格和洛维特(Karl Löwith)——来完成那一否定。"知性良知"仅仅意指"科学对人的'内在'主权,并非任何科学,而是现代科学"(克吕格);这一新的诚实的"不偏不倚"是"不偏向超验观念的不偏不倚"(洛维特)(13)。施特劳斯在脚注里谈到诚实和爱真理之间的"对立",此处的诚实是

---

① 笛卡尔的培根式表述,"自然的主人和拥有者",在《谈谈方法》第六部分上下文中显现出的全部力量和精度,见我的《尼采与现时代》,前揭,146-148、183-189。关于显白风格对哲学统治的必要性,培根谈得很明确:"说到政府,在事物被视为秘密的两个方面,政府都属于秘密和隐蔽的知识;有些事物秘密,是因为它们难以获知,有些是因为它们不适合言明"(《知识的进步》,2.23.47)。

"公开告白自己是无神论者,决意接受后果"。1935 年的施特劳斯抛弃了 1928 – 1929 年的施特劳斯,那个公开的无神论者决意将无神论的全部后果接受为他热烈的政治犹太复国主义的基础。① 施特劳斯在结束脚注时预示了整个段落的结论:

> 如果将公认无法证明的无神论弄成绝对的、教条的前提,那么它所表现的诚实就非常不同于爱真理。

这一新的"知性诚实"拒绝所有调和正统和启蒙的尝试——它做的正是施特劳斯终身所做的。他随后发出关键宣告:

> 这种有着好心肠,甚或有着坏心肠的无神论,恰恰因其有良心,因其道德,而与过去的人闻之发抖的那种没心没肺的无神论相区别。

在现代奠定时变得活跃的伊壁鸠鲁主义者成了新的无神论者,他们"因良知的理由而拒绝信仰神"。[219] 这一新无神论的道德基础来自何处? 它"是基于圣经传统的后裔;它接受这一论点(这一启蒙做出的否定)所凭借的思考方式只有通过圣经才变得可能。"② 这一新无神论,圣经道德的后裔,反而是对启蒙和正统"最后、最激进、最无懈可击

---

① 施特劳斯投身无神论的最后一例似乎是他 1929 年 5 月的文章,《政治犹太复国主义的意识形态》("Zur Ideologie des politischen Zionismus")。主张政治犹太复国主义的施特劳斯说,这种复国主义唯一可能的基础是无神论。除了无神论者,现代人还能是什么? 基于除真相之外的什么基础,一个历史民族如今可能确保其当前和未来? 他说,"无神论的宣传活动没必要"。"我们生活所处的境遇总体上比所有说过和写过的话都有效。""我们不要求无神论,我们承认它是一个事实,而且很强大。""我们是没有信仰的犹太人。"*GS*,1.442 – 444。

② 1962 年的前言把这句改简略了:"不仅相较伊壁鸠鲁主义,而且相较斯宾诺莎时代的不信仰,[最终的无神论]都显现为圣经道德的后裔。"

的协调"(38)。

这一无神论是启示信仰的后裔和裁判,是数百年来、数千年来信与不信之争的后裔和裁判,还是短命但绝不因此无关紧要的对已逝信仰之浪漫渴求的后裔和裁判;它以得自感激、反叛、渴求和漠然的复杂微妙来面对正统,也以简单的诚实来面对正统;它自称对于人类信仰神的根源有一种原初的理解,而之前不那么复杂-简单的哲学没有做到。

这一非同凡响的句子把这篇导论带到了其修辞的和实质的巅峰。

关于启蒙,最后的话和最终的辩护是源于诚实的无神论,它通过极端地理解正统而极端地克服了正统,既免于启蒙的争论之苦,也免于浪漫主义的暧昧礼敬。

启蒙反驳了自己;它原初的辩护是平息恐惧;它最终的辩护是一种基于圣经的德性;自始至终,它的宗教批判基于激情和德性。启蒙三百年来的攻击未能触动正统:攻击者们只是信徒,在表达他们的偏见。

我如此细致地对待这一片段,是因为施特劳斯赋予它以显著的重要性:它不仅是1935年导论的激动人心的高潮,他还在1962年将它有所改动地作为高潮部分复制到自传性的《〈斯宾诺莎的宗教批判〉前言》,他将此文放在英文版《斯宾诺莎的宗教批判》的开头,并使此文成为《古今自由主义》的第九章(1968),他有意使此文成为他遗产中的突出文献。出于施特劳斯止住不说的理由,这一片段的论辩作为施特劳斯修辞的向导特别重要:它是尼采的而非施特劳斯的论辩——施特劳斯当然清楚。他怀有目的地径直采用它,[220]而没有提及原作者的名字。像施特劳斯这样专注和能干的尼采读者,当然知道这一论辩的全部细节都是《超善恶》——施特劳斯说这本书"在我看来始终是尼采那些书里最漂亮的一本"(《柏拉图式政治哲学研究》,174)——中"我们的德性"一章之鲜明和难忘的中心论辩,

第七章　代表正统抨击启蒙：《哲学与律法》导论

这一章探讨的话题是道德和哲学之间的关系，对于施特劳斯非常重要。未能认出它是尼采的论辩，这使施特劳斯的谴责在他逝世后久久延续：它是将尼采打发为仅仅道德之人的根据，已经成了施特劳斯派的信经。①

尼采将"我们的德性"的论辩巅峰安排在其严格的中心。作为无人能及的关于当前精神处境的分析家，他已经定义和批评了作为世俗基督教德性的现代德性，接着他在中心格言（格言227）里从基督教德性整体挑出了仍然留下来推进现代性的一个德性：诚实，知性诚实。但在诚实中有个大危险，他说：作为有着最高道德价值的德性，诚实可以阻挡我们达到单纯最高的东西。他先把道德德性和对它的限制作为"我们的德性"的中心，然后有条不紊地谈到最高的东西，即他关于Geist [精神]，关于最高成就中的心智和精神的决定性论辩，而单纯诚实有可能阻止那一成就（格言230）。

精神的最精神形式，即知性的/精神的最高形式，是哲学，是这一朝向理解的超道德激情。但作为哲学的精神把一个难题或威胁，带给了精神为广大多数而采取的形式，即"精神的低级意志"或寻求安慰和舒适的激情。这一推动广大多数的激情迫使他们反对残酷的哲人及其寻求知识的激情。鉴于知识的残酷和它从广大多数那里招致的合理憎恨，尼采在结束格言230时问："究竟为何有知识？"他的下一条格言讲述了哲人的答案：去认识的动力是我们的自然，在极少数心智中既定的、不可教的、深沉的自然。

格言231用来结束论德性和知识之系列格言的，是声明与所有伟大的苏格拉底式知识探寻的连续性：认识你自己。这一律令是本

---

① 甚至Janssens这样能干的评注者也把尼采作为这一论辩的靶子而非它的作者（*Between Jerusalem and Athens*, 94）。迈尔则含蓄地使尼采免于施特劳斯的谴责，因为他谈到"追随尼采的哲学"和"海德格尔时代的哲学"（*Leo Strauss and the Theologico-Political Problem*, 18）；但他没有明确地将施特劳斯的论辩归给尼采。

体论/认识论的,而非治疗性的:认识那唯一可以相对直接地去接近的存在,然后基于俭省的逻辑原则,从那一自我认识中推导出所有存在的性质。"我们的德[221]性"一章由此将晚期现代德性追溯到《超善恶》第一部分结尾已经触及的一点:灵魂学(psychology),即灵魂研究,"再度是去往根本问题的路径"(格言23)。那一路径通向第二部分的巅峰:对所有存在的方式的洞见(格言36)。施特劳斯把这一切摆在他后期论尼采的文章里;他在1935年对"我们的德性"的理解,足以使他为了修辞目的,而利用诚实的道德德性跟朝向理解的哲学激情之间的差异。

朝向理解的哲学激情是古老的爱真理吗?就在格言230,尼采说他明确规避任何像"爱真理""这种道德词汇亮片的炫耀装饰",以便朴素地只谈寻求知识,以便不去用那种自我表扬装饰自己,它会使人离开哲学的真正所是。施特劳斯在爱真理与诚实之间的区分也属于他取自尼采的东西,他的用语抄自两个相关的格言,诚实(227)和 Wahrheitsliebe[正直](230)。为什么不点出尼采是他的来源?如果点名作为现代启蒙之当代产物的尼采,施特劳斯抨击现代启蒙的整个历史论辩就会陷入困境;点名尼采可能引发以尼采的措辞来为现代启蒙"辩护"的风险——因为如我下一章将要表明的,尼采基于对当前精神处境的理解,着眼于理性地推进现代启蒙。

在他1962年的前言里,施特劳斯部分做到了公正对待尼采。在把他1935年导论的高潮选译为他前言的高潮之后,他补充说:"最终的无神论所提到的道德和意志的等级制,只能被声明为内在地真实、理论上真实"——海德格尔的极端历史主义不能也不曾做出这种声明——"强者或弱者的'权力意志'或许是所有其他学说的基础;但不是权力意志学说的基础:权力意志据说是个事实。"是的,尼采说它是个事实:他为该事实摆出了重要论辩(格言36),并且明确说,权力意志"作为理论,是个创新——作为现实,它是全部历史的根本事实(Ur – Fraktum)"(格言259)。启蒙的产物不是极端历史主义,而是本体论的知识声明。

施特劳斯在1962年没有进一步评论尼采关于权力意志的声明,而是谈"理性的自我毁灭",这个判断可以针对极端历史主义,但不能针对合理洞见根本事实的声明,该声明如尼采所想,可以为理性辩护。①

[222]1972-1973年,施特劳斯进一步公正地对待尼采。在《点评尼采〈超善恶〉的谋篇》("Note on the Plan of Nietzsche's *Beyond Good and Evil*")里,他做出最大可能的贡献,把尼采当作真正的哲人加以研究,他表明权力意志如何可能合理地声明为根本事实,以及永恒复返如何可能合理地理解为基于那一事实的最高价值;施特劳斯表明尼采如何以最深刻的方式连接事实和价值。在那里探讨"我们的德性"时,施特劳斯扩展了他对尼采研究的贡献,表明尼采如何将道德德性区别于最高的精神性,即哲学。他通过上一则格言抵达关于诚实的格言(格言227):"我们不道德主义者"是"责任之人",我们的责任是诚实,是完成"历史意识"这一重大的当代德性。施特劳斯确认了尼采加诸这一德性的明确限制:

> 但诚实是结束而非开始……它必须由"我们最精细、最隐蔽、最精神性的,指向未来的权力意志"支持、修正和加固。(《柏拉图式政治哲学研究》,188)

当尼采在《超善恶》(格言9)中首次提到权力意志时,他说"最精神的权力意志"是哲学:单纯的诚实必须得到哲学的"支持、修正和加固"。施特劳斯在结束这段时说:

---

① 说到海德格尔,Rodrigo Chacón 以可敬的清晰和判断表明,施特劳斯与海德格尔的相遇——始于他参加海德格尔1922年夏季学期的关于亚里士多德的课程——如何影响了他1920年代的写作;他进而表明施特劳斯如何和为何在1933年之后离开了海德格尔,在那一动向中,《哲学与律法》的导论的结论是一个重要事件("Reading Strauss from the Start",287-307,尤其是300-302)。综论海德格尔和施特劳斯,见 Velkley, *Heidegger, Strauss and the Premises of Philosophy*。

决不允许我们的诚实成为我们的骄傲的根据或对象,因为这会把我们带回到道德主义(和有神论)。

如果德性被视为根本性的,神势必被视为根源和推动者。

尼采是哲人还是道德家?施特劳斯进而表明,格言228和229何以属于《超善恶》的展开论辩:它们点出了残酷的必要性,"作为指向自身的残酷,它作用于知性诚实,作用于'知性良知'"(《柏拉图式政治哲学研究》,189)。接着,在属于他文章最凝练和最充实的片段之一的一页半里,他陈明了尼采所践行的对知识的追求意味着什么:人的自然化,它从不自然中恢复人性,且逻辑上引向对永恒复返的肯定。施特劳斯说,尼采不能抛开自然,并且他表明,尼采未曾抛开自然:他的德性基于他的自然,他的哲学探究的自然。

追随尼采这一章,到达连接格言230和231的这一根本要点之后,施特劳斯自作主张地再次强调尼采在此甚至没有提及的东西:[223] 让人肯定永恒复返的那一逻辑。为什么他这么做?因为永恒复返,而非诚实,是新的观念,是得自新自然观的肯定。这一新观念,这一对自然极尽可能的肯定,是基于最高的自然所获得的对自身的洞见。施特劳斯由此表明,尼采那里的爱真理,超道德的寻求洞见的动力,合理地导致爱这个真理。在尼采那里,道德性,新的善恶,是哲人对根本事实之洞见的结果,而非其原因。尼采首先不是道德家;他是哲人,他获得了对根本事实的洞见,并且在那显然致命的真理深处发现了它的反面。①施特劳斯在1972-1973年针对1935年假装属于自己的论辩,给出了源头作者和具体出处。这样一来,他就表明了洞见和行动、事实和价值

---

① 评论《超善恶》中唯一论永恒复返的格言时,施特劳斯还指出,尼采不仅仅是个道德家:"但是尼采被'某种谜一样的欲望'所推动,长期尝试潜入悲观主义的深处,并且特别尝试把它从道德幻觉中解放出来,这种道德幻觉多少跟它否定世界的倾向相矛盾。"(《柏拉图式政治哲学研究》,180)这种"谜一样的欲望"就是哲学。

在尼采那里如何结合,表明了哲学加诸尼采的,恰恰是色诺芬的苏格拉底在他的目的论神学中所履行的那种责任:最高的精神性

> 包含对正义和对一种严苛的精神化,这种严苛知道它受命维持世间的等级秩序,不仅在人类当中,甚至在事物当中。①

施特劳斯作品中非常凸显的古代哲学与现代哲学之间的区别于是消解了:苏格拉底和尼采都把冥想、把对知识的追求视为最高,都知道这种知识带来可以想象的最有抱负的行动,即指导一个文明的神学政治计划。

施特劳斯使他1935年抨击启蒙的高潮议题成了为启蒙辩护的问题。但他对启蒙的所谓最终辩护的批评——它仅仅是道德的——仅仅是修辞性的。最能表明施特劳斯论辩之修辞性质的,是他刻意从一位晚期的现代人,尼采,借来论辩以反对最晚的现代人,海德格尔。他假装好像他的论辩驳倒了现代启蒙,好像启蒙理性主义的必然产物是海德格尔的仅仅基于道德的极端历史主义,而非尼采的哲学,和它基于爱真理的本体论知识声明,以及它推进现代启蒙的目标。那么如何[224]对待所谓为启蒙的最初辩护,即斯宾诺莎的辩护呢?

1948年,施特劳斯发表了论斯宾诺莎的一篇新文章,它成为《迫害与写作艺术》的最后一章,也是专门研究斯宾诺莎的最后作品。文章标题,《如何研究斯宾诺莎的〈神学政治论〉》,确切描述了文章的内容,因为这篇文章表明,施特劳斯对显白风格的发现,把他引向对斯宾诺莎《神学政治论》的重新研究,以及对作为哲人的斯宾诺莎的新的赞赏:他本人似乎已经知道,怎么通过他第一段所号召的"崭新研究"(《迫害与写作艺术》,142)来研读斯宾诺莎的《神学政治论》。他的视界从他1928年论斯宾诺莎的书和1935年的导论那里急剧拓展:他不再从犹太

---

① 《柏拉图式政治哲学研究》,187。这是施特劳斯对《超善恶》格言219中一个句子的翻译。

人的视角来考虑斯宾诺莎。如今他把斯宾诺莎看作哲人,这位哲人主要是为基督徒而写作,为统治其时空的东西而遣词用句,且着眼于通过缓和基督教教导及吸引潜在哲人而推进哲学。斯宾诺莎着眼达成的,无非是培根宗教策略的实现,虽然施特劳斯没有这么说,但他确实表明斯宾诺莎向往"把基督教世界在研钵里捣碎,并把它制成新的粘土"——碾碎基督教正统,并把它塑造为温和友善的宗教,符合其博爱原则的宗教。①斯宾诺莎把他的神学政治教导联系到他的时代,着眼于树立"哲学探究的自由",其时适逢"树立这种自由的合理期待"正出现在欧洲(《迫害与写作艺术》,192)。

施特劳斯对于一位显白风格大师的钦佩,其描绘臻极于他的最后几段,他摆出了两个例子,说明斯宾诺莎面对需要去安抚和说服的各种效忠者时所采取的有效策略。每个例子都表明,表面的简单化实际上是对基本原则的精密攻击。斯宾诺莎的精巧,使他在第一个例子中推翻了犹太教徒的和基督徒的神学共享的一个基本点,而在第二个例子中,他以相同的巧妙推翻了一个代表性观点,它属于非常智慧和非常强大的对手,迈蒙尼德。通过把斯宾诺莎彻底呈现得值得钦佩,施特劳斯以什么最值得钦佩结了尾。在他的长文中,没有暗示他早期的批评,没有嘀咕他早期论斯宾诺莎的书。

随着施特劳斯对尼采的利用和对斯宾诺莎的崭新研究越来越明确,他1935年对启蒙辩护的抨击[225]也只剩结尾片段。施特劳斯1935年导论论辩的这些后来的展开,其要点是什么?它们表明,他采取偏见来攻击偏见,以便服务于偏见。他写作时不是作为追求真理的哲人,而是作为辩护人。翻来覆去再三阅读施特劳斯的导论之后,我想

---

① 所引的话属于培根《宣告一场圣战》中的人物,波利奥(Pollio)。在关于基督教针对伊斯兰教的圣战这一表面上的对话之下,培根让波利奥说出培根宗教政治的难言目标:碾碎和重塑正统基督教。从柏拉图那里,培根学到在苏格拉底规模上从事宗教政治,且带着相同的潜在目标:哲学的利益。

我开始明白,为什么他从未将它重刊。

1935 年的"当前处境"

施特劳斯以"当前处境"结束他导论的论辩(15):

> 因而最终,非此即彼的"正统或启蒙"的"真相",显现为非此即彼的"正统或无神论"。

他告别了他公开的无神论:

> 由此造成的处境,当前处境,似乎为难了这样的犹太人,他们不可能是正统,他们必须单纯考虑政治犹太复国主义,即基于无神论的唯一可能的"对犹太人问题的解决"。作为一种决心,这确实高度可敬,但认真和长远来说,还不够。

但通往或许是充分解决办法的路径已经澄清,施特劳斯宣布了他余生将会采取的公开立场的第一步:鉴于现代启蒙的产物加上唯一起作用的当前处境,迫切"需要一种启蒙了的犹太教","不由自主……去求助中世纪启蒙"。在 1935 年,如同在 1924 年,对犹太教的关切引导着施特劳斯。但他为更开放的立场,即向中世纪启蒙寻求帮助的立场,而放弃了政治犹太复国主义。六个疑问阻止了简单的返回(16);它们的答案要求"对迈蒙尼德《迷途指津》的一种解读"(17)。但随后的书并非那种解读,而只是尝试"指出现代启蒙及其后裔已经失去的,中世纪启蒙的主导观念……律法的观念"。

施特劳斯在 1935 年的立场是清楚的:作为犹太教门徒,他针对现代浪潮维护正统,但他不可能是正统的,他实际上是抛弃了源自诚实的公开无神论的无神论者。后来,对显白风格的发现把他带到了中世纪启蒙和苏格拉底式启蒙的核心,他的立场发生了变化:作为哲学的门徒,他以哈列维的方式维护正统。如果从一开始直到 1935 年,对犹太教的关切是他的[226]导向性关切,那么在他发现显白风格之后,他的关切变得更普遍也更集中。那些关切可见于《迫害与写作艺术》。在《〈库萨里〉中的理性之法》(1943)的结尾,他对现代启蒙的反对"并非特别是犹太教的,甚至并非特别是宗教的,而是道德的";他维护了"道德本身,因此不但维护了犹太教的因由,也维护了一般人类的因由"。这样结束一篇文章是合适的,这一对道德迫切性的陈述是偏向性的或教谕性的,它在高举道德的同时却不提他自己的关切和哈列维的关切的真正基础。但《迫害与写作艺术》(1952)的导论陈述了那一基础:哲人仅仅维护哲学的利益。他们这样做时确信自己正在维护人类的最高利益(《迫害与写作艺术》,18)。唯有在社会之中,哲学才能兴盛,而服务于社会利益的道德带有惩罚的牙齿——这一切将苏格拉底式的服务于哲学的计划,将那一目的论神学,延伸到了后启蒙的未来。苏格拉底的目的论神学(配备确实可以惩罚的裁判),似乎是施特劳斯的最终观点。①

　　施特劳斯维护那一得到中世纪启蒙助力的苏格拉底式启蒙,反对现代启蒙。这明智吗?这是基于对当前处境的充分解读吗?最后两章,我将考虑施特劳斯1955年的讲座《什么是政治哲学?》,和他1972–1973年的《点评尼采〈超善恶〉的谋篇》,以便回答上述问题。尼采在这两个作品中扮演决定性的角色。要检验施特劳斯对于当代哲学的立场是否智慧,必须对比他的立场与尼采的立场,后者旨在通过新的诗来推进现代启蒙。

---

　　① 关于施特劳斯之转变的简短探讨,见 Bolotin, "Leo Strauss and Classical Political Philosophy", 141。

第八章
代表苏格拉底抨击启蒙:《什么是政治哲学?》

在耶路撒冷推进雅典

[227]《什么是政治哲学?》最早问世是作为1954年12月到1955年1月在耶路撒冷的三次讲课。施特劳斯在1959年把它们作为同名文集的打头文章出版,从而使这篇文章在他的作品中非常突出。给他的讲课冠以苏格拉底式的"什么是……?"标题之后,施特劳斯用他的第一句来引起对他在耶路撒冷的发言的注意:"应邀在耶路撒冷讲政治哲学是项特别艰巨的任务,这既是极大的荣誉,也是挑战。"他的第二句初步回答了标题的疑问,并把标题与耶路撒冷相联系:"没有地方比这座城更加严肃地对待政治哲学的主题——'正义之城、信仰之城'。"他对耶路撒冷的赞扬似乎是至高无上的肯定:

> 没有地方像在这片神圣的土地上一样,对正义和正义之城的渴望充满最纯洁的心(heart)和最高贵的灵魂。

但这一赞扬没有说出施特劳斯认为最高的东西——爱真理,从事爱真理是在另一座城——雅典。他在第二段点名雅典,"政治哲学显露"①在这里,可以说,"作为对智慧……对普遍知识,对关于整全的知

---

① 《什么是政治哲学?》,2。后面对《什么是政治哲学?》的引用将在圆括号里标明其文中段落序数。

识的探求"(4),没有地方比这里更加严肃地对待哲学。对智慧的探求同样基于热情,但它充实的并非心而是心智,它把心智导向的不是热忱而是发现,发现知识的限度,发现"哲人与众不同的特征……'他知道自己无知'"(5),[228]这是为热忱设限的知识。施特劳斯让耶路撒冷代表对正义的热情,让雅典代表对知识的热情,暗示了他在耶路撒冷讲课的真正挑战。

施特劳斯的挑战逆转了一个可畏的先例。施特劳斯,一位已经成为雅典之人的犹太人,在耶路撒冷谈论他所认为的雅典人的最伟大发现;先例是使徒保罗在雅典谈论耶路撒冷,把关于真神的消息带给那些为"未识之神"(《使徒行传》17:15-34)树碑的人们。培根也曾逆转保罗进入雅典那一伟大例子,以推荐他自己进入耶路撒冷的计划,正如保罗为耶路撒冷俘获雅典,他也着眼于为哲学俘获耶路撒冷;基督徒培根甚至可以在引述保罗例子的同时,隐微地藏匿他自己的反基督目标。① 施特劳斯在耶路撒冷赞扬雅典,他的目标没有培根的那么革命,但他肯定跟培根一样,把自己的真正要点弄得隐微,因为施特劳斯在耶路撒冷赞扬耶路撒冷时,以耶路撒冷为代价推崇雅典。②

施特劳斯告诉他的耶路撒冷听众,他知道自己无法传达甚至"我们先知视野的微弱模仿",他警告说,他将"甚至被迫把你们带入一个区域,那里对先知视野的模糊记忆濒临彻底消亡"(1)。但他斟酌了他的强迫:"虽然被强迫,或强迫自己远离我们的神圣遗产,或对它沉默,但我片刻不忘耶路撒冷代表什么。"他没有忘记;特别是在文章的高点,他在那里提到了雅典的苏格拉底。

高点是指施特劳斯全文66个段落的中心。他在第33段问道:"雅

---

① 见我的版本,培根,《宣告一场圣战》,78-80。
② 针对施特劳斯的雅典和耶路撒冷两分,伯纳德特用了合适的动词:"他逐渐看到雅典一方包含(comprehends)耶路撒冷一方"(《相遇与反思》,前揭,176)。

典异乡人是什么样的人?"他的问话指向柏拉图的《法义》,"关于政治和法律的柏拉图对话"(31)。他是像老雅典哲人苏格拉底那样的人,施特劳斯的回答使柏拉图的《法义》跟柏拉图的《苏格拉底的申辩》相联系:唯一以"神"这个词结尾的柏拉图对话引向唯一以"神"这个词开头的柏拉图对话(33)。在他对《申辩》及其在《克力同》中的后果所做的简短回顾中,施特劳斯关注苏格拉底留在雅典的理由。

苏格拉底是什么样的人,政治哲学的开创之人吗?苏格拉底通过他留在雅典并死于雅典法律的决定,表明了自己,因为他本可以如《法义》描画的那样行事:一位老雅典哲人远游克里特,给希腊法律的原初来源及其[229]最强大的当代代表——斯巴达带去雅典的祝福。施特劳斯表明,苏格拉底留下来,是因为作为哲人,他是亲人类者,而亲人类要从家园开始。在什么基础上,亲人类的苏格拉底决定留下来受死,拒绝"利用机会"逃走?他赴死的决定并非基于"诉诸要求被动服从的、无条件的绝对律令"。相反,他的"拒绝是基于深思,基于审慎考虑有关情境下怎么做才对"。施特劳斯进而给出三个考虑因素,但他刚刚在他的中心句提出了他的中心要点:没有比唯一神立下的法律更绝对的律令;无条件地被动服从绝对律令定义了耶路撒冷的热忱。苏格拉底把他那些性命攸关的决定完全建基于自己心智的能动判断。在自己对比雅典和耶路撒冷的文章的中心,施特劳斯推崇苏格拉底,同时不忘耶路撒冷代表着什么。

施特劳斯对苏格拉底拒绝离开雅典所给出的第一个考虑因素是他的年老;如果年轻,他或许会做亚里士多德所做的,离城。第二个考虑因素是:他将去往那里?他用来说服克力同的选言判断,即他没有合理的地方可去,使有秩序的远方国家,像克里特这样的国家,成了合理的去处。"我们有理由推断,如果苏格拉底逃走,他会去克里特",而《法义》表明他会在那里做什么。但他没有逃去克里特生活。年老是他"选择死在雅典"的唯一原因吗?不:

苏格拉底选择牺牲生命以便在雅典保护哲学,而非保护自己的生命以便向克里特引入哲学。

苏格拉底选择赴死的原因是哲学在雅典的状态。"如果哲学的未来在雅典所受的危险没那么大,他可能会选择逃到克里特。"苏格拉底的亲人类,他对人类的爱,始于在家园对哲学的爱,始于关切哲学在希腊世界的知识中心的未来,他在此度过哲人的一生,且收获爱恨:牺牲自己的生命,选择死在对的时间和对的地点,这是激动人心的对哲学的遗嘱,这是让人们考虑哲学终极价值和爱之恨之理由的永久劝告。施特劳斯在关注苏格拉底的选择行为时,再次回想相反的做法——他结束这段时重提苏格拉底的决定不是什么:他的选择"不在于把自己的因由简单归入一种简单、普遍和不可变更的规则"。耶路撒冷代表把所有情况简单归入有待服从而非探究的、由神永久给予的普遍和 [230] 不可变更的规则。雅典代表对情境随机应变的回应,七十岁的苏格拉底,理性地而非热忱地放弃生命,这是一个针对非理性服从(他死亡的近因)的有力声明。施特劳斯也是雅典异乡人,他旅行到耶路撒冷这个我们终极法律的原初来源,把启示宗教和哲学在原则上的不相容、把被动服从和理性探究之间的冲突放在了中心。

双中心的另一段,第 34 段,以一个呼吁开启了施特劳斯文章的第二部分:"但让我们从这个长故事回到柏拉图《法义》的开端。"难以想象更具颠覆性的历史呼吁;而施特劳斯在耶路撒冷做出这一呼吁,更让人惊讶。回到柏拉图《法义》的开篇,就是跳过那一漫长的间隔,其间,以基督教为形式的耶路撒冷式服从支配了雅典并行使胜利者的权利,把柏拉图对话解读为耶路撒冷样式。施特劳斯所呼吁的返回乃是从被动服从回到一个开端,这一开端是把雅典哲学引入遥远地方的模范。施特劳斯的新开端承认,"克里特法律,或任何其他法律的创建者,不是神",而是人。立法者是已经在统治的东西,"politeia [政制],因此,政治哲学的导向性主题是政制,而非法律"(34)。或至少,政制"成了政治思想的导向性主题,但凡法律的派生性质或可疑性质得到认识"。这是一个雅典事件,而耶路撒冷呢?"许多圣经词汇能贴切地译成'法律',但没有与'政制'对应的圣经词汇。"认识并考虑法律的可疑性质这一雅典事件没有其耶路撒冷对应物。

在这篇非常突出的文章的中心,施特劳斯放置了对哲学自由的辩护,针对的是命令知性服从启示这一观点。作为在自由判断中反对耶路撒冷式服从的雅典之人,施特劳斯仍然选择做雅典的耶路撒冷之友,为有着雅典面貌的服从提供论辩。

"我们对什么是人之为人的理解"

为结束题为"古典解决办法"的第二部分,施特劳斯考虑了两个对古代政治哲学的常见反对。第一个是,它反民主,所以坏;第二个是,它所基于的宇宙论"已经被现代自然科学的成功证明为不真[231]"(39)。回答第二个反对时,苏格拉底再次出场。施特劳斯把他置于一个普遍前提的保护之下:

> 无论现代自然科学的意义会是什么,它都无法影响我们对什么是人之为人的理解。

这一宣告使"人之为人"无关于现代科学收获的所有理解,无论理解的是我们周围的宇宙,还是从其他灵长类物种进化出我们的地球生命的自然史,还是人类大脑的神经功能。施特劳斯诉诸本体论论辩的形式来断言,

> 按照整全来理解人,对于现代自然科学,意味着按照亚人来理解人。但照此则人之为人完全不可理解。

尼采把这种主张称为"相反价值的信念",称为古典哲人的偏见,

即低的和劣的绝不可能产生或解释高的和纯的。①在《谈谈方法》的第四部分,笛卡尔论神存在所基于的前提是,"更完美之物不能出自和有赖于不太完美之物"。然而在那部分的结尾,在反思真理和确定性的时候,他邀请那些有怀疑气质的人们去怀疑他相信这一前提,当他随后谈到他对宇宙的科学解释时,他未明言但实际上采取了相反的原则,即更完美之物出自或有赖于不太完美之物,唯有根据这个原则,宇宙和人类的自然史才能被妥帖地理解。②施特劳斯如何呢?他没有表露出持有任何或可用来理解人类的特别卓越的真理,无论是苏格拉底的目的论神学,还是哈列维回到其圈囿的犹太教。他引入了苏格拉底,但没有试图表明他如何自上而下地理解人之为人。相反,他用苏格拉底的无知声明来反驳一种非难,即古典政治哲学"绑定着过时的宇宙论"。

古典政治哲学"由苏格拉底创建。苏格拉底绝不投入特定的宇宙论,以致他的知识是关于无知的知识"(42)。这不是浅薄的怀疑主义,如施特劳斯所述,

> 关于无知的知识不是无知。它是关于真理、关于整全之奥秘性质的知识。所以苏格拉底按照整全的神秘性质来看待人。

热情寻求知识的苏格拉底,在年轻时曾经热衷于研究自然哲学,但自然哲学在解释因由方面的局限使他转向他[232]的方式,于是施特劳斯得出结论:

> 他因而认为,我们更熟悉人之为人的处境而非那一处境的终极因由。

施特劳斯提到关于理解人之为人的苏格拉底的另一面向:"我们也可以说,他按照不变的理念,即按照基本的和永久的那些问题,来看

---

① 尼采,《超善恶》,格言2。
② 见我的《尼采与现时代》,前揭,238-244。

待人。"①施特劳斯接着谈他关于宇宙论的想法:"因为说清人的处境意味着说清人对整全的开放。"他的最后一句总结了在宇宙论方面他对古典政治哲学的苏格拉底式维护:

> 所以这种对人之处境的理解包含着对宇宙论的探究而非对宇宙论问题的某种解决,这种理解是古典政治哲学的基础。

施特劳斯对苏格拉底式无知的维护难以抵御一种非难,该非难基于现代宇宙论探究的成功:始于哥白尼的那一探究,即造成通往宇宙论知识的一些急剧改变视野的发现。宇宙论方面的现代探究迄今几百年了,已经赠给当代人类日益真实和充分的宇宙理解,这一宇宙理解确认和拓展了希腊科学先驱(苏格拉底弄得好像他离开了这些先驱)所推测的东西。

经过几百年对不断拓展的宇宙论和生物学知识的公开传播,人之为人的处境不同于苏格拉底所面对的处境了:用无知来掩护已经不太好了。苏格拉底声明关于无知的知识,而一种负责任的关于无知的知识知道关于宇宙和人什么可被认识——施特劳斯示意,苏格拉底继续从事这种认识。如今广为人知的是,例如,地球是一颗第三代恒星的卫星,地球上的所有原子都不属于我们宇宙之初创造的氢、氦、锂,而都是由恒星内核中的核聚变创造,并由超新星爆炸抛回太空。如今还广为人知的是,我们人类进化自其他灵长类,并且可以基于动物行为的连续体来研究人类行为,这一连续体展示了我们人类的不同,但没有断定人类与其他动物之间的任何深刻差异。这些实际知识如何影响施特劳斯对古人的维护呢?可知的宇宙和我们可知的进化史,根本无法容纳苏格拉底的目的论神学,或耶路撒冷的[233]神创论述,这个神还命令我

---

① 这一对理念的理解必须跟以下两种理解一起加以思考,即把理念理解为哲学版本的戴克和奈克诸神,从而使理念非常容易被格劳孔和阿德曼托斯接受,以及把理念理解为代表着心智用以归纳感官的自然种类。

们服从。

基于道德实用而顺从耶路撒冷——如《〈库萨里〉中的理性之法》的最后一段——是要让我们假装像古人一样对人的因由无知吗？这种对无知的维护将会不断失效，只要科学继续它的探索，继续向公共道德提供所有它知道的发现，同时吸引适合评论宇宙论和生物学议题的恰当方法来予以验证和反驳。施特劳斯说，物理学"不会以它可能伤害到启示律法信徒的方式伤害到异教徒"（《什么是政治哲学？》, 164），这承认了圣经隐含的宇宙论易受物理学的挑战。这并不意味着物理学就驳倒了启示的神；但这确实意味着，坚持神在道德上必需，要求一种不断强化的固执，即无视人类知性在最伟大的现代事业之一所得出的结论——所有伟大的现代哲人，从那些创建者到尼采，都非常重视现代物理学、生物学和人类学的知识收获，而施特劳斯似乎没有。对于施特劳斯召来苏格拉底的无知之知以反抗现代宇宙论知识，可以提出一个政治哲学的疑问：在我们时代，让哲学，让爱智慧，与一种目的论神学结盟（它要求对现代宇宙论解释无知），而非与哲学的那一后裔（它寻求了解这个向人类的好奇心敞开的世界）结盟，这明智吗？①

"古典解决办法"的最后一段指向古典解决办法（它绝非无知）一个深刻的方面。"说清宇宙论问题意味着要回答哲学是什么或哲人是什么的问题"（43）。开始考虑就宇宙论来说哲人是什么的时候，施特劳斯遵循柏拉图，回避了苏格拉底："柏拉图克制着没有让苏格拉底对这一问题作主题讨论。"爱利亚（Elea）来的异乡人揭示，哲人"追求关于整全的知识"。整全的部分是可知的，知识被分成一种基本的二元状态：如数学的同质性知识，如关乎人类目的的异质性知识。后者是更高的知识种类，可以达到"关于什么使人的生活完整或整全的知识；它因而是关于一种整全的知识"。这种知识是"关于人类灵魂的知识……整全中唯

---

① 我在《施特劳斯与尼采》（*Leo Strauss and Nietzsche*）中细致探讨了这一问题, 168–173。

一向整全开放的部分"。随后是对关于整全的知识的关键思想:人类灵魂"因而比其他事物[234]更亲近整全"。施特劳斯转而警告:"但这一知识……不是关于整全本身的知识。"不是,但是作为关于一种与整全亲近的事物的知识,它邀请人推导出它所亲近的东西。施特劳斯警告性地描述说,人类易于被两种知识形式中的这种或那种,被"能力"的魅力或"谦卑的敬畏"的魅力所诱惑。他结束时赞美哲学"温和又坚定地拒绝屈从任何一种魅力"。"但哲学必然由爱欲陪伴、维持和提升。哲学受宠于自然的恩宠。"

"古典解决办法"这一结尾的雄辩肯定没有隐藏其包含的知识声明。施特劳斯丢开爱利亚异乡人,而以柏拉图《会饮》中的苏格拉底结尾,后者没有声明无知:"我要声明,我擅长的知识无非关于爱欲"(177d)。那一夜的苏格拉底引导他最睿智的听众,直到他们看到他的声明扩展到整全:他暗示存在就是爱欲,整全的性质不单单是神秘,作为爱欲,整全亲近在自知中可知的东西。苏格拉底的无知声明尽管不必放弃,但必须被修改,因为如果存在就是爱欲,那么它具体上仍然神秘,只是性质上可以推知。因而苏格拉底的无知防御受到柏拉图《会饮》和他自己声明的爱欲知识的限制。① 一个施特劳斯研究者在此想到尼采,因为施特劳斯表明,尼采恰恰经由这条关于人的灵魂的知识之路("灵魂学再次通往根本问题"),② 达到关于整全性质的声明。尼采基于灵魂的知识推断出存在无非是权力意志。那么,什么是权力意志,它与柏拉图的爱欲,与现代科学所探究的世界是何种关系? 在我看来,这是政治哲学今后的路。与其断言"我们对人之为人的理解"不能受现

---

① 施特劳斯对《会饮》这一声明的本体论维度的认识,见《论柏拉图的〈会饮〉》,196;还可见伯纳德特,《论柏拉图的〈会饮〉》("On Plato's Symposium"),《情节论证》,前揭,167 - 185,以及我的文章,《伯纳德特如何解读施特劳斯哲学教育的最后阶段》,收于 Pangle 和 Lomax 编辑 *Political Philosopher Cross - Examined*。

② 《超善恶》,格言23。

代自然科学影响,不如追究科学知识如何帮助反思这一本体论/宇宙论,它隐微地贯穿从苏格拉底到尼采的哲学传统,它认识到生成的主权性,你可以把它简化地说成是一种过程一元论(a process monism),但不要忘记把这一过程称为爱欲或权力意志时所含的内在意图。

"反神学的怒火"

[235]"现代解决办法"多种多样,但"有个共同的基本原则",消极的原则:"认为古典图谋不现实而予以拒绝"(44)。施特劳斯不再把斯宾诺莎或霍布斯当作现代的创建者。"现代政治哲学的创建者是马基雅维利"(45),施特劳斯论现代解决办法的一半页数都用于此人。马基雅维利的工作"基于一种宗教批判和一种道德批判"(46),这些话题之前在斯宾诺莎和霍布斯那里也是施特劳斯的基本话题。宗教批判"并非原创",而是"重述异教哲人们的教导"以及某些中世纪思想家们的教导。

> 马基雅维利在这一领域的原创性限于一点:他是个渎神的大师。

施特劳斯把那些渎神做法的"魅力和优雅""保留在他用来掩盖的纱幕之下",这是迁就耶路撒冷听众的政治决定,在其他场合,揭露马基雅维利的渎神(神是终极僭主)似乎是他的乐趣之一(《柏拉图式政治哲学研究》,223-225;《思索马基雅维利》,48-52)。但施特劳斯的目标很清楚:揭露现代创建处的罪行,通过展示其卑下的起源来摧毁其合法性。

说到马基雅维利的道德批判,施特劳斯将其等同于他的"古典政治哲学批判",其"要点"是声明,"臻极于乌托邦,臻极于描述高度难以实现的最佳政制,这样的政治学取向有着某些根本错误"(47)。在施特劳斯采用的马基雅维利涉及柏拉图《理想国》的说法中,马基雅维利道德批判的要点是,他拒绝把不可能的正义城邦作为政治学的主要进路。马基雅维利不再以德性为取向,不再以符合假想正义城邦的行动为取向,而是"以所有社会实际追求的目标为取向"。摆出马基雅维利之进路的主要特征之后,施特劳斯说,在马基雅维利那里,"一位无畏的思想家似乎已经打开一个深渊,古典派(在其高贵的朴素中)止步的深渊"(52)——止步在此意味着认识到,但却不予公开承认。为暗示这一点,施特劳斯补充说,

> 马基雅维利全部作品中涉及人和人类事物之自然的确切观察,没有一个是古典作家不了然于心的。

施特劳斯的这一声明承认,在摆出马基雅维利的道德批判时,他夸大了马基雅维利的创新,弄得好像是他第一个发现和第一个说出来。例如马基雅维利涉及"社会创建者"的观点,即"道德得以可能的背景,是由不道德创造的"(48);荷马的《奥德赛》隐蔽地教导了这一对正义城邦的[236]限制,他使奥德修斯的特勒马科斯政权的奠基有赖于在道德上为杀戮108个求婚者、杀戮旧政制代表而辩护;荷马在那一辩护中扮演了知情的角色,因为他知道奥德修斯算计行为的长远成功有赖于关于它的什么被传颂。

为什么马基雅维利选择发动施特劳斯称之为"视界的惊人收缩反而将自身呈现为视界的惊人扩大"的这个事情?施特劳斯给出了历史的理由:"到马基雅维利时代,古典传统已经经历了深刻的变化。"包括"冥想生活在修道院里找到了自己的家园";冥想的焦点不再是探究,而是服从。此外,"道德德性已经变形为基督教博爱";《哲学与律法》的导论把这一变化说成"极端的('神学的')博爱德性"取代了"'自然的'('哲学的')德性"(《哲学与律法》,页136注释2)。这些变化从属于一个大变化:基督教统治了西方社会。施特劳斯特意说了下基督教在马基雅维利的时代如何行事:

对救赎人类不朽灵魂的关切似乎允许,不,是要求采取一些古典作品可能认为而马基雅维利确实认为不人道和残酷的行动步骤。

马基雅维利和古典派共同谴责基督教的行动,施特劳斯提到一例:

> 通过暗示从西班牙驱逐马拉若人(Marannos)时的宗教审判,马基雅维利谈到阿拉贡的费迪南(Ferdinand of Aragon)之虔诚的残酷。

一个值得表扬的马基雅维利,他被比作古典作家,凸显出来:"马基雅维利是他那个时代表达这一观点的唯一非犹太人。"对于某个基督教国王的虔诚的残酷,他给出了什么原因?"他似乎已经把宗教迫害的巨大罪恶诊断为基督教原则,乃至圣经原则的必然后果。"这话说出了开启现代革命的根本判断之一,同时施特劳斯表明他没有忘记耶路撒冷代表什么。根据马基雅维利的诊断,宗教裁判所归属的那种无情逻辑,不只是基督教原则的,而且是一神论原则的,这种一神论的神将绝对律令发布给那些认为没有什么比服从更重要的人们。蒙田、培根、笛卡尔,以及其他伟大的后马基雅维利思想家,都把马基雅维利的诊断作为他们反制基督教的伟大行动的一个理由。①

[237]施特劳斯弱化了诊断,重述了判断:马基雅维利"倾向于相信,人之非人性的可观增长,是人目标太高所带来的意外但并不惊人的后果"。在三个以"让我们"开头的句子里,施特劳斯刻画了视界的"收缩":让我们"降低我们的目标",让我们"用算计取代博爱",让我们"修正所有传统目标"——收缩是抹去超验事物。但如果马基雅维利是这一"景象"的"第一例",那么他伟大的徒众,特别是培根,恰恰在施特劳斯强调为柏拉图哲学政治学的中心,证明了他们自己是柏拉图更好的学生。培根反对马基雅维利"古典政治哲学批判"的

---

① 最近强调一神论与非人行为之间逻辑联系的诊断,见 Jan Assmann(例如, *Mosés the Egyptian*, *The Price of Monotheism*)和 Peter Sloterdijk, *Gottes Eifer*。

"要点"(47),恢复了关于不可能的正义城邦的柏拉图式观念,并且刻意使他表述的目标像是基督教的目标:他把基督教天国转译为地上的人类未来,因真正的自然科学及其衍生的技术而变得可以想象的未来,他保留温和宽容的基督教作为公民宗教。在此意义上,培根是现代的真正创建者,是现代的柏拉图:他教导现代公众一个新的正义之城,同时教导哲人们,这个新的正义之城是个不可能的梦。而培根的伟大徒众,则接纳了培根对马基雅维利引发的现代精神战争所做的不可或缺的柏拉图式调整。

继而,在结束关于马基雅维利之诊断的段落时,施特劳斯声明了马基雅维利的动机。施特劳斯的这个句子,它不冷不热的开头和吞吞吐吐的因果声明,掩饰了它的核心断言在解释施特劳斯对现代创建的看法时所扮演的关键角色:

> 那么我会建议说,马基雅维利最先造成的视界的收缩,是由反神学的怒火引起,或至少得到其辅助,我们能够理解但无法赞同这种激情。

反神学的怒火——这一妙语呈现为对整个现代革命的最深解释,且施特劳斯的解读者们广泛接受这一呈现。①那些强大行动(它们打破了基督教所转达的古代观点的掌控并奠定了我们的世界)的根源,原来是对神的愤怒,或至少是对基督教谈论神的方式的愤怒。

它当真是怒火,仅仅是怒火?而非判断——而非最好心智做出的"诊断",以对抗施特劳斯所指出的那种情况:[238]一尊全能的神的统

---

① 这一短语提炼了施特劳斯早先对现代天神论的谴责,即现代无神论仅仅是因害怕超人力量和死亡而反叛,这是正统的古老谴责(《哲学与律法》,35-36)。一个更温和的变体后来出现在他1963年的文章,《帕都阿的马西利乌斯》("Marsilius of Padua"):"反神学的激情"(《政治哲学史》,294;《古今自由主义》,201)。

治允许,不,要求他的臣民采取非人的和残酷的行动,以便取悦他,为他们赢得仅仅他能够给予和仅仅给予服从者的恩惠?这一非人性和残酷的基督教时代中的最好心智接受了马基雅维利的邀请,不大可能是因为受到反神学的怒火的推动。而是因为,他们也有着施特劳斯所点出的、马基雅维利身上的东西,即判断和人性使马基雅维利成为他那时代唯一就基督教狂热的非人性和残酷有所表达——且以行动反对——的非犹太人。

那些最好的心智,蒙田、培根、笛卡尔、霍布斯,一致采取了显白写作的艺术,来解释他们为什么接过马基雅维利的改造图谋;培根坦言自己"非常受惠于"马基雅维利。① 他们的作品暗示了他们的判断,对于有着全能和莫测的神的主权性宗教,必须粉碎其主权才能保护文明——希腊和罗马的伟大作品直到最近才在文艺复兴文明中重现于欧洲、可供研究。通过后马基雅维利时代的最伟大作品,像蒙田的散文,笛卡尔的《谈谈方法》(及其三篇附录文章),霍布斯的《利维坦》,以及特别是培根的《宣告一场圣战》这些显白杰作,这个时代的伟大心智隐微地传达了他们究竟为什么要着手打倒一个僭主宗教,该宗教的战争威胁了文艺复兴。

这些作品表明这些大师的教育主要不是来自马基雅维利,而是来自柏拉图,柏拉图教导了哲学必须去统治且用修辞艺术去统治,去教导少数独立的心智统治多数心智。由于培根,关于新的不可能城邦的柏拉图式手段被用于粉碎基督教。培根和那些追随他的人践行了施特劳斯所表明的柏拉图和色诺芬所践行的事情,作为苏格拉底的学生,他们把最高的理性和最巧妙的写作相结合,重新确定了希腊启蒙的方向,使之转变为苏格拉底式的。同是这个施特劳斯,莫非他乐意我们相信马基雅维利之后两百年的最伟大心智,在反对僭主性宗教,并且基于柏拉图模式创建一种改变世界的替代方案时,是被怒火而非判断推动吗?

不,这再次是施特劳斯的巧妙修辞。因为我们不可能相信施特劳

---

① 《知识的进步》,2.21.9。

斯相信,仅仅是怒火推动了这些伟大的柏拉图式思想家和行动家。《哲学与律法》导论的修辞家,在耶路撒冷谈及雅典的最伟大发明,并且以雅典的[239]方式谈论。他把理性和修辞相结合,着眼于唤起一种针对现代创建者们的偏见。他的解经证实了这一怀疑立场,因为施特劳斯的句子恰恰示意,如何使马基雅维利及其伟大的徒众免于反神学怒火的指控:现代革命是由反神学的怒火"引起",还是仅仅得到其"辅助"? 就那些最伟大的心智来说,怒火不能引起"视界的收缩",然而他们反基督教的图谋大多得到那些从他们的作品中获得许可,凭着他们反神学的怒火而行动的人们的辅助。施特劳斯让人相信他相信,仅仅是怒火推动了继承马基雅维利的"一系列政治思想家"反对"同一个权力——霍布斯称之为黑暗王国"(《思索马基雅维利》,231)。施特劳斯在他认为能够辅助他目标的地方指控了怒火,从而让人怀疑那些赞成现代的强大偏见。多数人会认为他揭示了真相,少数人会认为他做得很合理,很马基雅维利。①

一旦看出这一点,施特劳斯讲课的修辞性质就开始凸显。他说,"马基雅维利不但彻底改变了政治教导的实质,也彻底改变了其模式"(53)。实质"或许可以说是关于全新君主的全新教导,即关于在社会基础中——因而在社会结构中——本质上固有的不道德"。是的,这"或许可以说是"全新的,但这是荷马十分熟悉的论断。说到非武装的创建者马基雅维利的模式,施特劳斯说,在使"宣传"成为成功手段方面,他复制了基督教的胜利(54)。施特劳斯采取这一有倾向的词,同时承认马基雅维利的"宣传截然对立于如今所谓的宣传,即高强度的推销和对所获听众的拦截"(55)。如果施特劳斯把宣传用于马基雅维利的成功模式是恰当的,那么怎么评论苏格拉底

---

① 即便是一些最好的施特劳斯评论家,也把反神学的怒火当作推动那些伟大的现代思想家的东西;见 Tanguay, *Leo Strauss*, 108 – 117, 以及 Janssens, *Between Jerusalem and Athens*, 189。

的成功模式呢——这个苏格拉底想让克利托布勒斯这类人相信一种目的论神学,他在《理想国》里兜售一种适用于诸神和不朽灵魂的新法律?正是施特劳斯本人,强调苏格拉底为了维护哲学的因由而努力赢得修辞家忒拉绪马科斯,而忒拉绪马科斯践行什么?把现代哲学的修辞手段标记为宣传,同时对古典政治哲学的手段加以赞赏,这其实是施特劳斯有效的……[240]宣传。这是古代和现代柏拉图式政治哲人共享的又一个关键事务;采用带偏见地称为宣传,但更应公正地称为修辞的东西,去成功传播新教导,始于一两个聪明人作品的教导——施特劳斯本人也从他所复原的前辈那里接纳了这一不无道理的手段。

施特劳斯乐意说说马基雅维利的宣传,

> 之前没有哲人想到为这一目的而开展特定的战略战术,以便确保自己的教导在自己死后成功。之前的哲人们……为他们的同代人,首先是晚辈,提供教导,甚至没有梦到过掌控普遍人类思想的未来命运。(55)

同是这个施特劳斯,他摆出了色诺芬和柏拉图、哈列维和迈蒙尼德的修辞策略,即他们判断为社会秩序不可或缺且有益于掩护哲学的、朝向高贵谎言的说服策略。或许"普遍人类思想的未来命运"是区分古代和现代政治哲人的条款:控制普遍人类思想的未来命运是个基督教的梦。施特劳斯把"之前哲人"换成了"政治哲人",他同意,如果他们"已经就正确的政治秩序得出明确结论,那么,如果他们不愿帮助周围的人尽可能好地料理其通常事务,他们就是邪恶的,从而不是哲人"。先前的政治哲人,那些对正确政治秩序之基础达成理解的人们,为了社会的福祉而行动,此前没有人像施特劳斯这样细致表明这一点。

> 但他们未曾片刻相信,真正的政治教导是——或可能是——关于未来的政治教导。

马基雅维利相信真正的政治教导是那样吗?他伟大的徒众至少

相信真正的教导需要伴随一种显白教导,它使真理诗化,从而变得有效。马基雅维利"为首的一长串现代思想家希望通过启蒙手段带来新模式和新秩序的树立"——如今启蒙得到对启蒙的普遍信仰的辅助。①

[241]当施特劳斯从马基雅维利进至他伟大的徒众时,他反复应用于他们观点的词是"图谋"(scheme),毫无对高级哲学成就的敬意。②"马基雅维利的图谋面临严重的理论困难",特别是它的"宇宙论基础"——它假定但没有论证"目的论自然科学的不可靠"。拒绝"自然目的观念"所需的证据,"由 17 世纪新的自然科学提供,或者说被认为如此。马基雅维利的政治科学与新自然科学之间有着隐秘的亲缘"。施特劳斯给出了这种亲缘的一个迹象:

> 如同培根,在马基雅维利的取向与拷问自然的观念,即可控实验的观念之间,有着密切的联系。

培根提到"通过实验……来帮助感官"。实验加强了对"自由自在

---

① Richard Velkley 关于海德格尔和施特劳斯的研究中的两个邀请,让他的读者怀疑,他显白地阅读开创现代的导师:"现代哲人主要自我呈现为实践的恩主,这会不会是一种显白手段,哲人借此得以通往'原初的自然的自由'?""施特劳斯没有过多关注现代哲人们就哲学生活作为一种特异生活所做考虑的那些迹象……最终很难评估,施特劳斯的柏拉图-尼采辩证宏论,多大程度上左右了他对现代哲学的论述"(Velkley,*Heidegger, Strauss and the Premises of Philosophy*,53、197 n. 18)。尽管 Velkley 邀请追踪就哲学生活基本问题在古代和现代哲人之间可能有着深层的连续性,但我尚未在 Velkley 的书中发现他本人遵循上述邀请。相反,他似乎始终认为现代哲人把实践抬高到"理论"之上,例如,"哲学由于放弃了冥想的首要地位,由于寻求使人完全归属城邦,损失了对超政治维度的视野"(118)。

② 施特劳斯先是用这个词来描述卢梭的"教育图谋"(40);然后在"现代解决办法"的开头,用它来描述现代政治哲学的原则,"消极方面:拒绝古典图谋"(44),还用来描述"(马基雅维利)图谋的实现"(47)。

的自然"的研究,其办法是研究"受约束的、被为难的自然",迫使自然"摆脱它的自然状态",因为"事物在技艺的为难下比在自然的自由中更容易透露它的自然"。①要点不在于"拷问",而在于实验方法发现的真理:如此发现的真理对于"正常情况"意味着什么——例如真空中的落体与正常情况相对照,认为石头落得比软木要快是因为石头含有更多位于所有事物中心的元素,土,这在正常情况下似乎是合理的? 培根引入了一种实验科学,假以时日,它将使圣经隐含的宇宙论跟亚里士多德的宇宙论同样明显不真。为赢得时间,新科学必须配备培根知道是修辞的东西:他把圣经关于来世永久天堂的许诺,转变为基于在当下世界工作和为后代工作的关于人类未来永久天堂的许诺——他的实则拿破仑式的策略。

通过转变像笛卡尔这类人的心智,以及影响多数人的心智[242]去建立诸如皇家学会,培根推进了对人类理性的现代运用,推进了自然科学,而施特劳斯忽略了自然科学的历史。理性运用人类心智以发现自然真相的伟大历史并未终结于"现代理性的失败",并未终结于施特劳斯用作修辞以便建议返回古典理性的历史主义。施特劳斯关于现代"图谋"的历史忽略了伟大谋士培根的最伟大图谋。用施特劳斯论述伟大作家们的显白风格时所提供的工具,来辨识并公开培根的图谋,这严重损害了施特劳斯的图谋,它所讲述的,确实远非"现代理性"的全部故事。②

---

① 培根,《新工具》(*The New Organon*)之"伟大的复兴"("The Great Instauration")。

② 培根的启发性也见于施特劳斯针对古代哲学贬低现代哲学的另一主要方面,所谓行动对冥想的优先性(例如《城邦与人》,3-4)。培根在《新工具》第一卷的结尾,即在提出研究自然新方法的时候说,"(说出全部真理)对于我们行走、干活、阅读、彼此辨识来说,光的用处无限;不过,观看光本身比光的一切用处更出色、更美好;所以,没有迷信或欺骗,没有错误或混乱地冥想事物所是,这本身比所有发明成果都有价值"(《新工具》,第129节)。

"今天裹挟我们的浪潮"

施特劳斯把现代解决办法放在关于三次浪潮的古希腊比喻下,根据这个比喻,第三次,也是最大的一次浪潮,要么淹死人,要么救人。在柏拉图的用法中,第三次浪潮救了人:如果哲人统治,城邦就可以达成某种意义的幸福。是否柏拉图的用法影响了施特劳斯的用法呢?把施特劳斯的头两次浪潮跟柏拉图的(男女工作平等和家庭扩展到包括所有公民)对齐,显得过于人为,而施特劳斯对"今天裹挟我们"的第三次浪潮的谴责似乎把柏拉图的用法搁得有点远。不过,施特劳斯在"所有时代最著名的政治著作"(《城邦与人》,62)那部分用到的一个突出的形象却值得注意。

施特劳斯现在讲述的现代图谋(modern schemes)的历史,先是经历了两个阶段的缓和,马基雅维利之图谋的"造反性质",被霍布斯和洛克弄得适合英国的客厅。他接着谈"现代性的第二次浪潮",即针对第一次浪潮所造成的"人的堕落","卢梭激昂的、仍令人难忘的抗议"(60)。①这一阶段包括"德国观念论哲学和[243]所有国家所有阶级的浪漫主义"。虽然"卢梭回归"、"康德回归"、"黑格尔回归","浪漫主义整体上主要是个回归运动",但所有这些回归"导致一种远为激进的现代性形式……更加疏离古典思想"。古典强调目的论,强调人的目

---

① 说到卢梭和所谓古今之别,领先的施特劳斯学者迈尔在 *Über das Glück des philosophischen Lebens* 里论到基于真正的哲学探究,卢梭如何示范了柏拉图式政治哲学的所有主要特征。迈尔的书是一大贡献,它消除了施特劳斯在古代与现代之间的修辞区别,还建立了古代与现代,或者说与后启示哲人们之间真正的同中之异。他的页 156 - 159 以恰当的方式、在恰当的地方展示了卢梭作品潜在的本体论——简而言之(损失了迈尔句子和段落的美),即他与从苏格拉底到尼采的古今哲人所共享的过程一元论,此乃哲人幸福的基础。

的,这已经被霍布斯和卢梭转变为强调人的开端,自然状态,后来又是强调历史或"历史性"(63)。施特劳斯没有提及下述事实,致力于理解人类的关于人类起源的各种学说之间的竞争,如今必须被古人类学这门科学衡量,古人类学对于理解人类的贡献之一是,它使无论古代的还是卢梭式的祖先神化都变得荒唐。尼采认真关注了人类学方面的知识收获,以及人类进化谱系方面当时的新发现,如尼采所说,如今任何神化祖先的意图都要面对猿猴,它站在那条反向路的关口,"会意地龇牙,仿佛说,'到此为止'"(《破晓》,格言49)。进化的故事,这一真实的故事,施特劳斯不愿公开触及。

施特劳斯在结束对现代性第二次浪潮的论述时,简短评论了作为历史哲学的"德国观念论哲学"。康德和黑格尔把现代进步学说解释为必然的"正当秩序的实现"(65);伴随跟第一次浪潮相同的"现实主义倾向",他们着眼于实际建立古代思想中始终只是假想共和国的东西。在此阶段,"历史哲学"只能是一种,即世俗化的圣经末世论。但康德和黑格尔历史哲学作为一种进步学说的固有困难,导致了现代性的第三次浪潮。

第三次浪潮,"今天裹挟我们的浪潮"(66),能够模仿柏拉图的第三次浪潮,即哲人凭着一种神学政治规划实施统治吗?施特劳斯只给了第三次浪潮一个段落的笔墨,也是他的最后一段。其第二句说:"这最后纪元由尼采揭幕"——事实上尼采确实着眼于恢复哲学的统治。《查拉图斯特拉如是说》[244]和《超善恶》倡导由哲人来统治,统治的方式跟古人的一样,通过诗,然而是忠实于尘世并关心现代现实的新诗:它肯定包含哲学的科学领导力。施特劳斯的最后一段是在示意第三次浪潮是尼采意义上的哲学统治吗?这一段是第66段。对于一篇由"时刻不忘耶路撒冷代表着什么"的发言者在耶路撒冷公开出来的文章,66肯定有意味。他的第66段最终证明就像耶路撒冷:它是对第三次浪潮产物的一篇天启性的谴责。

尼采的思想是彻底历史的,但"他拒绝说历史过程是理性的",或注定要实现正当的秩序。并且尼采"拒绝假定真正个体和现代国家之间有可能和谐",真正个体是哲人,他在平等的时代更是时代的继子。施特劳斯总结了尼采眼中查拉图斯特拉所说的"一千个目标":

> 所有人类生活和人类思想最终有赖于创造视界,这些创造不易得到理性的合法化。

仅在其他语境中,施特劳斯才提到查拉图斯特拉的第一千零一个目标,它在基本方面迥然有异:它把一千个目标理解为"伟大个体"——某个荷马、某个摩西——的创造,同时窥见第一千零一个目标,这一全球目标植根于欧洲的自然科学,且声明合法地基于真理。施特劳斯描述了一种新的"自然"观,有别于卢梭的观点。卢梭认为自然是"守法的和仁慈的",且"根本的存在体验……[是]喜乐"。新观点中的根本体验则是对"苦难、空虚和深渊"的体验。施特劳斯正确地没有说这一新体验是尼采自己的:尼采将之诊断为有些人所遭受的东西,他们受到创伤,因为神之死,因为现代撤除了千年的"娇惯"教导,诸如创世和神意,它们用相信神造了我们且关心我们来娇惯人类。①因为他的体验不同,是哲人的体验,所以尼采免疫于跟新体验相关的戒断反应(withdrawal symptoms),同时诊断了它的虚无主义,并注意它前面可能存在什么。

施特劳斯看出尼采战略任务的规模和性质:"尼采对创造的创造性号召,其对象是……后来世代[245]的最好的人",他吸引他们"去形成新的、能够统治这颗星球的贵族"。施特劳斯没有进而描述尼采思想的政治维度,没有评论尼采思想与苏格拉底/柏拉图/色诺芬之计划(由他们后来世代最好的人进行哲学统治)的亲缘;他没有承认这一计

---

① 娇惯(Verwöhnung,如同对孩子的溺爱)一词出现在施特劳斯1935年两封致洛维特的信里,用来描述尼采面对的听众和他向他们进言时的挑战。GS,3.638-640(6月23日,7月17日)。

划是通往尼采所计划的未来的唯一可行道路。但那意味着,他任由尼采思想的未来卷入那些他即将提到的人们所臆想的,罪恶的帝国主义,而非使之显出本来样子,即志在精神统治,类似于苏格拉底,他那服务于后来世代统治贵族的目的论神学正着眼于此。

施特劳斯进而表面上直接谴责尼采。他说尼采"宣扬针对大群民众的'无情毁灭'的神圣权利,同他的大对头所做的一样没什么限制"。①他谴责尼采相当于成了耶路撒冷的后裔,成了道德/宗教信徒,其行动得到极端信仰的辩护。他忽略了尼采数页之后的表述,尼采说他的书所鼓励的战争"没有火药和浓烟"。②但谁是尼采的"大对头"?是马克思(Marx)吗?他最能代表尼采所反对的"普遍无阶级和无国家的社会"之梦。但这是一位雅典异乡人正在通过控告现代哲学而结束他的雅典与耶路撒冷之间的对比:大对头肯定是耶路撒冷的神,其绝对律令包括信徒们为之虔诚祈祷的毁灭性的启示录。这最终或许会给施特劳斯对尼采的表面谴责带来别样色彩:全部 108 个求婚者必须被杀死。施特劳斯很清楚,尼采说过没有火药和浓烟。

施特劳斯责备尼采运用"他热烈和迷人的言说中无法超越和取之不尽的力量,使他的读者不仅厌恶社会主义和共产主义,也厌恶保守主义、民族主义和民主"。这一对似乎所有可能的政治选择的蔑视,让施特劳斯瞄准了在耶路撒冷有可能最厉害的控告:

> 自己肩负起这一重大政治责任之后,他却无法向读者表明一条通往政治责任的路。他留给读者的选择,除了不负责任地漠视政治,就是不负责任地政治投机。他因而预备了一种政制,[246]这种政制假如延续,就会使丧失信誉的民主再次显得像是黄金时代。

---

① 施特劳斯没有提供出处;尼采说到 schonungslose Vernichtung [无情毁灭]是在《看哪这人》中,即《为什么我写出这些好书:悲剧的诞生》第四部分。
② 《看哪这人》,《为什么我写出这些好书:人性的、太人性的》,格言 1。

第八章 代表苏格拉底抨击启蒙:《什么是政治哲学?》

在最可能被吓住的听众面前,把希特勒政制归咎于尼采,这是施特劳斯热忱至极的激情言说的力量。在耶路撒冷,没有忘记耶路撒冷代表什么,施特劳斯借鉴基督教圣经的第66卷,结束了他对现代的精神战争:他也结束于启示录式的谴责。他对尼采还有一个扭曲:

> 他[尼采]试图用权力意志学说来说清他对现代处境和人类生活本身的理解。

施特劳斯后来撰文以负责任的、尼采的方式,把权力意志学说看作一种本体论努力,该学说企图以势必"弱化和稀释的比喻",①去命名根本事实,去命名所有存在的方式。而施特劳斯在这里的做法是把权力意志局限在政治和人,表明他为了在耶路撒冷的修辞胜利愿意走多远。他在耶路撒冷对尼采的公开谴责,采用了出自柏拉图第七封信的措辞;柏拉图谴责了自己家族成员参与领导的雅典政制,说该政制使"丧失信誉的民主再次看似黄金时代"。②在耶路撒冷,一位雅典之人用雅典说法来推销他对整个现代思想的热忱的修辞谴责,依据是,所谓的现代思想导致尼采预备了纳粹的道路。

但施特劳斯结束于海德格尔而非尼采,结束于确实是一名纳粹的德国哲人。海德格尔投靠纳粹被合理地解释为一种思想方式在政治上的逻辑结果,这种思想方式怀着自豪,并以绝对忠于德国的血和土为基础。相比之下,尼采的思想方式属于"好的欧洲人",自觉地基于雅典、耶路撒冷和罗马的集合遗产,同时它早就警告欧洲提防"民族主义的疯狂"(《超善恶》,格言256)。他说,德国民族主义尤其危险,因为它

---

① 《超善恶》,格言22。我在《施特劳斯与尼采》(前揭,34–48)里表明,施特劳斯1972–1973年论尼采的文章如何处理《超善恶》的前两部分,该处理方式忠实于尼采的做法,即把权力意志呈现为本体论,呈现为哲学对宗教之新的统治的基础;还可见249–250页起。

② 柏拉图,《书简七》324d。

不像法国民族主义那样基于爱,而是基于恨,基于对犹太人的种族仇恨,这会把欧洲的未来置于险境。①施特劳斯在他第一讲的结尾(26)说,海德格尔的思想方式[247]把历史看作命运的安排,这一思想家把命运的安排消极地接受为应予思考的东西。尼采则把历史——"历史里没有神之手,甚至没有神的手指头"(《超善恶》,格言203)——看作可被人类知性所理解的,只要人类知性获得了关于人类灵魂的知识。他甚至声明已经把握了作为如今处在危机阶段的道德史的全部人类史:

> 我们是极北族人。我们知道路,我们已经发现了整个数千年迷宫的出口。②

尽管尼采和海德格尔在这两个重要议题(真理的可能性和理解人类历史)上有差异,但施特劳斯还是认为海德格尔延展了尼采思想的逻辑:

> 尼采之后,权力意志哲学的内在困难导致对永恒观念本身的明确拒绝。

这种措辞为以施特劳斯后来展示的那种方式来理解权力意志的内在困难开了一个豁口,但他在此处于修辞模式下,在这一启示录里,除了一个可能是救赎的小开口之外,侧重的是谴责。海德格尔是且不只是尼采的完成:"现代思想"——所有三次浪潮——"在最彻底的历史主义中,即在忘却永恒观念的明确宣告中,达到其定点,其最高的自我意识"。海德格尔潜在于马基雅维利和笛卡尔之中:

---

① 见《超善恶》,格言250-251,以及《快乐的科学》,格言377;还可见我的《尼采的使命》,前揭,255-257。

② 《敌基督》(Antichrist),格言1;《超善恶》的格言32勾勒了"最近一万年……在地球上少数大区域",包括我们区域的道德史,《论道德的谱系》则展开论述了这一道德史。

忘却永恒，或者说，疏远人最深的欲望，且因而疏远那些原初议题，是现代人为了试图成为绝对主权者，试图成为自然的掌控者和拥有者，试图征服机运，而从一开始就不得不付出的代价。

凭着这最后的、暗示要回到耶路撒冷的貌似虔诚的话，这位在耶路撒冷的雅典之人把他的宣传推向了顶点，要激起针对从马基雅维利到尼采的整个现代思想——其自然产物是海德格尔的纳粹哲学——的一种偏见。

不同环境中的不同尼采

耶路撒冷三次讲课的九年之后，1964年3月25日，施特劳斯来到非常不同的环境，美国的康奈尔大学，他魅力四射的前学生布鲁姆（Allan Bloom）正在这所大学里集合他自己的徒众，并教给他们施特劳斯的视角。施特劳斯的视角。施特劳斯在那里做了一次题为《现代性的三次浪潮》[248]的讲课，其中专门探讨尼采的五个段落所贡献的尼采，为他在耶路撒冷的修辞性谴责提供了参照。向这些学生听众言说时，施特劳斯没有让尼采对希特勒政制直接负责，没有提到所谓完结尼采和现代理性的海德格尔，基本上积极地看待尼采。①这一讲课所呈现的尼采经受住了施特劳斯关于前两次浪潮的新讨论的趋势，这一新讨论没有伴随诸如反神学的怒火、宣传、图谋等等。这一讲课是施特劳斯的

---

① 施特劳斯在耶路撒冷三次讲课的结尾对尼采的修辞性扭曲，刻意避免了更积极的尼采观，这也可以通过回顾来看清：1940年4月27日，施特劳斯在锡拉丘兹大学（Syracuse University）所做的一次讲课，《德国战后哲学的活议题》（"Living Issues of German Postwar Philosophy"），给予尼采截然不同于海德格尔的荣耀地位：他在结束讲课时说，哲人尼采"假设性地重申了永恒复返学说，以便讲清哲学基本的、自然的主题仍然是，而且将来也是如它曾经对于希腊人之所是——$Kosmos$，世界"（迈尔，*Leo Strauss and the Theologico - Political Problem*, 138）。

最佳状态:对一大批首要现代思想家的经久和卓越的洞见,结合着表述那些洞见时经久和令人难忘的雄辩。第三次浪潮的唯一人物是因其思想而被研究的尼采,是仿佛行进中的施特劳斯的尼采,趋近他在1972至1973年《点评尼采〈超善恶〉的谋篇》中以独一无二的洞见所给出的那个尼采。①

施特劳斯只说"第三次浪潮涉及尼采"(94),之后便以"对存在之情绪的新理解……对恐惧和苦恼的经验",再次开始了他对尼采的讨论。他再次没有说这种情绪是尼采的。他未注明出处(《人性的、太人性的》,格言2)地援引尼采说,

> 所有哲人都有这个缺陷,即他们从今天的人出发,且相信他们可以通过分析今天的人来达到他们的目标。缺少历史感是所有哲人的遗传缺陷。(95)

他说这听起来"在尼采那里很奇怪",因为对历史的发现已经发生了,且黑格尔是"最有力的历史哲人"。但黑格尔把历史过程看作理性的,且导致"历史的巅峰和终结",站在这个巅峰的他能够理解这个巅峰和终结。后黑格尔思想"把历史过程理解为未完成的[249]和不可完成的,但保持了那种如今已经没有根据的、对历史过程的合理性或进步性的信仰。尼采第一个直面这一处境",其中"所有思想和行动的原则都是历史的",并且关于"这些原则的历史序列乃是进步的"这一想法是个"无根据的希望"(96)。施特劳斯总结了尼采对人类种种观念的论述:

---

① 收录《现代性的三次浪潮》的两本书都以《什么是政治哲学?》开端,这两本书的编者,施特劳斯的一个学生,未能指出这篇文章的出处、写作时间,以及是否曾经发表。因此,这一对三次浪潮的论述,它与耶路撒冷的公开讲课有着怎样的关系,自始无法探究。见 Gildin, *Political Philosophy* 和 *An Introduction to Political Philosophy*。我引用了第二本书的页码。

所有观念都出于人类的创造行动,出于自由的人类谋划,这些谋划形成了使特殊文化得以可能的视界;这些观念不会自行整合进一个体系。

"但所有已知的观念都声明拥有某种客观的支持:自然、神、理性。"他给出了尼采的结论:"这一历史洞见摧毁了那一声明,由此摧毁了所有已知的观念。"所以尼采也占据了一个特权位置:

认识到所有观念的真正起源——在于人类的创造或谋划——恰恰促成一种全新的谋划,一种对所有价值的重估,该谋划赞同这一新洞见,但却并非由它推导出来。

回想施特劳斯所论色诺芬笔下苏格拉底的目的论神学,或柏拉图笔下苏格拉底的"理念"和对诸神及不朽灵魂的教导,则下述对比很恰当:尼采的谋划/苏格拉底的谋划,乃是施特劳斯最终的现代/古代区分,该区分将苏格拉底和尼采放在了共同的基础上。

施特劳斯点出尼采谋划中一处可能的紧张:

但这一切难道不是在暗示,真理——关于所有可能的思想原则和行动原则的真理——最终被发现了么?

施特劳斯先是断定尼采在"承认这一点"和把自己的观点相对化为仅仅是"他的谋划或他的解释"之间摇摆,然后不得不同意尼采承认这一点,即他声明了真正的教导:

他相信自己发现了人的创造与所有存在之间的根本统一:"但凡我发现生命的地方,我都发现权力意志。"

当查拉图斯特拉这么说时,生命意指存在,①施特劳斯认为这是概

---

① 《查拉图斯特拉如是说》,第二部分"论自我超越"。

括全体存在的本体论声明。他先是谈到尼采创造性行动的基础：

> 尼采试图达成的重估一切价值，其终极辩护靠的是这一事实，即该童话的根源在于最高的权力意志。

重述这一基础之后，他表述了那一创造性行动是什么："对存在的最终洞见导致最终观念。"尼采的本体论支持他创造最终观念：根本事实支持最高价值。尼采的行动克服了事实与价值的现代割裂。价值、最终观念，并非基于某种偶然事实，而是基于根本事实：世界可被如其所是地获知，随后被如其所是地[250]评价；最高价值就是世界如其所是地永恒复返——以它自己的方式，可以说，这是一座不可能的正义之城，但对这座城的渴望表白了对如其所是的大地的无比深爱：是你所是，永恒地是你所是。此处，在简洁的形式里，是施特劳斯对尼采的最大洞见，普泛的洞见：对这个世界的知情，点燃了对这个世界的爱。

不像黑格尔，尼采没有声明"最终洞见尾随最终观念的实现，相反，最终洞见为最终观念的实现打开通路"。也不像马克思，尼采并没有看到这一实现的必然性：

> 超人的到来取决于人的自由选择。对尼采来说，未来只有一件事情是确定的：对迄今所是的人来说，终结已经到来；将要到来的，要么是超人，要么是末人。(97)

施特劳斯用一个可佩服的句子，总结了尼采对晚期现代性认为可欲的产物的理解：

> 末人，最低和最衰的人，畜群之人，他们没有任何观念和志向，但吃得好、穿得好、住得好、被普通医生和精神病医生治得好，从反马克思的观点来看，他们正是马克思的未来之人。

施特劳斯发现"尼采的一个特别的困难"。该困难始于尼采与柏拉图共享的东西：

> 对于尼采,所有真正的人类生活,一切高级文化,都必然有等级制或贵族制的特征;未来的最高文化也必须符合人之间自然的等级秩序,对这一秩序,尼采大体上"沿着柏拉图的路子"来理解。

所谓的困难是:"鉴于,比如说,超人的无限权力,怎么可能存在自然的等级秩序?"但尼采从未把无限权力归于超人。他在这方面也"沿着柏拉图的路子"理解自然的等级秩序:超人是哲人,是体现为查拉图斯特拉的"发令者和立法者"(《超善恶》,格言211)。他为回应他当前时代的特殊危机而带来新的教导——正如苏格拉底把目的论神学带给那些年轻的贤人,他们漂流在诸神垂死的衰败的荷马世界。①施特劳斯接着说:

> 对于尼采也一样,绝大多数人都残缺不全这一[251]事实,不可能归因于权威的自然,而只能是过去的遗产,或者说发展至今的历史的遗产。

这些表述出自查拉图斯特拉的讲辞"论补救"②,施特劳斯由此深入到在尼采那里事实上不存在的"困难":

> 为避免这一困难,即,为避免当人处在权力巅峰时渴求所有人平等,尼采需要权威的或至少是不可避免的自然或过去。

---

① 尼采在《查拉图斯特拉如是说》第一部分把超人呈现为查拉图斯特拉的全部门徒将要为他的到来而做准备的那个人;这个说法实际上在后来的部分消失了,因为查拉图斯特拉本人执行了超人的开创行动:获得对权力意志的洞见,且意欲永恒复返。几乎唯独《查拉图斯特拉如是说》里使用了超人;在《超善恶》里,那一非凡的人物被称为"补足之人"(格言207),"真正的哲人"(格言211)。

② 《查拉图斯特拉如是说》,第二部分。

尼采从未示意，Übermensch[超人]通过成为未来的所有人而废除等级秩序；相反，超人是自然最优异、最罕见的产物，是少数最高者、少数"真正哲人"、罕见的开创性导师当中被"幸运击中"的自然人。是的，尼采需要自然。他也拥有自然，作为历史的和生成的等级秩序的自然从未废除。施特劳斯此处的"困难"是个严重误解，他在1972至1973年的文章里进行了更正。他在那里同意，尼采拥有他所需要的东西，即把自然本体论地理解为权力意志，而权力意志内在划分为人与人之间的等级秩序，其巅峰是哲人，自然史的自然产品。施特劳斯1964年对超人的误解在最后一点上继续：

> 然而，由于（自然）对于他不再是不可否认的事实，他必须意欲它，或假定它。这就是他永恒复返学说的意味。

这一误解，施特劳斯也在后来的文章中作了更正，因为尼采没有假定自然或自然之历史生成的等级秩序；自然对于他是大前提，是根本事实。他假定的是永恒复返，当假定了这个，即全部过去如其曾经所是地永恒复返，他就以最高可能的肯定给了如其所是的自然以肯定。在1972至1973年，施特劳斯称这个是尼采的"重陷柏拉图主义"，是哲人肯定世界可爱的同时对世界的爱。这种关于存在的情绪是尼采的永恒复返学说所要表达的东西；那一教导成了一种甄别性的学说，成了一种宗教，滋养了对存在的自然之爱，同时谴责针对自然存在的历史报复。

在一个简明的段落里，施特劳斯把尼采定位成现代性的批评者。"人之自然确实是权力意志"——施特劳斯在表示同意吗？——"而这在基本面上意味着压倒他者的意志：人凭自然并不意欲平等"。这是施特劳斯唯一一次评论尼采对一个主要现代德性（权利平等）的批评，而这阻碍了他触及尼采批评的根基，即尼采对以哲人为巅峰的自然等级秩序的捍卫——尼采反对现代的平等德性，是为了自然和哲学[252]的可能性。施特劳斯接着说：

第八章 代表苏格拉底抨击启蒙:《什么是政治哲学?》

人从压倒他者和自己中得到享受。卢梭的自然人是怜悯的,而尼采的自然人是残忍的。(98)

不加解释地摆出"残忍",这一定程度上是在尽情发挥耶路撒冷讲课的特点,即修辞性谴责。施特劳斯知道,尼采那里的残忍是反对另一主要现代德性,"怜悯受难者",该德性旨在结束所有受难。尼采对残忍的背书,源自他认识到"伟大受难的锻炼"(《超善恶》,格言 225)。认识到所有人类的伟大都来自成就、来自努力超越。

论尼采的最后一段触及在耶路撒冷被弄成纯粹谴责的问题。施特劳斯承认,"也可说,所有对尼采的政治运用都是对他教导的歪曲",但他指出,"尽管如此,他所说的东西得到了政治人物的阅读并且激发了他们"。这导致一个判断:尼采

> 对法西斯主义的责任,跟卢梭对雅各宾主义的责任一样少。但这也意味着,他对法西斯主义的责任,跟卢梭对雅各宾主义的责任一样多。

那是怎样的责任,以及怎样去度量哲人的责任,没有定论。施特劳斯邀请读者思考尼采的教导怎样被歪曲,同时他也为探究而放弃了谴责,为了雅典式探究,而放弃了耶路撒冷启示录式的判罪。

施特劳斯的最后一段示意尼采多么关键。"尼采对现代理性主义,或现代理性信仰的批评",意味着我们无法"回到现代思想的较早形式"。尼采以致命的批评完成了"现代理性主义":该批评是"自由民主制危机的最深原因"。危机并不意味着完蛋,并且施特劳斯给出一个"首要"理由来积极看待这一危机:自由民主制"获得的有力支持,来自完全不能被称为现代的思想方式:我们西方传统的前现代思想"。施特劳斯使他的讲课结束于不安的三要素的持存。这三要素继续持存到我们的未来,这似乎是施特劳斯为受他作品教育的晚期现代人所提议的负责任的政治选择:自由民主制假想自己安全地基于前现代雅典

和耶路撒冷,但两个根基相互矛盾,因而它处在持续的理论危机中。持续的理论危机是个政治选择,因为"理论危机并不必然导致实践危机"。关于现代文明——它相信它从矛盾的前现代传统得到[253]支持——的真相显现为现代文明的高贵欺骗。任何文明想要维持下去,就必须维持它的欺骗。

施特劳斯的康奈尔讲课并未结束于设法唤起偏见的谴责,而是结束于不太明确的道德律令:听者,请维持这高贵的欺骗。该律令在所有施特劳斯成熟作品中都是不明确的,只在他写于1938-1939年发现显白风格期间的一个未刊片段中得到明确:高贵谎言的力量"难以维持,除非不迷信的少数人自愿克制,不去公开暴露和反驳'迷信的'信仰"(《显白教导》,59)。施特劳斯的复原工作,他成熟期的持久工作,由一个希望支撑:他希望负责任的读者,被他的作品教导得多疑的读者,也学到了有必要自愿保持沉默,以便支撑高贵的欺骗。这一必要性的重要动机不可明言。顶多只能说:读者,请让自我认识、自我关切和责任心引导你接受这些洞见的馈赠,明白哲学一直以来是什么以及肯定还会是什么。你要了解并保持沉默。

关于不再保持沉默

尼采没有就统治性欺骗保持沉默。相反,他认为对待柏拉图主义、基督教,以及它们所孵化出来的现代德性,明言的攻击是恰当的做法,为的是从两千年的弯路上复原,以及恢复文明在作为开端的希腊和罗马那里所达成的方向。达成那一开端是因为科学,特别是其"对事实的意识"和其探究方法,特别是"无与伦比的善于阅读的艺术……那文化传统的前提,科学同一性的前提"。①施特劳斯和他不盲从的门徒之间任何自愿的一致意见,即不去暴露现代自由民主制的错误信仰——

---

① 《敌基督》,格言59。

柏拉图主义和圣经——都面临尼采的大难题。尼采的公开和迷人的作品,旨在促进乃至引领现代自然科学。因为尼采也在如下方面属于现代理性主义:现代启蒙的创建者们实则拿破仑式的策略并未阻止,相反却预示了未来哲人将理解哲学引领科学的必要性。培根甚至给他的革命的未来后裔一个名字:"约邦"(Joabin),这些哲人的精神之旅[254]将使他们理解他们时代的精神处境,并知道他们也需要去统治,去指向培根所说的"所罗门宫"——该科学机构似乎统治着他想象的未来社会,因其被尊为日常福祉的来源。①尼采,19世纪晚期的"约邦",认定现时代的轨迹命令一劳永逸地摆脱耶路撒冷和柏拉图雅典的精神掌控。他推进了培根在所有方向都扩大视界的策略,抛在后面的不但是正统的不可攻破的堡垒,还有正统的后裔,平等和终结受难的现代德性。他还认识到需要诗,以便真理可以在这个世界行得通;即便是把社会奠基于真理的现代实验,当其志在成为如今全球人类的第一千零一个目标时,也需要诗性的真理近似物。②

尼采是施特劳斯所说现代性"第三次浪潮"的代表人物。他思想生命的轨迹还表明一个施特劳斯没有提及的、他为什么具有代表性的原因:作为思想家走向成熟时,他自觉地选择不再对真理保持沉默。因为尼采,这位出名的揭露迷信者,在他作为思想家之初,认为有必要对真理保持沉默,因为真理是"致命的":尼采起初是个先行的施特劳斯。

---

① 约邦(Joabin)是复数化的约押(Joab),后者是大卫王智慧的谋士;在《新大西岛》里,约邦是哲学以其连续性来统治的象征。培根使约邦和《新大西岛》叙述者之间的简短对话成了一种手段,新科学及其明智的统治借此手段被引入欧洲:一个被明智地开创的文明,被约邦明智地引导,度过即使最明智的创建者也无法预见的那些危机。见《尼采与现时代》,前揭,48—60。

② Eve Adler 表明,把一个支配世界的社会奠定在真理之上,在罗马共和国末期显得有可能:在施特劳斯复原显白风格的推动下,Eve Adler 对公元前49年左右卢克莱修《物性论》和公元前19年左右维吉尔(Vergil)《埃涅阿斯纪》的精彩注解,演示了这两位最高级的思想家和诗人如何展开论辩,支持和反对将罗马社会奠基于启蒙(Adler, *Vergil's Empire*)。

但后来,在他30多岁写的那些书里,尼采给我们罕见的优惠,这是他典范性的极其劲爆的一面:我们看到掀起那一裹挟我们的浪潮的思想家经历了巨变,从"施特劳斯式"的现代启蒙的批评者,转变为将社会奠基于真相的启蒙谋划的倡导者。

作为希腊人的研究者和瓦格纳(Wagner)的拥戴者,早期尼采持有旧的确信:健康的社会秩序有赖赋予生命的谎言;单单艺术——诗和音乐——可以把一个民族团结到高贵的目的上来。尼采的前五本书里认为,真相在三个主要方面上是"致命的":

> [255]生成的主权,所有概念、类型和种类的流变,以及人和动物之间缺少任何根本差异。①

从他的成熟期回顾这一开端,他说,

> 出于我第一时期作品的斜睨是耶稣会主义的怪脸:我指的是刻意坚持幻觉,刻意强行把幻觉纳入文化的基础。②

耶稣会主义是柏拉图式的高贵的欺骗这一观念的攻击性版本,尼采写他第一批书时是作为某种类似耶稣会的门徒——对此,他在一本较晚的书里,在《偶像的黄昏》里再次确认。他在共有五节的《人类的"改善"者们》这章开头便说,他"对哲人的要求人所共知……他们要把道德判断的幻觉搁下"。尼采主张道德曾被用作最有效的驯化工具,以产生特别种类的驯服人类,为此,尼采略述了他的新证据——《摩奴法典》,然后他结束于讲述"一个小小的、本质上朴素的事实,它最先让我进入这个问题:所谓 pia fraus [虔诚的欺骗]……无论是摩奴

---

① 《历史对于生活的利弊》,见第九节。说出这三个"真实但致命"的洞见之后,尼采认为,如果它们在现代的教育狂热中加诸又一代公众,那么谁也不要惊讶人民会毁于渺小的自我主义和贪婪。

② *KSA*,10. 16 [23],1883 年秋。

(Manu)、柏拉图、孔子,还是犹太教、基督教的导师,都不怀疑他们说谎的权利"。①

在同样写于1888年的一个笔记中,尼采再次通过回顾他的开端来做表白:

> 我第一次变得严肃是针对艺术和真相之间的关系:即使现在,我也以神圣的恐惧面对这一裂隙。我的第一本书献给它。"②

现在他说那本《悲剧的诞生》(The Birth of Tragedy)"相信另一种信仰背景下的艺术:它不可能与真相共存;'求真意志'早就是颓废的症状"。他相信的"艺术"是最宽泛意义上的艺术,使柏拉图把宗教看作属于诗的那种诗的或想象性制作的艺术。那第一本书的后三分之一把瓦格纳推为创造想象世界的艺术家,尼采想要相信,在这个世界上,德国人乃至最终现代人可以逐渐兴盛。尼采早期关于不可能与真相共存的信念延续到他1876年7月初出版的第五本书,《瓦格纳在拜洛伊特》(Richard Wagner in Bayreuth)。他对瓦格纳这位艺术家的希望在那里得到最极端的表达,因为[256]瓦格纳着眼于"影响,无与伦比的影响",③他所创作的作品将创造出新的、后现代的人民。对于现代人,瓦格纳堪比最伟大的艺术家,即一种"人民"的创建者。瓦格纳的艺术将分散在商业和无效娱乐中的现代人聚集起来,恢复"神话的男人气质",给人提供关乎目的和提升的所需视界。但后来,在《瓦格纳在拜洛伊特》出版数周之后的1876年7月末,尼采出席预备第一次拜洛伊特节的排练时,从那一荒诞的虚构中被惊醒了,几乎一夜之间,他被迫接纳涉及与真相共存之可能性的新的思想方式。尼采生命中这一最重

---

① 《偶像的黄昏》之《人类的"改善"者们》,第五节。
② KSA,13.16[40,7],1888年春夏。针对尼采笔记中的这一坦率语句,Georg Picht 提供了不可或缺的洞见;见 Picht,*Nietzsche*,160 – 169。
③ 《瓦格纳在拜洛伊特》,第八部分。

要的转变,促使已经是现代物理学和人类学之热心研究者的他,接纳对现代启蒙的激进革新,即把社会生活奠基在真相之上的"实验"。尼采生命中最重要的转变,就是与他前五本书中的"施特劳斯主义"的这一决裂。

1888年2月,再次回顾这一最重要的事件,尼采告诉最早能理解他的读者之一,丹麦文化评论家勃兰兑斯(Georg Brandes),"在《不合时宜的沉思》(*Untimely Meditations*)和《人性的、太人性的》(*Human, All Too Human*)之间,有一次危机和一次蜕皮"。① 这次危机就是他与瓦格纳的决裂,他终止了对艺术家瓦格纳的依靠。他选择开启《人性的、太人性的》的方式示意了他的蜕皮是什么。他在"代前言"里放了他译自笛卡尔《谈谈方法》的一段,其中笛卡尔叙述了他如何

> 审视人们此生从事的各种职业,并试图从中选择最优……再好不过,就是严格坚持我已经选择的东西,就是说,我将把我的生命全部用来培育我的理性,遵照我给自己确定的方式在真理之路上前行……最终结果是,我的灵魂充满了快乐,所有其他事物都不再能触动它。②

[257]尼采选择以笛卡尔的决心来开启《人性的、太人性的》,笛卡尔决心面对苏格拉底关于正确生活方式的问题,并且决心选择苏格拉底的选择,即哲学的生活方式,哲人(他自觉地开始仅仅基于理性来了解和判断生活)独立的生活方式。代替《人性的、太人性的》前言的东

---

① *Kritische Studienausgabe: Samtliche Briefe*, 8.260。后面的引用将是 *KSB* 并后接卷数和页数。

② 古典学者尼采在他的译文后面附上一句说明,"译自笛卡尔的拉丁文",显然指1656年(笛卡尔死后)的拉丁译本,而非笛卡尔的法文原本。我译出了尼采的德文。笛卡尔把他关于自己选择生活方式的陈述放在了《谈谈方法》的中心段。

第八章 代表苏格拉底抨击启蒙:《什么是政治哲学?》 299

西示意,尼采以这本书开始了他正确的生活方式,哲人独立的生活。①这意味着,鉴于《人性的、太人性的》的内容,尼采这位哲人被迫蜕掉他先前采用的皮壳——所有先前哲人包裹自身的皮壳,即他们用来推进哲学的、高贵谎言方面的艺术或诗——同时进入他的新皮壳。在笛卡尔帮忙创建的启蒙谋划中,这位晚到的、现代性第三次浪潮的代表性思想家,较早看到了欧洲文明即将到来的危机。这是前所未有的危机,原因在于他所认同的启蒙谋划有着前所未有的特征:与真相共存的启蒙实验。撑住之前一千种人民的根基,即某种高贵的谎言,已无任何希望撑住现代社会,这希望已被各门科学中对真相的公开追求摧毁。从《人性的、太人性的》开始,包括《破晓》和《快乐的科学》,尼采"中期"的书反映出他越来越深地理解科学式追求真相的意味及其对于现代文明的后果。②

尼采在1876年夏开始写《人性的、太人性的》。他匆忙在1878年5月将书付印,以便在封面标题下[258]致敬伏尔泰:"追思伏尔泰,纪念他的逝世之日,1778年5月30日。"标题页背面讲述说,这本书"或

---

① 像笛卡尔那样在通往思想独立之路上启程之后,在他那些伟大的发现之后,尼采可以告白说,他是"极尽可能的欧洲最独立之人"。见1884年4月21日致Franz Overbeck的信(*KSB*,6.497),1886年8月29日致他的出版人Theodor Frisch的信(*KSB*,7.237)和1888年7月25日致Carl Spitteler的信(*KSB*,8.310)中重复了这个说法。

② Paul Franco 的 *Nietzsche's Enlightenment: The Free Spirit Trilogy of the Middle Period* 作出了杰出贡献,论证了如何以及在何种程度上,尼采成了现代启蒙的友人和倡导者。他首先表明,尼采最早一批书预设了与施特劳斯类似的观点,即文化的兴盛只能基于宗教和艺术所支撑的、被民众所相信的高贵谎言。接着,在对尼采"中期"三本书的精心注解中,他给出"一个理性的尼采,作为启蒙友人、科学友人的尼采"(X),这个尼采投入启蒙的谋划,涉及"树立一种基于知识的真正文化的可能性"(同上)。鉴于当前对尼采的误解,第三但也同样重要的是,Franco表明,尼采35岁左右时那些伟大作品的视角在他成熟期更伟大的作品中得到了延续和深化。

许不会现在出版",若非为了致敬"人类精神最伟大的解放者之一"。如果尼采可以在1878年赞扬伏尔泰是启蒙的英雄——部分是为了将自己与瓦格纳切割——那么他不可能满足于停留在这一温和启蒙的斗士那里,而会进而拥护他后来发现是他"先驱,好个先驱!"的真正激进的启蒙者,这位先驱就是斯宾诺莎。①

明确接纳启蒙之后,《人性的、太人性的》已经寻求"旨在持续数百年的持久制度",这些制度可以提供"人类整个未来可以落实和营建在上面的最后和终极根基"(格言22)。提到较早时代的教堂之后,尼采问:"科学也能唤起对其结论的这种信心吗?"科学的性质排斥这个:科学"需要怀疑和不信作为最密切的盟友"。不过,

> 毋庸置疑的真相,即经受了所有怀疑主义和消解之攻击的真相,其总量将会变得很大……以至于基于它们可以着手"恒久的"工程。

尼采批评那种统治着他所属时代的公共说教的轻巧的进步学说,但他仍然可以主张进步是可能的(格言24),并且主张为他所理解的进步而工作是他所属时代的伟大挑战。"神大致指导着世界的命运……带领人类荣耀地向上"这一信仰已死亡,意味着"人类必须为自己设定涵盖整个世间的普泛目标"(格言25)。②设定这样一些目标有赖充足的知识:

---

① KSB,6.111,1881年7月30日。这一致Overbeck的明信片前面还写着:"我满心惊讶,满心欢喜!"

② 见《人性的、太人性的》第二卷,"各式各样的观点和格言"(1879):"说到未来,那些涵盖整个人烟世间的人类普泛目标,其广阔深远的视野,历史上第一次展开在我们面前"(格言179)。[译按]中译参考了魏育青译,《人性的、太人性的》(华东师范大学出版社,2008),但以作者朗佩特的英文为准,时有调整。下不另注。

第八章 代表苏格拉底押击启蒙:《什么是政治哲学?》

如果人类不想让这种自觉的普遍统治毁灭自己,就必须首先获得迄今毫无先例的关于文化条件的知识,作为普泛目标的科学标准。这就是将来世纪伟大心智所面对的艰巨任务。

《人性的、太人性的》列出这一未来任务的很多细节,以及为达到这一伟大目标而已经获得的知识的细节,①但仅一个比喻就能表明,尼采第一本推进启蒙的书较之他成熟期的作品处在何种位置:

> [259]文化的形成像一口钟,内置于由粗物、由更普通的材料制成的模具,由虚假和暴力制成的模具。②

如此点头致意柏拉图式欺骗之后,尼采问及他自己的时代:"现在是除掉这模具的时候吗?浇铸的东西固化了吗?"封闭视界的谎言仍然必需吗,抑或"那些好的、有用的动力,那些较高心灵的习惯,变得如此可靠和普遍,以至于不再需要依靠形而上学和宗教错误,粗鲁和暴力的行径,作为人与人之间、人民与人民之间最有力的纽带?"③要回答这一启蒙的问题,

> 神迹不再能帮我们:我们自己的洞见必须作出裁定。整个人类的尘世管理必须交到人类自己手里;他的"全知"必须目光敏锐地守望文化的未来命运。

尼采的这个比喻,限定视界的钟模罩着幸福的人类,也出现于或许

---

① 特别重要的是第一部分末端的格言,格言26-34。
② 《人性的、太人性的》,格言245,"铸造文化之钟",Marion Faber有所修改的译文。
③ 形而上学在这个句子里表示所谓"形而上学的需要",康德和叔本华认为它对于人类很基本,他们自己的形而上学预设也刻意满足这种需要。

是《查拉图斯特拉如是说》最美的一章,"日出之前"。①为他的终极挑战——已经达成的新现实理解的诗性核心——而起航之后,查拉图斯特拉站在船上,破晓之前,天空是光的深渊,没有可以瞩目之物。他把一首赞美诗献给天空,它已摆脱了任何潜在的目的论神学,摆脱了天象征兆和司裁决的诸神——人类曾用这些来劳烦和中伤天空。查拉图斯特拉把这开阔的天空看作覆盖的穹顶,它纯洁、沉默,它交付尘世一个祝福,任由一切尘世事物成为其所是的必朽之物。与此同时,开阔的天空交托思想家查拉图斯特拉去负责一种教导,这种教导用言辞来确认开阔天空的放任和许可。《人性的、太人性的》提到的视界之钟除掉了它的模具,显露出它在所有方向都是透明的。开阔天空授权了查拉图斯特拉的航行所指向的教导,对尘世极尽可能的肯定,渴望尘世的永恒复返;这一肯定得以可能,部分通过清空有着神学发明和目的论发明的天空,这些发明出自那些相信社会需要不折不扣的神罚的导师。《查拉图斯特拉如是说》中致开阔天空的赞美诗,传达了《人性的、太人性的》中所描绘的人类文化[260]之主要前提条件的新形式,提升和塑造人类既有之物的新的视界教导。

《破晓》和把社会建立在真相之上的现代实验

在他最后一年写给印第安纳州伊万斯威尔市(Evansville)一位新通信者的信里,尼采把《破晓》和《快乐的科学》描述为他"最喜欢"和"最私人性"的作品。②因健康不佳而于1879年5月辞去教授职位后,尼采于1880年初开始撰写后来的《破晓:关于道德偏见的思考》,1881

---

① 《查拉图斯特拉如是说》第三部分。关于这章的关键性,见我的《尼采与现时代》,前揭,173 – 180。
② *KSB*, 8. 339 – 341,致 Karl Knortz,1888年6月21日;"最喜欢"译自 am sympathischsten。

年写完。这本书的标题出自《梨俱吠陀》(Rig Veda),"那么多早晨尚未破晓",尼采后来说,他用这本书所寻求的特别的破晓,乃是

> 重估一切价值,从一切道德价值中解放出来,对一切如今仍被禁止、蔑视和诅咒的东西说是,并怀有信心。①

他把这本书看作他写作生涯的分水岭,因为该书转向"涉及道德价值起源的问题……在我看来首要的问题,因为它对人类的未来很关键"。②他补充说,"人类迄今被最坏的手掌握",被一种特别的道德主义者统治,他们是"这个世界的诽谤者和人类的侵害者";《超善恶》的前言使柏拉图成为他们最大的代表。这一论道德的起源和历史的先锋之作,在1886年补了一个前言,描述了尼采的写作艺术所要求的读者种类,即施特劳斯的作品所训练的那种读者,因为尼采说,他是"缓慢阅读的导师",

> 语文学的导师,语文学这门可敬的艺术首先要求它的崇拜者们一件事:走到一边,闲下来、静下来、慢下来——它是涉及词的金匠的艺术和鉴赏,除了精微细致的工作之外没有别的,如果不是lento[缓慢地]获取,[261]就什么也得不到……这门艺术……教导要**好好读**……慢慢读、深入读,小心地瞻前顾后、留有余地、不关门径、手疾眼快……我耐心的朋友们,这本书渴望的只是完美的读者和语文学家:学着好好读我!

---

① 《看哪这人》的"为什么我写出这些好书:破晓",格言1。读这些宣告时得有最起码的理解力。见《破晓》格言103的结尾:"我不是白痴,无需多言,我并未否认,许多被称为不道德的行为应该予以避免和抵制,许多被称为道德的行为应该予以践行和鼓励,但我认为鼓励此事或避免那事的理由不同以往。我们必须学会去别样地思考——以便最后,或许很久之后,达成更多:去别样地感受。"

② 《看哪这人》的"为什么我写出这些好书:破晓",格言2。

《破晓》在人类深远的过去寻找道德的起源,以便理解当前的精神处境,并在知情的基础上期待未来,期待一次破晓,它在文化上将近一个世纪的反启蒙之后重振启蒙。在他的中心章,尼采指控他所接受的古典教育没有给他灌输对科学的渴求,以及对奋力获取如今广为人知的科学真相的那些伟大人物的崇敬(格言195),①他质问,为什么那一教育体系甚至从未允许提出作为一种生活方式的真相问题(格言196)。尼采随后分析"德国人对启蒙的敌意"(格言197),他说,"本世纪上半叶……德国哲人……退到了思考的最初和最老阶段",并且"再次催生一种前科学的哲学……德国历史学家和浪漫主义者……给较老的、原始的情感,特别是基督教,带来荣誉"。德国的"自然科学家……反抗牛顿和伏尔泰的精神"。"德国人的整个倾向是反启蒙……情感崇拜占据了理性崇拜的位置。"最后,"德国作曲家对这座新庙宇的建造,比语词或观念的艺术家的任何建造都更成功"。但如今,"让我们再次自由呼吸:这危险的时刻已经过去"。他说,很奇怪,"历史研究"始于"蒙昧主义和反动的精神",如今却支援"它最初被召唤出来所要反对的那一启蒙"。他因而可以在结束这一论启蒙的格言时,总结一个世纪的欧洲精神史:"正是这一启蒙,我们如今必须予以推进";既然"对它的[262]'大革命'和'大反动'已经发生",我们可以把自己交托给"实则裹挟着我们的大洪水"。

　　尼采对那一重振启蒙的大洪水所做的第一个基于现代自然科学的贡献,尤其出现在《破晓》的最后一章,表明了他如何理解哲人可以为

---

① 尼采余生着力弥补这一教育的罪行:他直到最后都热心了解科学已经发现什么和正在发现什么关于人和世界的事情,如他所指出的,科学所追求的真理难以发现,但一旦发现,就易于学到。尼采对他同时代科学的熟悉,已经成了最近尼采学的一个主题;例如 Moore 和 Brobjer, *Nietzsche and Science*; Ansell Pearson, *Companion to Nietzsche*; Small, *Nietzsche in Context*; Richardon, *Nietzsche's New Darwinism*; Emden, *Nietzsche and the Politics of History*; Heit、Abei 和 Brusotti, *Nietzsche Wissenschaftsphilosophie*。

那朝向新未来的运动贡献什么。①或许其中最重要的表述是:

> 新的激情——为什么我们害怕和痛恨返回野蛮的可能性?因为野蛮会使人比现在更不幸吗?不是啊!所有时代的蛮人都更**幸福**:我们不要欺骗自己!——原因在于,我们的**知识冲动**已经变得如此强烈,以致我们不能想往没有知识的幸福,或根深蒂固的骗局的幸福;甚至假想一下这种状态都让我们痛苦!不断的发现和推测已经使我们如此着迷,已经变得对于我们不可或缺,正如没有回报的爱对于爱者……知识在我们身上已经化为一种激情,它不会因为任何牺牲而退缩,说到底,除了它自己的灭亡外,它什么也不怕……或许人类甚至将亡于这一对知识的激情!——甚至这一想法也不能打动我们!……是的……我们宁愿人类毁灭也不愿知识退步!最后:人类如果不亡于某种**激情**,就会亡于某种**虚弱**;你选哪个?这是主要问题。我们想要人类结束于电和火,还是结束于沙?(格言429)

三年后,尼采重述了要点:"我们在用真相进行实验!人类可能因此灭亡!继续实验!"②进行实验的我们,是启蒙文化哺育的我们现代人;我们命定要经历重大的文化实验,以测试是否哲人们知道已久且认为致命的真理确实致命。尼采没有发明这一实验,他见证它、投入它、着力推进它。

[263]对整个社会的危险还意味着对"探究者和实验者"(格言

---

① 只挑出这章的一些精选段落,难免损害尼采注入该章153条格言中的连贯运动。开篇格言谈到一个诱惑,即面对言辞和思想无法不出错这一新的真相很容易陷入沉默,结尾格言则谈到在有他人将要接力飞向真相之处暂停的必要性。这些格言无处不在歌唱那充满豪情而又充满忧患的、被迫朝向真相的不息运动。这运动对于它所瞥见、所梦想的东西而言并不完整、并不令人慰藉、并不足够,但是对于像亚里士多德那样强大、无害而充满欢乐与和平的灵魂而言来说,它却意味着整个世界(格言424)。

② *KSA*,11.25[305],1884年春。

432)的特别危险:"像所有征服者、发现者、航海者、冒险者,我们探究者有一种无畏的道德,我们必须甘愿自己被视为总体上邪恶。"最极端的探究者被判为最邪恶:

> 邪恶的原则——柏拉图有过精彩的描述,关于哲学思想者何以在每个实存社会都必定归为所有邪恶的典型:作为所有习俗的批评者,他是道德之人的对头,如果他未能成为新习俗的立法者,那么他在人们记忆中始终代表"邪恶的原则"。(格言496)

社会的和个人的危险都不足以使尼采像施特劳斯那样认为,未来在于过去,在于回到目的论神学的习俗。

尼采的说出真相的任务,因把哲人是什么告诉自由的心智,而触及施特劳斯之计划的核心。"不放弃"(格言440)说出了关于"思想者 vita contemplativa[冥想生活]"的真相,即苏格拉底所知道的真相:它是最高形式的活动,且产生最大的快乐。"当[思想者]选择那个[生活],他没放弃什么",尽管看起来好像他放弃了什么,因为他放弃了所有其他人认为最合意的 vita practica[实践生活]。哲人抛开那个,因为"他自知"。尼采后来将哲人的不放弃用于积极地描述自己:

> 抽象思考对于多数人是苦难——对于我,在良辰吉日,是盛宴和狂欢。①

尼采的《破晓》跟之后他的所有作品一样,都着眼于把哲学恢复为人类等级秩序的巅峰,这一人类活动远非放弃人类的激情和快乐,而是激情和快乐的最深沉溺和提炼。

尼采总是着眼于理解当前的精神处境,他断定我们占据了一个"道德空位期"(格言453),此前是他在《超善恶》(格言32)中所说的万

---

① KSA,11.34[130],1885年4-6月。

年之久的"道德时期",将来是后道德时期。如今没有人"适合描述那有朝一日将要取代道德情感和道德判断的东西",无论他多么确信"它们的根基很有缺陷,它们的上层建筑无法补救"。但要当心:"它们的强制力必须渐渐削弱,前提是理性[264]的强制力不削弱!"至于现在,

> 重新建构生活和行动的法则——对于这一任务,我们的生理学、医学、社会学和关于孤独的科学还不够自信:新观念的基石(如果不是新观念本身的话)肯定来自这些科学。

在王位空缺期如何生活和行动?

> 我们体验的生存,不是*序曲*就是*尾声*,在这一空位期,我们能做的最好事情就是成为自己的reges[王],并建立小的*实验国家*。我们是实验:让我们也想要成为实验!

尼采自己的实验国家使他比自己预期的更快抵达了后道德观念的基础。①

---

① Franco表明,尼采为了《破晓》中他对道德起源的探究,研究了"他那时最先进的人类学知识",以便把他的道德史基于真实的人类物种史(*Nietzsche's Enlightenment*,63)。经过十年的研究和思考,尼采前进到他的道德的谱系(《道德的谱系》,前言,2),同时认识到这并非任务的结束。尼采知道只有科学能够复原人类过去的详情,而据此可以建立关于人类精神史的科学论述,他给《道德的谱系》的第一篇论文加了一个注释,以便"公开和正式地表达"他渴望一些大学正式提供"一系列学术论文比赛",那将"推进道德的历史研究,吸引语文学家、历史学家、专职哲学家,以及灵魂学家和医生"。他的呼吁结束于陈述科学与哲学之间最直接的联系:"所有科学从此必须为哲人们的未来任务铺路:这一任务被理解为解决价值问题,确定价值之间的等级秩序。"达尔文的《物种起源》(*Origin of Species*)出版于1859年,尼采深知围绕达尔文的争论,John Richardson在*Nietzsche's New Darwinism*里表明,尼采比达尔文和达尔文主义者更多发挥了达尔文的解释原则,把它们有效运用于人类文化史,使它们成为迈向新的人类未来的基础。

"可朽的灵魂"(格言501)声明,现代知识进展中"或许最有用的成就,就是放弃对不朽灵魂的信仰",其原因让人惊讶:

> 如今人类可以等待,他们如今再也无需猛冲上去或吞下一些仅仅浅尝的观念,有如从前。

对不朽灵魂的信仰要求其永恒命运取决于短暂的关注,取决于有生之年,因此,"知识具有可怕的重要性"。放弃那一信仰,意味着"我们已经恢复勇气去犯错、去实验和去暂时接受——都没什么大不了"。结果是眼光的变化:

> 如今个人和世代可以瞩目一些宏大任务,它们在较早时代看来是发疯和藐视天堂地狱。

还有自我重要性的变化:"我们可以用自己来实验!是的,人类如今有权这么做!"最后一句给出了我们授予自己的新权利的基础:"最大的牺牲尚未奉献给知[265]识……是的,在较早时代,哪怕牵涉到这些如今决定我们行动的想法,都会是渎神,都会丧失永恒的救赎。"如今我们可以实验性地把自己牺牲给关于整个人类长期目标的思想。尼采以此召唤持续弥漫于《破晓》的情绪,它表达于"勇者的最后论辩"(格言494):

> "那些丛林有蛇。"
> "很好。我要进去杀死它们。"
> "但或许是它们干掉你,而非你干掉它们。"
> "我算什么!"

"我算什么!"不仅仅是个人勇气,也表明当前时代给予的伟大机会,即把自己交给比自己的不朽灵魂无限伟大的某种东西:"'我算什未来思想者说,"我算什么!",但同时认识到他对于"实践者"(格言505)、对于过实践生活的那些人负有责任。

> 我们思想者必须先确定事物的滋味,如果必要就做出判定。实践之人最终从我们这里接受。

实践者对思想者的依赖是"世间最滑稽的景象",因为实践者认为思想者的生活无用。对这一道德起源的发现,交付给知情者一个特别的实践任务:在尘世和有死的品味中,逐渐训练实践者。"知识和美"(格言550)描述了哲人通过确定品味来统治。② 人们传统上把"他们的敬意和幸福感都留给想象和掩饰之作"——高贵的欺骗。"想象和掩饰"的反面,科学,"让人们感到冷酷和抑郁"。科学发现所引出的烦闷、悲伤或绝望,成就了尼采下一本书的标题,《快乐的科学》,这是跟科学所引出的通常感受开了个玩笑。但是味觉可以改变:

> 如其所是的科学,现在如此丰厚地且[266]已经赠与了这么多……真正知识进步的哪怕最小的碎片所产生的欢喜。

尽管还不是对多数人,因为"习惯了只在放弃现实和浸在表象深度找到快乐的人们,目前还不信赖这一欢喜"。知情者的任务就是使思想者的欢喜变得更普及。

---

① "勇者的最后论辩"是数以百计轻巧和戏谑的时刻之一,这些时刻使尼采的书读起来特别让人愉快。这些笑话帮助推进启蒙("神唯一可原谅的就是他并不存在"),并且表明在尼采这里,嘲讽正统的愚昧这一启蒙的老武器仍然可用且好用。

② 尼采也在一个柏拉图式的比喻里描绘了哲人的统治责任,这个比喻说到一位船上的乘客,他发现"船长和舵手正在犯危险的错误,并且他在航海知识上超过他们"(格言436)。

> 知情者增加了世界之美,并且使所有存在更加阳光;知识不断把自己的美投放到事物上,久而久之投放到事物中——愿未来的人类见证这一主张的真实性!

那一未来长路漫漫,"期间"有必要回想哲人们的一致经验;尼采回想了两个古代人和两个现代人。甚至差别很大的思想者

> 柏拉图和亚里士多德,也对什么构成**最高幸福**意见一致,不只是对于他们或对于人类,而是在其本身,甚至是对于最高天宇的诸神:他们在**知识**中,在训练有素的探究型和发明型心智中找到了最高幸福……笛卡尔和斯宾诺莎达成了相似结论;他们肯定全都品尝过知识。

尼采格言 550 的最后一句承认,对于知识的深沉幸福,哲人们的一致意见总是达成于那样一些社会,在那里,广大多数人的幸福只能在想象和掩饰的作品中找到,因此这些作品被逼迫成显白风格:"变成事物的颂扬者、唱赞歌者,这对他们的诚实多么危险啊!"① 这里有着未来思想家的工作,去改变对事物的味觉,总体的味觉。②

《破晓》一书的标题很合适,成熟尼采的计划在这本书里破晓。这一延伸启蒙的计划有两个主要任务,即对"什么是"获得根本的或哲学的洞见并产生诗来赞颂它,这是留给未来思想家的理智和想象的双重任务。但是很快,尼采做出的发现迫使他把这一未来计划接纳为自己的责任,并且写出第一批作为兑现的书:《查拉图斯特拉如是说》,

---

① 诚实在《破晓》中很特别,这个词在此首次出现在尼采的公开作品里。他掂量过把诚实用在标题里的想法:"论诚实的历史","诚实的激情","新的激情或诚实这一激情"(*KSA*,9.6 [457、459、461])。关于与 reden[言说]相关的诚实,以及无法用单个英文词来把握诚实,见 White, "Youngest Virtue"。

② 《快乐的科学》,格言 39。

[267]他哲学的"门厅",①和《超善恶》,"未来哲学的序曲"。施特劳斯的《点评尼采〈超善恶〉的谋篇》表明,他逐渐理解了这位尼采是谁;是的,施特劳斯逐渐意识到,现代性的第三次浪潮,这一今天裹挟我们的浪潮,借助柏拉图式政治哲学的古典策略,开启了或许可能的未来。

---

① 致 Overbeck 的信,1884 年 3 月 8 日和 4 月 7 日,以及致 Malwida von Meysenbug 的信,1884 年 3–5 月。

第九章
推进启蒙:施特劳斯复原尼采的神学政治规划

尼采,柏拉图式政治哲人

[268]直到并且仅仅在他生命的尽头,施特劳斯对尼采的把握,才重复了他之前对哈列维、色诺芬和柏拉图的把握。施特劳斯所复原的尼采是充分古典意义上的哲人。尼采自他的中期开始推进现代启蒙之后,对所有存在的方式获得了根本洞见,并且只在那时才瞥见对那一洞见来说很自然的诗,很自然的神学政治教导。施特劳斯虽然没有放弃他特有的缄默,但他晚期对尼采的复原表明,他是模范的探究者(他自己的弟子绝不是),总是飞得更远——这次是就他复原我们时代的这位柏拉图式政治哲人而言。

施特劳斯给他自知是最后一本书的标题是"柏拉图式政治哲学研究",它适用于1938-1939年他发现显白风格之后的所有工作,因为他当时发现,"柏拉图最贴近我心的东西无关具体的柏拉图哲学"①——无关柏拉图主义和它的那些理念、道德的诸神、不朽的灵魂等等。这一对柏拉图式政治哲学的理解——一种服务哲学的神学政治教导——使施特劳斯将尼采放到了《柏拉图式政治哲学研究》一书的中心,这显得不合乎年代顺序、唐突、刻意、需要理由。理由是,尼采是我们时代的柏拉图式政治哲人,且尤其反对具体的柏拉图式哲学。施特劳斯的

---

① GS,3.557,1938年10月20日。

第九章　推进启蒙:施特劳斯复原尼采的神学政治规划

[269]《点评尼采〈超善恶〉的谋篇》表明,哲人尼采声明一种关于自然的知识,但文章首要追踪的议题是尼采哲学所伴随的神学政治计划。在我们的时代,尼采位于柏拉图式政治哲学研究的中心,因为他最后一个在宏大规模上践行柏拉图式艺术,即通过宗教来推进哲学,通过公共的最高和最好来推进真正的最高和最好。

参照这一晚期文章来看,施特劳斯的早期尼采论述透露出对尼采哲学的不甚理解,无论是在1935年不点名地援引尼采来激起针对启蒙的偏见,还是1955年在耶路撒冷点名谴责尼采。在74岁那年,离去世只有八个多月的时候,施特劳斯完成了《点评尼采〈超善恶〉的谋篇》,而他设法把这篇文章放在其中心的这本书,其标题是他最后一次命名他的一生论题,神学政治问题:①尼采结束时的位置,正是他在施特劳斯的柏拉图式政治哲学研究中所处的位置。施特劳斯于1972年3月18日至1973年2月12日撰写的尼采文章,在他使隐藏的哲学史得到有见识的审视而做的一生工作中,是最后的、真正创造性的复原。他之后写的两篇文章只是延续了他已经写过的东西,一篇论修昔底德,一篇论色诺芬,后者是与他生命相宜的终曲,是关于他的挚爱的最后美文。就他的工作来说,施特劳斯在世足够久,去世正当时。他的尼采文章是尼采研究的里程碑,这位20世纪的最伟大读者,既从主流解释,也从他自己早期对尼采的判断中,复原了尼采这位真正的哲人。②

---

①　"神学政治问题从那时起就是我各种研究的主题"——即从他早期就批判正统是否理应胜出而对斯宾诺莎和霍布斯所做的研究起。这一表述出现于1964年10月施特劳斯为《霍布斯的政治哲学》德文原稿第一版所写的前言(*GS*,3.8),这份手稿完成于1935年。

②　我1996年的书,《施特劳斯与尼采》(前揭)以注解的方式探讨了施特劳斯的整篇文章。我在这里不会重复我写过的东西,而是要利用施特劳斯文章里的一些判断,首先表明他对尼采的复原如何给他所提供的对真正哲学史的导引增添了最后的伟大篇章,然后主张,施特劳斯对尼采哲学和政治哲学的洞见,可以纳入一个更大的捍卫现代启蒙的论辩。

"哲学和宗教,似乎彼此相属"

[270]施特劳斯通过描述《超善恶》的结构这一奇特方式,揭示他文章的主要目的。他说"哲学肯定是《超善恶》的首要主题,是前两章的显然主题"。①接着他另起一段说,"这本书总共九章。第三章专论宗教"(6)。接着,在展示这本书其余部分的结构之后,他在下一段开头说,"尼采在前两章很少谈到宗教"(7)。宗教是施特劳斯的首要主题,即使在尼采的主题显然是哲学的地方。但哲人的宗教是政治哲学。因此,通过挑出《超善恶》中的宗教,施特劳斯探究了今天裹挟我们的浪潮的代表性哲人所着手的、对哲学之神学政治问题的解决。这就是施特劳斯此文的目的。

尼采此书布局中两个主要部分的划分使施特劳斯说,

> 哲学和宗教,似乎彼此相属——比哲学与城邦更为紧密地相属。(6)

因此尼采在"根本选择"上不同于古典作家,不同于柏拉图和亚里士多德:对于后者,根本选择是"哲学生活或政治生活",对于尼采则是"哲学统治宗教或宗教统治哲学"。尼采书中两个主要部分的第二部分所致力的"道德和政治",属于"低于哲学或宗教的层面"。尼采在根本选择上不同于柏拉图和亚里士多德,施特劳斯认为尼采错了吗?②把哲学和宗教放在一起,与道德和政治隔离,并且使它们之间的议题关乎统治,这完全承认了尼采和古典作家所居的世界因启示侵入希腊和罗

---

① 《柏拉图式政治哲学研究》,176,第5段。后面的引文将在圆括号里标明其所在段落序数。

② 见 Pangle,《〈柏拉图式政治哲学研究〉导论》,24 – 25,和迈尔,*Leo Strauss and the Theologico – Political Problem*,7 – 9。

马世界而变得不同:启示永远改变了柏拉图和亚里士多德所面对的衰败的荷马世界。政治如今作为次级现象属于较低层面,或者被哲学统治,或者被宗教统治。《自然权利与历史》清楚陈述了那一新宗教意味着新的根本选择:

> [271]因此,根本问题是,是否人们可以单凭他们自然力量的努力,获得关于好的知识——没有这种知识,他们就不能引导自己的个体生活和集体生活;或是否他们有赖神启获得这种知识。没有比这更根本的选择:人的引导或神的引导。(《自然权利与历史》,74[译按:中译参彭刚译,《自然权利与历史》,三联书店,2006。据英文有调整。])

就把根本选择看作哲学的统治或宗教的统治而言,尼采是个晚来者。施特劳斯表明,哈列维把根本选择判断为不再是哲学生活和政治生活,而是人的引导或神的引导。哈列维自觉地在服务于哲学的政治上、在理性法上,与政治哲学的创建者们切割,同时又与他真正的家族哲人团体保持着看不见的联结。施特劳斯让人注意尼采在根本选择上如何不同于古典作家,由此重申,在柏拉图式政治哲学的历史中,什么是哲学的:哲人运用实践理性来判断,就哲人的社会责任来说,时代需要什么。对哲学的责任,以及派生的对哲学所处社会的责任,意味着在主权性宗教时代,与政治哲学的创建者们切割。

哈列维并非在根本选择上与古典作家切割的第一人:他追随阿尔法拉比,当时最杰出的亚里士多德派哲人(《迫害与写作艺术》,98-99)。施特劳斯派中首要的阿尔法拉比研究者,马赫迪(Muhsin Mahdi),在开启他论阿尔法拉比的大书的最后一章时,详细引证了尼采在《超善恶》中就哲学统治主权性宗教的必要性所做的表述(格言61-62)。马赫迪评论说:

> 虽然这些对哲学和宗教之间关系的表述似乎有些大胆,但我觉

得它们并不革命。它们也不代表一种革新,而只是一种更新、恢复,或复兴哲学传统中的一段。①

阿尔法拉比把哲学有责任统治宗教这一观点追溯到柏拉图和亚里士多德,同时把清除哲学统治之记忆的努力追溯到基督教。他教导说,

> 人类宗教……应该及时追随哲学,并且把哲学已经发现的理论和实践问题,通过说服和/或制造偶像的方式,教给大众。②

阿尔法拉比认为,哲人对宗教的责任是智慧之"自然的、内在的发展":保护这种智慧的[272]"工具是,哲人-立法者建立人类宗教,以便由论证和审慎所发现的理论和实践事物,通过修辞的和诗的方法教给大众,好能说服所有人接受正确的意见且从事有益的实践"。③

虽然根本选择对于尼采(或阿尔法拉比,或哈列维,或培根,或笛卡尔等等)不再是哲学生活或政治生活,但两种生活方式——探究的生活方式和信仰的生活方式——之间的根本差异继续存在;施特劳斯毫不怀疑尼采过着探究的生活:他文中哲学论述的主旨是要表明,尼采的探究生活使尼采看到,哲学带来政治哲学,带来神学政治教导,带来宗教。在1935年,施特劳斯缄默地采取了尼采的一个区分,即根本上由德性、由单纯道德上的诚实所推动,与由爱真理的激情所推动之间的区分;在1972-1973年,施特劳斯阐释了涉及诚实和爱真理的那些关键格言,以表明尼采是哲人。④施特劳斯这次自始便着手追踪哲学两章

---

① Mahdi, *Alfarabi and the Foundation of Islamic Political Philosophy*, 229-230。
② 同上,235;斜体[译按:中译用楷体]源自 Mahdi。
③ 同上,236。
④ 段落31-35。

中的宗教,以彰显由尼采哲学所统治的宗教像柏拉图的宗教一样,着眼于成为哲学的辅佐。不过,他将对两则格言保持沉默,它们在结束尼采宗教章时发出明确律令:哲学统治宗教(格言61),哲学消除曾经统治基督教时代的主权性宗教的"可怕危险",并把哲学的统治延伸到后基督教的现代(格言62)。

"先前哲人们知道,显白和隐微之间的差别"

得提一下,施特劳斯没有评论这一小标题所在的那段格言,它是尼采的,而非施特劳斯的说法。① 尼采在他论显白风格的格言里所说的,是他一生思考的精华成果,涉及哲学如何谨慎处理它所产生的"真实而致命"的洞见——尼采也复原了显白风格。短暂留意他关于显白风格的表述,有助于看清他与施特劳斯[273]在哲学与社会生活或政治生活的关系这一首要话题上多么一致。②

尼采在第一章的结尾筛汰他的听众之后,才在第二章吐露显白风格:他请所有人搁置他的书,如果能够。那些因为已经漂入这一危险领域而无法搁下书的人们,在第二章的标题中得到命名,"自由的心智":

---

① 《超善恶》,格言30。事实上施特劳斯把"(参考格言30)"放进了后面将要讨论的一个重要句子。

② 显白风格在尼采那里到处可以觅得,对于一位起初认为必须针对致命真理保护社会的哲人,这很自然。在一个较长片段里,他描述了哲学首次出现时的"危难"背景,它要求哲学"把之前存在的已经确立的冥想者类型——教士、术士、预言者,无论如何是宗教类型——用作面具和茧,以便勉强存在"(《道德的谱系》,3.10)。目前,哲学面对新的危难,需要不同的办法:哲学的历史努力——在一个道德的世界秩序里,显得跟虔诚的信仰相联合——如今面对一个事实,即"如今都结束了;人的良知予以反对"(《快乐的科学》,格言357)。这一新的危难让尼采告诫"你们这些明白人","你们可以满足于像羞怯的小鹿一样藏匿于森林的时代,将成过去"(《快乐的科学》,格言283)——羞怯的小鹿:尼采是在告诫未来的施特劳斯。

尼采合适的、精选的听众,是民主启蒙所产生的现代心智。①现代心智首先需要了解什么是哲人,因为现代的两个主要德性之一,权利平等,排除了等级秩序以及那一异乎寻常的最高人类类型。施特劳斯对显白风格的复原,通过表明哲学曾经实际存在,来帮助表明哲学还有可能存在;尼采也着眼于向现代自由的心智表明哲学是可能的,虽然只是对于最罕见的心智,并且哲人有理由显白地言说,以便把他不受欢迎的高度特异性隐藏或部分隐藏在稍微普通的东西之中。

尼采想让他那些有着自由心智的特选听众首先知道,哲人"不可能不好奇"一个特别的奇事:"人生活在多么奇怪的简化和伪造中!"(格言 24)。作为这场大戏的旁观者,哲人是个例外,他必须忍住,避免操之过急,成为殉道者:他一定不要坚持让所有人都看到真相,看到他们的简化和伪造(格言 25)。他跟其他例外一样,他们都"本能地追求他们的城堡和密所,在此他们可以忘掉此处的例外,即人间的'规则'"(格言 26)。但他是例外中的例外:"作为在这重大和例外意义上的知识的寻求者",他将被"径直推回到这些循规蹈矩之人"。他放弃例外的城堡,下行去研究众人和他们的意见——他[274]做出苏格拉底式转变——部分是为了知道自己的不同,部分是为了知道自己的处境。

对普通人的研究教导哲人,理解他"很困难,因为他思考和生活得 gangastrotagati,而他周围的人思考和生活得不一样,或者说,kurmagati,顶多是'蛙跳',mandukagati"(格言 27)。尼采知道他的读者不认得他句子里这三个梵文词汇——他自己也不认得。②作为外来词汇,它们完美表达了他所面对的交流问题,他在结束这一伴有外来词汇的小把戏

---

① "自由的心智"(free mind)是施特劳斯对 der freie Geist 的翻译;它优于通常的"自由的精神"(free spirit),因为更重要的是去把握跟自由精神(free-spiritedness)的意涵同样重要的、作为第一印象的尼采意指——自由心智(free-mindedness)。

② 他必须把它们抄在笔记本上,提示每个的意思(*KSA*,12.3 [18])。

时问道:"——我尽我所能,使自己难被理解?"不,他恰恰表明,他尽他所能,使他外来的生活方式和思考方式可被理解——他译出了其中一个外来词汇。留下两个未译是他交流的一部分:为了理解他,我们必须努力把无情的外来物移译到我们自己非常不同的生活方式和思考方式中。哲人思考和生活得 gangastrotagati——像神圣的恒河流淌,迅速、稳定、无情。这样的思想者必须跨越根深蒂固的差别与我们交流,而我们思考和生活得像龟爬,或顶多像蛙跳。声明例外带有冒犯。因此,想要传达他的例外经验吸引他的是什么,哲人必须戏谑和亲切;他必须引诱和迷惑被冒犯者去调动必要的精明(那将是我们把他的外来经验移译到我们自己经验中的唯一办法),去调动必要的坚强(那是我们忍受冒犯的唯一办法)。①

为了解释哲人无法避免的冒犯,尼采打开了哲学史中封闭的一章,显白风格——在这一重大战略决策上,尼采先于施特劳斯,但理由相同,都是为了推进哲学。

> 我们最高的洞见[例外中的例外的那些洞见],如果未经允许就进入那些不相适宜的人们的耳朵,[275]那么必定——而且应该!——听起来像愚昧,有时像犯罪(格言30)。

哲人如果转向多数人以研究他们的方式,并且想要传达自己的结

---

① 对引诱和迷惑的绝妙运用,可见于尼采半年后写的一则格言,"可被理解的问题",这是一则论显白风格的格言,有助于结束他在《快乐的科学》第五卷对科学的新思考(格言381)。在那里,既隐藏又显示哲人的两项品质是欢快和无知。"当任何人觉得一本书难以理解,这绝不必然是反对这本书的理由:或许那属于作者的意图——他不想被任何人理解。"但尼采想"可被理解,对于你,我的朋友",他在他作品中戏谑的巅峰之一解释了他的欢快和无知,让人一瞥他幽默的、意味深长的含蓄所造成的显白风格,即对于最严肃的话题,他手头总是保有几个指戳(《超善恶》,格言34)。见我的《尼采与现时代》,前揭,306-310。

论,他总会得知自己被当作疯子嘲笑,或被当作罪犯迫害。①因为他们将要(也应该!)被判断为疯狂或有罪,哲人们便发明了一种被现代心智遗忘,但被尼采和将要被施特劳斯重新发现的做法:

> 先前哲人们知道,显白和隐微之间的差别。

现代之前的所有哲人,"无论是希腊人、波斯人、穆斯林还是印度人"当中的哲人,都区分显白和隐微,这么做是因为,他们知道,他们的最高洞见将要也应该被判断为疯狂或有罪。尼采把这一古老的区分解释为本身就是显白的:

> 不太在于,显白的[思想者]站在外面,从外面而非里面来观察、估价、度量、判断;更本质的是,他从下面看——而隐微的[思想者],从上往下!

内外之分是不准确的,因为这示意进入隐微只需准许或教导。更本质的区分示意,隐微观点只能通过攀升来获得,这就使那些不适宜的人几乎不可能触及。显白风格在现代是一项重罪,因为它假定在至关重要的事——知情上有一个等级秩序。尼采向民主倾向的现代人谈论显白风格,他知道我们难免感到冒犯,感到难以置信,还会生恨:他知道我们容易判他是疯子或罪犯,因为这一真相对于平等和平等权利的现代教导来说很致命。

尼采对于显白风格之等级秩序的有罪洞见,引出了更严重的有罪洞见,即他说隐微的[思想者]从上往下看这件事。

> 存在着灵魂的不同高度,从不同高度去瞭望,悲剧本身不再具

---

① 苏格拉底也教导这一点:在他宣称哲人有权统治之后,阿德曼托斯反对说,人们通常认为哲人不是无用就是有害。苏格拉底答道,"在我看来好像他们所说是真"(《理想国》6.487d)。

有悲剧效果。

自上的观点没有取消悲剧,但摆脱了悲剧的效果,摆脱了怜悯和恐惧。尼采把这一后果作为问题提了出来:"集合世上所有的悲痛,谁敢决定,是否这一景象必然引诱和确实强迫去怜悯,从而使悲痛加倍?"谁?那例外中的例外。他自上而下俯视世上所有悲痛,只有他敢于判断这一景象并不必然有待怜悯。但那一判断尤其疯狂或有罪,由于权利平等,怜悯所有苦难的人乃是首要的现代道德教导;它是[276]善良行动的终极根据,是历史的意义所在,即朝向终结苦难而前进。这一现代的意义观,是人类为逃避苦难而曾经栖身的一千个虚构的最后一个,是最后的文化钟模,它把人类包裹在有些谐剧的安慰性虚构中,逃避悲剧、逃避人类生活真正所是。①于是尼采讲道,这一自上而下是改造性的;它向下凝视已经被解释为悲剧的、必须逃避的东西,不只看到所有逃避的虚构性质,还看到整个苦难可被别样地看待,看作属于一个可被肯定的总体。

肯定苦难是尼采最有罪的思想。他的读者在此尤其想要合上他的书。但若继续读下去,敢于听他敢于说什么,就会知道尼采把这一对悲剧的肯定看作进步,它对于人类物种来说既可以想象也可以实现。现代启蒙对进步的信仰,它虚构的解救形式,注定被现代启蒙的真相实验所破坏。不过,一种特定的进步是可能的,即根据真相,对悲剧的新理解变得成熟起来。伴随真相实验中的成熟见解,人类可能性的全新视界开辟了,尼采论哲学和宗教的这三章的剩余部分就讨论这个视界。

---

① 尼采的出版生涯始于《悲剧诞生于音乐精神》,该书思考了苏格拉底的角色,他用新的、非悲剧的世界观,杀死希腊悲剧或荷马式对事物的看法。关于悲剧以及悲剧如何产生肯定性的诗,尼采关键思想的简短表述见于《偶像的黄昏》的结尾,"我感谢古人什么"的格言5。伯纳德特对尼采悲剧理解的赞赏,出现于他鲜为人知的一个书评,谈的是不够尼采的尼采。通过表明在每个阶段什么可以够得上尼采,伯纳德特表明他熟知尼采,他甚至可能示意,他在尼采那里辨识出的药方值得吞咽(Benardete, "Review of Michael Tanner, *Nietzsche*")。

施特劳斯没有提到尼采对显白风格的表述,但那很关键。世上所有的悲痛,可以共同经历而没有恐惧和怜悯(它们产生逃避性的虚构)吗?这是新哲人的交流问题的核心:如何把自上的观点译为人类难免生活其中的简化品和伪造品。尼采这本书的其余部分便尝试一种解决办法:获得根本洞见的洞见之人变成行动之人,他的说服性言辞美化了真相,但没有伪造真相。

[277]尼采随后的两则格言把显白风格的问题,把哲人的与人交流洞见的问题,当作他听众的成熟度问题,个体的成熟(格言31)和人类物种的成熟(格言32)。自由的心智已经成熟到从年轻的教条主义进入怀疑主义,但尼采将引领他们去往超出怀疑主义的成熟:现代自由的心智必须知道,哲学是可能的。整个物种的成熟度也可能相应地成长吗?人类物种也经过一个成熟过程,这一过程或许已经使人类濒临一种真相方面的新成熟,一种自我认知的新实验,它可以把人类带入"后道德"的时期,超越惩罚性或道德性观点所依据的信仰,即动机指导着我们的行动,我们应受奖惩。格言32表明,在这个宏大尺度上,尼采认为进步可能且可欲:理解的进步,已经由现代自然科学在一定的公共规模上顺利开启,这意味着必须敢于有道德进步,有颂扬生成之无辜的后道德进步。施特劳斯1955年关于"新的、能够统治这颗行星的贵族"的说法,听起来好像指向希特勒政制(《什么是政治哲学?》,54–55);对于尼采,这种说法指向的人们教导一种忠于尘世的、新的精神统治,即苏格拉底在他可以说是目的论神学的高贵谎言(那一抚慰的教导不再可信或不值得信)中达成的那种哲学统治。尼采的说法窥见未来,他把伟大的真相实验延伸成为人类物种道德史的下一阶段,这预备了他放在这章中心的格言。

"庄重的格言34和轻心的格言35"

施特劳斯指出,格言34是"第二章的中心格言"(8),但他对"庄重的格言 34 和轻心的格言 35"(7)只是简短触及,并且只是顾及两则格言的关系。原因是他关注格言 36 和 37,它们的关系重复了 34 和 35 的关系:每一组里,第二个都是简短回应第一个的论证。施特劳斯说,"乍一看",格言 34 和 35 之间"似乎没什么联系";接着,他没说这种联系是什么,却说,

> 格言 34 和 35 之间的联系是个非常鲜明的例子,证明有一个清晰的,虽然多少隐匿的秩序,支配着格言的序列:尼采论辩的散漫性更多是假装而非实际。

施特劳斯关注[278]支配格言 36 和 37 的秩序,也难怪:支配两者的秩序是关联哲学与宗教的秩序——此处,在给出他哲学之核心声明背后的论证之后,尼采表明他的哲学产生了神学政治规划。尽管这一组是重中之重,但尼采还是把 34 和 35 作为中心,有必要先考虑它们的内容,再去谈施特劳斯所视为更基本的一组。

格言 34 承认,自由心智的"认识论的怀疑主义"正当地主导了现代思想生活,但主张哲人现在必须把怀疑主义从思想的客体延伸到思想本身。这一怀疑主义的延伸再次将哲人置入风险,因为"在市民生活中,总是呈现怀疑主义或许会被视为'坏性格'的迹象,所以属于轻率之举"。但

> 我们超出市民世界及其是是非非,我们之间——什么阻止我们轻率且说出:迄今世上总是最被当作白痴的哲人,有的恰恰是对"坏性格"的权利?

我们之间——在一本哲人之书的相对私密之处,说给他精简和有所准备的听众之处,他的"坏性格"给自己权利去无情地践行其自然的不信,同时撇开市民世界。私下里,哲人"对于不信,对于出自深深猜疑的恶意满满的白眼斜视,负有义务"。尼采用"这个阴郁怪脸的小笑话",打断了他对义务性怀疑的辩护。是否哲人只是一个极端怀疑主义的白痴,某种从猜疑的沼泽向上凝视的蛙?不。但尼采的怪脸证明,

他恰恰在使哲人好像一个白痴,他总是留着"至少几个指戳,针对哲人借以抵制被骗的盲目愤怒"——盲目愤怒,因为怀疑主义如今威胁要使认识论的怀疑主义成为一种教条主义。这第一个指戳导向第二个:被语法戏耍的哲人们,在只有过程和活动的地方,找到不变的思想着的主体。

哲人们不是应该获准摆脱对语法的信念吗?对保姆应该尊敬,但是,哲学抛弃对我们的保姆的信念,这时刻到了吧?——

最后是一个破折号结束了这个长长的中心格言,它涉及打破信念的犯罪,即打破现代对怀疑主义的信任;这个破折号连接起下一则短格言,尼采在那里援引了我们启蒙的保姆之一,并且指向[279]第三个指戳,它所带来的犯罪针对的是我们从启蒙保姆们那里继承的所有信仰中最重要的一个:

哦,伏尔泰!哦,人性!哦,无聊!有些东西涉及"真相",以及对真相的寻求;当某人太人性地忙碌于此——il ne cherche le vrai que pour faire le bien[寻求真相只是为了产生好]——我打赌,他一无所获!

这里有哲学的首要主题:le vrai——真相,对真相的寻求总是推动哲学。这里有哲学的主要对手:le bien——好,可以看作本身就好的东西。真和好,这都是古典用词,尼采公开陈述了(即使是用一种外语)自苏格拉底以来哲人们所共享的古典的、隐微的、犯罪的洞见:对好的信仰会蒙蔽真。"人性"、今天的好、民主启蒙的好,它们的蒙蔽使今天对真的寻求——一无所获。但尼采的重点是,寻求者想要一无所获,他需要他的怀疑主义来开脱他对信仰现代之好的执着。认识论的怀疑主义只能靠信仰来辩护。难怪"这时候,当一位哲人让人知道他不是怀疑论者……惹恼了所有人"(《超善恶》,格言208)——百年来的尼采待遇证实了这一恼恨:自由的心智已无能力去信任尼采关于他发现了真的声称。但自由的心智的怀疑主义,被尼采指责为不是充分的怀疑主义,而是关于它的好的教条。认识论怀疑主义及其相伴的本体论怀疑主义,庇护着价值教条主义。对世界终极性质的原则化的无知,使启蒙了的现代人执着于我们的好。这是"轻心的"———一个轻心的锤子砸到现代心智的自我欺骗。它造成契机:如果我们的好禁止我们找到涉及真的东西,那么如果一位哲人不受我们的好干扰,并且对思想本身行使一种有罪的不信,他或许能够找到涉及真的东西。如果他能够,那么真意味着一种新的好吗?这些就是中心格言及其小尾巴所激起的疑问。这些疑问预备了下两则格言,施特劳斯认为它们是书中最重要的格言,因为在那里,一位哲人对思想的不信,实际导致一种新的关于真的结论。那反过来又唤起一种新的好的可能性。施特劳斯发现了这些,发现了由中心格言组引起的这组格言里的[280]苏格拉底哲学和政治哲学的核心,他做出了他对尼采研究的最伟大贡献,可能范围内的最伟大贡献。

"权力意志学说……也可说是对神的辩护"

哲学是尼采《超善恶》前两章的明显主题,而施特劳斯的主题是宗教。但宗教把施特劳斯带到尼采哲学的核心,因为前两章中论宗教的"唯一格言",即格言37

> 是上则格言的一种推论,在上则格言里,尼采以适合他意图的直截了当和毫不含糊,阐发了他根本命题的特殊性质,根据这一命题,生命就是权力意志,或者说,从世界内部来看,无非是权力意志。(7)

尼采的根本命题是一项关于生命的声明,生命在此必须以《查拉图斯特拉如是说》的方式来理解:生命意指"世界"、整个、全部存在。存在无非是存在为权力意志。

就施特劳斯这篇文章的意图而言,关键问题是,尼采的哲学有个宗教推论,当然仅仅是推论,仅仅是独立于宗教的单纯论证所获得的本体论的后果。尽管施特劳斯在文章里突出宗教,但他随后做的也是指向对他来说同样首要的本体论:他引入柏拉图,以便根据一位恰当的对手来看待尼采,在柏拉图的《会饮》里,苏格拉底给出了他关于自然之自然的最清晰论述。

> 权力意志取代了爱欲——对"好本身"的追求——在柏拉图思想中所占的位置。

作为追求的爱欲所占据的位置,说到底是本体论的位置,是关于全体存在的声明:存在就是存在为爱欲或对好本身的追求;好本身因而是满足于追求,它只能是新追求的开启而非饱足,而非转入某种更根本的存在状态、饱足状态。柏拉图和尼采这两位伟大的对手,就哲人对所有存在之存在做何推断,有着共同看法。施特劳斯辩证地推进:这里关于权力意志所说的东西——"规定自然应该是什么和如何是","不纯的心智……是真相的唯一来源"——从属于他追踪尼采服务于权力意志的论辩结论时的[281]深化解读,因为格言36"呈现了支持权力意志学说的论证"(8)。尼采在那里"以毫不妥协的知性诚实和让人着迷的玩笑阐发他的各项理由,即阐发他的命题之问题性、尝试性、诱惑性和假设性的特点"。鉴于尼采在格言34就怀疑主义和人类知识的限制所说的话,服务于关于实在的根本命题的论证除了这一路径外,还有别的路径可以前行吗?

施特劳斯瞥见了"第二章的中心格言"即格言34的实际内容,尼采在那里"已经把我们的注意力引向一个根本区分,即区分我们参与的世界与世界本身,或区分表象或虚构的世界(各种解读)与真实的世界(文本)"。然而在格言36的论证中,"他似乎着眼废除这一区分:作为权力意志的世界既是我们参与的世界,又是世界本身"。那一"既……又……"引向施特劳斯这段的最后一句,他对于格言36中尼采论辩的本体论结论的主要表述:

> 如果所有世界观确实都是解读,亦即,是权力意志的作用,则

> 权力意志学说同时是一种解读和一个最根本的事实,因为,不同于所有其他解读,它是任何"范畴"得以可能的必要和充分条件。(字体变化表示强调)

施特劳斯既没有赞成也没有批评这一命题;他只是用它来抵达下一段中的宗教。但它是落实为忠实表述的尼采的基础性本体论声明。哲学,要了解世界之真相的激情,本身是世界中的一个事件,因而必然是一种权力意志形式,该形式是"der geistigste[最精神性的]权力意志"(格言9)。人类"认识"世界的方式,人类有意无意将世界纳入一种秩序所凭借的"范畴",必然是关于世界是什么的一种表达。哲人的认识意志把自己辨识为权力意志,并把它的自我辨识实验性地延展,其假设是,作用于哲人的因果律肯定也作用于整全。

该假设真实吗?尼采在格言36中呈现了他的论证,哲人的自我理解,他的"认识你自己",必定被推到极限;吝啬的原则逻辑上必然要求"只用一种"因果律[282]来"实验"。它是由哲人,由浸润在许多科学实验的文化世界里的哲人(他尊重这些科学实验的结论)所做的本体论实验:本体论实验之真实与否也必须受到检测,看它是否足以最终解释物理学、生物学、灵魂学分别描述的现象活动——能量、动物和人的"量"。因而尼采所着眼的哲学对科学的领导,带来哲人对本体论真相的假设性论断,该论断本身可以毫不从属于科学证据,无论导向它的论证多么合理,无论它必定验证为与科学知识多么适宜。①

---

① 《超善恶》说,权力意志"作为理论,是个创新——作为现实,它是全部历史的根本事实(Ur–Faktum)"(格言259)。另见 KSA,13.14[79],1888年春。在《超善恶》的第一章,尼采对这一根本事实的呈现"只是以大胆断言的方式——虽不能说是武断"(8);他的断言有四:权力意志是哲学这一最精神的现象(格言9),是有机体现象(格言13),是自然总体(格言22),是人之自然(格言23)的根本事实。因此权力意志是哲学、生物学、物理学和灵魂学的最终主题。就灵魂学来说,权力意志是人类灵魂的真相,这使尼采可以在结束这一章时说,"灵魂学再次通往根本问题",正如它在苏格拉底那里曾经如此。

施特劳斯就这样为《超善恶》关于认识论和本体论的格言——其中尼采从知识的限度(格言34)推进到特别的认识者仍然能推断出的东西(格言36)——提供了非常俭省的解说:那些格言是尼采自己高度浓缩的、从首要的认识论问题向他首要的本体论声明的推进。施特劳斯很清楚,尼采曾在他刚刚完成的《查拉图斯特拉如是说》里详述了这一推进。在那里,在较长的准备之后,第二部分中心的几支歌呈现了查拉图斯特拉曾经生发的不同的爱的冲突:他对怀疑性的野性智慧的爱与他对生命本身的爱之间的冲突。

　　《舞蹈之歌》是高潮,在那里,"生命"告诉她的追求者查拉图斯特拉,她的对手,"野性智慧",误判了她:她可被测度。"生命"以那一诉说,那一引诱,为自己赢得了查拉图斯特拉。这些歌之后,查拉图斯特拉仅仅向"最智慧的你们"表明,"生命"如何引导他去测度她,去发现存在无非是存在为权力意志(《论自我超越》)。尼采期待,《超善恶》及其在对于极少数人最重要的问题上的极端简练,将吸引一些读者去研究《查拉图斯特拉如是说》。① 就施特劳斯来说,他先触及这一[283]尼采在《超善恶》里只论辩了一次的本体论,然后接手论哲学的两章中唯一论宗教的格言,转向那一本体论所带来的东西。

　　施特劳斯对尼采基础性本体论声明的呈现,没有简省到略去其最杰出的历史先例,柏拉图思想中的爱欲。施特劳斯在他论《会饮》的课上描述了爱欲在柏拉图思想中的位置:

> 我们可以说,爱欲是自然之自然,是自然的本质。(《论柏拉图的〈会饮〉》,196)

---

① 《道德的谱系》,前言,第8,尼采明确说,要理解他的后期作品,必须读他的早期作品,并且他特别要求注意"我的《查拉图斯特拉如是说》"。我对"舞蹈之歌"这一重要事件的讨论,见《尼采的教诲》(*Nietzsche's Teaching*), 100–120。

第九章　推进启蒙：施特劳斯复原尼采的神学政治规划　329

伯纳德特在他对《会饮》的评论里以细致的注解详述了施特劳斯的根本洞见。所以挑战在于思考爱欲与权力意志（一位古代哲人和一位现代哲人尝试用它们来标记和刻画根本现象）之间的密切关系，然后有必要以尼采的观点去研究这样一种本体论声明与当代物理学、生物学和灵魂学的相关性。施特劳斯本人在此暗示的，是古代哲学和现代哲学之间深刻的连续性，是两者共享的看法，即就整全来说，人类心智可以把握什么。他现在从本体论转向宗教，转向他论尼采的文章的首要关切，并再次表明，一位哲人遵循探究的逻辑，逐渐认识到需要一种神学政治规划（为了哲学的利益而重塑社会秩序）来推进哲学——此时的施特劳斯追踪了古代哲学和现代哲学之间第二个非常重要的连续性。

"用权力意志学说引诱他的某些读者（参看格言 30）之后……"——施特劳斯对"参看格言 30"的附带邀请，示意"某些读者"是少数人，他们的耳朵适合尼采告诉他们关于自上观点的东西，对于尼采现在把他们带到的这段小对话中的言辞，施特劳斯这位对话解读大师给予了特别的强调——

> ……尼采让他们提出一个疑问，通俗地说，是否权力意志学说断言，神被驳斥，而魔鬼没有。

尼采预料他应有的听众，现代自由的心智，将带着恐惧听他的本体论声明。这些听众已经听到他大胆的断言，即哲学本身和三门基础科学——物理学、生物学和灵魂学，其主题可以归为权力意志。尼采这一合理归结将如何被当代受教育的人所听，如果他们初次风闻使这一归结普泛化的论证？它将以所有哲学的高级洞见必定——也应当！——被听的方式，被当作愚昧或犯罪（"参看格言 30"）。尼采让震惊的当代人在他的书里谴责他的观点——"神被驳斥，而魔鬼没有"。他们的怒号[284]透露了关于他们的真相：自由的心智是拘束的心智，拘束于旧的好。他们说，你的权力意志本体论实际上犯了大逆罪，化一切神圣的为恶魔的,一切恶魔的为神圣的。自由的心智"通俗地说",他们采取他们不再相信的、通常关于神和魔鬼的宗教语言,是因为,这些启蒙后裔应有的更为精致的语言缺少足够的激烈和绝对,来表达他们对这一教导(针对自然和人类的本体论犯罪)的恐惧。尼采知道他仅有的可能听众仍然难逃"老的形而上学捕鸟者们",他们说"你是更多,你是更高,你有不一样的起源"(格言230)。但他必须说:"homo natura[自然人]这一糟糕的基础性文本必须被再次认识。"他启蒙了的听众已经"在科学的训练中变得坚强",去面对如其所是的自然之其余部分,如今肯定"以无畏的俄狄浦斯(Oedipus)之眼和封闭的奥德修斯之耳",去面对自身,作为如其所是的自然之一叶的自身。现代自由的心智,能够学会去做甚至俄狄浦斯和奥德修斯都显然不会去做的事情吗?当看到可怕的真相时,俄狄浦斯弄瞎自己的双眼,而奥德修斯对甚至不值一听的形而上学捕鸟者打开他的耳朵。

施特劳斯仅意译了受到引诱的尼采读者的话;他援引了尼采的答复。那一答复认可了他的朋友们从本体论向神学、从所有存在向最高存在的转换:

> 恰恰相反!恰恰相反,我的朋友们!而且,见鬼,什么迫使你们去通俗地说?(And, to the devil, what forces you to speak popularly?)

从这一非常含蓄的答复,施特劳斯得出仅仅一个推论,一个非常重要的推论:

> 权力意志学说——《超善恶》的全部学说——也可说是对神的辩护。

施特劳斯还有四次提到对神的辩护,他把这个说法用作他现在转入的论宗教一章的向导。但对于尼采的答复,可说的不止这个推论,有必要考虑这一答复,因为它也指向尼采新的神学政治规划。

第九章　推进启蒙：施特劳斯复原尼采的神学政治规划

尼采的"恰恰相反！"告诉他的朋友们，在他的教导里，魔鬼被驳斥，而神没有。通过重复，通过呼吁朋友们，他强调了他的"相反"以迫使朋友们去思考，从而教育他们：它暗示，你们的感受是对的，权力意志的教导确实驳斥神，我们传统的神，但那个神还是神吗？恰恰相反，那个超自然的神如今可视为魔鬼，视为全能的僭主，他把世界置于一个诅咒之下，把世界委托给此世的君主，所谓的魔鬼。施特劳斯没有说的事情是，尼采邀请他的朋友们去思考对我们的神之最极端的亵渎。我们将远远超出神只是死掉这一历史判断，把我们超自然的神判断为曾是对自然的犯罪。权力意志的教导驳斥[285]那个神，并且——你们的感受是对的，尼采暗示——没有驳斥魔鬼，或那个神委托给魔鬼的东西，即变动不居的世界。但这个世界是魔鬼的吗？恰恰相反，被诅咒为属于魔鬼的东西，被辩护为神圣的。

施特劳斯"对神的辩护"这一说法，示意尼采跟他朋友们的小对话为神学思想打开了全新维度：知道世界无非是权力意志，在这种观点内，神圣可被想象吗？如果可以，那么，以更强调的语气译出施特劳斯曾经引用的句子，或可暗示出对旧神学的一个修正："至于魔鬼，该罚的，谁迫使你们去以通常的语言说话？！（And as to the devil, goddamn it, who compels you to speak in the common language!）"除了那个老魔鬼，神，还能有谁，已死但还在，作为我们洞穴墙上的强大阴影逗留数百年，甚至对现代自由的心智也规定了神学语言。① 新神学不接受魔鬼，已死的创造魔鬼的神暂时除外，但尼采的答复示意，取消魔鬼的新神学导向尚未命名的神们。

从格言36到格言37，尼采的论证在获罪的存在的呐喊里，从所有存在进至最高存在。以尼采的答复来判断，新哲学当然摈弃了旧宗教，但如今对哲学重要的东西，是它摈弃了仍然统治现代自由心智的旧宗教的遗存，是它展望新宗教的可能性。在一本给自由的心智的书中，这

---

① 《快乐的科学》，格言108。

是个不可或缺的对话，因为在其中新哲人首次传达自高处而来的观点，即关于全体存在的本体论结论，并表明现代自由的心智如何不可避免地以旧的好来度量本体论真相。虽然 37 尾随 36，但它模仿 35：现代"自由的"心智用来度量真的，是好，是他们作为一神教的不信仰者所认为的好，一神教仍然统治着其无神论者。尼采和他朋友们之间的这一小段对话，论哲学的两章中这唯一论宗教的格言，表明了为什么论哲学的两章之后必定是论宗教的一章：最深的洞见注定被伏尔泰的孩子们听错。我们反神学的怒火，后基督教无神论者该有的怒火，必须被教育为新的对宗教的欣赏，后一神教的宗教可以从这一真相中兴起。我们必须了解，真如何产生新的好，这个好为神辩护，但不是那个神。

《超善恶》是个《未来哲学序曲》，施特劳斯发掘其论哲学的两章，只是为了一个序曲，即新哲学所意味的神学政治规划，所以他从论哲学的两章里论宗教的一则格言，直接跳到了宗教章。[286]施特劳斯的选择示意，新哲学的未来取决于一个关于宗教的私人对话，即新哲人与他仅有的可能朋友们之间的对话。起初，现代自由的心智带着恐惧和憎恨反对新本体论；但尼采自然的朋友们受邀反思一种可能性，即那一反对可能受制于仍然统治我们的关于好的理念，于是他们就能看到应该从那一好的权力中自我解放出来。接着，《超善恶》的谋篇从哲学两章进至宗教一章，示意新哲人随后将把他合适的读者引导到新本体论应得的回应：他的宗教章将表明真如何意味着新的好。此处，施特劳斯在自己熟悉的领域发现了尼采，因为此处，由于尼采，他再次看到一位哲人追踪根本问题，并瞥见该问题自然而然的神学政治规划——且着力指导新世代的指导者们。此处，施特劳斯发现尼采重复了他在色诺芬、柏拉图和哈列维那里发现的，哲学与政治哲学之间的关联。施特劳斯把论尼采神学政治规划的一章设为中心，从而使他的柏拉图式政治哲学研究证实了古代哲学和现代哲学共享的看法。

施特劳斯说尼采"对神的辩护"是"无神论的，至少暂时"（11），而"无神论只是过渡阶段"。朝向什么？

第九章 推进启蒙：施特劳斯复原尼采的神学政治规划

是否无神论属于尼采所构想的自由的心智,而某种非无神论属于那些未来哲人,他们将再次崇拜狄奥尼索斯(Dionysos)神？

——像哲人崇拜那样崇拜,即尊崇为了让非哲人崇拜而教导的东西。"这一含混对于尼采思想是本质性的,非此则他的学说将丧失实验和诱惑的特性。"受诱惑者将会好奇未来宗教:它能走出神之死所带来的被迫的无神论,抵达狄奥尼索斯神的复职吗？尼采放在他宗教章中心的,是宗教的、无神论的,以及旧灵魂概念遇刺所带来的当代危机(格言53和54),这个危机势必产生他随后要刻画的东西:虚无主义(格言55)。施特劳斯描述那一虚无主义,把它对照于一些人认为可能是一种未来宗教的东西,"像吠陀哲学的某种东西":

> [尼采]期待一种更西方的,一种更严厉、更可怕和更激励的可能性:出于残酷,即出于转向自身的权力意志,而对神的牺牲,这预备了对石头、愚笨、沉重(重力)、命运的崇拜,对虚无的崇拜。(12)

[287]施特劳斯示意,这意味着

> 当代无神论者中的较好者将逐渐知道,他们正在做什么……他们将逐渐认识到,有些即将到来的东西,其令人害怕、沮丧和屈辱的程度,远远超过 foeda religio[臭宗教]或 l'infâme[丑事]。

此指罗马思想家和启蒙思想家都与之斗争的臭宗教或丑事。一些尼采的现代读者将追随他见证,比基督教死于启蒙之手更坏的,是随之而来的虚无主义,那"最骇人的来客",尼采将它诊断为我们的命运,"下两个世纪的历史"。①

---

① KSA,13:11[411],1887年11月–1888年3月;《权力意志》,前言,格言2。

尼采是虚无主义的诊断者,但他"并不意欲为虚无而牺牲神,他虽然认识到神死了这一致命真相,但他着眼于将它转变为一种激励生命的真相,更确切地说,在这一致命真相的深处,发现其反面"(13)。施特劳斯就这样追踪尼采宗教章之中心格言的紧密逻辑,从神之死和不朽灵魂的遇刺,经过随后的虚无主义,到达格言56,《超善恶》中唯一提及的尼采想要被认同的教导——永恒复返。施特劳斯细致入微地追踪尼采借以抵达肯定永恒复返的精确逻辑,他的精确性展现于他的小修正:尼采着眼的并非转变神已死这一致命的真相,而是在这一致命真相的深处发现其反面;尼采的思想是个发现,而非某种任性的强求或发明。

"属于未来宗教的观念"

施特劳斯紧贴格言56的字句,以便追踪尼采所述深深扎进虚无主义的"任何人"的路径,他在这紧要之处说,

> 走上这条路的人,或许无意,瞩目于相反的观念——属于未来宗教的观念。(13)

或许无意?他曾有意发现新的观念吗?是否他起初是个道德家,即,寻找一种新的好?施特劳斯精确地说出他需要说的话:"无须多言,在其他人那里只是或许,在尼采的思想和生活中却是个事实。"这对于一些施特劳斯的徒众并非无须多言,他们把他1935年的导论解读为暗示[288]尼采仅仅是个道德家。施特劳斯说的是:尼采的意图属于探究者,而非道德家;他着眼于理解,而非被教训或教训人。作为把悲观主义思考到权力意志深度的一个无意后果,他瞥见了新的观念,也就是新宗教的核心。

施特劳斯援引格言56的结尾——"这会否是circulus vitiosus deus[神的恶循环]?"——并且说,它"的形式让我们想起出现在前两章里

的神学格言(37),尼采在那则格言里披露了一个事实,即权力意志学说也可说是对神的辩护,即使是个绝非有神论的对神的辩护"(13)。施特劳斯邀请他的读者,以他解读格言37的方式来解读格言56的结尾;对于反对意见,说永恒复返教导是个造神的恶循环,我们假想尼采这样答复:恰恰相反! 恰恰相反,我的朋友们! 相反的是,永恒复返是造神的善循环。与拒斥世界相反的观念是属于那些自然爱生命者的观念;可爱的生命精确地如其所是地永恒复返。

这一新的观念引发一个立即的挑战,正如施特劳斯在他下一段点出的:"对神的辩护仅仅是把神牺牲给愚笨的反转"——它只是神化了虚无,或使虚无成为某种"本身可爱"的东西(14)。是否这是"再患柏拉图主义,再患'好本身'的教导?"施特劳斯以一个最终问题结束了一连串对话问题:"我们能够完全避免这种再患吗?"我们不能。尼采再患"柏拉图主义"的精确和特殊意义在于,新的"好本身"不是"石头、愚笨和虚无"(虚无主义如此解释世界),却仍然受影响于高举来世超越性的旧柏拉图主义。新的好如何兴起?

> 将拒斥世界的思想方式转变为反面的观念,与此相关的认识或预见是,神为之而牺牲的石头、愚笨或虚无,在其"可理解的性质"上是权力意志(参考格言36)。

把世界看作无非是权力意志,仅仅这一见识,使世界值得无限肯定。再患"柏拉图主义"得自对真实本体论的洞见。世界无非是权力意志,这是激励生命的真相。新的真是被看到,而非被强求,新的好是被发现的对真的恰切回应,而非真之为真的原因。于是格言35的有趣挖苦得到了辩护:这位后伏尔泰哲人,为求真而求真,非为求好而求真,虽然确实无意,但却有所发现,发现了新的好。从自我认识通向[289]对世界无非是权力意志这一洞见的论证,得出了其最终结论:有充分理由去无数次意欲那完全如其所是的世界。

尼采成熟思想的两个主题,权力意志和永恒复返,其连接方式显现给了施特劳斯这位哲学之神学政治问题的研究者。权力意志和永恒复返,作为哲学和政治哲学,作为对"什么是"的洞见和对"什么是"的肯定,连接在一起。权力意志和永恒复返作为事实和价值连接在一起,连接方式很关键:事实为价值奠基。在尼采重归的古典语言中,真作为基础连接着好;对真、对权力意志的洞见,产生好,产生永恒复返。永恒复返本身不是本体论声明,而是出于根本性本体论发现的观念。

如《超善恶》前三章的结构所示意的,权力意志之于永恒复返,正如哲学之于宗教。如哲学所理解的,宗教从诸多激情,特别是那些对立激情的诸多种子里,高举一种观念。新的观念植根于爱的激情和对如其所是的生命和世界的感激。尼采在宗教章里打断他对基督教的批评,以便叙说那一处在荷马宗教之核心的感激(格言49),该宗教在希腊被替换为一种基于对立的恐惧激情的宗教——柏拉图为着哲人的目的而启用的来世道德宗教。柏拉图给希腊文明引入一种目的论神学的宗教,不朽灵魂被教导去恐惧惩罚性诸神的审判。以永恒复返为观念的宗教则推进了荷马宗教(它产生了我们人类迄今最伟大的文化成就,它被替换为仍然在统治的柏拉图式宗教,但后者的神已死)的根本激情。

尼采参透了当前的晚期现代精神处境,这使他洞见到与他的哲学自然相适的神学政治规划的不可或缺的元素,即他的哲学自然会高举的新观念。施特劳斯追踪尼采对当前宗教处境的理解,他揭示出,尼采那里的哲学和政治哲学模式,与他在色诺芬、柏拉图和哈列维那里发现的模式相同。尼采跟他的前辈们一样,承认继续需要一种特别的显白风格,该显白风格不售卖由赏罚诸神所监管的宇宙道德秩序这一谎言——这一对事物的看法"已经被过去数百年的经验弄得不可信"(《思索马基雅维利》,299)。新的显白风格诗意地美化和颂扬如其所是的世界,尼采将采取这一美化,好能重新引入双神狄奥尼索斯和阿里阿德涅(Ariadne),这两位神神化了使两性生命更生的[290]自然激情。这里也一样,尼采做了唯有哲人能做的,即出于根本事实来设定顾及整个文化的价值,把人类安置在一种对事物的看法内,该看法有助于推进主要的现代计划,即对自然的科学研究。所以尼采着手行使的对科学的哲学领导,不仅包含真,一种超出科学论断能力的本体论,也包含好,一种配合新的真的新的好。哲人尼采为宏大的科学探究事业所赋予的视界是人造意义的透明穹顶,它给予那些事业终极理据。

施特劳斯晚期的尼采解读,是他一生研究神学政治问题的高峰,该问题是哲学的结果,关乎处理哲学与社会或政治生活的关系。对施特劳斯来说,哲人按其所是,是亲人类者(《什么是政治哲学?》,31);在他的尼采解读里,哲人也是终极的赠礼者,是存在和价值之整个秩序的中心节点。哲人,世界之充盈的产物,以祝福世界的观念来回赠。这,就是伟大思想家们神学政治计划的重新发现者对尼采研究所做的持久贡献。就我这本书的主题,即显白风格来说,这改变了一切:因为如其所是的世界如今可被如其所是地肯定。这位新哲人推进了将社会基于真相之上的启蒙实验,他可以说:

> 我们自豪于不再被迫说谎,不再诽谤,不再谴责生命。①

但这一消极方面的自豪,即否定先前哲人,附属于积极方面:哲学最终可以公开它是什么,它是无穷无尽的实验和探究。尼采非常频繁和非常雄辩地把它描绘为"我们新的'无限'",②我们现代实验的拓展,因为,我们算什么?

施特劳斯就尼采在论永恒复返这一格言中的论证说出结论之后,他运用了旧的政治范畴:

> 通过对曾经和现在的一切说是,尼采似乎把自己显现为激进

---

① KSA,13.15〔44〕,1888年春。
② 《快乐的科学》,格言374。

反革命的或保守的,超出所有其他保守者最狂野的愿望,他们都对曾经或现在的一些事物说不。(13)

施特劳斯这位著名的"保守"思想家一度揣测,或许尼采的新观念是保守主义的最极端可能,是想在重复的永恒中保存如其曾是的一切。但对那一极端保守的想象触发了一种思想:

> [291]回想尼采对"各种观念"和"各种观念论者"的责难,我们想起歌德对艾克曼(Eckermann)说的话(1824年11月24日):"一切jedes Ideelle[像理念]的东西都可服务于革命的目的。"

尼采的新观念是"保守的"还是"革命的"? 答案是,其激进的保守主义是其革命的目的。不可能有比这更普泛的保守了,"任何人"他"想要重复曾经和现在所是,直到永恒,不知足地对整个戏剧和场面大喊,da capo[重来]"(格言56)。据尼采的讲述,他的保守激情,涌自爱如其所是被看作无非是权力意志的世界。瞥见如其所是的世界,这点燃了一种愿望,即把每个项目都保留于项目总体,即失去超越性或意义的必然性整体。这一保守主义并不拣出任何特别的祖传遗产,但可以服务于革命的目的,即把祖先遗产都颂扬为人类用某种意义穹顶来收纳某种人性片段的努力。根据格言56,肯定整个场面归根结底是肯定意欲这一场面的人:这是出于爱世界和爱自身的普泛的保守主义。这是人类置于整体之上的新钟模,作为蔚蓝的穹顶,它遮盖和保护曾经和现在的一切;作为最革命的保守主义,肯定永恒复返是忠实于尘世。

尼采把肯定永恒复返放在了宗教章,把它定位为因启蒙所造成的西方宗教危机——神之死(格言53)、旧灵魂概念的遇刺(格言54),以及随之而来的虚无主义(格言55)——而出现的历史可能性。仅在那一连串历史冲击之后,思想家,"任何人",才能彻底思考虚无主义,并且瞥见永恒复返这一新观念。施特劳斯做出扼要评论;永恒复返是"属于未来宗教的观念"——他肯定永恒复返是宗教史上的事件。通过表明尼采如何将永恒复返与权力意志相关联,施特劳斯表明,较之道德和政治,未来宗教与哲学如何属于更高的层面。尼采在他宗教章末尾的一些格言里留意那一较低层面,施特劳斯对这些格言未予评论。尼采哀叹了现代自由的心智们的一项特别的无知——"他们甚至不再知道宗教适于什么"(格言58);然后他说出了宗教适于什么:它们"是哲人手中的培养和教育手段"(格言62)。在哲人理解力的指导下,宗教可以做好——为了理性的缘故而做好——宗教无论如何要做的事,从灵魂可塑的开端起,培养和教育灵魂,使灵魂中的一些特别倾向依照某种观念而开花和繁盛,使灵魂的其他倾向[292]衰微或受阻。宗教的职责是,通过辨别高的和低的、圣洁的和卑贱的,通过激起渴望和嫌弃,来培育和去除一些东西。宗教提供道德和政治的基础,留意特别推进宗教信徒从一开始就学习,从而全都早就知道的有价值的东西。

凭借宗教(它的观念是永恒复返的革命性保守主义),尼采留意启蒙的推进,即真相实验的推进。但宗教的特点不只是描绘源于根本意欲的希望和信仰;宗教的特点是公开承认神。施特劳斯先询问永恒复返是否意味着保守主义,或是否可以服务于革命目的,之后转向论永恒复返格言"结尾的含糊疑问",点出它"再次表明"尼采的"格言并非毫不含糊,因为他曾怀疑,是否可能有一个不论什么世界,其中心并非神(格言150)"。施特劳斯再次指回第11段,这段的开头是,"因此尼采对神的辩护是无神论的,至少暂时",并且将近结尾时问道:

> 是否无神论属于尼采所构想的自由的心智,而某种非无神论属于未来哲人,他们将再次崇拜狄奥尼索斯神,或如伊壁鸠鲁可能会说的,将再次成为狄奥尼索斯的 dionysokolax[献媚者](参看格言7)?①

---

① Dionysokolax 是施特劳斯巧妙化用了尼采讲述的伊壁鸠鲁针对柏拉图的恶意玩笑;见我的《施特劳斯与尼采》,前揭,50–51。

离开论宗教的一章,转入"警句和插曲"这一分开此书两大部分的一章之后,施特劳斯点出这章第一条格言的"无神论意味",同时发现这章有"九处提到神",但"只有一处指向尼采自己的神学(150)"①(17)。格言150说:

> 围绕英雄,一切朝向悲剧,围绕半神,一切朝向羊人剧;围绕神,一切朝向——什么?或许是"世界"?

被期待的答案是谐剧,因为尼采正援引古典雅典剧场的伟大时期,在此时期,悲剧通向羊人剧,最终通向谐剧。但他说世界,施特劳斯认为,这表明尼采曾经怀疑,可能存在任何其中心并非神的世界。那一新世界,是那一伴随神之死而来的无神论后果的新谐剧吗?是否尼采永恒复返的全然保守性的革命性肯定,也需要神来使其"一切"变成一个"世界"?

"我不曾谈及,也不打算谈及"

[293]施特劳斯对尼采研究的重大贡献表明,尼采的本体论暗含一种潜在新宗教的观念——但是,就这一适合推进启蒙的新宗教而言,施特劳斯愿意陪尼采走多远?他止步于"神"。尼采实际上确实认为新宗教需要的不只是永恒复返的观念,并且他把《超善恶》的结尾致力于此:狄奥尼索斯和阿里阿德涅回归于倒数第二的格言295,正如他们匿名地回归于意在作为《查拉图斯特拉如是说》结尾的地方。施特劳斯在论述宗教章的结尾承认尼采走得更远:

> 尼采"神学"有个重要成分,且不说是中枢,我不曾谈及,也不打算谈及。(15)

---

① 格言150可以说是《超善恶》的中心格言。见我的《尼采的使命》,前揭,142。

这一对沉默的宣示,这一对谈及尼采神学中枢的坚决拒绝,非常令人失望。哲学之神学政治规划的首席研究者,苏格拉底之目的论神学及其在各种一神教中之历史变体的发现者,以及尼采哲学与宗教之关联的发现者,这个人说,不,我不打算谈及一位哲人用适合的宗教来匹配哲学的最晚近冒险的中枢。对宗教适于什么有着哲学洞见的大师,拒绝谈及作为哲人神学政治规划之最当代实例的 theoi[神]。

对于如此令读者失望,他给出了理由:"我对此未进入。"他还补充说,"莱因哈特(Karl Reinhardt)对此有相配的论述",但"未进入"应该已经禁止他裁定任何人对此有相配的论述,莱因哈特的论述当然配不上狄奥尼索斯和阿里阿德涅,也配不上施特劳斯的重大收获,即尼采哲学产生了宗教,或维护了神。①当议题是神性,是狄奥尼索斯和阿里阿德涅的神格时,声明"未进入"意味着什么? 神性通常只能是想象的存在,而施特劳斯并不缺乏想象。他的声明[294]肯定是一项告白,即他缺乏灵魂和理智的某些方面,能以去感受或思考狄奥尼索斯和阿里阿德涅神化了人最好的东西。他大概在表示,他是一神论的无神论者,他看不出多神论的优点,诸如尼采赞扬为"多神论最大优点"的那个优点,"范型的多元"。②尼采在多神论中看到人和其他动物(它们在尼采

---

① 莱因哈特对尼采《阿里阿德涅哀歌》一诗起初深刻和同情的解读,因他误读了尼采两个版本中一个发言者的角色而失去了部分效力。莱因哈特说第二个版本是 Umtaufe,再洗礼:《查拉图斯特拉如是说》第四卷(1884)中老巫师唱过,阿里阿德涅自己在《狄奥尼索斯颂歌》(*Dionysos Dithyramben*,1888)中重唱。但让老巫师在《查拉图斯特拉如是说》中演唱,这是要表明他是个骗子,是个纯粹的演员,对于他,阿里阿德涅的真正歌唱只是让一个天生的表演者去打动他听众的机会——查拉图斯特拉看穿了他,正如尼采看穿了老巫师的原型瓦格纳。莱因哈特没有相配地论述阿里阿德涅,因为他未能看到对女性的赞扬,她的怨诉带有对女性的神化:因为没有求婚者如那样了解她,没有人因她所是而爱她——直到查拉图斯特拉表明他是个例外:他爱其他求婚者所惧所恨的,而她也予以酬答。

② 《快乐的科学》,格言143(尼采的强调)。

的奇思妙想中全都是一神论者)之间的首要差异,虽然不是主要差异。施特劳斯的"未进入"表示,即使看明白了尼采是用宗教武装哲学的柏拉图式政治哲人,他仍看不出有令人信服的论辩可以声明,关于多神的新教导有可能好于绝对律令的孤独立法者。施特劳斯同意柏拉图,而柏拉图的"好本身"倾向道德一神论。尼采同意荷马:

> 柏拉图对荷马,这是彻底的、真正的对立。(《道德的谱系》,3.25)

作为一神论的无神论者,并且在此意义上是个有神论者,施特劳斯拒绝谈及尼采的神学,这既是多谋的,也是道德的。他用来结束哈列维文章的判断坚持到了最后:就绝对律令强制推行一种想象的道德律并维持社会秩序而言,没有神跟我们的神一样。

但或许施特劳斯关于"未进入"的声明,并不宽泛到同时包含狄奥尼索斯和阿里阿德涅,因为他事实上确实谈过狄奥尼索斯。他关于《超善恶》的谋篇的第一个实质性的观点强调,该书始于尼采对柏拉图的指控:柏拉图的"根本错误是他发明纯粹心智和好本身"(4)。从这一前提,施特劳斯易于"导出第俄提玛(Diotima)的结论,没有人,而只有神,是智慧的;人只能追求智慧或只能哲思;诸神无需哲思(《会饮》203e-204a)"。从这一开端,施特劳斯跳到"《超善恶》的倒数第二则格言,尼采在其中勾勒了'心的天才'——一位超苏格拉底,他实际上是狄奥尼索斯神"。借助他的超苏格拉底,"准备妥当之后,尼采透露一则异闻(或许哲人当中尤其怀疑),诸神也哲思"。

哲人施特劳斯怀疑尼采的"异闻"也是哲人柏拉图所持的怀疑,因为"第俄提玛既非苏格拉底,也非柏拉图,柏拉图很可能想过诸神也哲思"。他所指向的这两段示意,诸神不过是哲人。尼采在《超善恶》的结尾引入狄奥尼索斯,使施特劳斯在他文章的开端示意,分开柏拉图和尼采的[295]最终的神学政治问题,并非诸神的有无,而是能否公开说诸神会哲思以暗示无物永恒。哲思中的神,如柏拉图,有柏拉图式的理由来主张诸神不哲思,而那些理由对于施特劳斯似乎始终有说服力。施特劳斯其实了解狄奥尼索斯和柏拉图的神性。

但如果他了解那些哲思的诸神,那么他"未进入"的将只是神性的阿里阿德涅。所以施特劳斯是在告白他未进入神化女人气质的本能。他的诸神不过是哲人。阿里阿德涅不是哲人。阿里阿德涅不是神。这似乎是施特劳斯所告白的、他在尼采神学中未进入的东西。而这很可能正是尼采神学的中枢:这一中枢为女人气质声索更优越的神性,甚至超过哲思的狄奥尼索斯。那么,施特劳斯如此坚决地拒绝谈及,而尼采认为可以随他的哲学回归的双神——阿里阿德涅和狄奥尼索斯,是什么?尼采通过相宜宗教来推进现代启蒙的努力,在此尤其迈出一步,对此施特劳斯没有提供帮助。

当施特劳斯第一次说,权力意志也可说是对神的辩护时,他说,"参考格言150和295,以及《道德的谱系》的前言第7"(9)。格言150示意,"不可能有一个其中心并非神的世界"(13)。格言295让狄奥尼索斯在尼采的那些书中首次言说——他允许他"最新的门徒和初学者"去说出、去"低语"狄奥尼索斯是个哲人。而这位门徒补充说,"诸神也哲思,对我似乎是一则并非无害的异闻"。哲思的神致命地伤害了柏拉图选择去神化的东西——永久和超越,因为如果诸神也哲思,就不存在这种领域,否则诸神就会已经知道。低声说诸神哲思,这等于禁止哲学关于永久和超越的谎言,启蒙科学的推进让这谎言不可信,对"什么是"的爱之中自然而然的敏感让这谎言卑贱。

积极地看,哲思的神最高地提升了最高的东西,神化了人性中的理解激情,把作为理解的世界,作为无非是权力意志的世界,提升到最高可能的肯定。这一肯定的逻辑,这一对于一项活动及其对象的双重神化,尼采通过让哲思的神和他的门徒在阿里阿德涅面前言说来加以描绘。作为被狄奥尼索斯提升到神格的有死之人,阿里阿德涅神化了哲学的对象。在尼采笔记中某次出场的阿里阿德涅,甚至可以嘲笑她丈夫的理解激情,并且部分通过"不耐烦地摆弄曾经引导她的忒修斯

(Theseus)穿越迷宫的著名的线",来示意她已经比他知道[296]得多太多,甚至在某些方面她就是他想要和需要理解的神秘。阿里阿德涅的在场,示意尼采神学在其他方面暗示的东西:神性的女人气质补足了神性的男人气质,同时享有相对的完整性,而不安的神性的男人气质通常欠缺这种完整性。①

施特劳斯要求注意的第三个片段出自《道德的谱系》,尼采在这本书的标题页说,这本书"补充我最近出版的《超善恶》,使之完备和清晰"。施特劳斯指向的片段将其前言的论辩带到关于狄奥尼索斯的结尾——这一结尾得以可能,是因为尼采对待道德问题的严肃性:"对于我,似乎没有更值得严肃对待的东西。"一种"长期、勇敢、勤勉和地下的严肃",其回报是"欢欣——或用我自己的话说,快乐的科学"。那朝向愉悦的深刻气质,那十年之久的对道德问题进行地下发掘得出的经验结果,使尼采能够如此展望:

> 然而有一天,我们可以全心全意地说,"从此!我们的旧道德也属于这谐剧!"我们将为关于"灵魂命运"的狄奥尼索斯戏剧发现新的花样和可能——可以打赌,这关于我们之存在的、伟大、古老和永恒的谐剧诗人,将很快运用这一花样和可能。

那一剧场之神将为现在开始的谐剧发现何种新的道德运用?施特劳斯似乎只严肃对待旧形式中的道德,即现在作为更大谐剧的一部分而变得可笑的、由神加强的赏罚。但已经对更大谐剧,对那些最高存在

---

① KSA,11.37[4],1885年6-7月。阿里阿德涅在尼采作品中的其他几次出场:《大卫·施特劳斯》,第12部分;《偶像的黄昏》中"不合时宜者的挑衅",格言19;《看哪这人》的"为什么我写出这些好书:查拉图斯特拉如是说",格言8;《狄奥尼索斯颂歌》。在KSA笔记里,阿里阿德涅的出场:7.8[37],1870;10.4[55],1882;10.13[I(at p.433)],1883;11.37[4],1885;11.41[9],1885;12.1[163],1885-86;12.1[231],1886;12.9[115],1887;12.10[95],1887;12.16[40],1888。

的用处和必要性获得洞见的哲人尼采,则被迫为着"道德和政治"而成为神学家,《超善恶》的第二个主要部分便致力于"道德和政治"。所以他开始准备新的言辞和场景,以表明狄奥尼索斯和阿里阿德涅能够怎样运用后基督教虚无主义所提供的机会,在人类实验中设计新花样。施特劳斯就尼采的神学政治使命提供了不可或缺的洞见:尼采的神学自然地随着他确实无意的、对新观念的瞥见而[297]产生,这一新观念源于看到存在无非是权力意志。唯有施特劳斯能够表明,这一神学政治规划如何适合柏拉图式政治哲学的古典模式,诗在这世上陪伴哲学。但施特劳斯拒绝冒险进入尼采的神学,或者说其中的阿里阿德涅部分,这迫使我们自行思索狄奥尼索斯和阿里阿德涅为了新的、后启示的道德秩序而回归的意义。对于这一回归,尼采本人在他成熟时写完的两本非论战的书中,开始以适当的诗的方式予以描绘,这两本书是《查拉图斯特拉如是说》和《超善恶》。①

为什么尼采认为,双神狄奥尼索斯和阿里阿德涅适合处在新得的欢欣中的哲学?尼采在《超善恶》中的论辩顺序有助于说明这个问题。如果新观念出自西方宗教可喜的失事所带来的历史处境,则任何关于双神的谈话必须延迟,直到尼采准备好合适的听众来听他们所不喜的关于双神的真相,双神对于任何"世界"都不可或缺。所以双神仅仅出

---

① 1887年和1888年写作临时性论战书籍之际,尼采还谋划了一本书,此书将是他的第二部大作,他想要把它树立为主要著作,《查拉图斯特拉如是说》只是它的"门厅"。该书预期的标题包括"重估一切价值"和"权力意志",它谋划的那些结局始终触及狄奥尼索斯和阿里阿德涅的回归。新教神学家 Georg Picht 为尼采的狄奥尼索斯神学提供了有力的入门指导。Picht 的重要著作几乎被完全忽略,这表明尼采作品的学者们仍然不知道宗教适于什么。神学家 Picht 提供了一个洞见,即狄奥尼索斯宗教可以作为一种合理的未来宗教,他历史地将狄奥尼索斯宗教理解为真相自我肯定的方式,因为数千年的形而上学谎言已把自己玩出局,而接着发生的虚无主义威胁到任何值得过的未来。见 Picht, *Nietzsche*, 162、183 - 184、198 - 200、248 - 250、254 - 256、312。但即使 Picht 也未能解释阿里阿德涅的神性。

现在他书的结尾,或许甚至在这里,对于尚未准备听闻的听者,他们都来得"太早"。但一生仅此一次,希望后继有人的尼采,还是被迫为了未来哲学而说出他关于未来宗教的想法。《超善恶》通篇示意的关键点是,新双神出现时忠实于新观念,他们非常适合那种热爱尘世生命的人,"最昂扬、最活跃、最肯定生命的人"(格言56)。狄奥尼索斯作为哲思的神,神化了哲学本身,即对真,对哲学激情之躲闪的、总是遮蔽的、总是隐退的对象之热情洋溢的追求。而在那伟大的狩猎中,那躲闪的、遮蔽的、逃避的猎物,最终把她自己交给猎人,或者说,示意她如何可被测度——她[298]至少同样配得上一个神的名字:阿里阿德涅。狄奥尼索斯这位哲思的神,神化了探究精神本身。阿里阿德涅神化了那一神性的探究者所发现的东西:"什么是"(what is)本身是可爱的。狄奥尼索斯和阿里阿德涅形象地体现了哲学激情和那一激情的更伟大的客体。

"假定真相是个女人"——《超善恶》以此开篇,嘲笑哲人们是不配的爱者,他们的教条主义粗暴对待他们至上的爱人——真相。《超善恶》展开的方式表明,对真相的爱(the love of truth)在一个节点上不可测度地扩展和深化(变得欢欣),在这个节点上,它可以变成真的爱(love of the true)。真相所耗费的爱变成真所报偿的爱,两种爱都经由造神的本能形塑为神性的。狄奥尼索斯和阿里阿德涅是神性的一对儿,现在哲学通过他们可被描绘,如果说《超善恶》极为俭省地描绘这一对儿,《查拉图斯特拉如是说》则对严谨的哲学研究者们更慷慨,虽然更痴狂并因而更粗粝。《查拉图斯特拉如是说》避免采用他们的希腊名字,而把他们描述为查拉图斯特拉和生命,舞蹈中的猎人和猎物,舞蹈是他们最明显的自我表现。在那里明显的东西——尼采到处暗示的东西——是,阿里阿德涅不只是狄奥尼索斯的猎物,她比他优越,而狄奥尼索斯觉得这样很好。

但狄奥尼索斯和阿里阿德涅肯定不止于此,作为神,他们肯定值得受到那些并非哲人的人们的荣耀和颂扬。在尼采这里,狄奥尼索斯和阿里阿德涅首次在巅峰被瞥见,他们是处在哲学激情中的、描绘的激情和激情的对象。但尼采表明,他们神化了某种更普遍的东西,即人类之爱本身的成双性质:狄奥尼索斯和阿里阿德涅肯定和颂扬分性别的、分男女的人类之爱。他们是男性本身和女性本身的神性形态。作为神化的性别,狄奥尼索斯和阿里阿德涅把人类男性和女性的自然繁殖力纳入他们的神性身份,并且在他们的神性中,他们因人类自身是两性的和两性生殖的而受到感激和颂扬。

但人类的两性繁殖仅是世间生命更广大无垠的两性繁殖的一种形式;狄奥尼索斯和阿里阿德涅作为神所代表的东西,为人类与其他动植物所共享。尊崇他们为神,就是尊崇自然之无尽繁殖生命的方式,自然之通过两性繁殖而使生命永恒的方式。但即使这种程度的普遍性也不充分,如施特劳斯对新观念之根基的洞见所表明的,最精神的存在所做的肯定,是对作为无非是权力意志的整全的肯定。尼采呈现[299]新神的方式,对从巅峰到最广阔事物(巅峰得以可能的基础)的神化,映照了柏拉图的第俄提玛自下而上描述的爱的阶梯。尼采的爱的阶梯跟柏拉图的一样,其最高一阶在最稀有之物——哲学,其最低一阶在最普遍之物,即所有存在共享的方式,柏拉图将之命名为爱欲,尼采将之命名为权力意志。两人都把爱的等级制呈现为真的本体论。

狄奥尼索斯和阿里阿德涅因而代表真的宗教;他们是对真的神化,是对真相的趋近,他们成全和颂扬真的哲学之所见,办法是把这所见制成一个"世界"。作为神性的男性和女性,他们舞蹈、求爱、做爱和作战、结婚、生育,狄奥尼索斯和阿里阿德涅神化了作为爱欲整体、作为自然过程之一部分的人的爱欲。他们自然地是永恒复返观念的神,他们这一对儿已经有了名字和自然,尽管狄奥尼索斯和阿里阿德涅的漫长传说包含一些歪曲他们自然的添加,诸如他们有望跻身星辰,从此来世不朽。尼采点出,荷马宗教,这一希腊欢欣的赞歌,如何忠实于深刻的肯定欲望,他打断对基督教的批评,以便说出"古希腊人宗教生活的惊人之处,是它所洋溢的感激是那么充沛丰厚"(格言49)。在他见证出版的最后一本书的结尾,他清楚地说出了作为荷马式感激之体现的狄奥尼索斯和阿里阿德涅的神性中蕴含的东西：

> 希腊人以这些[狄奥尼索斯]秘仪为自己守护什么？……生命的永恒复返……作为生命通过生殖、通过两性秘仪而全面绵延的真的生命……我不知道有比狄奥尼索斯节这一希腊符号象征更高的符号象征。这里有对最深刻的生命本能、对生命之永恒的宗教体验。①

在他两本最重要的书的结尾，尼采让且仅让这一对神回归，从而预备了荷马式感激（本能地要颂扬我们所是和我们知道我们所属的东西）的再次涌现。虽然通过回顾可以在第俄提玛的爱的阶梯中、在荷马式感激中，给尼采神学一个可敬的祖先，但他的神学作为属于尼采未来哲学的神学政治规划，首先是前瞻的神学。通过描绘狄奥尼索斯和阿里阿德涅的回归，尼采邀请他真正的听众，启蒙的[300]后裔和自然科学的拥护者们，去思考是否可能有真的宗教，即忠实于"什么是"，且寻求在节日和歌唱中予以颂扬的那些信仰和实践。一个狄奥尼索斯和阿里阿德涅宗教将做好宗教适于做的事情：从幼年起即以正确的意见和有益的实践来培养和教育人的灵魂，通过真和好的类似物，给可塑的灵魂印上对真和好的爱。狄奥尼索斯和阿里阿德涅已经是最优的人们深深想要相像的典范——不是永久的和固定的，而是有死的和新兴的，不是全能的，而是努力的和竞争的，不是全知的，而是哲思的，不需要崇拜或臣服，而是树立最值得模仿和效法的东西。

一个狄奥尼索斯和阿里阿德涅的宗教，向尼采的科学领导力贡献了一种与科学相容的、满足人类宗教本能的东西；他由此终结了科学与宗教之间的长期战争，这一战争的必要性源自神（他禁止关于善恶的知识）的统治，源自对科学有着地狱般恐惧的神。不止于此，一个狄奥尼索斯和阿里阿德涅宗教有助于科学的推进，因其认证和颂扬科学之

---

① 《偶像的黄昏》的"我感谢古人什么"，格言4。

所是:出于热情的工作,爱者对被爱者这方面或那方面的努力。通过预告狄奥尼索斯和阿里阿德涅的回归,尼采做了阿尔法拉比所说哲人必须做的事情:指向将要到来的宗教,它"伴随哲学,并借助说服和/或制造形象,将哲学所发现的理论和实践内容教导给大众"。①

"人在征服自然,而这一征服没有可设的限制"

尼采对现代启蒙的推进,其辅佐性宗教,除了双神和一个观念之外,还有第三项不可或缺的道德元素、行动原则,它指导正当的发起(just initiative)和正当的限制(just restraint)。可以看出这一新道德元素属于当代或晚期现代:从我们当前回顾,我们可以在尼采的哲学和宗教整体中,看到服务于一种普泛的生态学思考和行动方式的理性根据。从尼采思想自然兴起的是这一道德律令——忠实于尘世!——植根于特定种类的人的倾向,它能约束那种掌控和占有自然的现代狂热。施特劳斯拒绝就双神提供帮助,但他对于这个道德议题像他对于新观念一样,给人启发。

[301]未来道德出现在段落33-36,靠近施特劳斯论述"我们的德性"的结尾。他在段落33考察尼采对自然的理解,并看到自然地出于新理解的关于德性的新教导。他的焦点是尼采的大格言230,但他遍及尼采著作搜集要点。他说,尼采着眼于再次看到"'糟糕的基础性文本,自然人','那永恒的基础性文本'",并且要理解人如何"将被'移译入自然'",人如何可被"vernatürlicht[弄得自然]"。"那一重新移译完全是为着未来的任务",它作为"基于把权力意志理解为根本现象"的自觉的价值创造,有待"未来之哲人"。未来之哲人(人类未来的创建者)的这一行动只在现在可以发生,因为它有赖于历史,有赖于人类的过去,这过去本身部分由伟大的开创行动即解释

---

① Mahdi, *Alfarabi*, 235。

行动构成,这些行动合起来把人类带到这一刻;因此这一过去必须被肯定(34)。

施特劳斯接着做了尼采在"我们的德性"里没有做的事情,引入"对永恒复返的肯定"(34)。"尼采没有解释为什么有必要肯定永恒复返"——如施特劳斯想做的——"而是指出,最高成就,如所有之前的较高成就,说到底是自然的工作而非理性的工作"(35)。施特劳斯因此从格言230进至231,没有点出尼采那引人思考的过渡句,他在格言230将近结尾处问道:"究竟为什么要知识?"鉴于格言230的内容,他其实是问:"究竟为什么要哲学?"为什么要这残酷的求知激情,它如此对立于推动非哲人的激情,对表象和简化的激情,对安慰和无知的激情?为什么要这残酷的激情去从事伴随这求知的行动,"去把人移译回自然?""为什么我们选择这荒唐的任务?"尼采一次又一次自问,并在下一则格言(231)给出了他最好的答案:他确实没有选择,他被迫接受这一任务。如施特劳斯所说,"是自然的工作而非理性的工作"——如此思考和行动是哲人的自然。施特劳斯援引尼采表面浮浅但实际深刻的方式,即指向他的自然中的强迫元素:"某种不可教的'深沉'……一种根本的愚昧。"然后施特劳斯跳出了尼采之回答的这一援引部分,以便解释为什么我们时代的哲人发现有必要肯定永恒复返。

"有一个诸自然的等级秩序,"施特劳斯说,"等级制中的顶点是补足之人。"(35)补足[302]之人,尼采用过一次的说法(《超善恶》,格言207),施特劳斯用了五次以描述哲人——诸自然等级秩序的顶点。那么究竟为什么要哲学,连同其强制的洞见和其强制的接受愚昧的任务?因为哲学属于诸自然顶点的自然。施特劳斯说到那一诸自然的顶点,"他的至高无上体现在这一事实?他解决最高和最难的问题"。他解决问题这一事实?是的,施特劳斯将表明那是个事实。他重复道:

> 对于尼采,自然已经成了问题,但他不能抛开自然。

尼采没有抛开自然：内在地看，自然无非是权力意志。施特劳斯接着用他自己的话说出什么是现在最高和最难的问题，我们时代的问题：

> 人在征服自然，而这一征服没有可设的限制，由于这一事实，我们可以说，自然已经成了问题。①

久而久之，这一晚期现代性的最大问题显露自现代创建的性质，显露自开创性导师们所作的许诺，这些许诺的目的在于使现代计划对于烙上基督教梦想的那些期待来说极为可欲。但是现在，在晚期现代性中，对于征服自然来说可设的限制必须被找到，只为一个理由，尼采的理由："人们已经进而考虑取消苦难和不平等。""进而考虑"是温和的说法：尼采教导，取消苦难和不平等是驱动现代德性的两个根本目标。施特劳斯重复了尼采谴责现代德性的理由：它威胁到人最好的东西，因为"苦难和不平等是人类能够伟大的前提"。施特劳斯指向的两则格言，"239 和 257"，无比饱满：它们指向尼采之解决的两个关键方面。格言 239 是结束"我们的德性"的大格言，它以求助女人挽救欧洲文明来收束尼采论"女人和男人"的系列格言；257 开启了尼采的终章，"什么是高贵？"，论需要什么来公开确立诸自然真正的等级秩序。施特劳斯说出了尼采之现代德性批判的明确要求：

> 此前，苦难和不平等被视为当然的、"给定的"、强加于人的。此后，它们必须被意欲。

随后为结束他的[303]论辩，他延伸到《查拉图斯特拉如是说》的

---

① 20 年前，在讨论亚里士多德对正义和共同善的论述时，施特劳斯用了"没有可设的限制"这一说法（《自然权利与历史》，160）。这一说法在那里有着积极的或许可的意义：为了在极端的战争处境中保存一个体面的社会，"对于什么可能成为正义性的报复，没有可设的限制"。打开这无限报复的缺口之后，施特劳斯让"帷幕遮盖着这些确实应该遮盖的可悲的危难"。

最大事件,在那一关键章里,查拉图斯特拉面对在甘愿的苦难和不平等中什么必须被意欲的问题,这是查拉图斯特拉通往肯定永恒复返之路的关键一步。施特劳斯没有将《查拉图斯特拉如是说》的戏剧追踪到它成功的结论,而只是说出它成功的结论是什么:

> 自然,自然的永恒,其存在源于一个预设(postulation),源于由最高自然做出的权力意志行为。

解决最高、最难问题的,是一个哲人的预设,唯有这一教导可以确保自然的永恒,确保能够伟大的前提或诸自然的等级秩序(其顶点是补足之人)。尼采关于永恒复返的教导解决了最大的现代问题,办法是提供基础,以便在征服自然意味着取消苦难和不平等的时候,设定征服的限制。①

"预设。"一定不能让这个词的康德语气模糊其类别:预设描述的是柏拉图式政治哲人们的各个伟大的神学政治教导,它们回溯到苏格拉底的目的论神学这一典范预设。施特劳斯揭示出,那一目的论神学是哲人对伊斯霍玛霍斯所预设的初步神学及其在腓尼基水手长那里更清晰的形式所做的有益推进。那一前苏格拉底神学由男性赋予秩序的律令所发明:施特劳斯邀请我们去观看,色诺芬的苏格拉底所学到的教导告诉他,赋予秩序的男性需要去为自然——野性和不可预测的、女性的自然——预设一个目的论神学秩序。他邀请我们去观看,苏格拉底学到伊斯霍玛霍斯的妻子的狡黠,即她学到的对她掌控性丈夫的掌控,女性掌控男性掌控者的手段——凭借这些手段,赋予秩序的苏格拉底

---

① 《查拉图斯特拉如是说》里,补足之人的这一行动是超人的行动,它或许是尼采那被误解甚多的哲学之最被误解的要点。超人属于《查拉图斯特拉如是说》的戏剧,是查拉图斯特拉在第一部分给予他所预见的未来导师的名字,在第二和第三部分,他认识到那一导师任务实则落到了他身上。超人是罕见的,他对解决最高、最难问题的新教导负有责任。

行使哲学统治,迫使自然呈现出目的论神学的有序面貌。现在呢?现在这个时代,那一预设的目的论神学死了,因为它"已经被过去数百年的经验弄得不可信"。现在这个时代,位于历史末端的天堂这一现代预设,已经变成许诺取消苦难和不平等;为此目的而征服自然的道德诫命,使我们无法[304]为那一征服设限。施特劳斯清楚地看到,尼采的永恒复返预设提供了方法。

若想看到对永恒复返的肯定如何给征服自然设限,可以回头追溯施特劳斯对补足之人的评论。他对这个说法的第一次使用指向尼采在《超善恶》里对这个说法的唯一使用:由于"补足之人……不但人,而且其余存在也得到辩护(参考格言207);他是巅峰,不容超越,且不需超越"(30)。施特劳斯的第二次使用出现在他的下一段,论"我们的德性"的第一段;这段包含他对道德最重要的评论。他说,尼采"愿意承认""道德品质"有重大作用:"一种高度的精神性(理智性)是(它们的)最终产物……人们归于'唯道德'之人的所有那些状态的综合"(31)。那一最终的精神/理智产物

> 存在于对正义的精神化,对一种严苛的精神化,这种严苛知道自己受命在世间维持等级秩序,不仅在人类之间,甚至在事物之间。①

那一行动是最高之人的最高行动:"作为补足之人……站在顶点,准确说,本身是顶点,哲人有一种宇宙责任。"补足之人是处在其被迫行动中的哲人;他的行动不是出于单纯正义,而是出于正义(已知的、精神化的/理智化的严苛所理解和结合的正义)的精神化/理智化。补足之人超越了道德,作为道德的最终产物,他理解道德的根本性质,道德是所有其他体面的人的行动的根基——并且他行动,超道德地行动,出于一种"宇宙责任",代表道德介入他所理解的人类世界。他采取行

---

① 施特劳斯近乎翻译了"我们的德性"之格言219的末尾。

动时知道他是受命,是被他的自然赋予了一项使命,他的自然先是驱使他去理解人和他自己的时代,现在驱使他去行动。这项使命要求他去维持他是巅峰的等级秩序。至少从施特劳斯1938-1939年复原显白风格以来的整个作品轨迹来看,补足之人显然是苏格拉底所理解的哲人:色诺芬的苏格拉底知道自己受命预设一种目的论神学,以便把人类的道德性动落实于一种可以把握的理据,并且由此支持使哲学得以可能的公民秩序。那一责任不能基于道德,因为它是对道德,即对所有其他体面行为(它们通常只能是道德的)之基础的责任。

[305]在他对"补足之人"的第三次使用或中心使用中,施特劳斯说,尼采在哲人们负责任行动的历史上有着特殊性,并且仅此一次使用了一个变化的说法:"真的补足之人……最先把权力意志理解为根本现象并在此基础上自觉地创造价值"(33)。超越所有道德状态,不否认它们,但作为它们最终超道德的产物,尼采理解它们,他自觉地依据根本事实创造价值——他着手通过符合永恒复返理念的价值创造来统治。尼采是真的补足之人,征服自然这一晚期现代问题在他这里开始意识到自身;他通过一种新的、关于"什么是"的道德教导,解决那一问题。那一关于正义的新教导,向往的不过是自然的如其所是的永恒复返,以此维持自然的等级秩序。凭借这一最终元素——符合爱者对自然之倾向的道德教导——施特劳斯表明,《超善恶》是由尼采那复杂广泛而又统一的思考来建构的:新道德教导的理性依据就在新自然理解和那一理解所需要的宗教中。对权力意志的洞见自然地导向肯定永恒复返,洞见和肯定的结合支持新道德。

施特劳斯由此准备了他对"补足之人"的第四次使用,他的论述也在那里最终完成:补足之人的至高无上"体现在这一事实,他解决最高和最难的问题"(35)。尼采没这么做,但施特劳斯把永恒复返带回"我们的德性",他示意为征服自然设限的办法出自产生那一新观念的相同倾向——爱如其所是的、作为权力意志的自然。我们的德性,植根于对如其所是的自然的爱和感激,臻极于公正对待被爱者并让被爱的自然如其所是的道德渴望。作为新道德的纯粹律令首先出现的"忠实于尘世！"，证明有着比简单服从更深的理据，有着所有理据中最深的理据，因为它植根于人的自然，植根于灵魂的自然激情。"灵魂学再次通往根本问题"（《超善恶》，格言23），包括为征服自然设限的问题，因为想要解决那一问题，只有把解决办法基于与问题本身同样的源头，基于灵魂的激情。尼采对灵魂的研究让他看到，若要解决人征服自然的企图，就要"把人[306]移译回自然"（同上，格言230）。因为，人类"在科学的训练中变得坚强"到如其所是地看待自然，进而可以如其所是地看待自身，并且把他们对他们之所是的回应建基于爱和感激的自然激情，正如对自然和人之自然的传统回应曾经建基于报复的激情。

绝非偶然的是，在他解释《超善恶》格言230和231的这个节点，施特劳斯只引入一个资源，《查拉图斯特拉如是说》的"论救赎"章。在那里，查拉图斯特拉普泛地用报复一词来命名产生西方诸教导的激情，即尼采在《道德的谱系》和其他著作里以"恨"或ressentiment[仇恨]的精确意思说出的激情。①"论救赎"表明，报复的激情如何产生并支持关于超越的教导，无论是超自然的还是在历史的末尾。但现在，在启蒙科学的训练中变得坚强的人类，可以实践一种新道德教导。道德属于"低于哲学或宗教的层面"（6），如果说对于尼采本人这一新正义基于哲学，基于对自然的洞见，那么对其余绝大多数人，新正义将基于新宗教——这一宗教的理念是，曾经和现在的一切的永恒复返，它不能忍受它认为有害的征服自然，因为征服自然威胁到人之自然中自然地最高和最好的东西。尼采在首次宣布永恒复返时证实，无论就哲人还是就我们其余人来说，我们的德性，特别是普泛的正义德性，都出自特定种类人类的自然：当永恒复返的思想占据你，根据你的情况，它要么碾碎

---

① 施特劳斯对补足之人的第五次即最后一次使用，也出现在段落35，出现在他总结"论救赎"的意味之时："为补足之人铺平道路的同时，必须无限地对碎片和残缺说是。"

你,要么转变你;你要么发现它是"最重的负担",要么将说,"我从未听说比这更神圣的东西"(《快乐的科学》,格言341)。

观念为永恒复返的这一宗教,将做宗教适于做的事情。像其他宗教一样,它被早早灌输,作为筛选原则在现有诸自然中发挥作用。尼采没有羞于说出的残酷措辞是,它培养和教育,它去除和滋生,它提升和推进特定种类的自然,同时挫败和谴责其反面(《超善恶》,格言62)。内在于未来宗教的德性,不再培养有关激情去变更和征服被判为野蛮和邪恶的自然,或去造成[307]一个终结了苦难的尘世天国,因为一切都平等地是智慧的和快乐的;后现代德性转而培养朝向自然的爱欲激情。人不能"避免模仿他所理解的自然"(《思索马基雅维利》,298)。

把自然理解为无非是权力意志,意味着把人类理解为完全自然的存在,作为在自然的种类秩序中进化的一个特别种类,它最自觉,并且在那种自觉中能够将其行动基于好坏判断。模仿如此理解的自然意味着,变得尽可能自觉,并且行动尽可能代表被判断为好的自然。我们的德性知道自然的恩宠,并且颂扬人类与自然其余部分的连续性,以及人类作为最精神/理智的存在与自然其余部分的特别的差异性,所以我们的德性将为征服自然设限,不是悲伤地或服从地,而是快乐地。

从尼采自然理解中理性地导出的德性行动,臻极于许可、听凭事物是其所是的正义。因此施特劳斯完全可以说,真的补足之人的至高无上"体现在这一事实,他解决最高和最难的问题"。凭着施特劳斯的帮助,我们得以看到,尼采之哲学对科学的领导权有着重大的道德收获:尼采在人之自然内部确保了为征服自然设定道德限制的有效基础。①

---

① 对于为征服自然设限,施特劳斯的关切聚焦于保护哲人——自然等级秩序的巅峰。但由于认识到永恒复返是一种新宗教的观念,他缄默地承认,保护哲人有赖于对保护与人类相关的整个自然秩序有一种普泛的、全社会的关切。

"女人和男人"

施特劳斯论"我们的德性"的这些段落,被补足之人的行动所主导,并结束于一个短段落,对于该段的主题,"女人和男人",尼采投入了"我们的德性"的全部后三分之一篇幅(36)。点出尼采"向那一主题显得笨拙的过渡"之后,施特劳斯表明那一过渡实际上很巧妙,因为尼采是从"他'深沉的根本愚昧'"进至女人和男人的主题:女人和男人主题自然地出自补足之人之哲学式男人气质中既定的东西。既定的东西包括认识到,"自然状态,两性之间的永恒战争,给予[女人]突出的头等地位"①——晚期现代重复了苏格拉底关于伊斯霍玛霍斯妻子之自然优越性的认识,这个[308]认识教导苏格拉底像女人一样发挥作用。当尼采谈及他的"根本愚昧"时,他"指出他即将以对自然问题的充分意识,继续关于自然的主题,即自然的等级制";最困难的当代问题——为征服自然设限,直接关联着"女人和男人"。尼采论女人和男人的那些格言认为,现代女人正把她们的优越性让渡给现代的纯粹平等观念,甚至更糟,让渡给与降格的现代男人气质之观念相伴的平等。尼采结束这些格言时呼喊"欧罗巴、欧罗巴!",他呼吁作为源头的腓尼基公主来挽救欧洲,使之免于现代男性对人之自然的征服所威胁到的未来:

> 再次,一种无边的愚昧或将成为你的主人并把你驮走。这次,没有神藏身其中;没有,只有一个"理念",一个"现代理念"!

——不是伪装成白牛的宙斯驮走欧罗巴,从而在米诺斯克里特(Minoan Crete)开启欧洲史,而是取消苦难和不平等的理念,这一终结伟大欧洲的危险。

---

① 《看哪这人》的"为什么我写出这些好书",格言5。

当前时代的哲人知道自己在一个征服自然没有设限的时代,且受命维持自然的等级秩序。尼采接纳那一使命,部分通过发展新的德性教导,但也通过开始发展施特劳斯拒绝谈及的别的方式,即召唤新神。跟哲人苏格拉底一样,哲人尼采直接留意让宗教来促进他的哲学计划,在尼采这里的宗教对立于一切苏格拉底目的论神学的相似物。爱如其所是的自然,爱被视为阿里阿德涅的自然,对于这爱中的狄奥尼索斯式情感而言,征服自然是强奸,没有爱者能允许对自然的暴力。狄奥尼索斯为他预期的对阿里阿德涅的征服自我设限,他爱如其所是的她,他曾瞥见如其所是的她。而阿里阿德涅这位被爱者,总是能够再拿出东西给予她的爱者。如尼采以"我们的新无限"(《快乐的科学》,格言374)所表达的,世界的可爱性质部分地自我展现于不可根除的神秘莫测,它无情地引诱探究者向前。对此双神(他们适合观念为永恒复返的宗教)的效仿就这样提供了更深入的宗教根据,来对现代的征服自然设限。

权力意志的哲人(或许,尤其施特劳斯的学生热衷于将他讽刺为由单纯意志主导的怪物)显现为被爱驱动的爱者,要为征服自然设限。接着,作为一个额外的、出乎意料的冲击,女人[309]和男人问题的哲人(如此轻易和普遍地被漫画为厌女人者)显现为这样的思想者,他把女人气质和男人气质提升到神性,同时知道在两性之间的永恒战争中,自然给予女人突出的头等地位。所有那些斥责式的、关于"这般女人"的评论呢?它们必须从狄奥尼索斯和阿里阿德涅的视角再阅读、再思考,记住它们的作者是个意识到两性之间永恒战争的男性,是个知道使用男性的吹嘘、男性的化妆的战士。事实上它们显现为爱者的思考。[1]

尼采作为神学家发言,欢迎狄奥尼索斯和阿里阿德涅的回归,但在

---

[1] 我尝试充分讨论这一深刻的论题,见《尼采与现时代》,前揭,376–387,以及《尼采的使命》,前揭,233–242。

一本公开说自己有望成为历史转折点的书里,他发现他很有必要说出:"我根本不是宗教创建者。"①作为哲人,宗教异在于他:

> "神""灵魂不朽""救赎""彼岸"——无一例外,对这些概念我从未投入任何关注或时间;即使作为孩子时也不。②

但是作为哲人,作为诸存在的研究者,他处在谈及最高诸存在的位置上,甚至有责任谈及它们。作为哲人,作为人类灵魂的研究者,他认识到宗教的不可或缺,也认识到驱动那一宗教的冲突能够培养,以及何种宗教最能够培养倾向于爱生命的灵魂。尼采关于宗教的教导,点出了适合未来宗教的观念、双神和新正义,该宗教以其真相实验来辅佐推进哲学和启蒙的社会秩序。但正如柏拉图不能指点柏拉图主义遭逢的未来,尼采也不能指点那一宗教的实际未来。宗教异在于作为哲人的柏拉图,柏拉图可以为柏拉图主义配备一种在尊严和权力方面超越存在的好本身,配备一些固着于存在的理念以确保德性,配备一些无名的神来回报正义和惩罚不义——对格劳孔是启示,对哲人们是教导。

但即使柏拉图也不能预见柏拉图主义将通过适应耶和华(Yahweh)的律法而变成我们的命运。因此柏拉图如下这么做是合适的:就在柏拉图让笔下的苏格拉底把陪伴他哲学的宗教放入这个世界时,他让苏格拉底履行了与哲人相配的唯一的顶礼之举。这是《理想国》中最戏剧性的一刻,当时,苏格拉底知道他将给朋友们[310]引入柏拉图主义的核心,并且不确定他对朋友们所做的究竟是好是坏,他敬拜阿德拉斯忒娅,可怕的必然,把他独力放入这个世界的东西的后果交托给她。③同样,尼采,今天裹挟我们的浪潮的哲人,必定把服务于爱"什么是"这一人类激情的宗教的未来,留给必然。

---

① 《看哪这人》的"为什么我是命运",格言1。
② 《看哪这人》的"为什么我这么聪明",格言1。
③ 见我的《哲学如何成为苏格拉底式的》,前揭,350-354。

施特劳斯的持久重要性在于他复原哲学的真历史。他最后的复原,尼采,我们时代的哲人,现代征服自然之危机的哲人,是我们最直接的关切,最能出于我们哲学的过去和现在而照看我们的未来。尼采获得了对我们时代精神处境的洞见,他瞥见了对最深层的现代问题的全球解决——依据自然和依据理性的解决。施特劳斯连同其他伟大柏拉图式政治哲人的先例表明,这一解决基于最深的洞见,并且产生自然地贴近爱者(爱我们所是和我们可知我们所属的东西)的新诗。

施特劳斯揭示哲人们的馈赠,从而馈赠人类。你怎能不爱他?

尾 声

施特劳斯的告别

[311]施特劳斯致肖勒姆的少量晚期信件,洋溢着温暖和敬意;这里有着施特劳斯信件中不常呈现的、两个极高成就的人之间的亲密。其中一封以德语写于他逝世前三个半月,施特劳斯在信中描述了他生活和工作的状况:

> 我现在再次完全生活于……[希腊智慧],并且以撰文讨论色诺芬《上行记》的形式告别科学=世界。(*GS*,3.770,1973年7月7日)①

重要的是,施特劳斯最后完全生活于希腊智慧,而非肖勒姆所接纳的圣经智慧。更重要的是,他觉得《色诺芬的〈上行记〉》是他告别科学=世界将采取的形式。作为讨论他的挚爱的爱之作,他的文章无需阐释。但作为他的告别——把他一生写作(它们展现出日益深化的目的意识和对服务于目的的修辞手段不断增长的掌控)带到一个自主结束的最后写作——作为施特劳斯的告别,《色诺芬的〈上行记〉》需要阐释。为什么施特劳斯认为这篇文章适合作为他告别科学=世界将采取的形式?

我认为,相关的中心段落说出了为什么。段落31和32构成62个段落的中心;它们合起来兼顾了色诺芬的"天生卓越"和他曾经"挽救

---

① 在他写下该文章的笔记本上,他注明的日期是1973年6月6日–9月19日;他逝于10月18日。

希腊人"。这两段表明色诺芬通过遵循"正确手段"来统治万人,其中给出了他核心策略的例子,即在斯巴达霸权通常得到承认的地方,通过一位斯巴达将军来统治。色诺芬,苏格拉底的弟子,化妆大师,靠"精明的算计","借助伴装,借助'偷窃'"来统治。被色诺芬的机智弄得心情舒畅的斯巴达将军,说出[312]了一个关于雅典统治的真相,这种雅典统治的深度他不曾测度,但色诺芬的《上行记》证明了他的正确:雅典人"宁愿让贼中翘楚来当他们的统治者"。两个中心段结束于《上行记》中最动人和难忘的事件,看到"海!海!",那意味着军队得救。相比这一事件,施特劳斯更关切色诺芬的角色,色诺芬指挥后军,"可以说是得见这一深切动人美景的最后希腊人"。施特劳斯结束于"他的成就之伟大:是他审慎的建议,从蛮族想要摧毁他们的意图中……挽救了希腊人",他的这些话还可以意指色诺芬成就之更普泛的伟大,他成功挽救了哲学。做出这些伟大行动的色诺芬是谁?

在前31个段落的中心,即段落16,施特劳斯回到并回答了他之前提出的问题(14):是否色诺芬必须按照苏格拉底来理解?不像苏格拉底,色诺芬是行动之人,他成功地从事齐家之术,

> 这方面他类似伊斯霍玛霍斯而非苏格拉底,伊斯霍玛霍斯教导苏格拉底齐家之术——苏格拉底并不运用。

施特劳斯总结说,"在《上行记》中使色诺芬个性化的原则,得见于他跟苏格拉底的对比"。那一对比是这篇文章的核心。

后半部分的中心,即段落47,回到对比苏格拉底来展现色诺芬的个性这一议题。施特劳斯已经把色诺芬揭示为不只追求财富,还企图在蛮族之地建城,建一座希腊人的城,追求英名和大权。众人反对那一企图,并使他因可疑的企图而遭审判,他被迫作出辩护发言。密切聚焦于那一辩护发言之后,施特劳斯说,"对色诺芬的审判导向……彻底的无罪开释"。无罪开释体现了色诺芬的个性:

或许没什么能更清楚地表明他跟苏格拉底之间的差别,苏格拉底的审判以宣判他死刑告终。

施特劳斯使这一非常短的段落(45)结束于看起来无非是体现色诺芬个性的又一方式:"但我们肯定不会忘记,色诺芬的建城计划失败了。"苏格拉底未能挽救自己免于死刑,但他建城成功了吗?关于色诺芬所发誓言的一句话段落,把之前的短段落跟第二部分的中心段——对色诺芬受审的进一步思考——隔开了。

这第三个中心始于一个考虑,即"导致色诺芬受到指控的军中不满,并非全无根据"。这引向色诺芬身份的议题,或者说,他有可能如何[313]按照他的两个典范,大居鲁士和苏格拉底,来看待他自己。在他的辩护发言中,"色诺芬……完美和成功地为他的虔敬作了辩护",除了那些虔敬的狂热分子还未被说服。但"是否他为他的正义作了成功的辩护?是否他应对了那含蓄的控告,即他高度珍视某种东西,胜过希腊?"点出有根据宁要"最好的人类"而非"祖国的孩子"之后,施特劳斯进至个性化色诺芬的另一方式:他与大居鲁士有何不同?色诺芬缺乏居鲁士所拥有的,出身于帝王世家。但他拥有一种首要品质:

从最高观点看,只有关于如何统治的知识使人有权统治。

然而,

是否关于如何统治的知识,需要一些劣的合金,一些粗陋和毛糙的混合物,以便变得合法,即政治上可行?

施特劳斯重复了他作品中经常提到的一点,正义的两种意义,即助友损敌"所体现的常人德性",和"正义体现在丝毫不损害任何人的苏格拉底德性"。"色诺芬毫无疑问具有常人的正义,但很难说他具有苏格拉底的正义。"色诺芬在这方面体现出相对于苏格拉底的个性,而他相对居鲁士的个性不只在于他缺乏居鲁士的家世,还在于他缺乏居鲁士的残酷,居鲁士能够享受观看他所杀之敌的脸。"色诺芬立于大居鲁士和苏格拉底之间某处。"色诺芬的立场呈现了"正义难题:正义既需要常人德性(因此可能释放残酷),也需要苏格拉底德性"。两者存在关联:"常人德性指向苏格拉底德性,而苏格拉底德性以常人德性为根基。"这些关联凸显了正义难题:"两种德性不能各自充分地共存于同一个人。"

介于他的两个典范之间的色诺芬,是否把自己看作解决正义难题的独具个性的途径?

> 色诺芬可能把自己看作他所知道的,两者共存于同一个人的极限可能性。

色诺芬的自我认知似乎激发了他的全部作品:是否色诺芬在他的自我认知(他认为自己介于苏格拉底和居鲁士之间)中是正义难题的最高解决?施特劳斯这段的最后一句回答了该问题:

> 确实,色诺芬(不及柏拉图)呈现了不同于苏格拉底的自己。

使色诺芬个性化的东西,使他成为他所是的哲人的东西,是他独特地混合了苏格拉底和居鲁士,他着力通过呈现与苏格拉底不同的自己来展示这一混合。恰恰在这方面,"色诺芬[314](不及柏拉图)"是真实的:柏拉图没有呈现与苏格拉底不同的自己。柏拉图自我潜藏于苏格拉底。或者,也许柏拉图把苏格拉底融入自己。

两个典范都有多得多的精确差异藏在施特劳斯插入的细化说明中。色诺芬不及柏拉图——这话实则也意味着独一无二。色诺芬的辩护发言成功了,但色诺芬未能建城;柏拉图的苏格拉底的辩护发言未能使他免于死刑,但柏拉图的苏格拉底创建了一座城。色诺芬不及柏拉图。柏拉图的苏格拉底在雅典挽救了哲学,并且通过创建一座留有哲学位置的言辞中的城邦,使自己不朽。那一成功的创建导致希腊城邦在许多蛮族之地建立,相对居鲁士和苏格拉底而个性化的色诺芬自己,却未能做到——尽管有那一或许必须算上的目的论神学。

那么,以《色诺芬的〈上行记〉》向科学＝世界告别的施特劳斯是谁?他的文章指出色诺芬的上升相对于柏拉图的上升的限制,以此来追踪色诺芬的上升和巅峰。施特劳斯是这样的哲人:他复原了柏拉图式的政治哲学,连带着也复原了作为正义问题的苏格拉底问题,即哲人如何恰当地建立那凭着他优越的知识而自然就属于他的统治的问题,也是在蛮人之地安置最高教养(civility)的问题,同时也是有作品传世的苏格拉底的两位伟大聆听者分别以不同方式处理的问题。以《色诺芬的〈上行记〉》作为告别,施特劳斯结束了他一生的工作,非同寻常但仍然羞怯地指向他自己,指向施特劳斯先生。施特劳斯不能等同于柏拉图,这很清楚,柏拉图着眼于建城并且成功了,可以说是大获成功,施特劳斯似乎也是这么判断。

但施特劳斯因他的方式而等同于色诺芬。他兼从柏拉图和色诺芬以及类似的一系列人物那里,得知对于哲学来说,可能做什么以及必须努力做什么。虽然他并未着眼于建城,但他确实着眼于挽救希腊人,从当代的野蛮中挽救哲学,甚至可以说完成了目标。但凡研读他所写的书的人,它们就会持久地予以教导,这些书通向持久的东西,哲学史,即关于最有功于我们的文明的那些伟大思想家们和行动家们的书写。施特劳斯的告别文章,在伟大的苏格拉底门徒当中个性化了施特劳斯,暗示了施特劳斯的上升。

施特劳斯主要作品译名表

AAPL：*The Argument and the Action of Plato's Laws*《柏拉图〈法义〉的言与行》

CM：*The City and Man*《城邦与人》

ET："*Exoteric Teaching*"《显白教导》

EW：*Early Writings*《早期作品集》

GS：*Gesammelte Schriften*《作品集》

HPP：*History of Political Philosophy*《政治哲学史》

JPCM：*Jewish Philosophy and the Crisis of Mondernity*《犹太哲学与现代性危机》

LAM：*Liberalism Ancient and Modern*《古今自由主义》

NRH：*Natural Right and History*《自然权利与历史》

OPS：*On Plato's Symposium*《论柏拉图的〈会饮〉》

OT：*On Tyranny*《论僭政》

PAW：*Persecution and the Art of Writing*《迫害与写作艺术》，简称《迫害》

PL：*Philosophy and Law*《哲学与律法》

PPH：*The Political Philosophy of Hobbes*《霍布斯的政治哲学》

SA：*Socrates and Aristophanes*《苏格拉底与阿里斯托芬》

SCR：*Spinoza's Critique of Religion*《斯宾诺莎的宗教批判》

SPPP：*Studies in Platonic Political Philosophy*《柏拉图式政治哲学研究》

TM：*Thoughts on Machiavelli*《思索马基雅维利》

WIPP：*What Is Political Philosophy?*《什么是政治哲学?》
XS：*Xenophon's Socrates*《色诺芬的苏格拉底》
XSD：*Xenophon's Socratic Discourse*《色诺芬的苏格拉底言辞》

参考文献

施特劳斯作品

The Argument and the Action of Plato's "Laws." Chicago: University of Chicago Press, 1975.
The City and Man. Chicago: Rand McNally, 1964.
"Correspondence of Karl Löwith and Leo Strauss." Trans. George Elliott Tucker. *Independent Journal of Philosophy/Unabhängige Zeitschrift für Philosophie* 5/6 (1988): 177–92.
"Existentialism." In "Two Lectures by Leo Strauss." *Interpretation* 22, no. 3 (Spring 1995): 303–20.
"Exoteric Teaching." *Interpretation* 14, no. 1 (January 1986): 51–59.
"Farabi's Plato." In *Louis Ginzberg Jubilee Volume*, 357–92. New York: American Academy for Jewish Research, 1945.
Gesammelte Schriften. Ed. Heinrich Meier and Wiebke Meier. 3 vols. Stuttgart: J. B. Metzler, 1996–2001.
History of Political Philosophy. Ed. Leo Strauss and Joseph Cropsey. 3rd ed. Chicago: University of Chicago Press, 1987.
An Introduction to Political Philosophy: Ten Essays by Leo Strauss. Ed. Hilail Gildin. Detroit: Wayne State University Press, 1989.
Jewish Philosophy and the Crisis of Modernity: Essays and Lectures in Modern Jewish Thought. Ed. Kenneth Hart Green. Albany: State University of New York Press, 1997.
Leo Strauss: The Early Writings (1921–1932). Trans. and ed. Michael Zank. Albany: State University of New York Press, 2002.
Liberalism Ancient and Modern. New York: Basic Books, 1968.
Natural Right and History. Chicago: University of Chicago Press, 1953.
"On Abravanel's Philosophical Tendency." *Gesammelte Schriften*, 2: 195–227.
On Tyranny. Ed. Victor Gourevitch and Michael S. Roth. Rev. ed. New York: Free Press, 1991.
Persecution and the Art of Writing. Glencoe, IL: Free Press of Glencoe, 1952.
Philosophy and Law: Contributions to the Understanding of Maimonides and His Predecessors. Trans. Eve Adler. Albany: State University of New York Press, 1995.

Political Philosophy: Six Essays by Leo Strauss. Ed. Hilail Gildin. Indianapolis: Bobbs Merrill, 1975.
The Political Philosophy of Hobbes: Its Basis and Its Genesis. Trans. Elsa M. Sinclair. Chicago: University of Chicago Press, 1952 (German original, 1936).
"Preface to *Hobbes politische Wissenschaft*." *Interpretation* 8, no. 1 (January 1979): 1-3.
"Quelques remarques sur la science politique de Maimonide et de Fârâbî." *Gesammelte Schriften*, 2: 125-58.
The Rebirth of Classical Political Rationalism: An Introduction to the Thought of Leo Strauss. Ed. Thomas L. Pangle. Chicago: University of Chicago Press, 1989.
Socrates and Aristophanes. Chicago: University of Chicago Press, 1968.
Spinoza's Critique of Religion. Trans. Elsa M. Sinclair. New York: Schocken, 1965.
"The Spirit of Sparta and the Taste of Xenophon." *Social Research* 6 (1939): 502-36.
Studies in Platonic Political Philosophy. Ed. Thomas L. Pangle. Chicago: University of Chicago Press, 1983.
Thoughts on Machiavelli. Chicago: University of Chicago Press, 1958.
Xenophon's Socrates. Ithaca: Cornell University Press, 1972.
Xenophon's Socratic Discourse: An Interpretation of the Oeconomicus. With a translation of *Oeconomicus* by Carnes Lord. Ithaca: Cornell University Press, 1970.

其他文献

Adler, Eve. *Vergil's Empire: Political Thought in the "Aeneid."* Lanham, MD: Rowan and Littlefield, 2003.
Alfarabi. *Book of Letters*. Trans. Muhsin Mahdi and Charles Butterworth. http://www.scribd.com/search?query=alfarabi+book+of+letters
Ansell Pearson, Keith. *A Companion to Nietzsche*. Oxford: Blackwell, 2004.
Armada, Pawel, and Arkadiusz Gornisiewicz. *Modernity and What Has Been Lost: Considerations of the Legacy of Leo Strauss*. Krakow: Jagiellonian University Press, 2010.
Assmann, Jan. *Moses the Egyptian: The Memory of Egypt in Western Monotheism*. Cambridge: Harvard University Press, 1997.
———. *The Price of Monotheism*. Trans. Robert Savage. Stanford: Stanford University Press, 2010 (German original, 2003).
Bacon, Francis. *The Advancement of Learning*. Ed. G. W. Kitchin. Philadelphia: Paul Dry Books, 2001.
———. *An Advertisement Touching a Holy War*. Ed. Laurence Lampert. http://books.google.com
———. *New Atlantis and The Great Instauration*. Ed. Jerry Weinberger. Arlington Heights, IL: Harlan Davidson, 1989.
———. *The Works of Francis Bacon*. 1870; Ed. James Spedding, Robert Leslie Ellis, and Douglas Denton Heath. New York: Garrett Press, 1968 (1870).
Baron, Salo. "Yehudah Halevi: An Answer to an Historic Challenge." *Jewish Social Studies* 3, no. 3 (July 1941): 243-72.
Bartlett, Robert C. *The Idea of Enlightenment: A Post-Mortem Study*. Toronto: University of Toronto Press, 2001.

Batnitzky, Leora. *Leo Strauss and Emmanuel Levinas: Philosophy and the Politics of Revelation.* Cambridge: Cambridge University Press, 2006.

Behnegar, Nasser. "Reading *What Is Political Philosophy?*" *Perspectives on Political Science* 39, no. 2 (2010): 66–71.

Benardete, Seth. *The Archaeology of the Soul: Platonic Readings of Ancient Poetry and Philosophy.* Ed. Ronna Burger and Michael Davis. South Bend, IN: St. Augustine's Press, 2012.

———. *The Argument of the Action: Essays on Greek Poetry and Philosophy.* Edited with an introduction by Ronna Burger and Michael Davis. Chicago: University of Chicago Press, 2000.

———. *The Being of the Beautiful: Plato's "Theaetetus," "Sophist," and "Statesman."* Translated and with Commentary by Seth Benardete. Chicago: University of Chicago Press, 1984.

———. *The Bow and the Lyre: A Platonic Reading of the "Odyssey."* Lanham, MD: Rowman and Littlefield, 1997.

———. *Encounters and Reflections: Conversations with Seth Benardete.* Ed. Ronna Burger. Chicago: University of Chicago Press, 2002.

———. "Review of Michael Tanner, *Nietzsche.*" In Benardete, *Archeology of the Soul,* 347–50.

———. *Socrates' Second Sailing: On Plato's "Republic."* Chicago: University of Chicago Press, 1989.

Bittlestone, Robert, with James Diggle and John Underhill. *Odysseus Unbound: The Search for Homer's Ithaca.* Cambridge: Cambridge University Press, 2005.

Bolotin, David. "Leo Strauss and Classical Political Philosophy." *Interpretation: A Journal of Political Philosophy* 22, no. 1 (Fall 1994): 129–42.

Brann, Eva. *Homeric Moments: Clues to Delight in Reading the "Odyssey" and the "Iliad."* Philadelphia: Paul Dry Books, 2002.

Brook, Kevin A. "A Brief History of the Khazars." In *The Kuzari: In Defense of the Despised Faith,* 31–44. Trans. N. Daniel Korobkin. Jerusalem: Feldheim, 2009.

Brown, Alison. *The Return of Lucretius to Renaissance Florence.* Cambridge: Harvard University Press, 2010.

Brown, Norman O. *Hermes the Thief: The Evolution of a Myth.* 1947; New York: Vintage Books, 1969.

Calasso, Roberto. *The Marriage of Cadmus and Harmony.* Trans. Tim Parks. New York: Alfred A. Knopf, 1993.

Chacón, Rodrigo. "Reading Strauss from the Start: On the Heideggerian Origins of 'Political Philosophy.'" *European Journal of Political Theory* 9, no. 3 (2010): 287–307.

Craig, Leon. *The Platonian Leviathan.* Toronto: University of Toronto Press, 2010.

Descartes, René. *The Passions of the Soul.* Trans. Stephen Voss. Indianapolis: Hackett, 1989.

———. *Philosophical Letters.* Trans. Anthony Kenny. Minneapolis: University of Minnesota Press, 1970.

Ebert, Theodor. *Der rätselhafte Tod des René Descartes.* Aschaffenburg: Alibri, 2009.

Emden, Christian J. *Friedrich Nietzsche and the Politics of History.* Cambridge: Cambridge University Press, 2008.

Franco, Paul. *Nietzsche's Enlightenment: The Free Spirit Trilogy of the Middle Period.* Chicago: University of Chicago Press, 2011.

Green, Kenneth Hart. "Religion, Philosophy, Morality: How Leo Strauss Read Judah Halevi's *Kuzari*." *Journal of the American Academy of Religion* 61, no. 2 (Summer 1993): 225–73.

Greenblatt, Stephen. *The Swerve: How the World Became Modern.* New York: Norton, 2011.

Halkin, Hillel. *Yehuda Halevi.* New York: Schocken, 2010.

Haller, Benjamin. "The Gates of Horn and Ivory in *Odyssey* 19: Penelope's Call for Deeds, Not Words." *Classical Philology* 104 (2009): 397–417.

Heit, H., G. Abel, and M. Brusotti, eds. *Nietzsches Wissenschaftsphilosophie.* Berlin: DeGruyter, 2011.

Homer. *The Iliad.* Trans. A. T. Murray. Revised by William F. Wyatt. 2 vols. Cambridge: Harvard University Press, 1999.

———. *The Odyssey.* Trans. Richmond Lattimore. New York: Harper Perennials, 1965.

Israel, Jonathan I. *Enlightenment Contested: Philosophy, Modernity, and the Emancipation of Man, 1670–1752.* Oxford: Oxford University Press, 2006.

———. *The Radical Enlightenment: Philosophy and the Making of Modernity, 1650–1750.* Oxford: Oxford University Press, 2001.

———. *A Revolution of the Mind: Radical Enlightenment and Intellectual Origins of Modern Democracy.* Princeton: Princeton University Press, 2010.

Janssens, David. *Between Athens and Jerusalem: Philosophy, Prophecy, and Politics in Leo Strauss's Early Thought.* Albany: State University of New York Press, 2008.

———. "The Problem of Enlightenment: Strauss, Jacobi and the Pantheism Controversy *Review of Metaphysics* 56 (2003): 605–31.

Lampert, Laurence. *How Philosophy Became Socratic: A Study of Plato's Protagoras, Charmides, and Republic.* Chicago: University of Chicago Press, 2010.

———. *Leo Strauss and Nietzsche.* Chicago University of Chicago Press, 1996.

———. *Nietzsche and Modern Times: A Study of Bacon, Descartes and Nietzsche.* New Haven: Yale University Press, 1993.

———. "Nietzsche's Best Jokes." In *Nietzsche's Futures,* ed. John Lippitt, 65–81. New York: St. Martin's Press, 1999.

———. *Nietzsche's Task: An Interpretation of "Beyond Good and Evil."* New Haven: Yale University Press, 2001.

———. *Nietzsche's Teaching: An Interpretation of "Thus Spoke Zarathustra."* New Haven: Yale University Press, 1986.

———. "Socrates' Defense of Polytropic Odysseus: Lying and Wrong-doing in Plato's *Lesser Hippias.*" *Review of Politics* 64, no. 2 (2002): 231–59.

Mahdi, Muhsin S. *Alfarabi and the Foundation of Islamic Political Philosophy.* Chicago University of Chicago Press, 2001.

Maimonides, Moses. *The Guide of the Perplexed.* Trans. Shlomo Pines. Introductory essay by Leo Strauss. Chicago: University of Chicago Press, 1963.

Meier, Heinrich. *Die Denkbewegung von Leo Strauss: Die Geschichte der Philosophie und die Intention des Philosophen*. Stuttgart: J. B. Metzler, 1996.

———. "How Strauss Became Strauss." In *Enlightening Revolutions: Essays in Honor of Ralph Lerner*, ed. Svetozar Minkov and Stéphane Douard, 363–82. Lanham, MD: Lexington Books, 2005.

———. *Leo Strauss and the Theologico-Political Problem*. Trans. Marcus Brainard. Cambridge: Cambridge University Press, 2006.

———. *Über das Glück des philosophischen Lebens: Reflexionen zu Rousseaus Reveries*. Munich: C. H. Beck, 2011.

Melzer, Arthur. "Esotericism and the Critique of Historicism." *American Political Science Review* 100, no. 2 (2006): 279–95.

———. "On the Pedagogical Motive for Esoteric Writing." *Journal of Politics* 69, no. 4 (2007): 1015–31.

Moore, Gregory, and Thomas H. Brobjer. *Nietzsche and Science*. Aldershot: Ashgate, 2004.

Nails, Debra. *The People of Plato: A Prosopography of Plato and Other Socratics*. Indianapolis: Hackett, 2002.

Nietzsche, Friedrich. *The Antichrist*. In *The Portable Nietzsche*, trans. Walter Kaufmann, 568–656. New York: Vintage, 1954.

———. *Beyond Good and Evil: Prelude to a Philosophy of the Future*. Trans. Walter Kaufmann. New York: Vintage, 1966.

———. *The Birth of Tragedy*. In *Basic Writings of Nietzsche*, trans. Walter Kaufmann, 1–144. New York: Modern Library, 1967.

———. *The Case of Wagner*. In *Basic Writings of Nietzsche*, trans. Walter Kaufmann, 609–48. New York: Modern Library, 1967.

———. *David Strauss, the Confessor and the Writer*. In Friedrich Nietzsche, *Untimely Meditations*, trans. R. J. Hollingdale, 3–55. Cambridge: Cambridge University Press, 1983.

———. *Daybreak: Thoughts on the Prejudices of Morality*. Trans. R. J. Hollingdale. Cambridge: Cambridge University Press, 1982.

———. *Dithyrambs of Dionysos*. Trans. R. J. Hollingdale. London: Anvil Press Poetry, 1984.

———. *Ecce Homo: How One Becomes What One Is*. In *On the Genealogy of Morals and Ecce Homo*, trans. Walter Kaufmann, 215–335. New York: Vintage, 1969.

———. *The Gay Science*. Trans. Walter Kaufmann. New York: Vintage, 1967.

———. *Human, All Too Human: A Book for Free Spirits*. Trans. Marion Faber. Lincoln: University of Nebraska Press, 1984.

———. *Human, All Too Human: A Book for Free Spirits*. Trans. R. J. Hollingdale. Cambridge University Press, 1982.

———. *Kritische Studienausgabe (KSA)*. Ed. Giorgio Colli and Mazzino Montinari. Berlin: Deutscher Taschenbuch Verlag Walter de Gruyter, 1988.

———. *Kritische Studienausgabe: Sämtliche Briefe (KSB)*. Ed. Giorgio Colli and Mazzino Montinari. Berlin: Deutscher Taschenbuch Verlag Walter de Gruyter, 1986.

———. *On the Genealogy of Morality: A Polemic*. Trans. Maudmarie Clark and Alan J. Swenson. Indianapolis: Hackett, 1998.

———. *On the Use and Disadvantage of History for Life*. In *Untimely Meditations*, trans. R. J. Hollingdale. Cambridge: Cambridge University Press, 1983.
———. *Richard Wagner in Bayreuth (RWB)*. In *Untimely Meditations*, trans. R. J. Hollingdale. Cambridge: Cambridge University Press, 1983.
———. *Thus Spoke Zarathustra: A Book for Everyone and Nobody*. Trans. Graham Parkes. Oxford: Oxford University Press, 2005.
———. *Twilight of the Idols: Or, How to Philosophize with the Hammer*. Trans. Richard Polt. Indianapolis: Hackett, 1997.
Pangle, Thomas L., and J. Harvey Lomax, eds. *Political Philosophy Cross-Examined: Perennial Challenges to the Philosophic Life*. New York: Palgrave-Macmillan, 2013.
Pausanias. *Guide to Greece*. Trans. Peter Levi. Vol. 1. Harmondsworth: Penguin Books, 1971.
Picht, Georg. *Nietzsche: Vorlesungen und Schriften*. Stuttgart: Klett-Cotta, 1988.
Pinker, Steven. *The Better Angels of Our Nature: Why Violence Has Declined*. New York: Viking Books, 2011.
Planeaux, Christopher. "The Date of Bendis' Entry into Attica." *Classical Journal* 96, no. 2 (December–January 2000–2001): 165–92.
Plato. *The Republic of Plato*. Trans. Allan Bloom. 2nd ed. 1968; New York: Basic Books, 1991.
———. *Seventh Letter*. In Plato, *Timaeus, Critias, Cleitophon, Menexenus, Epistles*. Trans. R. G. Bury. Loeb Classical Library. Cambridge: Harvard University Press, 1929.
———. *The Symposium*. Trans. Seth Benardete. Chicago: University of Chicago Press, 2001.
Reinhardt, Karl. "*Klage der Ariadne*." In *Vermächtnis der Antike: Gesammelte Essays zur Philosophie und Geschichtsschreibung*, 310–33. Göttingen: Vandenhoeck & Ruprecht, 1966.
Richardson, John. *Nietzsche's New Darwinism*. Oxford: Oxford University Press, 2004.
Sheppard, Eugene R. *Leo Strauss and the Politics of Exile: The Making of a Political Philosopher*. Waltham, MA: Brandeis University Press, 2006.
Sloterdijk, Peter. *Gottes Eifer. Vom Kampf der drei Monotheismen*. Frankfurt am Main: Verlag der Weltreligionen, 2007.
Small, Robin. *Nietzsche in Context*. Aldershot: Ashgate, 2001.
Smith, Steven B. *Cambridge Companion to Leo Strauss*. Cambridge: Cambridge University Press, 2009.
Tanguay, Daniel. *Leo Strauss: An Intellectual Biography*. Trans. Christopher Nadon. New Haven: Yale University Press, 2007.
Udoff, Alan, ed. *Leo Strauss's Thought: Toward a Critical Engagement*. Boulder: Lynne Rienner, 1991.
Velkley, Richard L. *Heidegger, Strauss, and the Premises of Philosophy: On Original Forgetting*. Chicago: University of Chicago Press, 2011.
White, Alan. "The Youngest Virtue." In *Nietzsche's Postmoralism: Essays on Nietzsche's Prelude to Philosophy's Future*, ed. Richard Schacht, 63–78. Cambridge: Cambridge University Press, 2001.

Winkler, John J. "Penelope's Cunning and Homer's." *The Constraints of Desire: The Anthropology of Sex and Gender in Ancient Greece*, 129–61. New York: Routledge, 1989.

Wolfson, Harry. "Hallevi and Maimonides on Design, Chance and Necessity." *Proceedings of the American Academy for Jewish Research* 11 (1941): 105–63.

———. "Maimonides and Halevi: A Study in Typical Jewish Attitudes towards Greek Philosophy in the Middle Ages." *Jewish Quarterly Review*, n.s. 2, no. 3 (January 1912): 297–337.

Xenophon. *Anabasis of Cyrus*. Trans. Wayne Ambler. Ithaca: Cornell University Press, 2008.

———. *Cyropaedia*. Trans. Wayne Ambler. Ithaca: Cornell University Press, 2001.

———. *Memorabilia*. Trans. Amy L. Bonnette. Ithaca: Cornell University Press, 1994.

———. *Oeconomicus*. Trans. Carnes Lord. In Leo Strauss, *Xenophon's Socratic Discourse: An Interpretation of the Oeconomicus*. Ithaca: Cornell University Press, 1970.

———. "On Hunting." In Xenophon, *Scripta Minora*, trans. E. C. Marchand and G. W. Bowerstock. Rev. ed. Loeb Classical Library. 1925; Cambridge: Harvard University Press, 1979.

索　引

Abravanel, 10n7
Achilles, 23, 139n
Adeimantus (in *Republic*), 132–40, 136n, 145–48, 150, 232n, 275n; long speech of, 133, 136, 139, 147
Adler, Eve, 190nn5–6, 210n, 254n40
Adrasteia (in *Republic*), 310
Advertisement Touching a Holy War (Bacon), 204, 204n, 224n, 238
Aeolus (in *Odyssey*), 159–60; curse of, 160
Alcibiades, 24, 182
Alcinous (in *Odyssey*), 158–59, 159n4, 163–64, 176
Alfarabi, 8–9, 10n7, 12n11, 148, 271–72, 300
Anaxagoras, 16
ancient philosophy. *See* classical philosophy
ancient political philosophy. *See* classical political philosophy
Andrologia (Strauss), 107–27; and adornments, 116–17; and centering, 115nn4–5, 117, 121, 124; and corruption of young, 117–19; and cosmetics, 114, 122–24; and dancing, 125–26, 125n; and gentlemanship, 114–19, 118n; and happiness, 114–17, 115nn4–5; and household management, 115, 117; and inquiry, 113, 122, 124, 126–27; and Lamprokles, 123–24; and marriage, 120–21; and *Memorabilia*, 115n5, 122n; and nature, 113–14, 118–19, 122–26; and real real man, 107, 110, 126; and two ways of life, 110, 114–17, 115n5, 119–20, 122, 124–25
Antisthenes, 125
"anti-theological ire," 235–42, 237n, 239n, 248, 285

Apology (Plato), 14–15, 228–29; and *Andrologia*, 119, 123; and "The Law of Reason in the *Kuzari*," 39–42, 41n
Ariadne, 171, 289–90, 293–300, 293n, 296n, 297n, 308–9
Aristippos, 85, 115n5
Aristophanes: and *Andrologia*, 114, 117–19, 122; and *Gynaikologia*, 110; in Strauss's letters to Klein, 16
Aristophanes, works of: *Clouds*, 118–19
Aristotle: and *Andrologia*, 114, 117n; Cohen on, 12n10; and "Exoteric Teaching," 29; God of Aristotle, 71; and Great Tradition, 98–99; and *Gynaikologia*, 98–99; and Homer, 165–66; and "The Law of Reason in the *Kuzari*," 34–35, 34n; and Nietzsche, 270–71, 302n35; and "On Plato's *Republic*," 128, 143; and *PL* introduction, 208n33, 210, 221n; in Strauss's letters to Klein, 15, 22; and "What Is Political Philosophy?," 229, 241, 262n60, 266
art/arts: and artful rule, 133; hierarchy of, 133, 142n15; and "On Plato's *Republic*," 132–33, 138–39; of moneymaking, 132–33, 142n15; of persuasion, 142n15; philosophy as art of arts, 133; of ruling, 142n15; universal art, 142n15; and "What Is Political Philosophy?," 254–57, 257n48, 261. *See also* art of writing; poets/poetry
art of writing, 1–2; and "The Law of Reason in the *Kuzari*," 31, 36–38; and Maimonides, 9; and *PL* introduction, 201, 210, 212; in Strauss's letters to Klein, 9, 18, 31; and "What Is Political Philosophy?," 238,

art of writing (*cont.*)
260–61; and Xenophon, 73, 75–77, 88. *See also* centering

atheism, 7; and Nietzsche, 43, 221, 285–87, 292, 294; and *PL* introduction, 189n1, 200, 213, 218–19, 218n, 219n, 221; and "What Is Political Philosophy?," 225, 237n

Athena (in *Odyssey*), 170, 173, 181, 210

Athens: army of, 182; and Bacon, 204; Laconism of, 16; and "The Law of Reason in the *Kuzari*," 69; and Nietzsche, 254, 292; and "On Plato's *Republic*," 141, 146–48; and *Parmenides* (Plato), 96; Periclean Athens, 13–14; in Strauss's letters to Klein, 13–14, 16–18; and "What Is Political Philosophy?," 227–30, 228n4, 238–39, 245–47, 252, 254; and "Xenophon's *Anabasis*," 311–12, 314

Atlantis, 205–7, 205n28, 206n29, 254n39

audiences: and Alfarabi, 148; and *Andrologia*, 124; and *Gynaikologia*, 76, 101; and Homer, 164; and "The Law of Reason in the *Kuzari*," 45, 49, 57, 64, 66; naturally pious, 45, 49, 57, 64, 66; and Nietzsche, 244, 244n, 246, 248, 273, 277, 283–84, 297, 299–300; and "On Plato's *Republic*," 141, 147–48; rare auditors, 18, 273; in Strauss's letters to Klein, 11, 18, 27; and "What Is Political Philosophy?," 228, 234–35, 239, 244, 244n, 248, 253; and Xenophon, 76, 314. *See also* readers

authorship: and Homer, 162, 171; and "The Law of Reason in the *Kuzari*," 35–36, 36n, 38, 41, 49–50, 53, 54n, 55, 58, 62n29; in Strauss's letters to Klein, 9, 14, 16, 20, 22, 25–26; and superstitious *nomoi*, 58; and "What Is Political Philosophy?," 260; and Xenophon, 14, 20, 25, 77, 88. *See also* art of writing

Autolycus (in *Odyssey*), 161n6, 166n, 167, 183

Averroes, 8–9

Avicenna, 58

Bacon, Francis, 3, 51n19, 272; and *PL* introduction, 184, 192, 196, 196n14, 201n, 202–10, 204n, 216–17, 217n, 224, 224n; and "What Is Political Philosophy?," 228, 236–38, 241–42, 242n18, 253–54

Bacon, Francis, works of: *Advertisement Touching a Holy War*, 204, 204n, 224n, 238; "Cassandra; or Plainness of Speech," 209–10; "Cupid, or the Atom," 206; "Letter of Dedication to Bishop Andrewes," 204; *New Atlantis*, 205–7, 205n28, 206n29, 254n39; *The New Organon*, 242n18; "Typhon; or the Rebel," 209; *The Wisdom of the Ancients*, 206, 209

Baron, Salo, 32n1, 37n8, 38n7

Barth, Karl, 194n

Batnitzky, Leora, 50n

beauty/beautiful: and art of writing, 1; and cosmetics, 103–4, 107; genuine beauty, 103, 107–8; and *Gynaikologia*, 80–91, 85n, 102–4, 107–8; and *kallipolis* (beautiful city), 19; and *kalokagathia* (gentlemanship), 17; and *kalon pseudos* (beautiful lie), 19; and *kalos* (beautiful/noble), 85; and "The Law of Reason in the *Kuzari*," 46–48; and Nietzsche, 265–66, 289; and "On Plato's *Republic*," 129; and order, 80–91, 85n, 102–4, 107–8; portrait of beautiful woman, 102; spurious beauty, 104, 107; in Strauss's letters to Klein, 13, 17, 19; and "What Is Political Philosophy?," 265–66

Benardete, Seth, 156–81, 228n4, 276n, 283; dissertation on *Iliad*, 157; and Homer, 73, 156–81; and Plato, 142n14, 148n19, 156–58, 181, 184n25; and Strauss, 73, 142n14, 145n16, 148n, 156–58, 163

Beyond Good and Evil (Nietzsche), 269–310, 282n18, 292n25; "Sayings and Interludes," 292; "What Is Noble," 302; and "What Is Political Philosophy?," 131, 214–15, 220–22, 223nn48–49, 226, 244, 246n24, 248, 250n34, 260, 263, 267

Bible, 9; Christian Bible, 246; eschatology in, 243; and garden of Eden, 216–17; and guardian of brother, 68; miracles in, 58, 193–94, 197, 211–12; morality of, 219, 219n; and murder prohibition, 63; parody of, 11; and *PL* introduction, 193–94, 197–98, 210–13, 216–17, 219; as poetry, 38n; sum of books of, 137n9; tradition of, 198, 200; and "What Is Political Philosophy?," 230, 233, 236, 241, 246, 253; wisdom of, 311

biology, 207, 232–33, 282, 282n18, 283

Bittlestone, Robert, 159n4

Bloom, Allan, 247

The Bow and the Lyre (Benardete), 156–81; and centering, 162–63, 162n, 169, 173, 177, 179; and "Hades," 158, 162–63,

162n, 169, 173–81, 177nn17–18; "Helen and Menelaus," 165n, 171n13; last sentences of, 158–59; and "Nature," 158, 159–73, 162n; "Nestor," 165n, 171n13; "Nonfated Things," 178n20, 179; "Odysseus's Own Story," 162, 162n; "Pattern and Will," 165n; preface to, 157–58; "The Slave Girls," 179
Brandes, Georg, 256
Brann, Eva, 177n18
Buber, Martin, 194, 199

Calasso, Roberto, 184
Calvin, 43, 194n, 204
Calypso (in *Odyssey*), 163–64, 167, 172
categorical imperatives, 68–69, 229, 236, 245, 294
cave image, 12n10, 46, 46n, 69, 132, 148n, 151–52, 198, 198n, 209–10, 285; and second cave, 12n10, 198, 198n
centering: and *Andrologia*, 115nn4–5, 117, 121, 124; and *The Bow and the Lyre* (Benardete), 162–63, 162n, 165, 169, 173, 177, 179; and *Gynaikologia*, 77, 82–86, 91–93, 95–101, 106–7, 109, 109n; and "The Law of Reason in the *Kuzari*," 36–37, 39–40, 54–57, 59, 62, 65; and Nietzsche, 220, 268–69, 277–82, 286–87, 292, 292n25, 295, 305; and "On Plato's *Republic*," 129, 132–36, 140–41, 142nn14–15, 144, 149; and *Republic*, 55, 115n4, 133, 168; and "What Is Political Philosophy?," 228–30, 256n47, 261; and "Xenophon's *Anabasis*," 311–12
Chacón, Rodrigo, 221n
charity (*Liebe*): and *PL* introduction, 195–96, 196n14, 207, 224; and "What Is Political Philosophy?," 236–37
Christianity, 117n, 187; and anti-Christian project, 196, 228, 239; and Apostle Paul, 195, 204, 228; Catholic Christians, 12, 28–29, 28n, 204, 207–8, 208n35, 255; and charity, 195–96, 196n14, 207, 224, 236–37; Crusade in Holy Land, 37n8; and Jesuits, 207–8, 255; and "The Law of Reason in the *Kuzari*," 33–34, 37, 37n8, 42, 50, 61n; and Nietzsche, 220, 246, 253, 255–56, 261, 271–72, 285, 287, 289, 296, 299, 302; and "On Plato's *Republic*," 141; and papal despotism, 28–29, 28n; and *PL* introduction, 193, 193n10, 194n, 195–97, 195n13, 200–209, 206n29, 208n35, 216–17, 220, 224, 224n; Protestants, 193n10, 204, 297n; and salvation, 236; and "What Is Political Philosophy?," 228, 230, 236–40, 246, 253, 255, 261
Cicero, 29–30
Circe (in *Odyssey*), 159, 161–64, 162n, 166–68, 166n, 170, 172–75, 180, 182
city: and *Andrologia*, 114–17, 115n4, 119–20, 125; "city of pigs," 168; and good city, 142–44, 150, 153; guardians of, 68–69, 68n36; and *Gynaikologia*, 86, 105–6, 111; and Homer, 168; and just city, 148–55, 217, 227, 235, 237–38, 250; *kallipolis* (beautiful city), 19; and "The Law of Reason in the *Kuzari*," 49, 51, 51n21, 68–69, 68n36; and Nietzsche, 250, 270; and "On Plato's *Republic*," 129–30, 133, 140, 142–44, 146, 148–55, 152n; and *PL* introduction, 204, 217; in Strauss's letters to Klein, 14–15, 19, 23n23, 27; and "What Is Political Philosophy?," 227, 235–38, 240n, 242, 250; and "Xenophon's *Anabasis*," 312, 314
classical philosophy, 1, 7, 30, 187; and *Andrologia*, 114, 117n, 126–27; as asocial, 53, 59, 64, 67; changed circumstances demand changes in strategy of, 49–50, 57, 72; and contemplation, 51, 67–68, 98, 106, 141–42, 223, 236, 240n, 242n18; as dangerous, 37, 46–49, 68–70, 72; and defensive politeness, 42; denial of, 69–70; going underground, 70; and Great Tradition, 98–99; and *Gynaikologia*, 77, 83–85, 90–100, 90n, 105–7, 109–10, 109n, 113; and "Hades" (Benardete), 158, 162n, 173; and Homer, 156–59, 159n4, 161, 162n, 163–64, 166–69, 184–85; and human managing, 100, 109–10, 114; knowing knowing, 148n, 227–28; "The Law of Reason in the *Kuzari*," 33–72, 51nn20–21, 52n, 56n24, 57n26, 60n, 62n29, 67n34, 68nn36–37, 70n; and "Nature" (Benardete), 158–59, 162–64, 162n, 166–69; and nature of highest beings, 92, 98, 131, 133, 137, 206–7; and Nietzsche, 2–3, 231, 245, 268, 270–71, 273–75, 275n, 279–80, 282n18, 283, 286, 288–89, 293–95, 297, 299, 303–4, 307–10; and "On Plato's *Republic*," 128–33, 135, 137–44, 137nn10–11, 147–55, 152n; and philosopher king, 12n10, 51, 55, 131, 149–50, 168; and philosophic hermit,

classical philosophy (cont.)
  53, 67, 67n35; and philosophic rule (see philosophic rule); and philosophizing gods, 137, 137nn10–11; and pleasure garden, 89–91, 98, 106–7, 110, 114; and *PL* introduction, 194–97, 206, 209–11, 223, 224n; quarrel with poetry, 1, 128–29, 131, 157–58; religious indifference of, 51–52, 57–59; and rules of conduct, 52–54, 67–68, 67n34, 68n37; and sovereign philosophy, 131–32; as spiritual hell, 46, 48; in Strauss's letters to Klein, 7, 11, 13–19, 24, 26–29, 26n, 45; and two ways of life, 41, 53, 109–10, 109n, 115–17, 115n, 117n, 119–20; and the unscrupulous, 70–72; and "what a philosopher is," 33–35, 39, 63, 68, 71–72, 233; and "What Is Political Philosophy?," 228–32, 236, 240n, 242n18. *See also* classical political philosophy; names of philosophers
classical political philosophy, 1, 4; and *Andrologia*, 128; as antidemocratic, 231; and *Gynaikologia*, 73, 76, 98, 100, 107, 114; and "Hades" (Benardete), 158–59, 162n, 173; and Homer, 156–59, 159n4, 162n, 163–64, 173, 185; and "Nature" (Benardete), 158–59, 162n, 163–64; and "On Plato's *Republic*," 141, 148–49, 154–55; in Strauss's letters to Klein, 14–15, 14n; and "What Is Political Philosophy?," 227–46, 240n, 241n16, 242nn18–19, 248n30, 249–55, 257, 259–60, 263, 265n65, 266–67. *See also* Platonic political philosophy
Cohen, Hermann, 199
complementary man, 301–7, 303n, 306n40
Confucius, 255
contemplation, 187; and *Gynaikologia*, 98, 106; and Nietzsche, 223, 263, 265–66, 273n11; and "On Plato's *Republic*," 141–42; and *PL* introduction, 51, 67–68, 223; and "What Is Political Philosophy?," 236, 240n, 242n18, 263, 265–66. *See also* inquiry
conversion: and "Exoteric Teaching," 46n; and Halevi, 33n5, 38–39, 45–47, 49, 54, 56–57; to Judaism, 33n5, 38–39, 46, 49, 54; and "The Law of Reason in the *Kuzari*," 38–39, 45–47, 49, 54, 56–57, 66; and *periagôgê*, 45–46, 46n; to philosophy, 28, 45–47, 46n, 56–57, 66, 70; in Strauss's letters to Klein, 28

Copernicus, 232
cosmetics: and *Andrologia*, 122–24; and *Gynaikologia*, 86, 91, 101–8, 112–14, 177n18; and Homer, 177n18; and Nietzsche, 309; and *PL* introduction, 207; and "Xenophon's *Anabasis*," 311
cosmos/cosmology, 16, 22, 44; and *Andrologia*, 123–24; and *Gynaikologia*, 93, 97, 99, 114; and Homer, 160, 167, 176; management of, 93, 124; and Nietzsche, 289, 304; and "On Plato's *Republic*," 139, 141; and *PL* introduction, 207; and "What Is Political Philosophy?," 231–34, 241
courage, 195–96, 196nn15–16, 218, 264–65
Craig, Leon, 192
creation, 8, 46; and *PL* introduction, 193–94, 202–3, 209, 214; and "What Is Political Philosophy?," 232–33, 244, 249
criminal insight, 99, 172, 245, 275–76, 279, 283–84
Critias (in *Charmides*), 140n13
Cropsey, Joseph, 156
cruelty: and Nietzsche, 220, 222, 252, 286, 301, 306; and *PL* introduction, 220, 222; and "What Is Political Philosophy?," 236–38, 236n, 252; and "Xenophon's *Anabasis*," 313
culture, 141, 216; and "What Is Political Philosophy?," 249–50, 253, 255, 257n49, 258–60
Cyrus (in Xenophon), 15, 83–92, 90n, 101–2, 105, 111, 113; and adornments, 84, 101; as "almost a king," 84, 91; and cosmetics, 102, 105, 113; death of, 88; Great Cyrus, 86–87, 102, 105, 313–14; Ischomachos same as, 111, 113, 115; as model ruler, 83, 86, 88–92, 101, 105; and pleasure garden, 83–86, 92, 101, 111; and two ways of life, 111, 113, 115; and "Xenophon's *Anabasis*," 313–14; younger Cyrus, 87–88

Darwin, Charles: and Darwinism, 264n; *Origin of Species*, 264n
deception: and *Andrologia*, 122; deceit/lying, prohibition against, 63–66, 71; and *Gynaikologia*, 103–5, 107; and "The Law of Reason in the *Kuzari*," 49–50, 63–66, 71; and "On Plato's *Republic*," 137
deeds: and *Andrologia*, 122; *erga* (deeds), 20; and *Gynaikologia*, 84, 90, 107; *kalon pseudos* (beautiful lie) as, 19; and "The

Law of Reason in the *Kuzari*," 52, 56, 68;
and "Nature" (Benardete), 162, 168; and
"On Plato's *Republic*," 150; relationship
to speech, 14, 15n15, 52, 56, 68, 150
Delphic oracle, 40–41, 119, 140n13
delusion: and Nietzsche, 223n48, 253, 255,
259, 262, 265; and *PL* introduction, 213,
216–17, 223n48; and "What Is Political
Philosophy?," 252–53, 255, 259, 262, 265
democracy: classical political philosophy as
antidemocratic, 230; crisis of, 252; and
golden age, 245–46; and Homer, 162,
168, 179; liberal democracy, 252–53; and
Nietzsche, 252–53, 273, 279; and "What
Is Political Philosophy?," 230, 245–46,
252–53
Democritus, 3, 206
Descartes, René, 3, 28n, 272; death of,
208n35; and "the master and owner of
nature," 216–17, 217n; and *PL* introduction, 192, 192n8, 196n14, 201, 201n,
202n, 203–4, 206n29, 207–10, 208n33,
208n35, 216–17, 217n; and "What Is Political Philosophy?," 232, 236, 238, 241,
247, 256–57, 256n47, 257n48, 266
Descartes, René, works of: *Discourse on the
Method*, 192, 203–4, 232, 238, 256–57,
256n47; *Meditations*, 192, 208, 208n33;
Meteorology, 206n29
dialogues: and Bacon, 204, 224n, 254n39;
dialogic questions, 288; and "Exoteric
Teaching," 29; and Halevi, 33, 33n5,
35–36, 36n, 37n9, 38, 43–45, 50, 64; and
Nietzsche, 283, 285–86, 288; and Plato,
14–16, 14n13, 15n15, 18, 25, 26n, 29,
35–36, 38, 55, 73, 128, 132, 141, 147n,
182, 228, 230; in Strauss's letters to
Klein, 14–16, 14n13, 15n15, 18, 21, 25,
26n; and Xenophon, 21, 25, 35–36, 75,
78–79, 87, 100, 103, 112, 120–21
Dionysos, 286, 289–90, 292–300, 297n, 308–9
Diotima, 25n27, 96n, 294, 299
disguises, 15, 20–23, 25; and *Andrologia*, 127;
and *Gynaikologia*, 104; and *Odyssey*
(Homer), 178n20, 183
divine law, 39–43, 52, 56, 58, 60, 62. *See also*
gods
doubt: and "The Law of Reason in the
Kuzari," 41–42, 48–50, 55–58, 56n24,
70; and Nietzsche, 56n24; and "What Is
Political Philosophy?," 232, 258

Ebert, Theodor, 208n35
education: and *Andrologia*, 118, 124–25; and
Gynaikologia, 77–78, 81, 86, 89–90, 93,
95, 97, 100–103, 107, 109; and Homer,
147n, 155; and "The Law of Reason in the
Kuzari," 45–46; and Nietzsche, 255n41,
261, 261n, 291–92, 300, 306; and "On
Plato's *Republic*," 133, 141, 147n, 151;
and *PL* introduction, 207–8; and "What Is
Political Philosophy?," 241n16, 255n41,
261, 261n
Elpenor (in *Odyssey*), 162, 170, 173–75, 178
Epicurus, 3, 30, 114n, 292; and *dionysokolax*,
292, 292n25; Epicureanism, 213, 216,
218, 219n
epistemologies: epistemological idealism, 197;
"epistemological skepticism," 278–79;
and Nietzsche, 278–79, 282; and *PL* introduction, 197, 210–11, 220
equality/inequality, 24, 153, 242; and Nietzsche, 244, 251, 254, 273, 275, 302–3,
307–8
Eros, 25n27, 141–42, 206
eros, 64, 107; and Nietzsche, 280, 283, 299,
307; and "On Plato's *Republic*," 140–42,
151, 153; and "What Is Political Philosophy?," 234
esotericism, 2–3; and double meanings, 17, 19;
and *Gynaikologia*, 91; and Homer, 181;
and "The Law of Reason in the *Kuzari*,"
49; and Nietzsche, 234, 275–76, 279, 283,
285; in Strauss's letters to Klein, 12–15,
17, 19, 21–24, 26–28; and view from
above, 275–76, 283, 285; and "What Is
Political Philosophy?," 228, 234, 238. *See
also* exotericism
eternal return, 287–93, 299, 301, 303–8,
307n43; and *PL* introduction, 215, 222–
23, 223n48; and "What Is Political Philosophy?," 248n30, 250–51, 250n34, 259
Eumaeus (in *Odyssey*), 159n4, 179
Eurylochus (in *Odyssey*), 162, 172–73
evil: cessation of evils, 150, 152n, 153–54; evil
principle, 263; and *Gynaikologia*, 82, 94;
and Homer, 162; and Nietzsche, 131, 263,
300; and "On Plato's *Republic*," 131, 150,
152n, 153–54; in Strauss's letters to Klein,
17; and "What Is Political Philosophy?,"
236, 263
exotericism, 2–3, 5; and *Andrologia*, 126–27;
and Bacon, 196, 204; and *Gynaikolo*

exotericism (cont.)
  gia, 91, 107; and Herodotus, 14; and Hesiod, 22–23; and Homer, 156, 171, 181, 184; and "The Law of Reason in the Kuzari," 32–33, 49, 54, 57, 57n, 64, 64n, 67–68, 71–72; and Lessing, 28–29; and Maimonides, 7, 9–12, 10n7, 17, 24n25; and Nietzsche, 3, 72, 184, 268, 272–77, 273n11, 274n14, 289–90, 304; and "On Plato's Republic," 155; and Plato, 12, 14, 17–20, 19n, 64n, 187, 207; and PL introduction, 189–90, 192, 196–97, 200, 201n, 204–5, 207–10, 208n33, 216–17, 217n, 224–26; and repetition, 47–48, 47n, 58; and secret words, 17, 19; in Strauss's letters to Klein, 7–26, 28–30, 28n, 73, 156; Strauss's recovery of, 5, 7–8, 8n2, 11n, 15, 17, 20, 22, 25–27, 32, 155, 201n, 209, 254n40, 273, 304; and Thucydides, 13–14; and "What Is Political Philosophy?," 238, 240, 240n, 242, 253, 266; and Xenophon, 14–17, 20–21, 73, 75–76, 187, 207. See also esotericism

fact/value separation, 191, 213–15; and Nietzsche, 214–15, 222–23, 249–50, 289
fear: and Andrologia, 114n, 126; of death, 18, 197; and Gynaikologia, 84; and Homer, 175–76, 177n17, 180; and "The Law of Reason in the Kuzari," 45, 69; of lie in soul, 138, 140; and Nietzsche, 175, 262, 275–76, 286, 289, 300; and "On Plato's Republic," 138, 140, 147; and PL introduction, 197, 205, 213, 215; religious terror, 114n, 176–77, 185, 213, 216–17, 219; in Strauss's letters to Klein, 10, 18; and "What Is Political Philosophy?," 235, 237n, 262
Ferdinand of Aragon, 236
Franco, Paul, 257n48, 264n
freedom: and Andrologia, 115n5; and Gynaikologia, 105, 105n; and Homer, 158, 168, 173, 175, 179, 180n, 185; inner freedom, 70, 105, 105n; and "The Law of Reason in the Kuzari," 70; and Maimonides, 8; natural freedom, 240n, 241; and Nietzsche, 1–2, 173, 201–2, 223n48, 249–50, 279, 286; and "On Plato's Republic," 134, 140, 148–49, 153; and PL introduction, 195, 201–2, 209, 213, 216, 223n48, 224; and "What Is Political Philosophy?," 230,
240n, 241, 249–50, 257n49, 263. See also free minds
free minds: and Homer, 175, 185; and Maimonides, 8; and Nietzsche, 175, 257n49, 263, 273, 273n12, 277–79, 283–86, 291–92; and Socrates, 185
fundamental fact (Ur-Faktum), 215, 221, 223, 249, 251, 282n18, 290, 305
future: and Andrologia, 125; and Gynaikologia, 96–97, 106, 112; and Homer, 174–75, 177, 185; and Nietzsche, 131, 222, 245–46, 250–54, 257n49, 258–59, 258n51, 260, 262–63, 265–66, 277, 286–87, 291–92, 297, 297n, 299, 301, 306, 308–10; and "On Plato's Republic," 131; and PL introduction, 189, 191, 197, 205, 218n, 222, 226; post-Enlightenment future, 226; in Strauss's letters to Klein, 5, 10, 24; and "What Is Political Philosophy?," 229, 237, 240–41, 245–46, 250–54, 257n49, 258–60, 258n51, 262–63, 265–66

Galileo, 192n8, 210
gang of robbers, 52, 59–61, 63–64, 64n, 65, 68, 68n37; and community of philosophers, 63–66, 64n, 70; and most noble community, 52, 63–65
Geist, 220, 273n12, 281
gentleman/gentlemanship (kalokagathia): and Andrologia, 114–24, 118n; doings of perfect gentleman, 110, 112–13, 117–22, 118n; double meaning of, 17, 90–91; and Gynaikologia, 76–78, 77n, 80, 83, 85–87, 89–91, 93, 95, 97–98, 100–106, 109–10, 112–13; management of, 123; and "On Plato's Republic," 141; Socrates contrasted with, 77, 80, 83, 85, 90, 109–10, 113, 118, 118n, 120; and "What Is Political Philosophy?," 250. See also Ischomachos (in Xenophon)
genuine philosopher: and Andrologia, 114; and "The Law of Reason in the Kuzari," 38–39, 52, 64; and "On Plato's Republic," 131, 251; and PL introduction, 198, 222; and "What Is Political Philosophy?," 242n19, 250n34, 251
Glaucon (in Republic), 19, 138–39, 142–49, 145n16, 232n
God: assimilation to, 71; and categorical imperatives, 68–69, 236, 294; death of God, 147, 175, 244, 284–87, 289, 291–92;

duties toward, 59–65; and genuine morality, 68–70; and "The Law of Reason in the *Kuzari*," 42–43, 51n20, 59–65, 69–70; and Nietzsche, 175, 222, 244–45, 247, 258, 265n64, 283–89, 291–96, 300, 309; omnipotence of, 200, 212–13; and *PL* introduction, 193–94, 200, 203–4, 206–8, 211–13, 218–19, 222; Universal God, 155; vindication of, 284–86, 288, 292–93, 295; and "What Is Political Philosophy?," 228–29, 231–33, 235–38, 244–45, 247, 258, 265n64

gods: and *Andrologia*, 115–17, 117n, 124, 126; and Bendideia festival, 146–47, 183; and bestial/divine split, 163–68, 164n; birth of Olympian gods, 136–37; and *Charmides*, 140n13; cosmic gods, 135; death of Homeric gods, 147, 155, 250; disappearance of, 176, 177n17; and *eros*, 140–42; and "Exoteric Teaching," 29–30; genesis of, 171; of Getae, 182; and *Gynaikologia*, 78, 81–84, 86, 90–98, 101, 103, 106–7; and Hades, 158, 173–81, 177n17, 180n; and ideas, doctrine of, 145–48, 145n16; ignorance of ancient things, 134; invisible gods, 170, 175–77, 177n17, 181; and lying, 134–40, 147; and management of cosmos, 93; and nature of highest beings, 92, 98, 131, 133, 137; new laws for, 131–42, 137nn9–11, 139n, 145, 239; and Nietzsche, 285–86, 289–90, 292–300, 296n, 308–9; noble lies about, 133, 135; and noticing/punishing by, 18–19, 81–82, 94, 106, 114n, 126, 139, 141, 147, 153, 176–79, 177n17, 259, 277, 289; Olympian gods, 135–37, 137n9, 140n13, 158, 173, 176, 177n17, 180–81; omniscience of, 81–82; and "On Plato's *Republic*," 129, 131–42, 137nn10–11, 139n, 145–48, 145n16, 153; philosophizing gods, 137, 137nn10–11; and pity, 172; sacrificing to, 175–76, 185; as self-subsisting beings, 144–45, 147; in Strauss's letters to Klein, 14, 18, 22, 27; and *Theogeny* (Hesiod), 22, 23n23; truths about, 133–36; visible gods, 135–36; and "what a god is," 133–40, 147, 148; and "What Is Political Philosophy?," 232n, 249, 259, 266; why believe in them, 136. *See also* names of gods

Goethe, Johann Wolfgang von, 43–44, 44n, 291

Gogarten, Friedrich, 194n

good/goodness: absence of, 180; construed as pleasure, 85; and good city, 142–44, 149–50, 153; and *Gynaikologia*, 85–86, 85n; and Homer, 178n20, 180; and ideas, doctrine of, 143; and *kalokagathia* (gentlemanship), 17; and "The Law of Reason in the *Kuzari*," 60; and Nietzsche, 271, 279–80, 284–90, 300, 302n35, 307, 309–10; and "On Plato's *Republic*," 131, 137–45, 147–50, 152–54, 152n; and *PL* introduction, 218; and "Xenophon's *Anabasis*," 313

Greek enlightenment, 24, 128, 129n, 238

Greeks: and Nietzsche, 197, 248n30, 253–54, 270, 275, 276n, 289, 298–99; and non-Greeks, 24, 69, 83, 111; ontology of, 171–72; and *PL* introduction, 196–97, 200, 208; post-Homeric Greek civilization, 147; in Strauss's letters to Klein, 17, 22–24; in Strauss's letter to Scholem, 311; and "What Is Political Philosophy?," 228, 232, 238, 242, 248n30, 254; wisdom of, 24, 171; and "Xenophon's *Anabasis*," 311–13. *See also* classical philosophy; classical political philosophy

Greenblatt, Stephen, 207n

Guide for the Perplexed (Maimonides), 9–10, 10n7, 11, 27, 58, 190, 225

Guttmann, Julius, 24n25

Gynaikologia (Strauss), 76–113, 118, 120, 123–24, 126; and aptness/inaptness, 78–83, 105–7; and centering, 77, 82–86, 91–93, 95–101, 106–7, 109, 109n; and cosmetics, 86, 91, 101–8, 112–13, 177n18; and farming, 83, 87–89, 93n; and gentlemanship, 76–78, 77n, 80, 83, 85–87, 89–91, 93, 95, 97–98, 100–106, 109–10, 112–13; and the good, 85–86, 85n, 111; and household management, 76–78, 87, 89, 93, 109–10, 114; marriage according to gods/law, 77–80, 86; and masculine mind, 103–5, 113; and *Memorabilia*, 82, 85–87, 92–94, 93n, 110–11, 112n; and model rulers, 83, 86, 88–92, 101, 105; and order, usefulness/beauty of, 80–91; and order itself, 91–101, 106–7, 111; and philosophers, 83–85, 90–100, 90n, 105–6; and Phoenician merchantman, 81–84, 86, 90, 93–94, 100, 113; and poverty, 110–11; and queen bee comparison, 78–80,

Gynaikologia (cont.)
    105–7; and rank, 83, 85–86, 89, 91, 105; and "Socrates' story," 15, 83–90, 90n, 92–93, 111; and storytelling, 87–90; and two ways of life, 86–87, 89–91, 104, 107, 109n, 110–11, 113; and utility, 84–86, 90; and virtues, 101–5, 105n

"Hades" (Benardete), 158, 162, 162n, 169, 173–81, 177nn17–18; and centering, 169, 173, 177, 179; and Circe episode, 174–75, 180; and Elpenor, 162, 173–75; Odysseus's journey to, 167, 169–70, 173–77; and Teiresias, 167, 174, 176–77, 179, 181
Hades (in *Odyssey*), 163, 167, 169–70, 172–81, 177n18, 183, 185
Halevi, Yehuda, 32–72, 32n1, 37n8, 155, 268; death of, 37n8; as internal emigrant, 67–68; and Nietzsche, 268, 271–72, 286, 289, 294; and *PL* introduction, 225–26; as poet, 32, 32n1, 38, 38n1, 43; restraint of, 50, 70–71, 71n; return to Jewish fold, 54, 57, 59, 61, 68–71, 232; and "What Is Political Philosophy?," 232, 240. *See also Kuzari* (Halevi); "The Law of Reason in the *Kuzari*" (Strauss)
Halkin, Hillel, 32n1
happiness: and *Andrologia*, 114–17, 115nn4–5; and Nietzsche, 2, 242n19, 262, 265–66, 307; and "On Plato's *Republic*," 143, 150–51, 153; and "What Is Political Philosophy?," 242, 242n19, 262, 265–66
harm, 137, 139–41, 169–70, 295, 310, 313
Hegel, 203, 243, 250; post-Hegelian thought, 248
Heidegger: and *PL* introduction, 203, 211–13, 215, 220n, 221, 221n, 223; and "What Is Political Philosophy?," 240n, 246–48, 248n30
Hermes (in *Odyssey*), 157, 159, 161, 163, 165–66, 166n, 182
Herodotus: and esotericism, 12–13; and "The Law of Reason in the *Kuzari*," 69n; and Sophocles, 15; in Strauss's letters to Klein, 12–13, 15, 20, 24
Hesiod: and "Exoteric Teaching," 30; and "On Plato's *Republic*," 133, 136, 138; in Strauss's letters to Klein, 22–25, 156
Hesiod, works of: *Theogeny*, 22–23; *Works and Days*, 23

historicism, 27; and *PL* introduction, 197–98, 211–12, 215, 221, 223; and "What Is Political Philosophy?," 242, 247
history of philosophy, 1, 3–4, 7–8, 27, 310, 314; and *Gynaikologia*, 77, 96; and Homer, 156–85; and "The Law of Reason in the *Kuzari*," 33, 64, 71–72; and Nietzsche, 4, 72, 269, 269n3, 271, 274–76; and *PL* introduction, 194
Hitler, Adolf, 246, 248, 277
Hobbes, Thomas, 7, 19n, 29, 197n, 269n2; and *PL* introduction, 192, 192n8, 195–97, 195nn12–13, 196n14, 196n16, 202n, 209; and "What Is Political Philosophy?," 235, 238–39, 242–43; and works of, *Leviathan*, 192, 238
Homer, 2, 4, 156–85; and *The Bow and the Lyre* (Benardete), 156–81; death of Homeric gods, 147, 155, 250; and Nietzsche, 170–71, 175, 184–85, 270, 276n, 284, 289, 294, 299; and "On Plato's *Republic*," 128, 130, 133, 135–36, 138, 139n, 147, 147n, 155; and Plato, 147n, 157, 181–84, 184n25; in Strauss's letters to Klein, 19–20, 22–24, 73, 156; and "What Is Political Philosophy?," 239, 244, 250
Homer, works of: *Iliad*, 157, 161n5, 184; *Odyssey*, 22–23, 139n, 156–85, 235–36
household management, 76–78, 87, 89, 93, 109–10, 115, 117
human nature, 2–3; and *Andrologia*, 126; and *Gynaikologia*, 99–100, 114; and "Hades" (Benardete), 173–74, 181, 184; and "Nature" (Benardete), 157, 164–65, 167–69, 172; and Nietzsche, 282n18, 284, 305–8; and "On Plato's *Republic*," 141–42, 149, 152–53; and *PL* introduction, 207n, 216, 220; and "What Is Political Philosophy?," 235
Husserl, Edmund, 191

Ibn Tibbon, Judah, 33n5, 63
ideal/idealism, 291; *andreia*-ideal, 24n24; epistemological idealism, 197; feasible replaces ideal, 160–62, 165; German idealistic philosophy, 242–43; and Homer, 160–62, 165; and "The Law of Reason in the *Kuzari*," 36–37; moral idealism, 197; and Nietzsche, 223, 249–50, 264, 287–93, 297–300, 305, 307n43, 308–9; and *PL*

introduction, 191, 196–97, 203, 209–11, 213–18, 223; in Strauss's letters to Klein, 8–9, 15, 24n24; and "What Is Political Philosophy?," 242–43, 249–50, 264; and "Xenophon's *Anabasis*," 313
ideas, doctrine of: as fantastic, 144, 147–48; and *Gynaikologia*, 96–97, 99; and "On Plato's *Republic*," 129, 132, 137, 142–49, 145n16, 148n; participation of particulars in separateness, 144; separateness of ideas, 144; transcendent ideas, 96–97; and "What Is Political Philosophy?," 232, 232n
imitation: and *Andrologia*, 117–18; and *Gynaikologia*, 90, 102, 112; and Maimonides, 11, 27; and Nietzsche, 300, 307; and "On Plato's *Republic*," 129–30; in Strauss's letters to Klein, 11, 27; and "What Is Political Philosophy?," 228, 243
immortality: and *Gynaikologia*, 97; and "Hades" (Benardete), 178, 180–81, 185; and Homer, 160, 167, 171, 178, 180–81, 185; and "Nature" (Benardete), 160, 167, 171; and Nietzsche, 249, 264–65, 289, 299, 309; and "On Plato's *Republic*," 147; and *PL* introduction, 208, 217; of souls, 97, 147, 185, 208, 236, 239, 249, 264–65, 289, 309; in Strauss's letters to Klein, 18–19; and "What Is Political Philosophy?," 236, 239, 241, 249, 264–65; and "Xenophon's *Anabasis*," 314
innovation: and "The Law of Reason in the *Kuzari*," 66, 67–71; and Nietzsche, 215, 221, 256, 271, 282n18; and "On Plato's *Republic*," 155; and *PL* introduction, 207, 215, 221; and "What Is Political Philosophy?," 256
inquiry, 187; and *Andrologia*, 113, 122, 124, 126–27; and *Gynaikologia*, 86, 95, 98–100, 107; and "The Law of Reason in the *Kuzari*," 41, 52, 68; and Nietzsche, 252–53, 268, 272, 283, 288, 290, 298, 308; and "On Plato's *Republic*," 141–42, 144; and *PL* introduction, 191; and "What Is Political Philosophy?," 230, 233, 236, 242n19, 252–53. *See also* contemplation
Inquisition, 236
intellect: and *Gynaikologia*, 75, 111; intellectual conscience, 218; and "The Law of Reason in the *Kuzari*," 34, 36–38, 37n8,

43, 63–64, 66; and Nietzsche, 43, 218–23, 225, 247, 260n57, 266, 266n66, 294, 304, 307; and *PL* introduction, 190n6, 193n10, 207, 207n, 212, 218–19; *Redlichkeit* (intellectual probity), 43, 218–23, 225, 266, 266n66, 272, 281; and "What Is Political Philosophy?," 229–30, 232–33, 247, 260n57, 266, 266n66
irony: and "The Law of Reason in the *Kuzari*," 42–43; and Maimonides, 17; and Plato, 15, 17, 19, 42–43; and secret words, 17, 19; and Socrates, 17, 19, 42–43; and Xenophon, 15
Ischomachos (in Xenophon), 76–83, 79n, 86, 91–95, 97–107, 109–24, 312; and "all kinds of speaking," 120–22; Cyrus same as, 111, 113, 115; and happiness, 114–17, 115n5; lectures on order, 80–83, 86, 91–92, 94–95, 100–106; separating indoor things, 92–93; Socrates as pupil of, 110, 115–18; Socrates's correction of, 115, 115n, 117n, 122–23; and two ways of life, 111, 113–17, 117n, 120, 122; wife of, 77–81, 91–92, 95, 100–107, 105n, 109–10, 113, 121–23, 170, 177n18, 303, 307
Islam: and "The Law of Reason in the *Kuzari*," 33, 37, 37n8, 42, 52; and medieval Islamic philosophy, 7; and *PL* introduction, 204, 224n
Ithaca, 159n4, 160, 162, 173, 177

Jacobi, Friedrich, 7, 28–29, 42, 193, 193n9
Jerusalem, 17, 24n25, 37n8, 69, 204; and "What Is Political Philosophy?," 227–30, 228n4, 232–33, 235–36, 238–39, 244–48, 248nn30–31, 252, 254, 269
Jesuits/Jesuitism, 207–8, 255
Judaism: apostate Jews, 42, 52; and doubting Jew, 49–50; and exile, 37n8; and God of Abraham, 71; Halevi's return to, 54, 57, 59, 61, 68–71, 232; incompatibility with philosophy, 9, 39; and "The Law of Reason in the *Kuzari*," 32n1, 33–63, 33n5, 36n, 37n8, 61n, 62n29, 68–70; and Maimonides, 8–9, 11, 27, 191; and Moloch, 61; and *PL* introduction, 190n6, 191–94, 191n, 194n, 199–203, 209, 216, 218, 218n, 224–26; present situation of, 9, 191–94, 191n, 194n, 225–26; and "What Is Political Philosophy?," 228, 246, 255;

Judaism (cont.)
    and Yahweh, 61, 309. See also medieval Jewish philosophy
justice, 138; adikia (unjust), 19; and Andrologia, 120, 122; dikaiosunê (justice), 19–20, 19n; and Gynaikologia, 97; and Hades, 173, 176, 179–80, 180n; and just city, 148–55, 217, 227, 235, 237–38, 250; and "The Law of Reason in the Kuzari," 60, 64, 64n; and "Nature" (Benardete), 165–66, 168–69; and Nietzsche, 214, 223, 304–7, 309; and "On Plato's Republic," 128–30, 133, 137–41, 143–55; as pattern, 143; and PL introduction, 195, 214, 217, 223; in Strauss's letters to Klein, 19–20, 19n; and "What Is Political Philosophy?," 227–28, 235, 237–38, 250; and "Xenophon's Anabasis," 313–14

Kant, Immanuel, 7, 209, 211, 216, 243, 259n54, 293
Kierkegaard, Søren, 203
Klein, Jacob: letters to Strauss, 11n, 22n21, 189, 189n2; Strauss's letters to, 5, 7–26, 8n2, 10n7, 15n15, 24nn24–25, 26n, 30, 45, 73, 90, 156; at University of Marburg, 8
knowledge, 3; and Andrologia, 114, 124; and dualism, 233; and Gynaikologia, 81, 87–88, 93, 98–99, 109–11, 109n; and Homer, 157–58, 160, 162, 165–72, 176, 180, 182; knowing knowing, 148n, 227–28; and "knowledge of the whole," 227, 231–34; and Know Thyself, 140n13, 220, 281; and "The Law of Reason in the Kuzari," 36–37, 40–41, 44n, 47, 51n20, 59, 61; and Nietzsche, 212, 220–23, 233–34, 243, 247, 249–50, 257–58, 257n49, 261–66, 265n65, 269, 271, 273, 277, 281–82, 288–89, 300–301; and "On Plato's Republic," 129, 134, 136–40, 145, 147–49, 148n, 151, 152n; and PL introduction, 191, 196–98, 202–7, 209–11, 214, 217n, 220–23; self-knowledge, 111, 140n13, 166, 180, 191, 197, 220, 234, 253, 263, 277, 281, 288–89, 313; in Strauss's letters to Klein, 11, 15, 26; and "What Is Political Philosophy?," 227–28, 231–34, 243, 247, 249–50, 253, 257–58, 257n48, 261–66, 265n65; and "Xenophon's Anabasis," 313–14
Kojève, Alexandre, 189, 213

Kritoboulos (in Xenophon), 76–77, 83, 87–92, 88n, 96, 100, 110, 118–19, 124, 239
Kriton (in Xenophon), 87, 98, 119
Krüger, Gerhard, 109n, 218
Kuzari (Halevi), 32–72, 33n5; and absent philosopher, 44–45, 47–48, 57, 62–64; disputation between scholar/philosopher omitted, 38–39, 41–45, 47–48, 62; and Jewish scholar, 33, 36–44, 36n, 47–49, 53–66; and Kuzari (King of the Khazars), 33, 36–38, 40–41, 44, 47–51, 54–55, 57; literary character of, 35–50, 36n; and Philosopher, 37–38, 37n9, 43, 50–54, 51nn20–21, 52n, 60n. See also "The Law of Reason in the Kuzari" (Strauss)

Laertes (in Odyssey), 173, 177n18, 180n
Laestrygonians (in Odyssey), 159, 161–62, 161n5, 165, 168
lawgivers, 8, 69, 263, 272. See also legislators
"The Law of Reason in the Kuzari" (Strauss), 30–31, 32–72, 226, 233; and centering, 36–37, 39–40, 54–57, 59, 62, 65, 77; epigraph of, 33; and framework of every code, 59–66; and innovating in political theology, 66, 67–71; and Jewish scholar's approving of philosopher's rational nomoi, 59–67; and Jewish scholar's opposing of philosopher's rational nomoi, 53–59, 66; literary character of Kuzari, 35–50, 36n; and natural law (ius naturale), 34–35, 34n, 67–71; and Philosopher's stance toward religion, 50–53, 51nn20–21, 52n; as theatrical performance, 33; and two ways of life, 41, 53
laws: and Andrologia, 124; divine law, 39, 78; and Gynaikologia, 78, 82, 100, 104, 106; and Homer, 169–70; of human origin, 78, 82, 100, 106, 141, 209, 230; new laws for gods, 131–42, 137nn9–11, 139n, 145, 239; and Nietzsche, 2, 131, 264, 294, 309; and "On Plato's Republic," 130–42, 137nn9–11, 139n, 148, 155; patriarchal laws, 13; penal law, 18–19; and PL introduction, 193–94, 197, 197n, 209, 216, 225; and Socrates, 16, 18–19, 78, 82, 100; in Strauss's letters to Klein, 13, 16, 18–19; unwritten law, 78; and "What Is Political Philosophy?," 228–30, 239, 264
Laws (Plato), 12, 14–16, 14n, 18–19, 69, 196, 196n15, 228–30

legislators: ideal legislators, 8; and "On Plato's *Republic*," 130–31, 131n7; poet-legislators, 131n7; prudent legislators, 130–31; and "What Is Political Philosophy?," 230, 250. *See also* lawgivers
Leibniz, Gottfried Wilhelm, 7, 29
Lessing, Gotthold Ephraim, 7, 28–30, 30n33, 201
lies/lying: and gods, 134–40, 147; and "The Law of Reason in the *Kuzari*," 68–69, 68n36; lie in soul, 138, 140; moral lie, 69, 140–41; and Nietzsche, 254–55, 257, 257n48, 266, 289–90, 295, 297n; and noble lies, 68–69, 68n36, 133, 135, 253–54, 257, 257n48; and "On Plato's *Republic*," 133–41, 147; "true lie," 138; and "What Is Political Philosophy?," 253–55, 257, 257n48, 266
Locke, John, 209, 242
loves: and *Andrologia*, 122n, 124, 126; and *Gynaikologia*, 103, 108; and Homer, 166, 170, 171n12, 172, 173n16, 183; and "The Law of Reason in the *Kuzari*," 64, 71; love of existence, 251; love of good, 300; love of honor, 183; love of justice, 138; love of life, 288–89, 297, 309; love of man, 122n, 166, 229; love of nature, 126, 305; love of self, 291; love of truth, 138, 218, 221, 223, 227, 272, 298, 300; love of wisdom, 233; love of world, 251, 291; and "Nature" (Benardete), 166, 170, 171n12, 172, 173n16; and Nietzsche, 221, 223, 250–51, 262, 272, 282, 288–91, 293n, 295, 297–300, 305–6, 308–10; and "On Plato's *Republic*," 138; and *PL* introduction, 206, 218, 221, 223; self-love, 64; sexual love, 170, 171n12, 172, 290, 298–99; and "What Is Political Philosophy?," 227, 229, 233, 246, 250–51, 262. *See also* eros; philanthropy
Löwith, Karl, 218
Lucretius, 114n; *On the Nature of Things*, 207n, 254n40
Lysander, 88, 111, 113

Machiavelli, Niccolò, 235–42, 247
Mahdi, Muhsin, 271
Maimonides, Moses: and "The Law of Reason in the *Kuzari*," 35, 58; and *PL* introduction, 190–91, 198, 198n, 213, 224–25; and rationalism, 10n7, 35, 190–91; in Strauss's letters to Klein, 7–12, 10n7, 12n10, 17; Strauss's writings on, 8, 10–11, 10n7, 24n25, 27, 47n; and "What Is Political Philosophy?," 240
Maimonides, Moses, works of: *Guide for the Perplexed*, 9–10, 10n7, 11, 27, 58, 190, 225; *Mishneh Torah*, 11
manliness: and *andreia* (manly spirit), 23–24, 24n24; and *Andrologia*, 109–10, 113–14, 120, 125–26; and courage, 196; and Homer, 170, 171n12, 172; and male correction of nature, 126; and masculine mind, 103–5, 113, 170; and Nietzsche, 296, 298–99, 303, 307–9; and *PL* introduction, 196; and real real man, 107, 110, 126. *See also* complementary man
marriage: and *Andrologia*, 120–21; and *Gynaikologia*, 77–80, 86
Marsilius of Padua, 34–35
Marx, Karl, 245, 250
medieval Islamic philosophy, 7, 209
medieval Jewish philosophy, 7, 29, 32n3; and "The Law of Reason in the *Kuzari*," 32, 32n3, 34–36, 34n, 46, 55–56, 62; and *PL* introduction, 189n1, 195, 197, 209, 213, 225–26; and "What Is Political Philosophy?," 235
Meier, Heinrich, 8, 10n7, 27n31, 29, 30n33, 45n, 189, 191n, 200n23, 220n, 242n19
Mendelssohn, Moses, 7, 30n33
Menelaus (in *Odyssey*), 164–65, 171n13
mind: anonymous mind (*mêtis*), 167; and *Geist*, 220, 273n12, 281; and *Gynaikologia*, 95, 103, 105, 113; and Homer, 166–69, 174–75, 177, 178n20, 180–81, 185; and "The Law of Reason in the *Kuzari*," 70–71; and masculine mind, 103, 105, 113; and Nietzsche, 220, 257nn48–49, 258, 263, 266, 284; and "On Plato's *Republic*," 143; and *PL* introduction, 210, 220; rarest minds, 273; in Strauss's letters to Klein, 8, 15; and "What Is Political Philosophy?," 227, 229, 231–32, 232n, 237–39, 241–42, 257nn48–49, 258, 263, 266. *See also* free minds
ministerial poetry, 131–32, 141, 147–48, 153–55, 184, 187
miracles, 39, 58, 193–94, 197, 211–12
mockery, 201–2, 202n, 205, 288
model rulers, 83, 86, 88–92, 101, 105
modern Enlightenment, 1–4, 187; failure of, 197, 202–3, 208–9; foundation (*Grund*)

modern Enlightenment (*cont.*)
of, 210–15, 210n, 212n; justification (*Rechtfertigung*) of, 210–11, 210n, 212n, 214–25; and "The Law of Reason in the *Kuzari*," 42–43; Napoleonic strategy of, 203–10, 204n, 217, 241, 253; and Nietzsche, 3–4, 43, 72, 175, 187, 197, 201, 205, 215, 221, 223–26, 247–67, 248n30, 257n49, 264n, 265n64, 268–310, 269n3; and *PL* introduction, 190–95, 193nn9–10, 197–205, 198n, 200n23, 207–19, 221, 223–26; quarrel with orthodoxy, 199–211, 208n35, 215–16, 218–19, 225; in Strauss's letters to Klein, 28–29; success of, 192, 202–3, 208, 210–11, 212n, 213, 215–16; and "What Is Political Philosophy?," 227–67, 257n48, 265n64

modernity: "cave of modernity," 198n; and Nietzsche, 248, 250–51, 254, 267, 272, 302, 310; and *PL* introduction, 195, 197–98, 198n; three waves of, 242–48, 248n31, 254, 257, 267, 270, 310; and "What Is Political Philosophy?," 242–48, 248n31, 250–51, 254, 257, 267

modern philosophy: and contemplation, 223, 263, 265–66, 273n11; continuity in, 184; and *Geist*, 220, 273n12, 281; and *Gynaikologia*, 98–100, 107; and nature of highest beings, 206–7; and Nietzsche, 268–310; and "On Plato's *Republic*," 154; origins of, 3, 26, 100–101, 195, 197–98; and *PL* introduction, 190–92, 194–98, 202, 205–26, 206n29, 223n48, 224n; in Strauss's letters to Klein, 9–10, 12n10, 16, 26. *See also* modern political philosophy

modern political philosophy, 1, 4; and Nietzsche, 270–71; and *PL* introduction, 192, 195, 202, 209, 217; and "What Is Political Philosophy?," 227, 233–67, 240n, 241n16, 242nn18–19

moly (herb), 157, 161, 164–69, 166n, 182
monism, 234, 242n19
monotheisms, 17, 53, 69n, 185, 236, 236n, 285, 293–94. *See also names of religions*
Montaigne, Michel de, 198n, 236, 238; *Essays*, 238
morality, 3; and *Androlgia*, 122–23, 126; *Außenmoral*, 65, 65n, 67n34; biblical morality, 219, 219n; *Binnenmoral*, 65–66; consistency of, 139–40; genuine morality, 68–70; and *Gynaikologia*, 97, 106, 113; and Homer, 164, 177, 179–81; and "Law of Manu," 255; and "The Law of Reason in the *Kuzari*," 45, 59–71, 62n30, 69n; moral imperative, 253; moral lie, 69, 140–41; moral minimum, 59–67, 62n30, 71; "moral universe," 113; moral utility, 233; moral virtue, 220–22, 236; natural morality, 68; and Nietzsche, 131n7, 220–23, 223n48, 245, 247, 247n29, 255, 260–61, 260n57, 263–65, 264n, 270, 272, 273n11, 275–77, 287–89, 291–92, 294, 296–97, 300–301, 304–7; and "On Plato's *Republic*," 130–31, 131n7, 135–36, 139–41, 147, 153, 155; and *PL* introduction, 43, 218–23, 219n, 223n48, 226; and poets, 130–31, 131n7; and postmoral period, 263–64, 277; and Socrates, 17–18, 21, 45, 97, 106, 113, 135; in Strauss's letters to Klein, 17–18; vs. religion, 65–70, 69n; and "What Is Political Philosophy?," 233, 235–36, 239, 245, 247, 247n29, 253, 255, 260–61, 260n57, 263–65, 264n

Moses, 9, 244
Muses, 22–23, 30, 158–59
Muslims: and "The Law of Reason in the *Kuzari*," 33, 37, 50; and Nietzsche, 275; and *PL* introduction, 200, 209. *See also* Islam
myths: and "On Plato's *Republic*," 133, 135, 154; and *PL* introduction, 206–7, 209; in Strauss's letters to Klein, 15, 19, 21, 24–25, 25n27; and "What Is Political Philosophy?," 256

Napoleonic strategy, 203–10, 204n, 217, 241, 253
Natorp, Paul, 12n10
natural law (*ius naturale*): and "The Law of Reason in the *Kuzari*," 34–35, 34n, 67–71
"Nature" (Benardete), 158, 159–73; and Aeolus episode, 159–60; and Aristotle, 165–66; and bestial/divine split, 163–68, 164n; and centering, 162–63, 162n, 165, 169, 173; and Circe episode, 159, 161–64, 162n, 166–68, 166n, 170, 172–75, 182; feasible replaces ideal, 160–62, 165; and Laestrygonian episode, 159, 161–62, 161n5, 165, 168; and mind (*nous*), 166–

69; and neutrality, 161–62, 161n5; and *Phaedo*, 160; and pity, 172; and *Republic*, 168; and "second sailing," 160, 165
nature/natural, 2–3; amorality of, 180–81; and *Andrologia*, 113–14, 118–19, 122–26; conquest of nature, 302–8, 307n43, 310; and cosmetics, 103–4, 106–8; discovery of, 159–60, 165, 167, 172–73; and divine natures, 139–40; ecological way of thinking/acting, 300; and *eros*, 141–42; and eternal nature, 211; and *Gynaikologia*, 78–79, 81–84, 86, 91–92, 94–101, 103–4, 106–8, 111–14, 112n; and "Hades" (Benardete), 173–74, 181, 185; and Homer, 157, 159–67, 169–71, 171n13, 172–74, 182, 184; love of, 126; management of, 124; and "the master and owner of nature," 216–17, 217n; "natural attitude," 191; and natural freedom, 240n, 241; and natural history, 185, 232, 251; and natural man, 252; and natural order, 81, 250–51; and natural origins, 3, 26, 100–101, 195, 197–98; and natural philosophy, 232; and natural right, 197, 197n, 202; and nature of highest beings, 92, 98, 131, 133, 137, 143, 206–7; and Nietzsche, 126, 214–15, 222, 269, 280, 282n18, 283–84, 289–90, 298–310, 307n43; and "no assignable limits" to conquest of, 302–5, 302n35, 307, 307n43; and "On Plato's *Republic*," 141–42, 144, 149, 152–53, 155; *physis*, 157, 163, 166; and *PL* introduction, 191–92, 194–98, 197n, 202, 205–17, 207n, 217n; 220, 222–23; and Socrates, 16, 78–79, 79n, 84, 94, 99–101, 103–4, 106–8, 111–14, 118–19, 123–26, 141–42, 160, 182; in Strauss's letters to Klein, 16; and *Symposium* (Plato), 141–42; and torturing nature, 241; and "What Is Political Philosophy?," 231–32, 234–36, 241–44, 242n18, 247, 249–52. *See also* human nature; sciences/natural sciences
Nazism, 246–47
necessity: and Homer, 159–60, 162, 166, 168–69, 172, 180–81; and "The Law of Reason in the *Kuzari*," 69; and Nietzsche, 222, 250, 253–54, 262n60, 271, 310; and "On Plato's *Republic*," 140, 155; and *PL* introduction, 197, 209, 217, 217n, 222; in Strauss's letters to Klein, 17; and

"What Is Political Philosophy?," 250, 253–54, 262n60
Nestor (in *Odyssey*), 164–65, 171n13
Newton, Isaac, 210, 261
Nietzsche, Friedrich, 1–4, 187, 268–310; and affirmation, 215, 222–23, 231, 251, 259, 276, 276n, 287–89, 291–92, 295, 297–99, 297n, 301, 303–5; and *Andrologia*, 126; caricatured as misogynist, 309; and centering, 220, 268–69, 277–82, 286–87, 292, 292n25, 295, 305; and complementary man, 301–7, 303n, 306n40; and Darwinism, 264n; and eternal return, 215, 222–23, 223n48, 248n30, 250–51, 250n34, 259, 287–93, 299, 301, 303–8, 307n43; and experiment of founding society on truth, 3, 72, 254, 256–57, 260–67, 276–77, 281–82, 286, 290, 292; and fundamental fact (*Ur-Faktum*), 215, 221, 223, 249, 251, 282n18, 290, 305; and *Gynaikologia*, 107–8; and history, 215, 221, 247–49, 251; and Homer, 170–71, 175, 184–85, 270; joking of, 201–2, 265n64, 274n14, 278–79; and "The Law of Reason in the *Kuzari*," 43, 56n24, 67n35; and nihilism, 155, 244, 286–88, 291, 296, 297n; on philosophic hermit, 67n35; and "On Plato's *Republic*," 129–31, 131n7, 137, 137n10, 142, 155; and order of rank, 129–31, 223, 250–51, 263, 264n, 273, 275, 301–5, 307n43, 308; as perspective of book, 2, 72; and Platonic political philosophy, 108, 155, 267–69, 271, 279, 286, 289, 294, 297, 303, 310, 314; and *PL* introduction, 43, 191, 197, 201–2, 205, 212, 214–15, 215n38, 219–26, 220n, 223nn48–49; and *Redlichkeit* (intellectual probity), 43, 218–23, 225, 266, 266n66, 272, 281; and spiritual situation of present, 72, 187, 220–21, 253–54, 261, 263, 289, 310; in Strauss's letters to Klein, 10, 10n5, 13; Strauss's writings on, 126, 137, 170–71, 184, 214–15, 221–22, 268–69; and *Übermensch*, 250–51, 250n34, 303n; and "what a philosopher is," 71–72, 263, 273; and "What Is Political Philosophy?," 232–34, 242n19, 243–67, 244n, 246n24, 248n30, 250n34, 255n41, 257nn48–49, 261n, 262n60, 264n; and will to power, 107, 185, 214–15, 215n38, 221–22, 234,

Nietzsche, Friedrich (cont.)
246–47, 246n24, 249, 250n34, 251,
280–89, 282n18, 291, 295, 297–99, 301–3,
305, 307–8
Nietzsche, Friedrich, works of: *Beyond Good and Evil* (see *Beyond Good and Evil* [Nietzsche]); *The Birth of Tragedy*, 255, 276n; *Dawn of Morning*, 257, 260–67, 260n57, 264n, 266n66; *The Gay Science*, 131n7, 201, 257, 260, 265, 274n14; *Human, All Too Human*, 185, 256–60, 256n47; "Klage der Ariadne," 293n; *On the Genealogy of Morality*, 264n, 282n19, 295–96, 306; "Our Virtues," 220–22, 301–2, 304–5, 307; *Richard Wagner in Beyreuth*, 255–56; *Thus Spoke Zarathustra* (see *Thus Spoke Zarathustra* [Nietzsche]); *Twilight of the Idols*, 255, 276n; *Untimely Meditations*, 256
nihilism, 155, 244, 286–88, 291, 296, 297n
Nike, 145, 145n16, 147–48, 232n
noble/nobility, 17; and *Andrologia*, 116, 118n; and *Gynaikologia*, 77n, 85–86, 93, 111; and "Hades" (Benardete), 180; and *kalokagathia* (gentlemanship), 17; and *kalos* (beautiful/noble), 85; and "The Law of Reason in the *Kuzari*," 52, 63–65, 68–69, 68n36; most noble community, 52, 63–65; and Nietzsche, 254–55, 257, 257n49, 259, 265, 277, 302; "nobility of character," 133; noble lies, 68–69, 68n36, 133, 135, 240, 253–54, 257, 257n48, 277; "nobly dwell," 111; and "On Plato's *Republic*," 133, 135, 147; and paradoxical thesis, 85; and "What Is Political Philosophy?," 240, 245, 252–55, 257, 257n48, 259. See also beauty/beautiful

obedience, 18, 41, 64; and *Gynaikologia*, 101, 104–5, 109n; and Nietzsche, 305; and "What Is Political Philosophy?," 229–30, 233, 236, 238, 255
Odysseus (in *Odyssey*), 23, 139n, 157–85, 159n4, 161nn5–6; and Alcinous, 158–59, 159n4, 163–64, 176; alteration in, 161–63, 161n5; and anger, 161n6, 167; and bestial/divine split, 163–68, 164n; bow of, 179–80; choice of home/mortality, 164, 164n; despair of, 160, 174–75; discovery of nature, 159–60, 165, 167, 172–73; disguised as beggar, 178n20, 183; and enchantment, 166–68, 172, 182; and Hades journey, 167, 169–70, 173–77; journey with oar, 175–77; and *moly* (herb), 157, 161, 164–69, 166n, 182; names of, 161n6, 167, 178n20, 183; and "Nature" (Benardete), 158–73, 171nn12–13; and Nietzsche, 185, 284; as *outis* (nobody), 161n6, 167, 178n20; and pity, 172; and Plato, 182–85, 183n; pride of, 178n20; rescue of crew, 162–69, 172, 182; and resignation, 160; and speech, 160–64, 161n5, 168–69, 175–76, 180; teaching of, 169, 172–73; and "What Is Political Philosophy?," 235–36; wife of, 171n12, 177, 177n18, 178n19, 180n, 183
Odyssey (Homer), 22–23, 139n, 156–85; and Aeolus episode, 159–60; and *Charmides* (Plato), 182–83; and Circe episode, 159, 161–64, 162n, 166–68, 166n, 170, 172–75, 180, 182; and "democratic concessions," 162, 168, 179; and "Hades" (Benardete), 158, 162, 162n, 169, 173–81; imaginary geography of, 159n4; and Laestrygonian episode, 159, 161–62, 161n5, 165, 168; and "Nature" (Benardete), 158–73; and Nietzsche, 284; and nobodies, 161n6, 162, 167, 178–79, 178n20; oar as winnowing-fan, 175–77; and slave girls, 179–80; and suitors, 173–75, 177–80, 177n18, 178n19, 180n, 182, 184, 210, 236, 245; and vengeance, 177–80; and "What Is Political Philosophy?," 235–36, 245
"On Plato's *Republic*" (Strauss), 14n, 128–55, 128n, 130n3; and Adeimantus, 132–40, 136n, 145–48, 150; ancestors of Olympian gods, 136–37; and Bendideia festival, 146–47; and centering, 129, 132–36, 140–41, 142nn14–15, 144, 149; and eros, 140–42, 151, 153, and Glaucon, 138–39, 142–49, 145n16; and harm, 137, 139–41; and ideas, doctrine of, 129, 132, 137, 142–48, 145n16, 148n; and justice, 128–30, 133, 137–41, 143–47; and ministerial poetry, 131–32, 141, 147–48, 153–55; and new laws for gods, 131–42, 137nn9–11, 139n, 145; and poets/poetry, 128–33, 135, 141, 147–48, 153; and Polemarchus, 137, 139, 150; and *Symposium*, 141–42; and temporal setting of *Republic*, 146–48, 146n17, 147n; and Thrasymachus, 128, 129n, 130, 142n15, 146, 150–51; and

Timaeus, 134–37, 137n9; and "what a god is," 133–40, 145, 147–48
ontology: and *Gynaikologia*, 82, 92, 100–101, 107–8; and "The Law of Reason in the *Kuzari*," 34; and "Nature" (Benardete), 171–72; and Nietzsche, 107–8, 212, 215, 223, 234, 246n24, 279–86, 288–89, 293, 299; and "On Plato's *Republic*," 141–42; ontological skepticism, 279; and *PL* introduction, 206, 215, 220–21, 223; in Strauss's letters to Klein, 8, 21; and "What Is Political Philosophy?," 232, 234, 234n9, 242n19, 246, 246n24, 249, 251
order, 80–104, 106–7, 111, 115; and adornments, 84–86, 90–91, 101; and *Andrologia*, 115, 124, 126; and beauty, 80–91, 85n, 102–4, 107–8; and gods, 78, 81–84, 86, 90–98, 101, 103, 106–7; and the good, 85–86, 85n; and *Gynaikologia*, 80–104, 106–7, 111; and "Hades" (Benardete), 173, 177, 180; hierarchic order, 133, 142n15; of human origin, 82–83, 106–7; and nature, 78, 81–84, 86, 91–92, 94, 96–101, 103–4, 106–7, 165, 167; and "Nature" (Benardete), 162–63, 165, 167, 169; and Nietzsche, 129–31, 223, 250–51, 263, 264n, 273, 275, 277–78, 281, 289, 294, 301–5, 307, 307n43, 308–9; and "On Plato's *Republic*," 129–31, 133, 138–41; order of rank, 129–31, 223, 250–51, 263, 264n, 273, 275, 301–5, 307n43, 308; and "order of the whole," 98–100, 106, 165; and *PL* introduction, 223; and "Socrates' story," 15, 83–90; usefulness/beauty of, 80–91; and utility, 84–86, 90; and "What Is Political Philosophy?," 243–44, 250–51, 263, 264n. *See also* cosmos/cosmology
orthodoxy, 16, 43, 50; "neo-orthodoxy," 194; and Nietzsche, 265n64, 269n2; and *PL* introduction, 193–94, 194n, 199–212, 215–16, 218–19, 224–25, 224n; quarrel with Enlightenment, 199–211, 208n35, 215–16, 218–19, 225; refutation of, 29, 193, 200–203, 200n23, 208; and "What Is Political Philosophy?," 254, 265n64

passions, 184; and *Andrologia*, 116, 126; and *Gynaikologia*, 84, 86, 94, 105, 111; and "The Law of Reason in the *Kuzari*," 51, 55, 58–59, 69; and Nietzsche, 220–21, 245, 262–63, 272, 281, 289, 291, 295, 297–98, 300–301, 305–7, 310; and "On Plato's *Republic*," 130, 138, 140, 152; and *PL* introduction, 197, 219–21; and "What Is Political Philosophy?," 227–28, 231, 237, 237n, 242, 245–46, 262–63
Paul, Apostle, 195, 204; in Athens, 228
Penelope (in *Odyssey*), 171n12, 177, 177n18, 178n19, 179, 180n, 183
Persians, 275; Persian wars, 13, 146. *See also* Cyrus (in Xenophon)
persuasion: and *Andrologia*, 123; art of, 142n15; and *Gynaikologia*, 86–89, 106; and Homer, 175; and "The Law of Reason in the *Kuzari*," 38, 44, 49; and Nietzsche, 271–72, 276, 294–95, 300; and "On Plato's *Republic*," 134–36, 138–40, 142n15, 143, 149–53; and *PL* introduction, 190, 207, 209, 213, 224; and "What Is Political Philosophy?," 229, 240
Pheidippides (in Aristophanes), 117–18
philanthropy: and Bacon, 196; and *Gynaikologia*, 77, 94–95, 106; and "Nature" (Benardete), 166; nature as philanthropic order, 94; and Nietzsche, 290; and "On Plato's *Republic*," 153–54; and *PL* introduction, 196; and "What Is Political Philosophy?," 229
philosopher king, 12n10, 51, 55, 131, 149–50, 168
philosophic rule: and *Andrologia*, 109n, 113–14, 115nn4–5, 117n6, 123–24, 126–27; and *Gynaikologia*, 90–91, 100, 105–7, 113, 123; and Homer, 169, 172–73, 177; and Nietzsche, 243–46, 246n24, 253–54, 254n39, 265, 270–73, 275n, 277, 303; and "On Plato's *Republic*," 129–33, 138–44, 142n15, 148–54, 152n; and *PL* introduction, 205–7, 209, 217, 217n, 224; and "What Is Political Philosophy?," 238, 242–45, 246n24, 253–54, 254n39, 265; and "Xenophon's *Anabasis*," 313–14
Philosophy and Law (Strauss), 7, 10n7, 24n25, 43; and atheism, 189n1, 200, 213, 218–19, 218n, 219n, 221, 225; and delusion, 213, 216–17, 223n48; and fact/value separation, 191, 213–15, 222–23; and fear, 197, 205, 213, 215; and foundation (*Grund*) of modern Enlightenment, 210–15, 210n, 212n; and idealism, 191, 196–97, 203,

Philosophy and Law (cont.)
209–11, 213–14; and intellectual probity, 218–23, 225; introduction to, 189–226, 190n6, 236, 238; and Judaism, 190n6, 191–94, 191n, 194n, 199–203, 209, 216, 218, 218n, 224–26; and justification (*Rechtfertigung*) of modern Enlightenment, 210–11, 210n, 212n, 214–25; and *Laws*, 196, 196n15; and Maimonides, 190–91, 198, 198n, 213, 224–25; and miracles, 193–94, 197, 211–12; and mockery, 201–2, 202n, 205; and modern Enlightenment, 189–226, 193nn9–10, 198n, 200n23; and modern philosophy, 190–92, 194–98; and Napoleonic strategy, 203–10, 204n, 217; and nature, 191–92, 194–98; and Nietzsche, 43, 191, 197, 201–2, 205, 212, 214–15, 215n38, 219–26, 220n, 223nn48–49; and present situation of Judaism, 191–94, 191n; and *Protagoras*, 195–96, 195n13, 196n15; and *Timaeus*, 205; and virtues, 195–96, 195n13, 196nn15–16, 207, 218–22

Phoenician merchantman, 81–84, 86, 90, 92–94, 100, 113; and boatswain, 81–84, 92, 94, 106, 111, 115, 303

physics, 208–9, 208n33, 233, 256, 282–83, 282n18; atomic physics, 206, 207n

Picht, Georg, 255n44, 297n

piety/pious, 15; and *Andrologia*, 118n, 119; filial piety, 114n, 119; of guardians of city, 68, 68n36; and *Gynaikologia*, 93; and Homer, 147n, 177n18; and "The Law of Reason in the *Kuzari*," 40–41, 45, 49, 57, 61, 64, 66, 68–69, 68n36; and naturally pious auditors/readers, 41, 45, 49, 57, 64, 66, 69; and Nietzsche, 273n11; and "On Plato's *Republic*," 133; pious cruelty, 236; and *PL* introduction, 195–96; and "What Is Political Philosophy?," 236; and Xenophon's *Anabasis*, 313

pity, 172, 275–76

Plato, 4, 7, 268; as "accuser" of Socrates, 24, 24n26; Alfarabi on, 12n11; and *Andrologia*, 114, 119, 123; Benardete on, 142n14, 148n19, 156–58, 181; and cave image, 12n10, 46, 46n, 69, 132, 148n, 151–52, 198, 198n, 209–10, 285; and chronology, 16, 97, 182, 268; and exotericism, 12–14, 17–20, 19n, 64n, 187, 207; and "Exoteric Teaching," 29–30, 46n; and Great Tradition, 98–99; and *Gynaikologia*, 85–86, 95–99, 96n, 107–8; Herodotus as model for, 13; and Hesiod, 22–23; and Homer, 147n, 157, 181–84, 184n25; and "The Law of Reason in the *Kuzari*," 38–43, 39n, 41n, 45–46, 49, 55, 63–64, 64n, 66, 68–69, 68n36, 69n; mutual influence with Xenophon, 21, 95–96; and Nietzsche, 250, 256, 268, 270, 280, 283, 286, 288–89, 292n25, 294–95, 299, 309–10; and noble lie, 68–69, 68n36; and Platonism, 13, 145, 147, 148n, 155, 209–10, 253, 268, 288, 309–10; and *PL* introduction, 196, 205, 207, 209–10, 217, 224n; in Strauss's letters to Klein, 12–24, 12n10, 26n; Strauss's writings on, 12n10, 16, 19n, 62n29 (see also "On Plato's *Republic*" [Strauss]); in *Symposium* (Xenophon), 21–22, 24n26; and "What Is Political Philosophy?," 228–30, 233–35, 234n9, 237–38, 240, 242, 245–46, 250–51, 253–55, 254n40, 259–60, 263, 265n65, 266–67; and "Xenophon's *Anabasis*," 313–14. See also Platonic political philosophy

Plato, works of: *Apology*, 14–15, 39–42, 41n, 119, 123, 228–29; *Charmides*, 69n, 140n13, 147n, 182–84; *Cratylus*, 23; *Critias*, 205; *Crito*, 14, 16, 228–29; *Gorgias*, 12n10; *Hippias Minor*, 139n; *Laches*, 12n10; *Laws*, 12, 14–16, 14n, 18–19, 69, 196, 196n15, 228–30; *Letters*, 25, 29; *Parmenides*, 23–24, 96–99, 182n21; *Phaedo*, 15, 18, 95–97, 160, 182n23; *Phaedrus*, 13, 29, 158; *Protagoras*, 13, 147n, 182, 182n23, 195–96, 195n13, 196n15; *Republic* (see *Republic* [Plato]); *Seventh Letter*, 246; *Sophist*, 14n; *Statesman*, 14n; *Symposium*, 15, 24, 25n27, 141–42, 142n14, 182n23, 234, 234n9, 280, 283; *Theaetetus*, 22–23, 156, 171–73, 171n14; *Timaeus*, 22, 22n21, 29, 134–37, 137n9

Platonic political philosophy: and Nietzsche, 108, 155, 267–69, 271, 279, 286, 289, 294, 297, 303, 310, 314; and "On Plato's *Republic*," 141, 148–49, 154–55; and *PL* introduction, 209; and "What Is Political Philosophy?," 240, 242n19

pleasure garden: and *Andrologia*, 114, 125; of Cyrus, 83–86, 92, 101, 111; and *Gynaikologia*, 83–86, 89–92, 98, 101, 106–7,

110–11, 114; and "On Plato's *Republic*," 129–30; of philosophers, 89–91, 98, 106–7, 110, 114, 125, 129–30

poets/poetry, 1; and autonomous poetry, 131–32; and *Gynaikologia*, 102, 110; and "Hades" (Benardete), 176, 179; and Homer, 156–58, 168–72, 176, 179; and "The Law of Reason in the *Kuzari*," 32, 32n1, 38, 38n, 43, 69; and ministerial poetry, 131–32, 141, 147–48, 153–55, 184, 187; and "Nature" (Benardete), 168–72; and Nietzsche, 3, 130–31, 131n7, 184, 187, 226, 244, 254–55, 257, 259, 266, 268, 272, 296–97, 310; and "On Plato's *Republic*," 128–33, 135, 141, 147–48, 153–55; and *PL* introduction, 209, 226; poet-legislators, 131n7; as "valets of some morality," 130–31, 131n7; quarrel with philosophy, 1, 128–29, 131, 157–58; in *Theaetetus*, 171; tragic poets, 13, 157, 171; and "What Is Political Philosophy?," 240, 244, 254–55, 254n40, 257, 259, 266; wise poets, 158, 179, 183n

Polemarchus (in *Republic*), 137, 139, 150

political philosophy. *See* classical political philosophy; modern political philosophy; Platonic political philosophy

politics/political life, 1, 3; and *Andrologia*, 115, 115n5, 117n; and *Außenpolitik*, 65, 65n, 67; and *Gynaikologia*, 85–86, 93, 110, 114; and Homer, 163, 169, 173, 180; and "The Law of Reason in the *Kuzari*," 31, 33–34, 39, 50n, 51–55, 57–59, 63, 65–68, 271; and Nietzsche, 245–46, 250, 252, 270–73, 290–92, 296; and "On Plato's *Republic*," 130, 130n3, 131, 141, 146, 150, 152; and *PL* introduction, 192, 195, 195n13, 200, 218, 218n, 224n, 225; in Strauss's letters to Klein, 8, 18–19, 28–29; and "What Is Political Philosophy?," 228, 230, 235, 239–42, 240n, 245–46, 252; and "Xenophon's *Anabasis*," 313. *See also* theological-political program

Polyphemus (in *Odyssey*), 161nn5–6, 167, 172, 176, 180

Poseidon (in *Odyssey*), 175–76, 181

prejudices: and "The Law of Reason in the *Kuzari*," 55; and Nietzsche, 269; and "On Plato's *Republic*," 151; and *PL* introduction, 190, 194, 212–13, 219, 225; in Strauss's letters to Klein, 16, 26–28; and "What Is Political Philosophy?," 232, 239–40, 247, 253

present: and Nietzsche, 131, 248, 250, 261, 263, 265, 273n11, 289, 308, 310; and *PL* introduction, 190–94, 194n, 197–98, 202, 208, 220–21; present situation of Judaism, 9, 191–94, 191n, 194n, 225–26; spiritual situation of, 3, 71–72, 187, 190–91, 197, 202, 208, 220–21, 253–54, 261, 263, 289, 310; and "What Is Political Philosophy?," 248, 250, 253–54, 261, 263, 265

probity. *See Redlichkeit* (intellectual probity)

progress: and Homer, 184–85; and Nietzsche, 185, 249, 258, 265–66, 276–77; and *PL* introduction, 193, 205; postmoral progress, 277; and "What Is Political Philosophy?," 243, 249, 258, 265–66

propaganda, 218n, 239–40, 247–48

prophets: and Homer, 185; and Maimonides, 8, 12n10; and *PL* introduction, 209; and "What Is Political Philosophy?," 228

prudence: and *Andrologia*, 115–16; and Leibniz, 29; and Nietzsche, 272, 278; and "On Plato's *Republic*," 130–31; prudent legislators, 130–31; and "Xenophon's *Anabasis*," 312

psychology, 221, 234, 282, 282n18, 283, 305

punishment: and *Andrologia*, 114n, 126; and *Gynaikologia*, 81–82, 94, 106; and Homer, 176–79, 177n17; and Nietzsche, 259, 277, 289, 296; and "On Plato's *Republic*," 139, 141, 147, 153; in Strauss's letters to Klein, 18–19

rank: and *Gynaikologia*, 83, 85–86, 89, 91, 105; and "The Law of Reason in the *Kuzari*," 33, 36, 70n; and Nietzsche, 129–31, 223, 250–51, 263, 264n, 273, 275, 301–5, 307, 307n43, 308; and "On Plato's *Republic*," 129–31, 138; order of rank, 129–31, 223, 250–51, 263, 264n, 273, 275, 301–5, 307n43, 308; and *PL* introduction, 223; and "What Is Political Philosophy?," 250–51, 263, 264n

rationalism, 1; "intransigent rationalism" of Lessing, 28; and Maimonides, 10n7, 35, 190–91; medieval rationalism, 191; and Nietzsche, 283, 290, 300, 305; and *PL* introduction, 190–91, 200, 200n23, 203–4,

rationalism (cont.)
   207, 212–13, 215, 221, 223; and "What Is
   Political Philosophy?," 242, 244, 248–49,
   252–53. See also rational *nomoi*; reason
rational *nomoi*, 12–14; ambiguity of, 52–55,
   54n, 59, 62n29; and "The Law of Reason
   in the *Kuzari*," 33–36, 42–43, 51–66,
   68–70, 271; as "religion of philosophers,"
   52–59, 60n; as rules of conduct, 52–54,
   67–68, 67n34, 68n37; scholar's approving
   of, 59–67; scholar's opposing of, 53–59, 66
readers: and access, 73, 77, 142n14; art of
   reading well, 253; exacting readers, 11,
   18, 33, 55–56, 63–65, 256, 286; as general
   public, 11–12, 21, 49; and *Gynaikologia*,
   82, 85–86, 89, 91, 96–97; and Homer,
   160, 162; as hunters, 63–65; independent
   reflection by, 44–45, 47–48, 57, 62–63,
   238; and "The Law of Reason in the
   Kuzari," 33, 37, 39, 41–45, 47–48, 55–57,
   56n25, 59–60, 62–67, 71; and Nietzsche,
   220, 245, 269, 274–76, 274n14, 282–84,
   286–88, 293; and "On Plato's *Republic*,"
   142n14, 146, 148, 155; and *PL* introduc-
   tion, 43, 189, 190n6, 199–201, 213, 220,
   225; and "slow reading," 260–61; and
   "What Is Political Philosophy?," 240n,
   245, 252–53, 256, 260–61; and Xenophon,
   75–76. See also audiences
reason, 3; circular reasoning, 136; and *Gyn-
   aikologia*, 97–98, 101, 105; and Homer,
   163, 165, 174; and "The Law of Reason
   in the *Kuzari*," 39n, 42–49, 43n, 55,
   57–58; and Nietzsche, 221, 249, 252,
   256–57, 261–64, 268, 271, 278, 280–83,
   285, 288–91, 301–2, 310; and "On Plato's
   Republic," 130–31, 136, 138, 152–53;
   and *PL* introduction, 43, 193, 198–201,
   200n23, 208–9, 212–13, 221; practical vs.
   theoretical, 57–59, 64–66, 70; self-de-
   struction of, 221; sovereign reason, 131;
   and "What Is Political Philosophy?,"
   228–30, 238–39, 241–42, 246, 249, 252,
   256–57, 261–64. See also rationalism;
   rational *nomoi*
reason's refutation of revelation, 42–45, 43n,
   48–49, 58–59, 193, 200n23
Redlichkeit (intellectual probity), 43, 218–23,
   225, 266, 266n66, 272, 281
regime (*politeia*), 14, 230, 235–36, 245–46
Reinhardt, Karl, 293, 293n

religion, 3, 53; civil religion, 205–6, 206n29,
   237; and cruelty, 236–38, 236n; direct
   experience of, 17, 40–41; ecclesiastical
   despotism, 28–29, 28n; and Homer, 172,
   175–76, 179, 185; and "The Law of Reason
   in the *Kuzari*," 37–45, 37n8, 50–62,
   51nn20–21, 62n29, 65–70, 69n; and Nietz-
   sche, 67n35, 131, 175, 245–46, 246n24,
   250, 269–72, 273n11, 276–81, 283–89,
   291–95, 297, 297n, 299–300, 305–6,
   307n43, 308–10; and "On Plato's *Repub-
   lic*," 131–32, 147; pagan religions, 40, 233,
   235; and *PL* introduction, 193, 195–213,
   206n29, 216–20, 224–26; religious fanati-
   cism, 37, 37n8, 70, 204, 238, 313; religious
   terror, 114n, 176–77, 185, 213, 216–17,
   219; shit religion, 287; sovereign religion,
   131, 217, 238, 271–72; in Strauss's letters
   to Klein, 9, 16–17; and "What Is Political
   Philosophy?," 235–38, 245, 246n24, 251,
   255, 257n48, 259. See also gods; ortho-
   doxy; theology; *names of religions*
Renaissance, 205, 238
repetition: and *Andrologia* (Strauss), 109;
   and "The Law of Reason in the *Kuzari*,"
   47–48, 47n, 58; and "Nature" (Benardete),
   166; and Nietzsche, 284, 286, 290, 307;
   and "On Plato's *Republic*," 129, 131, 149
Republic (Plato), 128–155; and centering,
   55, 115n4, 133, 168; and *Gynaikologia*,
   85–86; and Homer, 168, 181–85, 183n;
   and "The Law of Reason in the *Kuzari*,"
   45–46, 46n, 49, 55, 63–64, 64n, 66n, 68–
   69, 68n36, 69n; and Nietzsche, 309–10;
   in Strauss's letters to Klein, 12n10, 14,
   19–20, 24; and "What Is Political Philoso-
   phy?," 235, 239, 254n40
responsibility, 314; and Homer, 162; and "The
   Law of Reason in the *Kuzari*," 49–50; and
   Nietzsche, 245–46, 248, 252, 259, 265–66,
   265n65, 271, 304–5; and "What Is Politi-
   cal Philosophy?," 245–46, 248, 252–53,
   259, 265–66, 265n65
restraint: and *Andrologia*, 124; divine pun-
   ishment as, 114n; and *Gynaikologia*,
   109–10, 114n; and "The Law of Reason in
   the *Kuzari*," 50, 70–71, 71n; and "Notes
   on Lucretius," 114n; and "On Plato's
   Republic," 130
revelation, 12n10, 17, 187; and *Gynaikologia*,
   109n; and Judaism, 49–50, 56, 68–69;

and "The Law of Reason in the *Kuzari*," 35, 39–45, 39n, 47, 49–50, 52, 54, 56–59, 62, 65, 67–70; and Maimonides, 35; and natural law 68–70; and "Nature" (Benardete), 159, 163–66, 168–69; and Nietzsche, 201–2, 212, 233, 270–71; and *PL* introduction, 193–95, 200–202, 200n23, 209, 211–13, 218–19; and "Reason and Revelation" (lecture), 43n; and refutation by reason, 42–45, 43n, 48–49, 58–59, 193, 200n23; and "What Is Political Philosophy?," 230, 233

rhetoric, 1–2, 311; and *Andrologia*, 122; and Bacon, 196; and *Gynaikologia*, 107; and "The Law of Reason in the *Kuzari*," 55–56; and "On Plato's *Republic*," 146, 153; and *PL* introduction, 190, 190n6, 196, 200–201, 203–4, 215, 219, 221, 223; and Socrates, 16, 122, 122n; in Strauss's letters to Klein, 16; and "What Is Political Philosophy?," 238–42, 246–48

Richardson, John, 264n

romanticism, 28–29, 219, 243, 261

Rome/Romans, 246, 253–60, 254n40, 270, 287

Rosenzweig, Franz, 194, 199

Rousseau, Jean-Jacques, 185, 241–44, 242n19, 252

scholars: in Strauss's letters to Klein, 12, 16

Scholem, Gershom, 75, 311

Schopenhauer, Arthur, 259n54

sciences/natural sciences: cognitive status of, 207, 210; experimental science, 241, 242n18; as "House of Solomon," 254; and Nietzsche, 2–3, 201, 205, 212, 215, 243–44, 253–54, 254n39, 257–58, 257n49, 261, 261n, 264–66, 264n, 274n14, 277, 282–84, 290, 295, 300, 306–7; origins of, 214; and *PL* introduction, 192, 192n8, 199, 201–7, 209–15, 217–18; scientific-technological project, 204–6; in Strauss's letters to Klein, 15; in Strauss's letter to Scholem, 311; and "What Is Political Philosophy?," 230–34, 237, 241–44, 253–54, 254n39, 257–58, 257n49, 261, 261n, 264–66, 264n; and "Xenophon's *Anabasis*," 314

secrecy: and Homer, 172, 177n18; and "The Law of Reason in the *Kuzari*," 40, 71; and modern academy, 71; and Nietzsche, 201, 273; and "On Plato's *Republic*," 130; and *PL* introduction, 201, 217n; secret words,

lexicon of, 9–10, 10n7, 17, 27; in Strauss's letters to Klein, 9–10, 10n7, 17, 23–24, 23n23, 26–27

Seneca, 11

Sheppard, Eugene, 45n

silences: and *Andrologia*, 117; and *Gynaikologia*, 79, 81–82, 90, 92, 94, 96–97, 106; and Homer, 160; and "The Law of Reason in the *Kuzari*," 47, 64; and Nietzsche, 253–54, 259, 262n60, 272, 293; and Socrates, 23n23, 81–82, 92, 94, 96–97, 117; in Strauss's letters to Klein, 13–14, 23n23; and "What Is Political Philosophy?," 228, 253–60, 262n60

skepticism, 232, 239, 258, 277–79, 281–82; "epistemological skepticism," 278–79

society/social life, 3; and *Andrologia*, 117n; experiment of founding society on truth, 3, 72, 254, 256–57, 260–67, 276–77, 281–82, 286, 290, 292; and *Gynaikologia*, 98, 106; and "The Law of Reason in the *Kuzari*," 31, 33–34, 39, 51–53, 58–63, 66–68, 70–71; and Nietzsche, 3, 67n35, 72, 245, 254, 256–57, 259–67, 271, 273, 273n11, 283, 290, 292, 294, 309; and persecution, 70–71; and Socrates, 53, 67–68, 98, 106; and "What Is Political Philosophy?," 240, 245, 254, 254n40, 257, 259, 263, 266

Socrates, 1–2; of Aristophanes, 16, 110, 114, 117–19, 122; behaving like a woman, 105–6; as con man, 17; contrasted with perfect gentleman, 77, 80, 83, 85, 90, 109–10, 113, 118, 118n, 120; and cosmetics, 104–7, 113, 122–24; and Cyrus (in Xenophon), 15, 83–84, 86–88, 113; and dancing, 125, 125n; death of, 18–19, 88, 97, 119, 228–30, 312, 314; and Delphic oracle, 40–41, 119, 140n13; as ethicist, 15, 21, 100, 118; fiction of escape from prison, 16, 228–30; as founder of political philosophy, 196, 209, 228, 232; and Homer, 160, 167–68, 171–72, 181–85, 184n25, 276n; and immortality, 18–19, 97; investigation of beings, 92–95, 97–101, 106–7, 113, 124; Ischomachos corrected by, 115, 115n, 117, 117n, 122–23; joking of, 112–13, 112n; and just city, 148–55; Know Thyself, 140n13, 220; and Lamprokles, 123–24; and "The Law of Reason in the *Kuzari*," 39–42, 39n, 41n, 49, 53, 63–64, 64n, 67–69, 69n; and male

Socrates (cont.)
　　correction of nature, 126; and *Memorabilia* (Xenophon), 17, 82, 85, 92–93, 93n; method of, 93–94, 99; and ministerial poetry, 131–32, 141, 147–48, 153–55; and model rulers, 83, 86, 88–92, 101, 105; and "Nature" (Benardete), 160, 167–68; and new laws for gods, 132–42, 137nn9–11, 139n, 145, 239; and Nietzsche, 245, 249–50, 257, 263, 275n, 276n, 277, 279–80, 282n18, 293–94, 303–4, 307–8, 310; and "order of the whole," 98–100, 106; as philosophical hermit, 53, 67–68; of Plato, 15–16, 20, 69, 96n, 187, 280, 313–14 (*see also* "On Plato's *Republic*" [Strauss]); and *PL* introduction, 190–91, 196–97, 206, 209, 220, 223, 224n, 225–26; and question of the right life, 12n10; reputation of, 110–12, 114, 118; and "second sailing," 160, 165; and secret words, 17, 19; Socrates-Odysseus, 20; Socratic circle, 15, 17, 21, 90; Socratic Enlightenment, 4, 156, 187, 225–26, 238; and "Socratic problem," 99–100, 118; Socratic turn, 77, 95–97, 100–101, 112–13, 117–19, 123, 126, 152, 155, 160, 273–74; in Strauss's letters to Klein, 15–21, 24; as teacher-trickster, 21; teaching of, 82–86, 92–102, 93n, 110, 117–18, 125, 139, 140n13; trial of, 120, 141, 312, 314; and two ways of life, 41, 53, 109–10, 109n, 115–17, 115n5, 117n, 119–20, 122, 124–25; and "what a god is," 133–40, 145, 148; and "What Is Political Philosophy?," 228–34, 238–39, 245, 249–50, 257, 263; and "what is . . ." questions, 94–98, 101, 105, 136n, 144, 227; of Xenophon, 4, 15, 20–21, 95, 141, 187, 223, 249, 303–4, 311–14 (*see also Andrologia* [Strauss]; *Gynaikologia* [Strauss]); and "Xenophon's *Anabasis*," 311–14; "You must go down," 209
sophistry, 30; and "The Law of Reason in the *Kuzari*," 56–57; and "On Plato's *Republic*," 141, 147; and *PL* introduction, 212–14
Sophocles, 15
souls: assassination of old soul concept, 286–87, 291; and *Gynaikologia*, 97–98, 103, 111; and Homer, 166, 169–70, 174, 177n17; immortality of, 97, 147, 185, 208, 236, 239, 249, 264–65, 289, 309; and "The Law of Reason in the *Kuzari*," 51, 55, 59, 63; lie in soul, 138, 140; "by nature good," 111, 112n; and Nietzsche, 215n38, 221, 234, 247, 249, 256, 262n60, 264–65, 275, 282n18, 286–87, 289, 291–92, 294, 300, 305, 309; and "On Plato's *Republic*," 129, 131–32, 138, 140, 144, 146, 153; and *PL* introduction, 208, 215n38, 221; and three-part soul, 55; and "What Is Political Philosophy?," 233–34, 236, 239, 247, 249, 256, 262n60, 264–65
Spanish Inquisition, 236
Sparta/Spartans, 16, 88, 164, 229, 311
speech: "ambiguous speech" (*polynoia*) in Plato, 12; and Bacon, 196; disguised speech, 23; and *Gynaikologia*, 80–81, 89, 96, 100, 103; and "Hades" (Benardete), 175–76, 180; and "The Law of Reason in the *Kuzari*," 49, 52–54, 52n, 56, 62n29, 67–69; and "Nature" (Benardete), 160–64, 161n5, 168–69, 171; and Nietzsche, 245, 283, 293–95, 308; and "On Plato's *Republic*," 133, 136, 139–40, 140n13, 142, 147, 150–53; Pericles's funeral speech, 13–14; and *PL* introduction, 196, 196n15, 209–10; and *Protagoras*, 13, 182; relationship to deeds, 14, 15n15, 52, 56, 68; in Strauss's letters to Klein, 12–14, 15n15, 18–19, 21, 23, 23n23, 30n33; and "What Is Political Philosophy?," 245–46, 262n60; and "Xenophon's *Anabasis*," 312–14
Spinoza, Benedict, 7–8, 28n, 42–43, 52n, 269n2; and *PL* introduction, 190n4, 193, 193n10, 198n, 199–200, 203, 213, 216, 219, 219n, 224–25; and "What Is Political Philosophy?," 235, 258, 266
Spinoza, Benedict, works of: *Theologico-Political Treatise*, 8, 199, 224
Stoics, 214
Strauss, Leo, 7–8, 12n10; and atheism, 7, 43, 189n1, 200, 213, 218–19, 218n, 219n, 221, 225, 237n, 294; and Benardete, 73, 142n14, 145n16, 148n, 156–58, 163; enduring importance of, 1, 72–73, 209–10, 310, 314; friendship with Klein, 8, 12, 26n; joking of, 9, 13, 24, 109, 292n25; letters to Klein, 5, 7–26, 8n2, 10n7, 15n15, 24nn24–25, 26n, 30, 45, 73, 90, 156; Xenophon as *Liebling* of, 16, 18, 20, 27, 73, 269, 311

Strauss, Leo, works of, 28n; *The City and Man*, 19, 128, 132, 135; "Cohens Analyse der Bibel-Wissenschaft Spinozas," 10n7; "Cohen und Maimuni" (lecture), 12n10; "Einleitung zu 'Morgenstunden' und 'An die Freunde Lessings,'" 30n33; "Exoteric Teaching," 28–30, 30n33, 46n; "A Giving of Accounts," 11n, 12n10, 30n33; *History of Political Philosophy*, 18–19, 156–57; "How to Study Spinoza's *Theologico-Political Treatise*," 224; "The Law of Reason in the *Kuzari*," 30–31, 32–72, 77, 226, 233; *Liberalism Ancient and Modern*, 219; "The Literary Character of the *Guide for the Perplexed*," 10–11, 27; "Living Issues of German Postwar Philosophy" (lecture), 248n30; "Marsilius of Padua," 237n; *Natural Right and History*, 270–71; "Note on the Plan of Nietzsche's *Beyond Good and Evil*," 222, 226, 248, 268–309; "Notes on Lucretius," 114n; "On Abravanel's Philosophical Tendency," 10n7; "On Plato's *Republic*," 14n, 128–55; "On the study of classical political philosophy," 14; *Persecution and the Art of Writing*, 10–11, 30, 32n3, 71, 224, 226; "Persecution and the Art of Writing," 30, 50, 71n; *Philosophy and Law* (*PL*), 7, 10n7, 24n25, 43, 189–226; *The Political Philosophy of Hobbes*, 19n, 195, 195nn12–13, 269n2; "Preface to Spinoza's Critique of Religion," 190n6, 216n41, 219, 219n, 221; "Quelques remarques sur la science politique de Maimonide et de Fârâbî," 10n7; "Reason and Revelation" (lecture), 30n33, 43n, 200n23; "Religiöse Lage der Gegenwart" (lecture), 12n10, 198n; *Spinoza's Critique of Religion*, 42–43, 190n4, 200, 216, 219; "The Spirit of Sparta or the Taste of Xenophon," 16–17, 16n, 25, 27, 27n31, 75; *Studies in Platonic Political Philosophy*, 268–69; "The Three Waves of Modernity" (lecture), 247–48, 248n31; *What Is Political Philosophy?*, 227; "What Is Political Philosophy?," 226, 227–67; "Xenophon's *Anabasis*," 76, 311–14; *Xenophon's Socrates*, 75, 109; *Xenophon's Socratic Discourse*, 24, 75–127, 209; "Zur Ideologie des politischen Zionismus," 218n

suffering, 244, 252, 254, 275–76, 302–3, 307–8
Symposium (Plato), 182n23, 234; and Nietzsche, 280, 283; and "On Plato's *Republic*," 141–42, 142n14; in Strauss's letters to Klein, 15, 24, 25n27; and "What Is Political Philosophy?," 234n9

technology, 3, 204–7; scientific-technological project, 204–6; and "What Is Political Philosophy?," 237
Teiresias (in *Odyssey*), 167, 174, 176–77, 179, 181, 184, 184n25
Telemachus (in *Odyssey*), 162, 164, 173, 177, 179, 183, 236
teleotheology: and *Andrologia*, 115, 117n, 123–24, 126; and *Gynaikologia*, 93–101, 93n, 106–7, 114; of human origin, 100, 106–7; and Nietzsche, 126, 223, 245, 249–50, 259, 263, 277, 289, 293, 303–4, 308; and "On Plato's *Republic*," 141, 154; and *PL* introduction, 209–10, 223, 226; and "What Is Political Philosophy?," 232–33, 239, 245, 249–50, 259, 263; and "Xenophon's *Anabasis*," 314
Theoclymenus (in *Odyssey*), 185
theological-political program, 1, 3, 184–85; and *Andrologia*, 117n, 119; and *Gynaikologia*, 98, 107, 114; and Homer, 172–73, 176; and "The Law of Reason in the *Kuzari*," 53–59; and Nietzsche, 131, 142, 155, 184, 223, 243, 268–70, 272, 278, 283–86, 289–90, 293–97, 299, 303; and "On Plato's *Republic*," 129, 131, 138, 141–42, 154–55; and *PL* introduction, 190n6, 205–7, 217, 223–24; and "What Is Political Philosophy?," 243
theology: and *Andrologia*, 115, 117; anthropocentric theology, 95; and "anti-theological ire," 235–42, 237n, 239n, 248, 285; and *Gynaikologia*, 82, 92–101, 93n, 106; and "The Law of Reason in the *Kuzari*," 35, 50n, 51, 51n20, 53–54, 66–67, 69n; misanthropic theology, 94–95; and "Nature" (Benardete), 171–72; "neo-orthodoxy," 194; and Nietzsche, 171, 284–85, 288, 292–97, 297n, 299, 303, 309; and "On Plato's *Republic*," 133–35, 137–38, 137nn10–11, 141, 145; and *PL* introduction, 194–95, 194n, 198–99, 202, 207, 224; political theology, 53–54, 66–67, 69n; in Strauss's letters to Klein, 18, 21;

theology (cont.)
  and "What Is Political Philosophy?,"
    235–42, 237n, 239n, 259. See also teleo-
    theology; theological-political program
Thomas Aquinas, 34–35
Thrasymachus (in Republic), 19, 63–64, 64n;
  and "On Plato's Republic," 128, 129n,
  130, 142n15, 146, 150–51; and "What Is
  Political Philosophy?," 239
Thucydides, 13, 128, 269; and Gynaikologia,
  87; and Periclean Athens, 13–14; in
  Strauss's letters to Klein, 13–14, 20, 24
Thucydides, works of: Hellenica, 87; History,
  87
thumos, 19, 185
Thus Spoke Zarathustra (Nietzsche), 11, 243–
  44, 249–51, 250n34, 259–60, 266–67, 280,
  282, 293, 293n, 297–98, 297n, 303, 303n,
  306; "On Redemption," 306, 306n40; and
  Songs, 282, 282n19
tragedy/tragedians, 13, 157, 171, 275–76; af-
  firmation of tragedy, 275–76, 276n; and
  Nietzsche, 292
transcendence, 26–27; and Gynaikologia,
  93, 96; and "The Law of Reason in the
  Kuzari," 70; and Nietzsche, 288, 291,
  295, 304–6; and "On Plato's Republic,"
  144–45, 147; and PL introduction, 218;
  and "What Is Political Philosophy?,"
  231, 237
true/truths, 2–3; and Andrologia, 114, 122,
  126; deadly truths, 62n29, 72, 141, 184,
  223, 254–55, 262, 272, 273n11, 275, 287;
  disguised presentation of, 15, 20–23;
  eternal truth, 199, 211; experiment of
  founding society on truth, 3, 72, 254,
  256–57, 260–67, 276–77, 281–82, 286,
  290, 292; and Gynaikologia, 97, 100,
  103–4, 112–13; and Homer, 169, 172, 181;
  and "The Law of Reason in the Kuzari,"
  33, 40–41, 45–46, 50, 62n29, 64, 70, 72;
  love of truth, 138, 218, 221, 223, 227;
  and Maimonides, 27; and Memorabilia
  (Xenophon), 20–21; and Nietzsche, 155,
  205, 221, 223, 225, 247, 249, 252, 254–59,
  261–63, 261n, 262n60, 272–73, 273n11,
  275–77, 275n, 279–82, 282n18, 284–92,
  297–300, 309; and "On Plato's Republic,"
  129–30, 133–36, 138–41, 139n, 148n, 153,
  155; and PL introduction, 190, 192, 199,

204–5, 208, 210–11, 213, 218, 218n, 221,
  223, 225; in Strauss's letters to Klein, 15,
  20–23, 26, 28–29; in Theogeny (Hesiod),
  22–23; transcendent truths, 232; and
  "What Is Political Philosophy?," 227,
  232, 235, 239–42, 244, 247, 249, 252,
  254–59, 254n40, 261–63, 261n, 262n60

Übermensch, 250–51, 250n34, 303n
useful: and Gynaikologia, 80–91; and "On
  Plato's Republic," 129–30, 134; order as,
  80–91
utility: and Gynaikologia, 84–86, 90; and
  "The Law of Reason in the Kuzari," 51;
  and Lucretius, 114n; moral utility, 233;
  and PL introduction, 217; and "What Is
  Political Philosophy?," 233
utopia, 154, 235

Vedanta philosophy, 286
Velkley, Richard, 240n
virtues: and Andrologia, 114–15, 120, 125;
  conventional virtue, 112, 114–15; and
  Gynaikologia, 101–5, 105n, 110–13; of
  a horse, 110–12; male virtue, 113; moral
  virtue, 220–22, 236; natural virtue, 112,
  114; and Nietzsche, 220–21, 251, 253,
  272–73, 275–76, 301–2, 305–8; and "On
  Plato's Republic," 129–30, 138, 140, 145,
  147, 152n; and PL introduction, 195–96,
  195n13, 196nn15–16, 207, 218–22; and
  sôphrosunê, 17; in Strauss's letters to
  Klein, 17, 19n; and "What Is Political
  Philosophy?," 235–36, 251, 253–54; and
  "Xenophon's Anabasis," 313
Voltaire, 201, 216, 257–58, 261, 279, 285, 288

Wagner, Richard, 131, 254–56, 258, 293n
Wahrheitsliebe (love of truth), 138, 218, 221
war: and Bacon, 204; and Christianity, 196–
  97, 202; holy war, 204, 224n; and Homer,
  159, 161, 173; and "On Plato's Republic,"
  142, 146–47; Peloponnesian War, 88; Per-
  sian wars, 13, 146; and PL introduction,
  189, 196–97, 202, 204, 204n, 211, 224n;
  between sexes, 309; spiritual warfare, 51,
  189, 204n, 211, 237–38, 246; and war-
  riors, 129, 159; and "What Is Political
  Philosophy?," 237–38, 245
wealth: and Andrologia, 116–17; and Gynai-

kologia, 103, 111–13; and "Xenophon's *Anabasis,*" 312
Weber, Max, 65n
Western civilization, 147, 155, 159n4, 205, 314; and Nietzsche, 252–53, 286, 291, 297, 302, 306; and "What Is Political Philosophy?," 236, 238, 252–53, 254n39
"What Is Political Philosophy?" (Strauss), 227–67; and "anti-theological ire," 235–42, 237n, 239n, 248; Athens in Jerusalem, 227–30, 228n4, 232–33, 235–36, 238–39, 244–48, 248nn30–31, 252, 254; and centering, 228–30, 256n47, 261; and delusion, 252–53, 255, 259, 262, 265; experiment of founding society on truth, 254, 256–57, 260–67; and fact/value separation, 249–50; and history, 243, 247–49, 251, 258n51, 260–61, 264n; and Homer, 235–36, 239; and Machiavelli, 235–42, 247; and Nietzsche, 232–34, 242n19, 243–67, 244n, 246n24, 248n30, 250n34, 255n41, 261n, 262n60, 264n; and Plato, 228–30, 234–35; and *PL* introduction, 236, 238; and propaganda, 239–40; and regime (*politeia*), 230, 235–36; and silence, 253–60, 262n60; and three waves of modernity, 242–48, 248n31, 254, 257, 267; and virtues, 235–36, 251, 253–54; and "what is human in man," 230–34
will to power, 107, 185, 280–89, 282n18, 291, 295, 297–99, 301–3, 305, 307–8; and *PL* introduction, 214–15, 215n38, 221–22; and "What Is Political Philosophy?," 234, 246–47, 246n24, 249, 250n34, 251
wisdom: and *Andrologia,* 124, 126; and *Charmides,* 140n13; Divine wisdom, 39, 41–42; of fathers, 66; and *Gynaikologia,* 106; and "Hades" (Benardete), 173–74, 176–77, 179–81; and Homer, 24, 158–59, 161, 167, 169–74, 176–77, 179–81; human wisdom, 39, 43; and "The Law of Reason in the *Kuzari,*" 33, 39, 41–43, 66, 68; and "Nature" (Benardete), 159, 161, 167, 169–72; and Nietzsche, 226, 271–72, 282, 307; and "On Plato's *Republic,*" 136–37, 152–54; and *PL* introduction, 195, 196n16, 200, 204–5, 209, 226; in Strauss's letters to Klein, 19, 22–24, 26; in Strauss's letter to Scholem, 311; and "What Is Political Philosophy?," 227,
233, 240, 254n39; Wild Wisdom, 282; and wise poets, 158, 179, 183n
womanliness, 109, 120; and "Nature" (Benardete), 170, 171n12, 172; and Nietzsche, 295–96, 298–99, 303, 307–9. *See also Gynaikologia* (Strauss)
women: equality of, 24, 153, 242; and Nietzsche, 293n, 298–99, 302–3; and "On Plato's *Republic,*" 142, 149; in Strauss's letters to Klein, 23–24; and "What Is Political Philosophy?," 242

Xanthippe, 107, 109–10, 123–24
Xenophon, 4, 75–127, 268–69, 311; and authorship, 14, 20, 25, 77, 88; and bashfulness, 62n29; as con man, 16–17; and Cyrus, 15, 83–84, 86, 88–89; and "Exoteric Teaching," 29; and Great Tradition, 98–99; as idiot, 16–17, 76; individualizing of, 312–14; joking of, 119; mutual influence with Plato, 21; and Nietzsche, 245, 249, 268–69, 286, 289, 303–4; and "On Plato's *Republic,*" 136n, 141, 154; and *PL* introduction, 207, 223; in Strauss's letters to Klein, 14–18, 20–22, 24; as Strauss's *Liebling,* 16, 18, 20, 27, 73, 269, 311; Strauss's writings on, 16, 20, 24, 27n31, 62n29, 311–12 (*see also Andrologia* [Strauss]; *Gynaikologia* [Strauss]); trial of, 312; and "What Is Political Philosophy?," 238, 240, 245, 249
Xenophon, works of: *Anabasis of Cyrus,* 20–21, 25, 86–88, 311; *Andrologia* (chapter XI of *Oeconomicus*), 24, 107–27; *Cyropaedia,* 21, 86; *The Education of Cyrus,* 15, 29; *Gynaikologia* (chapters VII–X of *Oeconomicus*), 24, 76–114; *Hellenica,* 21; *Hiero,* 75; *Memorabilia,* 15, 20–21, 82, 85–87, 92–94, 93n, 110–11, 112n, 115n5, 122n; *Oeconomicus,* 73, 75–78, 87–89, 93n, 94–95, 100, 109n, 114, 115n5, 118–19; *Symposium,* 21–22, 22n19, 24n26, 85n, 124–25

Yahweh, 61, 309

Zalmoxis (in *Charmides*), 69n, 182
Zarathustra (in *Thus Spoke Zarathustra*), 244, 249–51, 250n34, 259, 282, 293n, 298, 303, 303n
Zeus, 22, 120–21, 162, 176, 180–81

图书在版编目（CIP）数据

施特劳斯的持久重要性/（美）朗佩特（Laurence Lampert）著；刘研译 --北京：华夏出版社，2019.5
（西方传统：经典与解释）
书名原文：The Enduring Importance of Leo Strauss
ISBN 978-7-5080-9653-7

Ⅰ.①施… Ⅱ.①朗… ②刘… Ⅲ.①施特劳斯（Strauss, Leo 1899-1973）－哲学思想－研究 Ⅳ.①B712.59

中国版本图书馆 CIP 数据核字（2019）第 007466 号

The Enduring Importance of Leo Strauss
Licensed by The University of Chicago Press, Chicago, Illinois, U. S. A.
© 2013 by The University of Chicago
All rights reserved.

版权所有　翻印必究
北京市版权局著作权合同登记号：图字01-2015-4255号

施特劳斯的持久重要性

作　者	［美］朗佩特
译　者	刘　研
责任编辑	陈希米　李安琴
责任印制	刘　洋
出版发行	华夏出版社
经　销	新华书店
印　装	北京汇林印务有限公司
版　次	2019年5月北京第1版 2019年5月北京第1次印刷
开　本	880×1230　1/32
印　张	13
字　数	342千字
定　价	98.00元

华夏出版社　地址：北京市东直门外香河园北里4号　邮编：100028
网址：www.hxph.com.cn　电话：(010)64663331(转)
若发现本版图书有印装质量问题，请与我社营销中心联系调换。

西方传统：经典与解释
Classici et Commentarii
HERMES
刘小枫◎主编

古今丛编

克尔凯郭尔　[美]江思图 著
货币哲学　[德]西美尔 著
孟德斯鸠的自由主义哲学　[美]潘戈 著
莫尔及其乌托邦　[德]考茨基 著
试论古今革命　[法]夏多布里昂 著
但丁：皈依的诗学　[美]弗里切罗 著
在西方的目光下　[英]康拉德 著
大学与博雅教育　董成龙 编
探究哲学与信仰　[美]郝岚 著
民主的本性　[法]马南 著
梅尔维尔的政治哲学　李小均 编/译
席勒美学的哲学背景　[美]维塞尔 著
果戈里与鬼　[俄]梅列日科夫斯基 著
自传性反思　[美]沃格林 著
黑格尔与普世秩序　[美]希克斯 等著
新的方式与制度　[美]曼斯菲尔德 著
科耶夫的新拉丁帝国　[法]科耶夫 等著
《利维坦》附录　[英]霍布斯 著
或此或彼（上、下）　[丹麦]基尔克果 著
海德格尔式的现代神学　刘小枫 选编
双重束缚　[法]基拉尔 著
古今之争中的核心问题　[德]迈尔 著
论永恒的智慧　[德]苏索 著
宗教经验种种　[美]詹姆斯 著
尼采反卢梭　[美]凯斯·安塞尔-皮尔逊 著
舍勒思想评述　[美]弗林斯 著
诗与哲学之争　[美]罗森 著
神圣与世俗　[罗]伊利亚德 著
但丁的圣约书　[美]霍金斯 著

古典学丛编

论王政　[古罗马]金嘴狄翁 著
论希罗多德　[古罗马]卢里叶 著
探究希腊人的灵魂　[美]戴维斯 著
尤利安文选　马勇 编/译
论月面　[古罗马]普鲁塔克 著
雅典谐剧与逻各斯　[美]奥里根 著
菜园哲人伊壁鸠鲁　罗晓颖 选编
《劳作与时日》笺释　吴雅凌 撰
希腊古风时期的真理大师　[法]德蒂安 著
古罗马的教育　[英]葛怀恩 著
古典学与现代性　刘小枫 编
表演文化与雅典民主政制
[英]戈尔德希尔、奥斯本 编
西方古典文献学发凡　刘小枫 编
古典语文学常谈　[德]克拉夫特 著
古希腊文学常谈　[英]多佛 等著
撒路斯特与政治史学　刘小枫 编
希罗多德的王霸之辨　吴小锋 编/译
第二代智术师　[英]安德森 著
英雄诗系笺释　[古希腊]荷马 著
统治的热望　[美]福特 著
论埃及神学与哲学　[古希腊]普鲁塔克 著
凯撒的剑与笔　李世祥 编/译
伊壁鸠鲁主义的政治哲学
[意]詹姆斯·尼古拉斯 著
修昔底德笔下的人性　[美]欧文 著
修昔底德笔下的演说　[美]斯塔特 著
古希腊政治理论　[美]格雷纳 著
神谱笺释　吴雅凌 撰
赫西俄德：神话之艺
[法]居代·德·拉孔波 等著
赫拉克勒斯之盾笺释　罗逍然 译笺
《埃涅阿斯纪》章义　王承教 选编
维吉尔的帝国　[美]阿德勒 著
塔西佗的政治史学　曾维术 编

古希腊诗歌丛编
古希腊早期诉歌诗人　[英]鲍勒 著
诗歌与城邦　[美]费拉格、纳吉 主编
阿尔戈英雄纪（上、下）
[古希腊]阿波罗尼俄斯 著
俄耳甫斯教祷歌　吴雅凌 编译
俄耳甫斯教辑语　吴雅凌 编译

古希腊肃剧注疏集
希腊肃剧与政治哲学　[美]阿伦斯多夫 著

古希腊礼法
希腊人的正义观　[英]哈夫洛克 著

廊下派集
廊下派的神和宇宙　[墨]里卡多·萨勒斯 编
廊下派的城邦观　[英]斯科菲尔德 著

希伯莱圣经历代注疏
希腊化世界中的犹太人　[英]威廉逊 著
第一亚当和第二亚当　[德]朋霍费尔 著

新约历代经解
属灵的寓意　[古罗马]俄里根 著

基督教与古典传统
保罗与马克安　[德]文森 著
加尔文与现代政治的基础　[美]汉考克 著
无执之道　[德]文森 著
恐惧与战栗　[丹麦]基尔克果 著
托尔斯泰与陀思妥耶夫斯基
[俄]梅列日科夫斯基 著
论宗教大法官的传说　[俄]罗赞诺夫 著
海德格尔与有限性思想（重订版）
刘小枫 选编
上帝国的信息　[德]拉加茨 著
基督教理论与现代　[德]特洛尔奇 著
亚历山大的克雷芒　[意]塞尔瓦托·利拉 著
中世纪的心灵之旅　[意]圣·波纳文图拉 著

德意志古典传统丛编
彭忒西勒亚　[德]克莱斯特 著
穆佐书简　[奥]里尔克 著

纪念苏格拉底——哈曼文选　刘新利 选编
夜颂中的革命和宗教　[德]诺瓦利斯 著
大革命与诗话小说　[德]诺瓦利斯 著
黑格尔的观念论　[美]皮平 著
浪漫派风格——施勒格尔批评文集　[德]施勒格尔 著

美国宪政与古典传统
美国1787年宪法讲疏　[美]阿纳斯塔普罗 著

世界史与古典传统
西方古代的天下观　刘小枫 编
从普遍历史到历史主义　刘小枫 编

启蒙研究丛编
浪漫的律令　[美]拜泽尔 著
现实与理性　[法]科维纲 著
论古人的智慧　[英]培根 著
托兰德与激进启蒙　刘小枫 编
图书馆里的古今之战　[英]斯威夫特 著

荷马注疏集
不为人知的奥德修斯　[美]诺特维克 著
模仿荷马　[美]丹尼斯·麦克唐纳 著

品达注疏集
幽暗的诱惑　[美]汉密尔顿 著

欧里庇得斯集
自由与僭越　罗峰 编译

阿里斯托芬集
《阿卡奈人》笺释　[古希腊]阿里斯托芬 著

色诺芬注疏集
居鲁士的教育　[古希腊]色诺芬 著
色诺芬的《会饮》　[古希腊]色诺芬 著

柏拉图注疏集
柏拉图的灵魂学　[加]罗宾逊 著
柏拉图书简　彭磊 译注
克力同章句　程志敏 郑兴凤 撰
哲学的奥德赛——《王制》引论　[美]郝兰 著
爱欲与启蒙的迷醉　[美]贝尔格 著
为哲学的写作技艺一辩　[美]伯格 著

柏拉图式的迷宫——《斐多》义疏　[美]伯格 著
哲学如何成为苏格拉底式的　[美]朗佩特 著
苏格拉底与希琵阿斯　王江涛 编译
理想国　[古希腊]柏拉图 著
谁来教育老师　刘小枫 编
立法者的神学　林志猛 编
柏拉图对话中的神　[法]薇依 著
厄庇诺米斯　[古希腊]柏拉图 著
智慧与幸福　程志敏 选编
论柏拉图对话　[德]施莱尔马赫 著
柏拉图《美诺》疏证　[美]克莱因 著
政治哲学的悖论　[美]郝岚 著
神话诗人柏拉图　张文涛 选编
阿尔喀比亚德　[古希腊]柏拉图 著
叙拉古的雅典异乡人　彭磊 选编
阿威罗伊论《王制》　[阿拉伯]阿威罗伊 著
《王制》要义　刘小枫 选编
柏拉图的《会饮》　[古希腊]柏拉图 等著
苏格拉底的申辩（修订版）　[古希腊]柏拉图 著
苏格拉底与政治共同体　[美]尼柯尔斯 著
政制与美德——柏拉图《法义》疏解　[美]潘戈 著
《法义》导读　[法]卡斯代尔·布舒奇 著
论真理的本质　[德]海德格尔 著
哲人的无知　[德]费勃 著
米诺斯　[古希腊]柏拉图 著

亚里士多德注疏集

亚里士多德《政治学》中的教诲　[美]潘戈 著
品格的技艺　[美]加佛 著
亚里士多德哲学的基本概念　[德]海德格尔 著
《政治学》疏证　[意]托马斯·阿奎那 著
尼各马可伦理学义疏　[美]伯格 著
哲学之诗　[美]戴维斯 著
对亚里士多德的现象学解释　[德]海德格尔 著
城邦与自然——亚里士多德与现代性　刘小枫 编
论诗术中篇义疏　[阿拉伯]阿威罗伊 著
哲学的政治　[美]戴维斯 著

普鲁塔克集

普鲁塔克的《对比列传》　[英]达夫 著
普鲁塔克的实践伦理学　[比利时]胡芙 著

阿尔法拉比集

政治制度与政治箴言　阿尔法拉比 著

马基雅维利集

君主及其战争技艺　娄林 选编

莎士比亚绎读

莎士比亚的历史剧　[英]蒂利亚德 著
莎士比亚戏剧与政治哲学　彭磊 选编
莎士比亚的政治盛典　[美]阿鲁里斯/苏利文 编
丹麦王子与马基雅维利　罗峰 选编

洛克集

上帝、洛克与平等　[美]沃尔德伦 著

卢梭集

论哲学生活的幸福　[德]迈尔 著
致博蒙书　[法]卢梭 著
政治制度论　[法]卢梭 著
哲学的自传　[美]戴维斯 著
文学与道德杂篇　[法]卢梭 著
设计论证　[美]吉尔丁 著
卢梭的自然状态　[美]普拉特纳 等著
卢梭的榜样人生　[美]凯利 著

莱辛注疏集

汉堡剧评　[德]莱辛 著
关于悲剧的通信　[德]莱辛 著
《智者纳坦》（研究版）　[德]莱辛 等著
启蒙运动的内在问题　[美]维塞尔 著
莱辛剧作七种　[德]莱辛 著
历史与启示——莱辛神学文选　[德]莱辛 著
论人类的教育　[德]莱辛 著

尼采注疏集

尼采引论　[德]施特格迈尔 著
尼采与基督教　刘小枫 编
尼采眼中的苏格拉底　[美]丹豪瑟 著

尼采的使命 [美]朗佩特 著
尼采与现代时代 [美]朗佩特 著
动物与超人之间的绳索 [德]A.彼珀 著

施特劳斯集
论僭政（重订本） [美]施特劳斯 [法]科耶夫 著
苏格拉底问题与现代性（增订本）
犹太哲人与启蒙（增订本）
霍布斯的宗教批判
斯宾诺莎的宗教批判
门德尔松与莱辛
哲学与律法——论迈蒙尼德及其先驱
迫害与写作艺术
柏拉图式政治哲学研究
论柏拉图的《会饮》
柏拉图《法义》的论辩与情节
什么是政治哲学
古典政治理性主义的重生（重订本）
回归古典政治哲学——施特劳斯通信集
苏格拉底与阿里斯托芬

***

施特劳斯的持久重要性 [美]朗佩特 著
论源初遗忘 [美]维克利 著
政治哲学与启示宗教的挑战 [德]迈尔 著
阅读施特劳斯 [美]斯密什 著
施特劳斯与流亡政治学 [美]谢帕德 著
隐匿的对话 [德]迈尔 著
驯服欲望 [法]科耶夫 等著

施米特集
宪法专政 [美]罗斯托 著
施米特对自由主义的批判 [美]约翰·麦考米克 著

伯纳德特集
古典诗学之路（第二版） [美]伯格 编
弓与琴（重订本） [美]伯纳德特 著
神圣的罪业 [美]伯纳德特 著

布鲁姆集
巨人与侏儒（1960-1990）
人应该如何生活——柏拉图《王制》释义
爱的设计——卢梭与浪漫派
爱的戏剧——莎士比亚与自然
爱的阶梯——柏拉图的《会饮》
伊索克拉底的政治哲学

沃格林集
自传体反思录 [美]沃格林 著

大学素质教育读本
古典诗文绎读 西学卷·古代编（上、下）
古典诗文绎读 西学卷·现代编（上、下）

中国传统：经典与解释
Classici et Commentarii
家亚希年
刘小枫 陈少明◎主编

《孔丛子》训读及研究 / 雷欣翰 撰
论语说义 / [清]宋翔凤 撰
周易古经注解考辨 / 李炳海 著
浮山文集 / [明]方以智 著
药地炮庄 / [明]方以智 著
药地炮庄笺释·总论篇 / [明]方以智 著
青原志略 / [明]方以智 编
冬灰录 / [明]方以智 著
冬炼三时传旧火 / 邢益海 编
《毛诗》郑王比义发微 / 史应勇 著
宋人经筵诗讲义四种 / [宋]张纲 等撰
道德真经藏室纂微篇 / [宋]陈景元 撰
道德真经四子古道集解 / [金]寇才质 撰
皇清经解提要 / [清]沈豫 撰
经学通论 / [清]皮锡瑞 著
松阳讲义 / [清]陆陇其 著
起凤书院答问 / [清]姚永朴 撰
周礼疑义辨证 / 陈衍 撰

《铎书》校注 / 孙尚扬 肖清和 等校注
韩愈志 / 钱基博 著
论语辑释 / 陈大齐 著
《庄子·天下篇》注疏四种 / 张丰乾 编
荀子的辩说 / 陈文洁 著
古学经子 / 王锦民 著
经学以自治 / 刘少虎 著
从公羊学论《春秋》的性质 / 阮芝生 撰

编修 [博雅读本]
 凯若斯：古希腊语文读本 [全二册]
 古希腊语文学述要
 雅努斯：古典拉丁语文读本
 古典拉丁语文学述要
 危微精一：政治法学原理九讲
 琴瑟友之：钢琴与古典乐色十讲

译著
 普罗塔戈拉（详注本）
 柏拉图四书

刘小枫集

民主与政治德性
昭告幽微
以美为鉴
古典学与古今之争 [增订本]
这一代人的怕和爱 [第三版]
沉重的肉身 [珍藏版]
圣灵降临的叙事 [增订本]
罪与欠
儒教与民族国家
拣尽寒枝
施特劳斯的路标
重启古典诗学
设计共和
现代人及其敌人
海德格尔与中国
共和与经纶
现代性与现代中国
现代性社会理论绪论
诗化哲学 [重订本]
拯救与逍遥 [修订本]
走向十字架上的真
西学断章

经典与解释辑刊

1. 柏拉图的哲学戏剧
2. 经典与解释的张力
3. 康德与启蒙
4. 荷尔德林的新神话
5. 古典传统与自由教育
6. 卢梭的苏格拉底主义
7. 赫尔墨斯的计谋
8. 苏格拉底问题
9. 美德可教吗
10. 马基雅维利的喜剧
11. 回想托克维尔
12. 阅读的德性
13. 色诺芬的品味
14. 政治哲学中的摩西
15. 诗学解诂
16. 柏拉图的真伪
17. 修昔底德的春秋笔法
18. 血气与政治
19. 索福克勒斯与雅典启蒙
20. 犹太教中的柏拉图门徒
21. 莎士比亚笔下的王者
22. 政治哲学中的莎士比亚
23. 政治生活的限度与满足
24. 雅典民主的谐剧
25. 维柯与古今之争
26. 霍布斯的修辞
27. 埃斯库罗斯的神义论
28. 施莱尔马赫的柏拉图
29. 奥林匹亚的荣耀
30. 笛卡尔的精灵
31. 柏拉图与天人政治
32. 海德格尔的政治时刻
33. 荷马笔下的伦理
34. 格劳秀斯与国际正义
35. 西塞罗的苏格拉底
36. 基尔克果的苏格拉底
37. 《理想国》的内与外
38. 诗艺与政治
39. 律法与政治哲学
40. 古今之间的但丁
41. 拉伯雷与赫尔墨斯秘学
42. 柏拉图与古典乐教
43. 孟德斯鸠论政制衰败
44. 博丹论主权
45. 道伯与比较古典学
46. 伊索寓言中的伦理
47. 斯威夫特与启蒙
48. 赫西俄德的世界
49. 洛克的自然法辩难
50. 斯宾格勒与西方的没落
51. 地缘政治学的历史片段
52. 施米特论战争与政治
53. 普鲁塔克与罗马政治